本书是2018年度国家社会科学基金一般项目"习近平总书记关于德育的重要论述研究"（批准号：18BKS151）的最终成果。

# 新时代德育基本理论体系研究

冉亚辉 包翠秋 ■ 著

中国社会科学出版社

## 图书在版编目（CIP）数据

新时代德育基本理论体系研究／冉亚辉，包翠秋著.
北京：中国社会科学出版社，2024.10. -- ISBN 978-7
-5227-3904-5

Ⅰ．G41

中国国家版本馆 CIP 数据核字第 202461R9P5 号

| | | |
|---|---|---|
| 出 版 人 | 赵剑英 | |
| 责任编辑 | 刘　艳 | |
| 责任校对 | 陈　晨 | |
| 责任印制 | 郝美娜 | |

| | | |
|---|---|---|
| 出　　版 | 中国社会科学出版社 | |
| 社　　址 | 北京鼓楼西大街甲 158 号 | |
| 邮　　编 | 100720 | |
| 网　　址 | http://www.csspw.cn | |
| 发 行 部 | 010-84083685 | |
| 门 市 部 | 010-84029450 | |
| 经　　销 | 新华书店及其他书店 | |
| 印　　刷 | 北京君升印刷有限公司 | |
| 装　　订 | 廊坊市广阳区广增装订厂 | |
| 版　　次 | 2024 年 10 月第 1 版 | |
| 印　　次 | 2024 年 10 月第 1 次印刷 | |
| 开　　本 | 710×1000　1/16 | |
| 印　　张 | 24.25 | |
| 字　　数 | 373 千字 | |
| 定　　价 | 98.00 元 | |

凡购买中国社会科学出版社图书，如有质量问题请与本社营销中心联系调换
电话：010-84083683
版权所有　侵权必究

# 目 录

**绪 论** ……………………………………………………… (1)
    第一节　研究缘起 ………………………………………… (2)
    第二节　研究的理论基础及研究方法论 ………………… (10)
    第三节　新时代德育的基本维度 ………………………… (21)

**第一章　新时代德育的理论渊源** ………………………… (25)
    第一节　马克思主义基本理论中的德育理论 …………… (25)
    第二节　马克思主义中国化成果中关于德育的重要思想 …… (31)
    第三节　中华优秀传统文化中的德育思想 ……………… (40)

**第二章　新时代德育目标与地位** ………………………… (47)
    第一节　新时代德育目标 ………………………………… (47)
    第二节　新时代德育任务 ………………………………… (52)
    第三节　新时代德育的地位 ……………………………… (60)

**第三章　新时代德育内容与价值基础** …………………… (68)
    第一节　德育构成内容的历史追溯 ……………………… (68)
    第二节　新时代德育基本内容 …………………………… (70)
    第三节　社会主义核心价值观是新时代思想道德基础 …… (81)

**第四章　新时代德育的原则与方法** ……………………… (91)
    第一节　新时代德育基本原则 …………………………… (91)

第二节　新时代德育重要方法与方法论 …………………… (97)
　　第三节　新时代德育基本路径 ………………………………… (110)

**第五章　新时代德育课程与教材建设** …………………………… (118)
　　第一节　新时代德育课程建设 ………………………………… (118)
　　第二节　新时代德育课程教师队伍建设 ……………………… (126)
　　第三节　新时代教材建设的德育要求 ………………………… (133)

**第六章　新时代德育的领导与保障** ……………………………… (149)
　　第一节　新时代德育必须坚持党的领导 ……………………… (149)
　　第二节　加强和改进学校思想政治工作 ……………………… (156)
　　第三节　新时代德育的保障 …………………………………… (159)

**第七章　新时代德育重点领域** …………………………………… (166)
　　第一节　爱国主义教育 ………………………………………… (166)
　　第二节　新时代法治教育 ……………………………………… (178)
　　第三节　革命英雄主义教育 …………………………………… (191)
　　第四节　生态文明教育 ………………………………………… (203)

**第八章　新时代德育关键领域** …………………………………… (215)
　　第一节　中国梦教育 …………………………………………… (215)
　　第二节　传承红色基因 ………………………………………… (230)
　　第三节　根植中华文化基因 …………………………………… (235)
　　第四节　党史学习教育 ………………………………………… (249)

**第九章　新时代德育诸领域** ……………………………………… (259)
　　第一节　教师师德师风建设 …………………………………… (259)
　　第二节　新时代家庭德育 ……………………………………… (268)
　　第三节　人类命运共同体教育 ………………………………… (277)

## 第十章　新时代德育的理论逻辑……(288)
　　第一节　新时代德育的话语体系……(288)
　　第二节　新时代德育的内在逻辑……(301)
　　第三节　新时代德育的理论特质……(310)

## 第十一章　新时代马克思主义德育理论的创新发展……(322)
　　第一节　马克思主义解放教育伦理的坚守……(322)
　　第二节　立德树人的教育哲学理论创新……(334)
　　第三节　中国特色社会主义德育理论的历史推进……(344)

## 结　语……(355)
　　第一节　新时代德育的挑战与应对……(355)
　　第二节　新时代德育的坚守与创新……(358)
　　第三节　新时代德育的理论新发展……(362)

## 参考文献……(369)

## 后　记……(380)

# 绪　　论

　　一个民族的伟大并不在于它在面对一切挑战或危机中每次都能始终取得重大胜利，而在于它在面对最为困难的时局的情况下，仍然能够从自身的历史和文化中汲取伟大的精神力量而不断重获新生，走向新的复兴。中华民族五千余年历史，久经考验，虽然也历经多次至暗时刻，但中华民族都以其坚韧和智慧，成功应对了前进道路上的危机和挑战。丰富而深厚的历史智慧和文化精神，是中华民族不断成功应对挑战而走向复兴的重要基础。虽然中华民族的历史智慧丰富，但几乎没有争议的两大智慧就是：其一，中华民族一贯高度重视教育，中国古代即定下了"建国君民，教学为先"[1]的社会建设思想；其二，中华民族一贯高度重视道德伦理，注重社会的道德教化，以德治天下。道德教化在中国社会中具有特殊的含义，道德教化并非简单局限于道德领域，而是涵盖政治、思想、哲学、道德、文化等广泛领域，是社会建设和治理的重要基石。学校教育是承担道德教化的重要领域，在学校教育中，具体承担道德教化职能的就是德育，这也是德育本身在社会治理中的重要地位所在。

　　"教育是国之大计、党之大计。"[2] 德育是学校教育立德树人的重要工作，是青少年德智体美劳全面发展的重要构成部分。习近平总书记一贯高度重视德育，形成了关于德育的系列重要论述。中国特色社会主义进入了新时代，"新时代贯彻党的教育方针，要坚持马克思主义指导地位，贯彻新时代中国特色社会主义思想，坚持社会主义办学方向，落实

---

[1] 《礼记》（下），胡平生、张萌译注，中华书局2017年版，第697页。
[2] 《习近平著作选读》第一卷，人民出版社2023年版，第28页。

立德树人的根本任务,坚持教育为人民服务、为中国共产党治国理政服务、为巩固和发展中国特色社会主义制度服务、为改革开放和社会主义现代化建设服务,扎根中国大地办教育,同生产劳动和社会实践相结合,加快推进教育现代化、建设教育强国、办好人民满意的教育,努力培养担当民族复兴大任的时代新人,培养德智体美劳全面发展的社会主义建设者和接班人"[1]。深入学习和贯彻习近平总书记关于德育的重要论述,是教育领域的重要课题。

## 第一节 研究缘起

德育与政治、历史、文化等深度相关,要深入认识一个国家的德育,必须以一个广阔的视角去理解。"一个国家选择什么样的国家制度和国家治理体系,是由这个国家的历史文化、社会性质、经济发展水平决定的。"[2] 每一项研究都有其背后的缘由,其缘由既可能是理论创新发展的需要,也可能是来自实践改革的要求。本书研究主要有两个重要缘由:其一是中国特色社会主义进入了新时代,新时代对学校德育提出了重要挑战和要求,学校德育理论领域需要与时俱进;其二是德育在学校教育中的重要性,学校德育需要进一步提升立德树人质量,培养高素质的时代新人,服务于新时代经济社会发展需要。

### 一 中国特色社会主义进入了新时代

经过新中国 70 余年的奋斗,40 余年的改革开放,中国特色社会主义建设取得了伟大胜利。回顾近代以来的历史,中国发展历经了一个深"V"的轨迹,从鸦片战争之后直线下坠,到北洋军阀割据,之后是艰苦卓绝的抗日战争,最终在中国共产党的正确领导下,中国走出了一条正确的革命胜利之路和国家建设的康庄大道。面对新时代中国伟大的社会建设,对于中国学界而言,一代人有一代人的使命,当代中国学者有

---

[1] 《习近平谈治国理政》第三卷,外文出版社 2020 年版,第 328 页。
[2] 《习近平谈治国理政》第三卷,外文出版社 2020 年版,第 119 页。

## 绪 论

义务和责任对中国当代思想和经验进行深入的梳理研究，不断探索建设新时代理论体系，服务于这个伟大的时代。理论建设的目的在于两方面：既要让世界读懂中国，也要让中国读懂自己。在两者之间，中国读懂自己是让世界读懂中国的基本前提。如果中国自己不能建立自己的理论体系、经验体系、智慧体系，世界自然就难以读懂中国。

中国特色社会主义经过数十年的探索和建设，已经逐步形成了自己的理论体系，并具有其鲜明的风格与特色。在坚定的"四个自信"的基础上，中国共产党用智慧和勇气，领导中国人民走出了一条成功之路。虽然一定程度上也得益于对其他国家建设的有益经验的学习，但更重要的是中国共产党一贯坚持在"四个自信"的基础上的学习和创新。这是一种有益的批判性学习。既不盲从，也不武断排斥，最终建构了中国特色社会主义理论体系，并成功进行了经济、政治、文化和理论建设，走出了一条成功的中华民族伟大复兴之路。

中国特色社会主义有着重要的中国特色，其最重要的特色和优势在于中国共产党的领导。在中国革命、建设、改革的各个历史时期，中国共产党总是代表着中国先进生产力的发展要求，代表中国先进文化的前进方向，代表着中国最广大人民的根本利益。[①] 同时，中国特色社会主义的特色还在于其内在的中华文化特色，中华文明历史悠久，历经磨难，同时也久经考验。老而弥坚的中华优秀传统文化，经过现代改造，并结合时代再阐释，又焕发出了勃勃生机和活力。

一个不自信的民族是难以走出自己的成功之路的，一个不自信的政党是难以正确领导国家发展的，一个不自信的国家是难以取得经济社会长久繁荣昌盛的。中国特色社会主义建设的正确道路，本身既是对"四个自信"的有力佐证，同时也是"四个自信"的建设结果。中国共产党在革命年代的战斗经验中，就创造性走出了世界革命的新模式——农村包围城市。在社会主义建设与改革开放中，经过长期探索，中国共产党坚持"实践是检验真理的唯一标准"[②]，强调不管什么理论、模式、经验，都需要在实实在在的社会建设中去实践和检验。同时，中国特色

---

[①] 《江泽民文选》第三卷，人民出版社2006年版，第2页。
[②] 《邓小平文选》第三卷，人民出版社1993年版，第382页。

社会主义坚持改革开放,将其作为基本国策,既不陷入意识形态僵化思维,也不故步自封,以此确保中国特色社会主义建设的生机活力和稳步发展。

在道路自信领域,中国特色社会主义一贯坚持独立自主,走创新发展之路,从自己的国情出发,对他国的道路既不盲从,也不排斥学习,最终以我为主,确保了中国特色社会主义道路的正确性。在理论自信领域,中国特色社会主义一直坚持理论创新,产生了系列重要理论成果,邓小平理论、"三个代表"重要思想、科学发展观,到习近平新时代中国特色社会主义思想,这是一条持续的理论创新发展之路,也是中国特色社会主义理论不断探索前进的成功之路。在制度自信领域,中国特色社会主义一贯坚持建构中国特色社会主义制度体系,对他国的制度既不照搬照抄,也不简单排斥,既学习人类其他文明社会的有益智慧,同时也坚持以我为主,坚持批判扬弃学习。在文化自信领域,中国特色社会主义坚持文化自信,秉承中华文化基因,同时也批判学习借鉴西方文化和其他人类文化的内在智慧。

今天,中国特色社会主义进入了新时代,我们比任何时候都更加接近实现中华民族伟大复兴的中国梦。中国梦寄予着中华民族近代以来对过往历史的深深记忆,是指引新时代中国发展的重要精神力量,也是对未来的一种美好期待,同时还是正在奋力实现的时代目标。

## 二 德育在学校教育中的重要地位

德育事关学校教育立德树人,是学校教育的首要工作。在中国的中小学中,有一个专用术语——教育教学。教学主要指对学生的学科教学工作,也即智育工作。教育则主要指对学生的德育工作。在学校教育实践中,与青少年学生的健康社会性培养相关的教育,都基本归到德育领域。学校德育工作既代表着学校政治方向的正确性,体现着学校的意识形态建设质量,同时也直接体现着学校的办学质量,彰显着学校的办学特色。

中国德育是一种道德与政治紧密结合的德育范式。在中国德育中,道德与政治关系紧密,道德是政治的基础,政治是道德的高阶,道德与政治之间没有完全清晰的界限。简而言之,在中国德育中,道德与政治

## 绪 论

之间不是一种泾渭分明的关系，两者在德育中相互协调和支撑。

德育是中国社会一贯高度重视的学校教育领域，在新时代国家治理中，党和国家高度重视青少年健康成长。习近平总书记强调："广泛开展理想信念教育，深化中国特色社会主义和中国梦宣传教育，弘扬民族精神和时代精神，加强爱国主义、集体主义、社会主义教育，引导人们树立正确的历史观、民族观、国家观、文化观。"① 德育作为社会治理的重要领域，事关青少年健康成长，是学校教育必须高度重视的重要工作。

作为学校教育的一个重要工作领域，德育也有其理论基础和基本理论体系。

德育的理论基础包括政治意识形态基础、道德价值观基础、德育方法论基础等。政治意识形态基础决定了学校德育的政治方向性，也是学校德育最重要的政治指导理论。道德价值观基础影响着学校德育的主流价值观体系，并且是学校德育的直接性的重要构成内容。道德价值观基础体现了学校德育在道德伦理领域的特色和基础，也跟学校德育背后的文化传统、社会伦理、宗教信仰等深刻相关。德育方法论基础体现了社会主流的思维哲学和方法论，是社会主流思维哲学对学校德育的重要影响所在。德育方法论基础体现了学校德育的方法体系和方法选择倾向，也是德育在现实实践层面的主要特色和方法依据。

德育的基本理论体系是学校德育实践背后的基本理论假设，是学校德育实践的直接理论依据。一般而言，基本理论体系是系统化和结构性的。每一种德育范式都具有该种德育范式的基本理论体系，主要包括德育价值观、德育方法论、德育过程论、德育内容论、德育目标、德育标准等。

在德育基本理论体系内部，也有其内在的理论逻辑。在德育基本理论体系中，价值观是学校德育的核心依据。一定程度上讲，学校德育就是建立在价值观的基础之上的，没有明确的价值观，就没有德育的存在。价值观在德育中，既是德育内容的关键支撑，同时也体现了德育背后的文化、习俗和宗教等。德育方法论预设了具体德育方法的合理性和

---

① 《习近平著作选读》第二卷，人民出版社2023年版，第35页。

合法性，德育方法论既涵盖具体的德育方法，也涵盖方法背后的基本哲学理念，是在具体学校德育中影响很大的基本理论构成。政治意识形态在学校德育中必然存在，不同国家之间的德育差异主要是意识形态的存在是显性还是隐形。教育本身有其政治性，在西方国家，学校教育表面上强调德育无涉政治，事实上，西方学校德育的意识形态就是标准的西方自由主义政治意识形态。德育过程论是决定了学生个体走向道德成熟的基本过程和阶段的预设，其背后蕴含着该社会对学生的过程期待和过程理解。德育内容论则是直接决定了学校德育内容安排的重要基本理论，哪些内容能够进入学校德育，其基本依据就是德育内容论。德育目标体现着国家和社会对学校德育的德育结果的期待，是对学生德育发展的预设，也是国家意志的重要体现。德育目标的重要性还在于其本身就对学校德育有着强大的影响力，是评价学校德育的基本依据。德育标准是学校德育中的具体的标准假设，一般由标准体系构成，蕴含着社会对学校德育在学生思想、政治和道德发展等相关系列领域中的基本要求和期望。

### 三 时代发展对德育的挑战与要求

现代社会正处于一个国际大变局的时代，世界百年未有之大变局对人类经济社会发展影响深远。现代科技快速发展，对青少年生活有重要影响。媒体网络技术改变了传统信息传播的方式，青少年德育需要适应新媒体时代的特征。同时，人类社会发展共同面临的一些问题，如生态环境问题、国际和平发展问题，都对新时代德育有着重要而深远的影响。

（一）新时代党和国家对德育的重要要求

"培养什么人，是教育的首要问题。"[1] 新时代党和国家高度重视德育工作。"从历史和现实的角度看，任何国家、任何社会，其维护政治统治、维系社会稳定的基本途径无一不是通过教育。"[2] 习近平总书记

---

[1] 习近平：《培养德智体美劳全面发展的社会主义建设者和接班人》，载中共中央党史和文献研究院编《十九大以来重要文献选编》（上），中央文献出版社2019年版，第647页。

[2] 习近平：《培养德智体美劳全面发展的社会主义建设者和接班人》，载中共中央党史和文献研究院编《十九大以来重要文献选编》（上），中央文献出版社2019年版，第647页。

指出:"长期以来,各种敌对势力从来没有停止过对我国实施西化、分化战略,从来没有停止过对中国共产党领导和我国社会主义制度进行颠覆破坏活动,始终企图在我国策划'颜色革命',他们下功夫最大的一个领域就是争夺我们的青少年。"①

青少年是党和国家的未来,所有青少年都出自教育的培养。"争夺青少年的斗争是长期的、严峻的,我们不能输,也输不起。"② 习近平总书记特别强调:"教育的失败是一种根本性的失败。我们决不能犯这种历史性错误!"③ 德育作为学校思想政治工作的重要构成部分,是决定着青少年普遍性的思想、政治、道德、法治素养的教育领域。确保学校德育的正确政治方向,建立青少年正确的历史观、民族观、国家观、文化观、政治观,这是党和国家对德育的重要要求。

(二) 世界百年未有之大变局对德育的影响

现代社会正处于一个国际大变局的时代。当代国家间的政治经济联系达到百年未有之紧密,新兴国家群体性崛起,西方主导的国际体系已经改变,国际关系内涵发生了重要变化等。④ 在此轮世界变局中,中国本身的地位与作用也有着重要变化。中国发展速度之快,影响之深远百年未有,中国已经成为国际体系的主要参与者、建设者和贡献者。⑤

在国际局势上,霸权主义和强权政治等现象时有发生,战争危险、恐怖主义等威胁全球安全的不稳定因素依然存在。中国的快速发展引起了一些资本主义国家的忌惮,部分国家将中国视为战略对手或假想敌,利益的博弈与意识形态的碰撞始终存在。部分国家散布"中国威胁论"等错误言论混淆视听,对我国进行各类价值观输入和社会思潮侵袭,有

---

① 习近平:《培养德智体美劳全面发展的社会主义建设者和接班人》,载中共中央党史和文献研究院编《十九大以来重要文献选编》(上),中央文献出版社2019年版,第648页。
② 习近平:《培养德智体美劳全面发展的社会主义建设者和接班人》,载中共中央党史和文献研究院编《十九大以来重要文献选编》(上),中央文献出版社2019年版,第648页。
③ 习近平:《培养德智体美劳全面发展的社会主义建设者和接班人》,载中共中央党史和文献研究院编《十九大以来重要文献选编》(上),中央文献出版社2019年版,第647页。
④ 王俊生、秦升:《从"百年未有之大变局"中把握机遇》,《红旗文稿》2019年第7期。
⑤ 王俊生、秦升:《从"百年未有之大变局"中把握机遇》,《红旗文稿》2019年第7期。

意识地对我国的制度、文化、价值体系等进行抹黑。如何在这种国际大变局中，引导青少年建立健康的思想道德价值观，是德育承担的重要工作。同时，在国际政治领域，"必须警惕和防范西方所谓'宪政'、多党轮流执政、'三权鼎立'等政治思潮的侵蚀影响"①。

（三）国内社会转型关键时期对德育的重要挑战

"每一历史时代的经济生产以及必然由此产生的社会结构，是该时代政治的和精神的历史的基础。"② 今天是一个伟大的时代，但同时，也要清醒地认识到，当前正处于社会转型的关键时期，要注意正视和解决面临的困难和挑战。市场经济体制下催生多元价值追求，容易弱化对主流意识形态的认同度。民生领域的社会矛盾和问题处于价值叠加状态，必须增强政府公信力和社会诚信力。现代媒体传播技术，使社会治理遭遇扁平化和即时性挑战。③

在一个转型时期，如何在社会建设中凝心聚力、铸魂育人、强基固本，必须发挥德育对青少年的强大而持久的育人能力。做好了青少年德育，就确保了社会未来公民在思想意识领域的整体健康性。在一个多元挑战的时代，确保主流价值观教育；在一个可能扁平化的时代，确保思想道德领域的高度和标准；在一个可能被娱乐主义侵蚀的时代，确保青少年精神世界的健康性。这些都是转型时期德育面对的挑战。

（四）现代科技发展对青少年社会生活的影响

现代科技发展日新月异，极大地改变着青少年成长的生活环境。随着经济物质条件的极大改善，青少年德育也面临巨大挑战。"生于忧患、死于安乐"（《孟子·告子下》）。如何在这种舒适的环境中，保持青少年的艰苦奋斗的精神，不成为娇弱的"温室中的花朵"，这是新时代德育面临的重要考验。

同时，经济社会发展中，也有着一些需要警惕的不良思想。如"拜金主义、享乐主义、极端个人主义和历史虚无主义等错误思潮不时

---

① 《中共中央关于党的百年奋斗重大成就和历史经验的决议》，人民出版社2021年版，第39页。

② 《马克思恩格斯选集》第1卷，人民出版社2012年版，第380页。

③ 张世飞、王冰冰：《习近平关于思想政治教育的重要论述研究》，《新疆师范大学学报》（哲学社会科学版）2021年第7期。

出现"①。如何确保在德育中对青少年"从思想上正本清源、固本培元、筑牢信仰之基、补足精神之钙、把握思想之舵"②，这是新时代德育的重要使命。

（五）现代媒体对德育方法和路径的影响

现代媒体技术，深刻地改变着青少年的德育环境。"互联网的迅猛发展，深刻改变着舆论生成方式和传播方式，改变着媒体格局和舆论生态。"③ 网络传播格局和舆论生态新变化对主流意识形态造成严重冲击。④ 德育既要善于利用现代媒体，又要注意现代媒体对青少年发展可能产生的不良影响，这是新时代德育的重要挑战。

习近平总书记强调："过不了互联网这一关就过不了长期执政这一关。"⑤ 对于青少年德育来说，必须高度重视网络空间治理，给予青少年健康的现代媒体环境。在国家治理层面，要"完善网络空间治理，清理违法和不良信息，依法惩治网络违法犯罪行为，营造安全文明的网络环境"⑥。同时，也要注意正面发挥现代媒体的德育影响力。"加强网络伦理、网络文明建设，发挥道德教化引导作用，用人类文明优秀成果滋养网络空间、修复网络生态。"⑦

（六）新时代的国际国内其他挑战

新时代的国际局势，人类社会发展有着长期和平建设的重要挑战。近年来人类社会中战乱仍然频发，严重影响人类社会的整体安全。人类

---

① 《中共中央关于党的百年奋斗重大成就和历史经验的决议》，人民出版社2021年版，第43页。
② 《中共中央关于党的百年奋斗重大成就和历史经验的决议》，人民出版社2021年版，第31页。
③ 《习近平总书记系列重要讲话读本》（2016年版），学习出版社、人民出版社2016年版，第204页。
④ 刘贤玲、刘剑津：《新时代思想政治教育的政治引领》，《福建论坛》（人文社会科学版）2021年第4期。
⑤ 《中共中央关于党的百年奋斗重大成就和历史经验的决议》，人民出版社2021年版，第45页。
⑥ 《习近平总书记系列重要讲话读本》（2016年版），学习出版社、人民出版社2016年版，第205页。
⑦ 《习近平总书记系列重要讲话读本》（2016年版），学习出版社、人民出版社2016年版，第205页。

社会需要和平与发展，需要超越国家、民族的具有深邃世界眼光的和平思想。学校德育要致力于建设人类命运共同体，推进国际理解。在新时代积极服务于国际治理，这是新时代学校德育在国际理解领域中的重要使命。

生态环境问题是一个中西方都面临的国际性问题。对我国发展而言，"生态文明建设仍然是一个明显短板，资源环境约束趋紧、生态系统退化等问题越来越突出，特别是各类环境污染、生态破坏呈高发态势，成为国土之伤、民生之痛"[①]。国际社会中，生态环境问题也是一个普遍性问题，如何确保地球这颗蓝色星球的生态健康，是人类社会必须高度重视的问题。在学校德育中强化生态文明教育，提升青少年生态环境保护意识，这也是新时代德育承担的重要责任。

## 第二节 研究的理论基础及研究方法论

每一项研究都有其基本的理论基础。理论基础是研究的重要理论标准和指向，也是决定着研究质量的重要因素。理论基础在研究基本假设、研究基本指向、研究基本标准、研究价值倾向等领域，影响着研究的整个过程，并在很大程度上体现着研究的理论品质和理论特色。

### 一 研究的理论基础

本书的内容指向新时代德育基本理论体系，核心构成是习近平总书记关于德育的重要论述，其理论基础是习近平新时代中国特色社会主义思想，而其中在学校教育领域的重要理论构成是习近平总书记关于教育的"九个坚持"重要论述。

习近平新时代中国特色社会主义思想是新时代的指导思想，有其重要理论渊源和理论创新。"新时代中国特色社会主义思想，是对马克思列宁主义、毛泽东思想、邓小平理论、'三个代表'重要思想、科学发

---

① 《中共中央关于党的百年奋斗重大成就和历史经验的决议》，人民出版社2021年版，第51页。

展观的继承和发展，是马克思主义中国化最新成果，是党和人民实践经验和集体智慧的结晶，是中国特色社会主义理论体系的重要组成部分，是全党全国人民为实现中华民族伟大复兴而奋斗的行动指南，必须长期坚持并不断发展。"[1] 在 2018 年全国教育大会上，习近平总书记提出了关于教育的"九个坚持"重要教育论述，具体是："坚持党对教育事业的全面领导，坚持把立德树人作为根本任务，坚持优先发展教育事业，坚持社会主义办学方向，坚持扎根中国大地办教育，坚持以人民为中心发展教育，坚持深化教育改革创新，坚持把服务中华民族伟大复兴作为教育的重要使命，坚持把教师队伍建设作为基础工作。"[2] 关于教育的"九个坚持"重要论述，从政治方向到教育战略定位，从意识形态到教育根本任务，全面系统地阐释了新时代中国特色社会主义教育改革与发展的战略思想，是新时代中国教育改革与发展的纲领性指导思想。

其一，坚持党对教育事业的全面领导。首先，在政治方向和政治立场上，必须坚定党的领导。加强党对教育工作的全面领导，是办好教育的根本保证。[3] 其次，在教育方针和政策落实上，必须坚定党的领导。各级各类学校必须全面贯彻党的教育方针，抓好学校党建工作，做好意识形态工作，提升办学治校质量。最后，在学校教育的思想政治工作领域，必须坚定党的领导。

坚持党对教育事业的全面领导，是中国教育发展的政治组织的基本原则。学校教育事业必须坚持党的全面领导，意识形态工作和政治方向不能仅依赖宣传指导和行政管理，还必须贯彻政治组织保障原则。

其二，坚持把立德树人作为根本任务。首先，学校教育要高度重视对学生的理想信念教育，扎实做好爱国主义精神教育，立志为国家和民族发展服务。其次，学校教育要坚持德智体美劳全面发展的教育。最后，立德树人根本任务要致力于培养世界一流人才。只有培养了大批世界一流人才，立德树人的根本任务才真正落到了实处。

---

[1] 《习近平著作选读》第二卷，人民出版社 2023 年版，第 17 页。
[2] 《习近平在全国教育大会上强调 坚持中国特色社会主义教育发展道路 培养德智体美劳全面发展的社会主义建设者和接班人》，《人民教育》2018 年第 18 期。
[3] 《习近平在全国教育大会上强调 坚持中国特色社会主义教育发展道路 培养德智体美劳全面发展的社会主义建设者和接班人》，《人民教育》2018 年第 18 期。

新时代中国教育必须坚持把立德树人作为根本任务，为党育人、为国育才。在基础教育领域，重点是培养全面发展的具有发展潜能的基础性人才；在高等教育领域，关键在于培养德才兼备的世界一流专业人才。教育领域的"四个自信"必须转化为教育事业建设的成就，只有我国教育体系和教育质量成为世界一流，我国的学校教育才能在世界上拥有自己的地位，并具有自己的话语权。

其三，坚持优先发展教育事业。首先，必须把教育事业作为中华复兴的基础工程，这是对教育的科学定位。其次，坚持优先发展教育事业，走创新发展之路。教育是科教兴国的重要支撑点，也是决定了中国经济社会可持续发展和创新性发展的关键因素。最后，坚持优先发展教育事业，是增强国家核心竞争力的需要。现代国家之间竞争的关键是科技与人才的竞争，科教实力是国家核心竞争力的基础性构成部分。

坚持优先发展教育事业，是中国教育发展的战略定位。其一，优先发展教育事业，是基于教育本身的战略地位。科教兴国的基础在于教育，因为科技人才也是教育培养出来的，而高等教育同时也承担着重要的科学研究的职能。其二，优先发展教育事业，其重要意义在于教育是国际竞争力的重要支撑。教育强则国强，教育是国家核心竞争力的重要构成。其三，优先发展教育事业，还在于教育本身是社会治理的重要构成部分。教育公平是社会公正的基础，教育关系到社会公平、人才选拔等，同时也是增强人民获得感的重要领域。

其四，坚持社会主义办学方向。首先，必须坚定教育为社会主义建设事业服务。其次，学校教育必须坚定培养社会主义劳动者。马克思强调生产劳动同智育和体育相结合，是造就全面发展的人的唯一办法。[1]在学校教育中，要高度重视培养学生的劳动精神和劳动能力，为社会发展和民族复兴作贡献。最后，必须坚定推进教育公平。促进教育公平和提高教育质量是中国社会主义教育必须高度重视并持续改进的两大任务。[2]

---

[1] 《马克思恩格斯选集》第2卷，人民出版社2012年版，第230页。
[2] 顾明远：《从新民主主义教育到社会主义教育——纪念中国共产党成立90周年》，《教育研究》2011年第7期。

## 绪 论

坚持社会主义办学方向,这是中国教育发展的政治底色。社会主义与以往制度的根本区别在于它代表着最广大人民群众的利益,教育"应为全民族百分之九十以上的工农劳苦民众服务,绝不应该是少数人所得而私的文化"[①]。具体而言,坚持社会主义办学方向,在中国教育发展中需要重点做好以下四个方面:在意识形态上,中国教育事业必须坚持以马克思主义为指导;在政治组织上,必须坚持中国共产党的领导;在价值观领域,必须全面深入用社会主义核心价值观教育引导青少年学生成长;在学校教育方针政策领域,学校教育必须全面贯彻社会主义教育方针政策,确保学校教育方针政策的正确性。

其五,坚持扎根中国大地办教育。首先,中国教育发展必须坚定"四个自信"。具体而言,文化自信在教育领域更显重要,如果教育领域不能做到文化自信,整个民族都很难建立起坚实的文化自信,因为民族的每一个个体都出自学校教育的培养。其次,中国教育必须坚定培养中国人才。学校教育要致力于培养学生正确的历史观、民族观、国家观、文化观。[②] 最后,要扎根中国培养有真才实学的栋梁之才。学校教育培养的人才既要有真才实学,同时还要熟悉中国国情,扎根中国大地,在服务于民族复兴的伟大进程中实现自己的价值。

坚持扎根中国大地办教育,是中国教育发展的文化底色。中国教育发展必须坚定"四个自信",必须扎根中国大地,中国教育发展才具有鲜活的生命力,这是中国教育发展的文化底色的逻辑。具体而言,扎根祖国大地办教育,要重点做好以下工作:其一,要重视中国教育智慧和教育经验,解决中国教育问题,而不能依赖于西方理论和经验的单向输入;其二,要对中国教育发展具有充分自信,建立教育文化自觉和价值自觉,将一流的成果发表在中国大地上,将一流的智慧交付给中国教育事业;其三,扎根中国大地办教育不能故步自封,在"四个自信"的基础上,同样要积极参与国际教育交流合作,吸收优秀国际教育成果。

其六,坚持以人民为中心发展教育。首先,必须坚持教育发展服务人民。教育事业发展必须坚持不忘初心,坚持教育为了人民,教育事业

---

[①] 人民教育出版社编:《毛泽东同志论教育工作》,人民教育出版社2000年版,第89页。
[②] 《习近平谈治国理政》第二卷,外文出版社2017年版,第351页。

发展服务人民。其次,坚持教育发展依靠人民。在具体学校办学中,要汲取人民智慧,理解人民群众对教育的迫切期待。最后,坚持办好人民教育事业。教育发展的核心是教育教学质量,在教育发展的具体实践中,必须坚持以人民为中心,大力提升学校教育教学质量,提升人才培养质量,实现教育让人民满意。

坚持以人民为中心发展教育,是中国教育的服务宗旨。其一,学校教育必须忠于人民教育事业。学校党组织和教师群体必须强化四个责任。"公办中小学教师要切实履行作为国家公职人员的义务,强化国家责任、政治责任、社会责任和教育责任。"① 其二,在教育的具体发展中,必须有人民的教育立场。在教育的基本理论、政策法规、教育实践中,必须坚持人民立场。其三,教育必须贯彻服务于人民的教育宗旨。教育事业是人民的民生问题,必须坚持人民本位,服务于人民的教育利益,提升教育公平,提升教育质量,建构人民满意的教育体系。

其七,坚持深化教育改革创新。教育改革涉及面广,既要敢于改革,也要稳妥改革,走稳健发展的教育改革之路。首先,教育发展要勇于改革创新。教育发展本身具有一定的历史惯性,需要用改革创新推进教育自身健康发展。其次,教育改革涉及面极广,实施教育改革要系统推进。教育事业涉及社会所有人群,影响深远,教育改革需要全面考虑,审慎权衡。最后,教育改革要注意平稳推进。"步子要稳,就是方向一定要准,行驶一定要稳,尤其是不能犯颠覆性错误。"② 教育改革宜采取缓进式改革,逐步取得社会改革共识,确保学校教育整体稳定。

坚持深化教育改革创新,是中国教育的发展路径。中国教育发展不能对西方国家亦步亦趋,必须走出一条自己的道路,坚定中国特色社会主义教育发展之路。其一,教育改革要注意改革的正确性。教育改革一方面要维护社会的公平正义,另一方面要注意强调教育发展动力和教育活力。其二,在教育发展中,要敢于改革和勇于改革。教育发展不能过度保守,必须适应现代科技和经济社会发展的新情况和新需要,走稳健

---

① 《中共中央国务院关于全面深化新时代教师队伍建设改革的意见》,《人民日报》2018年2月1日第1版。

② 《习近平谈治国理政》第一卷,外文出版社2018年版,第101页。

的改革与发展之路。

其八,坚持把服务中华民族伟大复兴作为教育的重要使命。首先,中国教育发展要彰显中国精神,走中国道路,为中华民族伟大复兴服务。其次,坚持用爱国主义培养青年学生的时代责任。一代人肩负一代人的责任和使命,这种责任和使命同时也是青少年学生发展的重要精神动力。最后,在实现中华伟大复兴中国梦的过程中培养和成就青年学生的实干精神,以中国特色社会主义建设伟大实践,教育培养青年学生脚踏实地、实干兴邦的人生志向。

坚持把服务中华民族伟大复兴作为教育的重要使命,是中国教育的发展使命。学校教育要坚定培养青少年的爱国主义情感,要扎实推进中国梦教育。中国梦教育同时也是爱国主义、民族教育的重要构成内容。学校教育要用中国梦激励青少年构筑家国情怀、建立远大志向,培养高质量的担当民族复兴大任的时代新人。

其九,坚持把教师队伍建设作为基础工作。首先,坚持把教师队伍建设作为新时代教育改革与发展的基础工作。教师队伍的质量是学校教育教学质量的基础,这是对教师队伍建设的科学定位。其次,要坚持推进教师队伍的师德师风建设和专业能力建设,提升教师队伍质量。最后,坚持把教师队伍建设作为基础工作,要全面系统实施教师队伍建设系列支持和服务工作,系统提高教师政治地位、社会地位和职业地位,提升教师职业的吸引力。

坚持把教师队伍建设作为基础工作,是中国教育的质量保障。教师队伍建设既要高度重视政治思想和师德师风,同时也要高度重视教师职业能力和专业素养。只有建设好了高质量的教师队伍,学校教育质量才具有坚实基础。

## 二 研究基本方法论

在基本方法论上,研究认为德育既是一个理论领域,也是一个实践领域,还是一个历史传承中的文化领域。在具体研究过程中,既注重理论分析和建构,强调研究的理论逻辑;同时注意历史比较分析,注重研究分析中的历史逻辑;还注意文化比较研究,注重分析中的文化逻辑。

研究的重要依据是习近平总书记关于德育的重要论述。在具体的研究过程中，研究严格遵从原文原著，强调理论阐释的严谨性。新时代德育在多个领域有重要理论创新，研究的重点是准确、全面、系统地呈现给德育工作者，以便于深入理解和掌握新时代德育基本理论。

在学理性上，研究将新时代德育基本理论定位为政治性与教育性两个学科维度。在政治性上，强调新时代德育基本理论有其思想政治的重要属性，强调思想政治方向的正确性，强调学校德育是学校思想政治工作的重要构成部分。在教育属性上，强调德育面对的是学生个体，要注重内在的教育基本规律，要遵循学生个体发展的认知发展规律。

### 三 核心概念界定与已有研究

本书主要分析新时代德育基本理论体系。德育是研究的核心概念，需要准确界定。作为一项学术研究，既需要注重学理性，还需要追溯相关学术研究史，以此定位研究可能的重点工作方向。

#### （一）"德育"概念界定

基于历史文化传统的差异，不同社会的德育概念也存在一定差异。德育在英文中一般翻译为"moral education"，即道德教育，这是一种极狭义的德育概念。但在中国语境中，"德育"一词有其自身的语义含糊性，可以被解释为"道德教育"，也可以被解释为关于"德"的教育，后者的概念远比前者大。"德"既可以狭义解释为道德，也可以广义解释为"思想政治和道德品质的总称"[①]。从"德"的起源看，作为伦理学范畴的"德"，非常具有影响力的是孔子的"志于道，据于德"（《论语·述而》），这里的"德"指的是合乎道德行为和品德。中国"几千年人文传统把'德'理解为包括品德修养、精神风貌、政治思想、工作作风等多维内容"[②]。从整体上看，中国的德育概念，基本上是广泛意义上的德育。为了有效体现中国德育的内容广泛性，部分英文翻译将"德育"翻译为汉语拼音构成"Deyu"[③]，以此区别于狭义的

---

[①] 詹万生：《整体构建学校德育体系落实立德树人根本任务》，《创新人才教育》2020年第1期。

[②] 丁伯成：《中国传统德育思想》，《江西教育科研》1995年第2期。

[③] 如 Li Ping, et al., "Deyu as Moral Education in Modern China: Ideological Functions and Transformations", *Journal of Moral Education*, 2004 (4), pp. 449–464.

"moral education"。

　　要准确理解德育的概念，需要厘清德育与思想政治教育的关系。思想政治教育是一个主要基于思想政治工作的概念，作为一个二级学科，思想政治教育归属于马克思主义理论一级学科。在党中央国务院 2021 年下发的《关于新时代加强和改进思想政治工作的意见》中，新时代的思想政治教育具体涵盖：理想信念教育、中国梦宣传教育、爱国主义、集体主义、社会主义教育、社会主义核心价值观教育、四史教育、形势政策教育、法治教育、防范化解重大风险宣传教育等。① 从这一概念定位来看，思想政治教育是面对全社会而进行的内涵丰富的广泛的教育。

　　从整体上看，德育的概念在内容和对象上相对要小于思想政治教育。"所谓德育，就是为培养和提高受教育者的思想政治品德素质而进行的教育。"② 虽然有部分研究采用了极为广泛的德育概念，如《邓小平德育思想研究》中，采用的是大德育思想。该研究强调："邓小平同志的大德育思想，既继承了我党思想政治工作的优良传统，并以它为基本内涵，同时又拓展了其外延，与时代特征相结合，与人类优秀的德育成果相统一，是党的思想政治工作与党的德育工作相统一的结晶。"③ 但整体上看，德育主要是一个基于学校教育的概念，基本等同于学校德育，是主要面对青少年学生、主要局限于学校教育内的概念。德育概念的使用范围，基本都与学校教育密切相关。

　　从内涵上看，思想政治教育的概念大于德育，在对象范围上覆盖全社会。需要注意的是，思想政治教育不是思想教育与政治教育的相加，而是一个全新的概念。"思想和政治两词的意思是明确的，然而将二者组合，就会成为一个新的词语。"④

---

① 中共中央国务院：《关于新时代加强和改进思想政治工作的意见》，《人民日报》2021 年 7 月 13 日第 1 版。
② 武汉大学思想政治教育系组编：《比较德育学》，武汉大学出版社 2000 年版，第 3 页。
③ 李康平、张吉雄：《邓小平德育思想研究》，中国社会科学出版社 2001 年版，第 1 页。
④ 邢鹏飞：《思想政治教育概念界定的马克思恩格斯文本求证》，《思想教育研究》2014 年第 6 期。

整体来看，在德育概念的使用上，一般有三种不同的类型。广义的德育，基本与思想政治教育相近，这是一种使用较少的德育概念类型，采用这种德育概念的代表性作品有李康平教授的《邓小平德育思想研究》。① 狭义的德育，主要指学校德育，主要针对青少年学生，这是最为常见的德育概念类型。极狭义的德育，指的是道德教育，这是使用范围较窄的一种德育概念，主要见于伦理学和教育学领域。

德育在学校教育中是一个普遍运用的理论和实践领域的基本概念。在党的教育方针的阐述中，基本都使用了德育的概念。毛泽东同志阐述的党的教育方针是："我们的教育方针，应该使受教育者在德育、智育、体育几方面都得到发展，成为有社会主义觉悟的有文化的劳动者。"② 这里的德育，与智育、体育等相并列。需要指出的是，毛泽东同志在讨论青少年教育，特别是学校对学生的教育时，相对于智育、体育等，毛泽东同志使用"德育"概念表示对学生的思想和品德的培养，并且把"德育"看作学校思想政治教育的重要内容。③

习近平总书记在 2018 年全国教育大会上阐述了新时代党的教育方针，提出了"德智体美劳"全面发展的新时代的教育目标。阐述中将德育、智育、体育、美育、劳动教育相并列。本书中的德育主要指学校德育，主要面向青少年学生，具体内容涵盖道德教育、思想教育、政治教育、法治教育等。

（二）已有研究综述

对新时代德育基本理论的研究，国内相关研究相对而言较为丰富，国外研究则相对较少。国外相关研究主要集中于中国特色社会主义、中国梦、人类命运共同体等领域。

国外学术界普遍认为习近平新时代中国特色社会主义思想是中国特色社会主义的历史性新发展，相关研究始于 2017 年。基本共识是习近平新时代中国特色社会主义思想提出了重要的新理论、新路径、新

---

① 李康平、张吉雄：《邓小平德育思想研究》，中国社会科学出版社 2001 年版，第 1 页。
② 《毛泽东文集》第七卷，人民出版社 1999 年版，第 226 页。
③ 武东生：《毛泽东思想的"思想政治教育"概念简析》，《马克思主义理论学科研究》2018 年第 2 期。

模式等，成功建构了不同于欧美的中国模式，并有学者深入研究了中国社会治理模式的变化①，另有学者深入分析了中国社会治理中的新常态②。

西方学者历来对中国社会及教育都很感兴趣，汤因比通过历史比较，认为注重秩序与和谐的中国社会范式对人类发展具有重大意义；郝大维、史华兹、安乐哲等美国学者通过分析中西伦理差异，认为中国不同于西方自由主义传统，是典型社群主义范式。西方学者深入分析了中国教育在文化传承和社会伦理领域中的侧重点，并关注到中国社会中，教育经常与政治、意识形态密切相关，道德和思想权威与政治紧密联系。同时，西方学者也高度关注到中国努力建立中国特色社会主义法治国家，致力于推进社会主义法治教育。有学者注意到习近平高度重视教育的公平性，强调教育的社会主义性质，致力于推进教育公平建设③。

在中国梦教育领域，国外学术界的基本共识是中国梦是典型的中国道路和中国特色，体现了中国共产党历史传统的新发展，并对中国发展具有重要的软实力价值。马丁·雅克认为中国梦不仅是一个国家和民族的梦，还是一个文明的梦。研究普遍认为中国梦是中国共产党历史传统的新发展，注重道德与梦想的力量。另外有学者深入分析了中国梦的重要国际话语影响力量④。多位学者指出习近平总书记的人类命运共同体思想对人类社会未来建构具有重要历史意义。西方学者同时也注意到美丽中国的生态文明建设以及其背后的生态文明教育思想⑤。

---

① Baogang Guo, David M. Lampton, "Following the Leader: Ruling China, from Deng Xiaoping to Xi Jinping", *Journal of Chinese Political Science*, June 2015, Volume 20, Issue 2, pp. 203–204.

② Nele Noesselt, "Introduction: 'New Normal' under Xi Jinping", *Journal of Chinese Political Science*, September 2017, Volume 22, Issue 3, pp. 321–325.

③ Zhao Litao, "Stratification in China's Education", *China: An International Journal*, NUS Press Pte Ltd, Volume 16, Number 3, August 2018, pp. 142–162.

④ Anny Boc, "The Power of Language: Globalizing 'The Chinese Dream'", *Fudan Journal of the Humanities and Social Sciences*, December 2015, Volume 8, Issue 4, pp. 533–551.

⑤ Maurizio Marinelli, "How to Build a 'Beautiful China' in the Anthropocene. The Political Discourse and the Intellectual Debate on Ecological Civilization", *Journal of Chinese Political Science*, 22 February 2018, pp. 1–22.

国内学术界相关研究主要集中于立德树人、中国梦教育、法治与德治的治国理政思想等领域。在德育领域，研究主要集中于立德树人和社会主义核心价值观，研究始于2013年，近年来逐步扩展到家庭教育、法治教育、生态文明教育等领域。关于立德树人教育根本任务，研究主要始于2013年。在学校德育领域，有研究分析了习近平学校德育思想的具体维度，涵盖学校德育地位、德育目标、德育内容等（石书臣，2017；杨志成，2017）。

在高校思想政治教育领域，相关研究主要始于2013年。众多学者认为遵循"三个规律"是对高校人才培养模式的重要创新（郑永廷，2017；董文芳，2017）。有学者分析指出习近平的思想政治教育观具有思想深邃的内容体系，并具有独具特色的理论特征和重要的实践价值（董文芳，2017）。

在中国梦教育领域，相关研究相对丰富。部分学者深入研究了中国梦与社会主义核心价值观的关系，认为两者有着密切内在联系（张朋智、祝福恩、杨雪冬，2013）。有学者分析了中国梦对思想政治教育的价值，指出中国梦是思想政治教育的重要内容（秦记洪、格日乐图、蒙秋明，2013）。吴林龙（2014）分析了中国梦融入思想政治教育的路径。李康平（2014）指出中国梦是马克思主义德育思想的新发展。另外有分析中国梦与政治认同的关系（连海江，2014）。

在法治教育领域，相关研究主要始于2014年。研究认为习近平法治思想是治国理政的重要思想，是重要治国方略（童建军、王建敏，2017）。有研究认为法治与德治相结合是中国特色社会主义法治道路的鲜明特征（程竹汝，2017）。

在青年教育领域，相关研究主要始于2014年。研究指出习近平总书记青年教育重要论述阐明了青年思想政治教育的目标要求、发展方向和价值取向（黄蓉生等，2016）。另有学者重点研究了习近平青年价值观教育（杨晓慧，2017）。

从整体上看，对新时代德育基本理论的相关领域成果相对丰富，但对新时代德育基本理论的系统性研究相对薄弱。目前学界已经取得的共识主要有：习近平总书记关于德育的重要论述是新时代德育基本理论的核心构成部分，涵盖家庭教育、基础教育、高等教育等阶段，并融合了思想教育、政治教育、道德教育、法治教育等，内涵丰富，范围广泛；德育重要论述的核心是立德树人，重要方法论是"三全育人"。

## 第三节　新时代德育的基本维度

人才是第一资源，建构高质量的学校教育体系，高质量培养德智体美劳全面发展的社会主义事业建设者和接班人，是当代中国学校教育的使命。

### 一　新时代德育相关概念使用的基本情况

习近平总书记一贯高度重视德育，在其各个时期的重要论述中，均可以找到相关德育概念的使用。在德育相关概念的使用上，习近平总书记非常注重具体概念的准确性。

在河北正定工作期间，习近平总书记使用了思想教育的概念。他强调："加强思想教育要有针对性和说服力（1982年）。"[①]

在福建工作期间，习近平总书记使用了道德教育的概念。"特别是在道德教育方面，如同积跬步而至千里、积小流而成江河，必须日积月累才能有所收获。"[②]

在浙江工作期间，习近平总书记既使用了德育的概念，也使用了思想政治教育、道德教育、思想道德教育等概念。对于家庭教育，他使用的是思想道德教育的概念。如"家庭是未成年人接受思想道德教育的第一课堂，父母是孩子的第一任老师（2004年）"[③]。在法治教育中，使用了道德教育的概念。如"把法律制裁的强制力量与道德教育的感化力量紧密地结合起来"[④]。在大学生思想政治工作上，既使用了思想政治教育的概念，同时也使用了德育的概念。如"加强和改进大学生

---

[①] 习近平：《知之深　爱之切》，河北出版传媒集团、河北人民出版社2015年版，第12页。
[②] 习近平：《摆脱贫困》，海峡出版发行集团、福建人民出版社1992年版，第156页。
[③] 习近平：《之江新语》，浙江出版联合集团、浙江人民出版社2007年版，第64页。
[④] 习近平：《之江新语》，浙江出版联合集团、浙江人民出版社2007年版，第206页。

思想政治教育，关键要抓住一个中心。这个中心就是以育人为中心，牢固树立'学校教育、育人为本，德智体美、德育为先'的教学理念……"① "必须坚持每一个高校教师首先当好德育教师，确保教书育人真正落到实处。"②

2014年，习近平总书记在北京市海淀区民族小学主持召开座谈会时，使用了德育的概念。"学校要把德育放在更加重要的位置，全面加强校风、师德建设，坚持教书育人……"③

在2018年全国教育大会上，习近平总书记使用了德育、品德教育、思想道德教育的概念。对于学校教育整体，使用的是德育概念。如"培养德智体美劳全面发展的社会主义建设者和接班人"④。"德育既是学生入学的第一课，也是学生离校前的最后一课……"⑤ 强调道德时，使用了品德教育的概念。如"加强品德教育，既有个人品德，也有社会公德、热爱祖国和人民的大德"⑥。在强调立德树人时，使用了思想道德教育的概念。"要把立德树人融入思想道德教育、文化知识教育、社会实践教育各环节……"⑦

在2019年学校思想政治理论课教师座谈会上，习近平总书记使用了德育、思想政治教育、品德教育等概念。在关于学校教育整体上，使用了德育概念。如"学校要把德育放在更加重要的位置……"⑧ 同时也使用了思想政治教育和品德教育的概念。如"基础教育是立德树人的

---

① 习近平：《干在实处 走在前列——推进浙江新发展的思考与实践》，中共中央党校出版社2006年版，第305页。
② 习近平：《干在实处 走在前列——推进浙江新发展的思考与实践》，中共中央党校出版社2006年版，第306页。
③ 《习近平谈治国理政》第一卷，外文出版社2018年版，第184页。
④ 习近平：《培养德智体美劳全面发展的社会主义建设者和接班人》，载中共中央党史和文献研究院编《十九大以来重要文献选编》（上），中央文献出版社2019年版，第647页。
⑤ 习近平：《培养德智体美劳全面发展的社会主义建设者和接班人》，载中共中央党史和文献研究院编《十九大以来重要文献选编》（上），中央文献出版社2019年版，第650页。
⑥ 习近平：《培养德智体美劳全面发展的社会主义建设者和接班人》，载中共中央党史和文献研究院编《十九大以来重要文献选编》（上），中央文献出版社2019年版，第650页。
⑦ 习近平：《培养德智体美劳全面发展的社会主义建设者和接班人》，载中共中央党史和文献研究院编《十九大以来重要文献选编》（上），中央文献出版社2019年版，第653—654页。
⑧ 《习近平重要讲话单行本》（2020年合订本），人民出版社2021年版，第278页。

事业，要旗帜鲜明加强思想政治教育、品德教育……"①

从整体上看，习近平总书记在德育相关概念的使用上，呈现出这样一些规律和特征：

1. 在针对学校教育整体上，一般使用德育的概念。如 2018 年全国教育大会上提出的"德智体美劳全面发展"，在 2021 年的中央全面深化改革委员会第二十二次会议上使用"德育"概念。

2. 在针对学校思想政治工作上，一般使用思想政治工作和思想政治教育。如在 2016 年高校思想政治工作会议上的讲话中提出"把思想政治工作贯穿教育教学全过程"②。思想政治教育本身就是基于思想政治工作而产生的概念，这种使用符合相关语境。

3. 在具体联系立德树人或社会主义核心价值观等论述中，一般使用品德教育、思想道德教育的概念。如 2018 年全国教育大会上的讲话中强调品德时提出"加强品德教育，既有个人品德，也有社会公德、热爱祖国和人民的大德"③。这种使用概念主要是强调"德"的重要性和基础性。

## 二 新时代德育的主要构成维度

新时代德育基本理论以习近平总书记关于德育的重要论述为核心构成部分。习近平总书记关于德育的重要论述思想深刻、内涵丰富，主要涵盖了以下领域：立德树人、社会主义核心价值观、中国梦教育、学校意识形态工作、思想政治理论课的课程建设、教师师德建设、法治教育、生态文明教育、人类命运共同体等。

立德树人是德育重要论述的重要维度。培养什么样的人始终是学校教育最重要的问题。习近平总书记高度重视立德树人，立德树人既是习近平总书记关于德育的重要论述重要构成部分，也是其重要理论创新。

---

① 《习近平重要讲话单行本》（2020 年合订本），人民出版社 2021 年版，第 278 页。
② 《习近平谈治国理政》第二卷，外文出版社 2017 年版，第 376 页。
③ 习近平：《培养德智体美劳全面发展的社会主义建设者和接班人》，载中共中央党史和文献研究院编《十九大以来重要文献选编》（上），中央文献出版社 2019 年版，第 650 页。

社会主义核心价值观是学校德育在道德伦理价值观领域的重要基础，弘扬和践行社会主义核心价值观是学校德育的重要工作。习近平总书记高度重视社会主义核心价值观，有相关的系列重要论述，是指导新时代学校德育的重要理论构成。

中国梦教育是习近平总书记关于德育的重要论述的重要构成部分。具体而言，中国梦教育同时也是爱国主义、民族教育的重要构成内容。中国梦教育是理想信仰教育领域的核心基础，是新时代指引青少年发展的强大精神动力。

意识形态工作事关经济、政治和文化的思想基础，是社会建设和社会治理中极端重要的工作，也是关涉到政治方向性的重要工作。习近平总书记高度重视学校教育的意识形态建设，这也是学校德育的重要工作领域。

思想政治理论课是学校教育中最重要的德育课程。习近平总书记高度重视思想政治理论课的课程建设，在思政课建设领域有系列重要论述。做好思想政治理论课的课程建设，事关新时代学校德育质量，也是奠定学生健康发展的思想基础的关键课程。

高度重视教师队伍建设是习近平总书记关于教育的重要论述的重要理论创新。师德师风建设是教师队伍建设的重要工作，也是学校德育的重要基础。教师队伍建设的质量基本决定了学校教育教学的质量，也基本决定了学校德育的质量。

法治教育是依法治国和以德治国相结合的国家治理战略的重要基础。习近平总书记高度重视法治教育，将其作为社会治理和法治社会建设的重要基础。法治教育是新时代学校德育的重要构成内容。

生态文明教育是新时代德育的重要构成部分。生态文明建设是新时代国家战略，也是建设美丽中国的重要基础。生态文明教育是推进生态文明建设的重要基础性工作，是推进社会生态文明的重要抓手。

学校德育要承担国际理解教育，服务于新时代国际治理。人类命运共同体重要论述是习近平总书记在国际领域提出的重要思想，是新时代国际治理领域的重要理论基础。人类命运共同体重要论述是学校德育在国际教育领域的重要理论基础，是学校德育推进青少年国际视野、世界眼光、国际理解教育中的重要内容。

# 第一章　新时代德育的理论渊源

新时代德育基本理论的核心构成部分是习近平总书记关于德育的重要论述。习近平总书记关于德育的重要论述，是当代中国马克思主义德育理论，在其理论渊源上，既坚守了马克思主义基本原理中的德育理论，也传承了中国共产党在德育领域中的理论与智慧。

## 第一节　马克思主义基本理论中的德育理论

马克思、恩格斯、列宁等在经典著作中有对德育领域的系列经典论述，如关于人的本质、关于道德的阶级性、关于共产主义道德等，奠定了马克思主义基本原理中的德育理论体系。

### 一　马克思恩格斯经典论著中的德育理论

马克思恩格斯在《共产主义宣言》《路德维希·费尔巴哈和德国古典哲学的终结》《反杜林论》等经典著作中，阐述了马克思主义德育的基本观点，奠定了马克思主义德育的理论基础。

（一）对人的本质的科学定义

德育是关涉人的健康社会性培养的教育。对人的本质的认识，是事关德育的基础性理论问题。对人的本质的科学定义，是马克思的重要理论贡献。"人的本质不是单个人所固有的抽象物，在其现实性上，它是一切社会关系的总和。"[①] 马克思主义认为人的本质是一切社会关系的

---

[①] 《马克思恩格斯选集》第 1 卷，人民出版社 2012 年版，第 135 页。

总和，不能脱离社会关系去谈人的本质。"各个人的出发点总是他们自己，不过当然是处于既有的历史条件和关系范围之内的自己，而不是意识形态家们所理解的'纯粹的'个人。"① 基于人的社会关系去认识人的本质，通过人的社会关系去理解人的社会性，进而有效培养个体的思想道德品质，这是马克思经典论著中的重要理论论点。

（二）对道德的阶级性的准确诠释

德育理论的重要理论基础就是对道德的认识和理解。在马克思经典论著中，对道德的理解是理解人类社会的重要维度。"一切以往的道德论归根结底都是当时的社会经济状况的产物。"② 马克思认为道德是社会经济状况的产物，道德本身是人类社会发展中的存在。

精神源于物质，作为精神领域的重要存在的道德，自然也与物质发展和社会结构密切相关。人类社会中的道德整体上是不断发展进步的。"善恶观念从一个民族到另外一个民族，从一个时代到另外一个时代变更得这样厉害，以致它们常常是互相直接矛盾的。"③ 同时，明显的事实也是，道德总有其阶级性的特征。"社会直到现在还是在阶级对立中运动的，所以道德始终是阶级的道德……"④ "人们自觉地或不自觉地，归根结底总是从他们阶级地位所依据的实际关系中——从他们进行生产和交换的经济关系中，获得自己的伦理观念。"⑤ 在社会结构中，道德本身也是社会中统治阶级的思想的重要构成部分。道德是阶级的道德，这是马克思恩格斯对道德的重要判断。

马克思主义自由观是马克思主义的重要构成部分，对自由的认识，也是德育理论的重要理论维度。"自由是在于根据对自然界的必然性的认识来支配我们自己和外部自然界；因此它必然是历史发展的产物。"⑥ 马克思认为自由的重要前提是对自然界的必然性的认识。"自由不在于幻想中摆脱自然规律而独立，而在于认识这些规律，从而能够有计划地

---

① 《马克思恩格斯选集》第1卷，人民出版社2012年版，第199页。
② 《马克思恩格斯选集》第3卷，人民出版社2012年版，第471页。
③ 《马克思恩格斯选集》第3卷，人民出版社2012年版，第469—470页。
④ 《马克思恩格斯选集》第3卷，人民出版社2012年版，第471页。
⑤ 《马克思恩格斯选集》第3卷，人民出版社2012年版，第470页。
⑥ 《马克思恩格斯选集》第3卷，人民出版社2012年版，第492页。

使自然规律为一定的目的服务。"①

(三) 注重劳动与教育相结合的基本原则

马克思主义致力于人的解放和发展,劳动是人自我解放和发展的重要路径。马克思高度重视教育与劳动相结合的原则,这是德育的重要方法和路径。马克思强调生产劳动同智育和体育相结合,是造就全面发展的人的唯一办法。② 在《共产党宣言》中,马克思、恩格斯提出了工人阶级夺取政权后的十项措施,其中有关于教育的经典论述:"对所有儿童实行公共的和免费的教育。取消现在这种形式的儿童的工厂劳动。把教育同物质生产结合起来,等等。"③

(四) 高度注重实践方法论

马克思主义是高度重视实践方法论的哲学。马克思有经典语录:"哲学家们只是用不同的方式解释世界,而问题在于改变世界。"④ 德育是直接指向培养青少年健康社会性的教育,需要高度重视实践方法论,这是马克思经典论著在德育方法论领域的重要构成。"人的思维是否具有客观的真理性,这不是一个理论的问题,而是一个实践的问题。"⑤ 马克思注重社会具体的实践环境,认为这是判断理论的真理性的重要依据。

(五) 社会存在决定社会意识的历史唯物主义哲学观点

德育的重要构成部分就是社会意识。社会存在决定社会意识,这是马克思主义的重要理论观点。"意识在任何时候都只能是被意识到了的存在,而人们的存在就是他们的现实生活过程。"⑥ 意识形态具有其相对独立性,这是马克思主义对意识形态的重要认识。"任何意识形态一经产生,就同现有的观念材料相结合而发展起来,并对这些材料作进一步的加工;不然,它就不是意识形态了,就是说,它就不是把思想当作

---

① 《马克思恩格斯选集》第3卷,人民出版社2012年版,第491页。
② 《马克思恩格斯选集》第2卷,人民出版社2012年版,第230页。
③ 《马克思恩格斯选集》第1卷,人民出版社2012年版,第422页。
④ 《马克思恩格斯选集》第1卷,人民出版社2012年版,第140页。
⑤ 《马克思恩格斯选集》第1卷,人民出版社2012年版,第137—138页。
⑥ 《马克思恩格斯选集》第1卷,人民出版社2012年版,第152页。

独立地发展的、仅仅服从自身规律的独立存在的东西来对待了。"①

（六）指向共产主义精神的德育方向

共产主义理论是关于无产阶级解放的条件的学说，②德育与政治高度相关，马克思主义德育方向鲜明指向共产主义精神。马克思主义的目标指向是共产主义，一个各尽所能各取所需的理想社会。③在马克思和恩格斯的经典论述中，共产主义社会的重要特征是："在那里，每个人的自由发展是一切人的自由发展的条件。"④对于共产主义精神，马克思有重要理论阐释。"共产主义并不剥夺任何人占有社会产品的权力，它只剥夺利用这种占有去奴役他人劳动的权力。"⑤

（七）培养全面发展的人的德育目标

在德育目标上，马克思主义指向人的全面发展。实现人的全面解放，这有别于其他性质的德育。马克思主义指向个体的解放和全人类的解放，其路径是通过对个体的解放和对弱势群体的帮助，最终实现全人类的解放。⑥"不言而喻，要不是每一个人都得到解放，社会也不能得到解放。"⑦社会主义要通过各种措施，使社会全体成员的才能得到全面发展。⑧

## 二 列宁的德育思想

列宁在德育理论领域，提出了社会主义意识形态必须灌输、培养共产主义道德的德育目标、学校教育要联系政治等重要德育论点。

（一）社会主义意识形态必须灌输的德育原理

德育与政治意识形态紧密联系，德育必须要有其正确的政治立场。在此过程中的一个重要的理论问题就是：意识形态怎样才能教育给学

---

① 《马克思恩格斯选集》第4卷，人民出版社2012年版，第261页。
② 《马克思恩格斯选集》第1卷，人民出版社2012年版，第295页。
③ 《马克思恩格斯选集》第1卷，人民出版社2012年版，第306—308页。
④ 《马克思恩格斯选集》第1卷，人民出版社2012年版，第422页。
⑤ 《马克思恩格斯选集》第1卷，人民出版社2012年版，第416页。
⑥ 《马克思恩格斯选集》第1卷，人民出版社2012年版，第295页。
⑦ 《马克思恩格斯选集》第3卷，人民出版社2012年版，第681页。
⑧ 《马克思恩格斯选集》第1卷，人民出版社2012年版，第308页。

生。对此，列宁提出了社会主义意识形态必须灌输的德育原理。对于社会存在和社会意识之间的关系，列宁强调社会存在决定着人们的意识。"不是人们的意识决定人们的存在，相反，是人们的社会存在决定着人们的意识。"① 但工人阶级的社会存在是否会自发地让个人具备社会主义意识形态，列宁则有着独到的见解。列宁引用卡·考茨基的话："社会主义意识形态是一种从外面灌输到无产阶级的阶级斗争中去的东西，而不是一种从这个斗争中自发地产生出来的东西。"② 基于此，列宁强调，不能过高估计意识的自发性。"我们应当积极地对工人阶级进行政治教育，发展工人阶级的政治意识。"③

（二）培养共产主义道德的德育目标

在德育目标上，列宁鲜明地提出了共产主义道德，并科学诠释了社会主义和共产主义。"社会主义是直接从资本主义成长出来的社会，是新社会的初级形式。"④ "所谓共产主义，是指这样一种制度，在这种制度下，人们习惯于履行社会义务而不需要特殊的强制机构，不拿报酬地为公共利益工作成为普遍现象。"⑤ 列宁阐释了共产主义道德的目标指向，强调共产主义道德要服务于共产主义事业。"为巩固和完成共产主义事业而斗争，这就是共产主义道德的基础。这也就是共产主义培养、教育和训练的基础。"⑥

（三）注重劳动教育的德育方法

列宁高度重视劳动教育，并强调共同劳动是共产主义的重要特征。"什么是共产主义者呢？共产主义者是个拉丁词，communis 一词是'公共'的意思。共产主义社会就意味着土地、工厂都是公共的，实行共同劳动——这就是共产主义。"⑦ 在推进星期六义务劳动中，列宁指出劳动的重要作用："共产主义星期六义务劳动对我们具有巨大价值，不

---

① 《列宁选集》第2卷，人民出版社2012年版，第424页。
② 《列宁选集》第1卷，人民出版社2012年版，第326页。
③ 《列宁选集》第1卷，人民出版社2012年版，第342页。
④ 《列宁选集》第4卷，人民出版社2012年版，第91页。
⑤ 《列宁选集》第4卷，人民出版社2012年版，第91页。
⑥ 《列宁选集》第4卷，人民出版社2012年版，第292页。
⑦ 《列宁选集》第4卷，人民出版社2012年版，第293页。

仅是因为它在实践中实现共产主义。除此之外，星期六义务劳动对我们还有双重意义：从国家的角度看，它是对国家真正实际的支援；从党的角度看（我们这些做党员的不应该忽视这一点），它对清除混到党内来的分子和抵制腐朽资本主义环境对党的影响是有意义的。"① 注重劳动教育，培养劳动精神也是马克思主义德育的重要特色。

（四）学校教育要联系政治的德育原则

列宁高度重视学校教育的政治性，强调教育必须要问政治立场的问题。"在各方面的教育工作中，我们都不能抱着教育不问政治的旧观点，不能让教育工作不联系政治。"② 同时，在教育中，要注重改造旧有的习惯和风气，培养共产主义精神。"教育工作者和共产党这个斗争的先锋队的基本任务，就是帮助培养和教育劳动群众，使他们克服旧制度遗留下来的旧习惯、旧风气，那些在群众中根深蒂固的私有者的习惯和风气。"③

（五）注重批判学习继承的德育方法论

列宁高度重视对人类社会已有知识的继承和批判学习，并提出了一个著名观点："在一个文盲的国家里是不能建成共产主义社会的。"④ 强调教育要培养学生有德有才。"可是我们的学校应当使青年获得基本知识，使他们自己能够培养共产主义的观点，应该把他们培养成有学识的人。"⑤

列宁高度重视无产阶级的学习，要求无产阶级既要有共产主义政治意识，也要具备高深的知识能力。"只有了解人类创造的一切财富以丰富自己的头脑，才能成为共产主义者。"⑥ 列宁高度重视传承，并注意了可能产生的教条主义不良倾向。"如果说，学习共产主义只限于领会共产主义著作、书本和小册子的东西，那我们就很容易造就出一些共产

---

① 《列宁选集》第4卷，人民出版社2012年版，第95页。
② 《列宁选集》第4卷，人民出版社2012年版，第302页。
③ 《列宁选集》第4卷，人民出版社2012年版，第303页。
④ 《列宁选集》第4卷，人民出版社2012年版，第294页。
⑤ 《列宁选集》第4卷，人民出版社2012年版，第293页。
⑥ 《列宁选集》第4卷，人民出版社2012年版，第285页。

主义的书呆子或吹牛家，而这往往会使我们受到损害……"① 批判性学习继承，是列宁的重要方法论。

## 第二节 马克思主义中国化成果中关于德育的重要思想

中国共产党一贯高度重视学校德育。毛泽东同志第一次系统性提出了党的教育方针，邓小平同志提出了培养四有新人，江泽民同志提出了"德智体美全面发展"，胡锦涛同志提出了社会主义核心价值体系和社会主义荣辱观。

**一 毛泽东思想中的德育思想**

毛泽东同志在德育理论领域提出了系列重要论点，涵盖德育目标、德育方法、德育内容、德育路径等。

（一）德育目标：培养全面发展的有社会主义觉悟的有文化的劳动者

毛泽东同志指出："我们的教育方针，应该使受教育者在德育、智育、体育几方面都得到发展，成为有社会主义觉悟的有文化的劳动者。"② 这是中国共产党第一次系统性地提出党的教育方针。

在教育方针中，德育目标是培养全面发展的有社会主义觉悟的有文化的劳动者。德育目标对中国德育影响深远。首先，其论述奠定了中国德育培养目标的社会主义方向。其次，其论述继承了中国传统以来的以德为先的教育范式。再次，其论述继承了马克思主义的人的全面发展的学说，提出了德智体全面发展。最后，其论述界定了中国教育目标培养劳动者的精神高度。教育是培养统治者，培养贵族，还是培养劳动者？毛泽东同志经典论述中的回答是：培养的是有社会主义觉悟的有文化的劳动者。

---

① 《列宁选集》第 4 卷，人民出版社 2012 年版，第 282 页。
② 《毛泽东文集》第七卷，人民出版社 1999 年版，第 226 页。

## （二）德育方法：教育与生产劳动相结合

毛泽东同志高度重视教育与生产劳动相结合。"儿童时期需要发展身体，这种发展要是健全的。儿童时期需要发展共产主义的情操、风格和集体英雄主义的气概，就是我们时代的德育。这二者同智育是连接一道的。二者都同从事劳动有关，所以教育与劳动结合的原则是不可移易的。"① 并强调："应当强调艰苦奋斗，强调扩大再生产，强调共产主义前途、远景，要用共产主义理想教育人民。"② 教育与生产劳动相结合，本身也与培养劳动者的教育培养目标是一致的。

## （三）德育内容：注重艰苦奋斗精神的培养

毛泽东同志高度重视人的精神。"人是要有一点精神的，无产阶级的革命精神就是由这里头出来的。"③ 在具体德育中，毛泽东同志强调要长期坚持艰苦奋斗、勤俭建国的思想。"艰苦奋斗是我们的政治本色。"④ "学校要大力进行思想教育，进行遵守纪律、艰苦创业的教育。"⑤ "社会主义是艰苦的事业。我们以后对工人、农民、士兵、学生都应该宣传艰苦奋斗的精神。"⑥ 毛泽东同志曾经专门告诫："应当重视培养学生的创造精神，不要使他们像温室里的花朵一样。今后无论谁去招生都不要乱吹，不要把一切都讲得春光明媚，而要讲困难，给学生泼点冷水，使他们有思想准备。"⑦

## （四）德育路径：思想和政治是统帅和灵魂

对德育的重要性，毛泽东同志有精辟的观点："掌握思想教育是我们第一等的业务。"⑧ 并强调要高度重视教师队伍的思想政治素养。"所以教育者首先应当受教育，这是马克思讲的。"⑨ 对于思想政治工作的

---

① 《毛泽东文集》第七卷，人民出版社1999年版，第398—399页。
② 《毛泽东文集》第八卷，人民出版社1999年版，第136页。
③ 《毛泽东文集》第七卷，人民出版社1999年版，第162页。
④ 《毛泽东文集》第七卷，人民出版社1999年版，第162页。
⑤ 《毛泽东文集》第七卷，人民出版社1999年版，第246页。
⑥ 《毛泽东文集》第七卷，人民出版社1999年版，第246页。
⑦ 《毛泽东文集》第七卷，人民出版社1999年版，第247页。
⑧ 《毛泽东文集》第二卷，人民出版社1993年版，第375页。
⑨ 《毛泽东文集》第七卷，人民出版社1999年版，第252页。

重要地位,毛泽东同志有重要论述:"思想和政治又是统帅,是灵魂。"① 毛泽东同志高度重视学校教育本身的政治性,注重德育对中小学生的全覆盖,提出了中小学全部公立的重要思想。"如有可能,应全部接管私立中小学。"② 并高度重视教育的人民性,强调所有中小学校的一致性。在教育的政治性上,毛泽东同志强调教育一定要政治正确,提出了又红又专的重要标准。③ "红与专、政治与业务的关系,是两个对立物的统一。一定要批判不问政治的倾向。"④

(五)德育的国际视野:世界和平的责任

毛泽东同志有着伟大的国际责任感,强调中国肩负着国际和平与发展的责任。"不管美国承认不承认我们,不管我们进不进联合国,世界和平的责任我们是要担负的。"⑤ 并指出:"维持世界和平不但中国有责任,美国也有责任。"⑥ 另外,毛泽东同志提出了三个世界的理论,对世界和平与发展影响深远。⑦

## 二 邓小平理论中的德育思想

邓小平同志高度重视学校德育,提出了"教育的三个面向"、培养四有新人等重要德育理论和观点。

(一)德育重要理念:教育的三个面向

邓小平同志提出:教育必须面向现代化,面向世界,面向未来。⑧ 教育的三个面向对中国教育发展影响深远,具体对德育目标的影响主要如下:首先,三个面向提出了立足传统,面向社会发展的现代化。这个现代化不只是国家发展和科学技术的现代化,还包括人的现代化。其次,三个面向提出了立足中国,面向世界的眼光和视野。最后,三个面向提出了立足当今,面向未来的要求。要求教育与时俱进,既要理解天

---

① 《毛泽东文集》第七卷,人民出版社1999年版,第351页。
② 《毛泽东文集》第六卷,人民出版社1999年版,第232页。
③ 《毛泽东文集》第七卷,人民出版社1999年版,第351页。
④ 《毛泽东文集》第七卷,人民出版社1999年版,第351页。
⑤ 《毛泽东文集》第八卷,人民出版社1999年版,第217页。
⑥ 《毛泽东文集》第八卷,人民出版社1999年版,第217页。
⑦ 《毛泽东文集》第八卷,人民出版社1999年版,第441页。
⑧ 《邓小平文选》第三卷,人民出版社1993年版,第35页。

下发展大势，又要善于把握世界发展潮流。

（二）德育目标：培养四有新人

四有新人即培养青少年有理想、有道德、有文化、有纪律。① 四有新人的四个维度，均与德育紧密联系，涵盖了思想、道德、文化等多个领域，对中国德育影响深远。首先，在思想层面，四有新人强调共产主义的理想信念，这是社会主义政治方向的坚守。其次，在道德层面，四有新人强调了中国教育培养的道德要求。这既是中华优秀传统文化的特色，同时也是社会主义道德培养的要求。再次，在文化素养层面，四有新人注重教育本身的文化素养培养要求。最后，在规范层面，四有新人提出纪律意识培养的重要性。

（三）德育方法：重视教育与劳动相结合

邓小平同志高度重视教育与劳动相结合，认为这是对青少年学生德育的重要方法。"把劳动和教育结合起来，是培养具有共产主义品德和真实本领的年青一代的根本道路。"② 这一点对青少年还有特殊的意义。"劳动教育不是一年、二年的事情，是成百年的事情。"③ 并强调重视教育与生产劳动相结合，这本身就是社会主义教育的重要特征。④ 现代青少年从事体力劳动的机会相对较少，这对于青少年全面发展是有必要性的。同时，邓小平同志高度重视培养青少年学生的学习精神和学习风气。"青年本身的特殊任务，就是学习。"⑤

（四）德育内容：高度重视理想信念教育和艰苦奋斗精神培养

邓小平同志高度重视理想信念教育。"革命的理想，共产主义的品德，要从小开始培养。"⑥ "凡是思想问题，都是教育问题。"⑦ 同时，邓小平同志高度重视艰苦奋斗的教育。"教育青年发扬艰苦奋斗的传

---

① 《邓小平文选》第三卷，人民出版社1993年版，第28页。
② 《邓小平文集》（一九四九——九七四）中卷，人民出版社2014年版，第404页。
③ 《邓小平文集》（一九四九——九七四）下卷，人民出版社2014年版，第199页。
④ 《邓小平文选》第二卷，人民出版社1994年版，第107页。
⑤ 《邓小平文集》（一九四九——九七四）上卷，人民出版社2014年版，第79页。
⑥ 《邓小平文选》第二卷，人民出版社1994年版，第105页。
⑦ 《邓小平文集》（一九四九——九七四）中卷，人民出版社2014年版，第269页。

统。"① 在德育内容上,邓小平同志还高度重视法制教育和革命纪律教育等。邓小平强调:"法制教育要从娃娃开始,小学、中学都要进行这个教育,社会上也要进行这个教育。"② "学校要大力加强革命秩序和革命纪律,造就具有社会主义觉悟的一代新人,促进整个社会风气的革命化。"③

(五)德育路径:重视教师队伍建设和家庭教育

邓小平同志高度重视教师队伍的思想政治工作,强调"尤其是中小学教师和幼儿教育工作者,负有培养革命接班人的幼苗的重任"④。在家庭教育上,强调勤俭持家。"勤俭建国、勤俭持家一定要联起来,只提一个不够。"⑤ 在教材建设上,邓小平同志提出重要要求:"教育部要管教材,不能设想我们国家可以没有统一的中学教材。"⑥

(六)德育政治方向:高度重视教育的政治立场

邓小平同志高度重视教育的政治方向。"毫无疑问,学校应该永远把坚定正确的政治方向放在第一位。"⑦ 邓小平同志强调物质文明和精神文明两手都要抓两手都要硬。"有一点要提醒大家,就是我们在建设具有中国特色的社会主义社会时,一定要坚持发展物质文明和精神文明,坚持五讲四美三热爱,教育全国人民做到有理想、有道德、有文化、有纪律。"⑧

(七)解放思想实事求是的方法论

"实践是检验真理的唯一标准,实践是检验路线、方针、政策是否正确的唯一标准。"⑨ 邓小平是一个伟大的思想家,注重解放思想实事求是,这也是其德育思想的重要方法论。邓小平强调:"马克思主义必须是同中国实际相结合的马克思主义,社会主义必须是切合中国实际的

---

① 《邓小平文集》(一九四九——一九七四)中卷,人民出版社2014年版,第268页。
② 《邓小平文选》第三卷,人民出版社1993年版,第163页。
③ 《邓小平文选》第二卷,人民出版社1994年版,第105页。
④ 《邓小平文选》第二卷,人民出版社1994年版,第106页。
⑤ 《邓小平文选》第一卷,人民出版社1994年版,第294页。
⑥ 《邓小平文选》第一卷,人民出版社1994年版,第282页。
⑦ 《邓小平文选》第二卷,人民出版社1994年版,第104页。
⑧ 《邓小平文选》第三卷,人民出版社1993年版,第110页。
⑨ 《邓小平文选》第三卷,人民出版社1993年版,第28页。

有中国特色的社会主义。"① 对于中国改革与发展,邓小平指出:"实事求是是马克思主义的精髓。要提倡这个,不要提倡本本。我们改革开放的成功,不是靠本本,而是靠实践,靠实事求是。"②

### 三 江泽民"三个代表"重要思想中的德育思想

江泽民同志在德育领域提出了加强历史教育、国情教育,在培养目标上提出了"德智体美全面发展"等重要思想。

(一) 德育重要指导思想:"三个代表"重要思想

江泽民同志高度重视思想政治工作。"党的思想政治工作,是经济工作和其他一切工作的生命线……"③ 作为学校思想政治工作的重要构成部分,江泽民同志高度重视学校德育工作。江泽民同志的德育重要指导思想是"三个代表"重要思想。江泽民同志强调:"始终做到'三个代表'是我党的立党之本、执政之基、力量之源。"④

(二) 德育目标:德智体美全面发展的社会主义建设者和接班人

江泽民同志对教育目标的重要阐述主要有四次,分别是1994年在全国教育工作会议上的讲话、1997年党的十五大报告、1999年第三次全国教育工作会议、2002年党的十六大报告。从"培养德智体美全面发展的'四有新人'"的阐述发展到"培养德智体美全面发展的社会主义建设者和接班人"。

在1994年全国教育工作会议上的讲话中,德育目标是:"努力培养德智体全面发展的'四有'新人。"⑤ 在1997年党的十五大报告中,提出:"培养德智体等全面发展的社会主义事业的建设者和接班人。"⑥ 在1999年的第三次全国教育工作会议上,提出:"努力造就有理想、有道德、有文化、有纪律的,德育、智育、体育、美育等全面发展的社会主

---

① 《邓小平文选》第三卷,人民出版社1993年版,第63页。
② 《邓小平文选》第三卷,人民出版社1993年版,第382页。
③ 《江泽民文选》第三卷,人民出版社2006年版,第74页。
④ 《江泽民文选》第三卷,人民出版社2006年版,第6页。
⑤ 《江泽民文选》第一卷,人民出版社2006年版,第371页。
⑥ 《江泽民文选》第二卷,人民出版社2006年版,第34页。

义事业建设者和接班人。"① 在 2002 年党的十六大报告中，提出："培养德智体美全面发展的社会主义建设者和接班人。"② 江泽民同志阐述的德育目标，其内涵有两个重要构成：其一是致力于青少年学生全面发展；其二是培养社会主义建设者和接班人。

（三）德育方法：注重劳动教育和文化教育

在具体的德育方法上，江泽民同志高度重视劳动教育和文化教育。在劳动教育上，他强调："教育与生产劳动相结合是坚持社会主义教育方向的一项基本措施。"③ 在具体的德育艺术性上，江泽民同志强调："思想工作必须讲求春风化雨，润物无声，耐心细致，潜移默化。"④ 并强调要高度重视文化渗透，传承中华优秀传统文化，⑤ 建设健康文化育人环境。⑥

（四）德育内容：重视历史教育和国情教育

在德育内容上，江泽民同志重点强调了：党的基本理论、基本路线、基本纲领和"三个代表"重要思想的教育；爱国主义、集体主义、社会主义思想教育；国情和历史教育；民主法制教育和纪律教育；职业道德、社会公德、家庭美德等。江泽民同志高度重视国情教育。"加强教育，我想特别提出国情教育的问题。"⑦ 高度重视历史教育是江泽民同志在德育内容上的重要特点。"全国人民特别是广大青年，都要认真学习和了解祖国的历史，尤其是近代以来的历史。"⑧

（五）德育路径：四个相统一

在德育路径的理论上，江泽民同志提出了四个相统一的重要论述："坚持学习科学文化与加强思想修养的统一，坚持学习书本知识与投身社会实践的统一，坚持实现自身价值与服务祖国人民的统一，坚持树立

---

① 《江泽民文选》第二卷，人民出版社 2006 年版，第 332 页。
② 《江泽民文选》第三卷，人民出版社 2006 年版，第 560 页。
③ 《江泽民文选》第一卷，人民出版社 2006 年版，第 372 页。
④ 《江泽民文选》第三卷，人民出版社 2006 年版，第 93 页。
⑤ 《江泽民文选》第一卷，人民出版社 2006 年版，第 239 页。
⑥ 《江泽民文选》第三卷，人民出版社 2006 年版，第 97 页。
⑦ 《江泽民文选》第一卷，人民出版社 2006 年版，第 61 页。
⑧ 《江泽民文选》第一卷，人民出版社 2006 年版，第 123 页。

远大理想与进行艰苦奋斗的统一。"① 同时，在具体的德育路径上，江泽民同志提出"四以"的重要论述："以科学的理论武装人，以正确的舆论引导人，以高尚的精神塑造人，以优秀的作品鼓舞人。"②

### 四　胡锦涛"科学发展观"中的德育理论

胡锦涛同志的科学发展观对德育影响深远，在德育理论领域提出了社会主义核心价值体系和社会主义荣辱观，并提出了"五个坚持"的德育方法体系。

（一）德育重要指导思想：科学发展观

胡锦涛同志对德育的重要指导理论是科学发展观。"科学发展观第一要义是发展，核心是以人为本，基本要求是全面协调可持续，根本方法是统筹兼顾。"③ 胡锦涛同志高度重视和谐社会建设，学校德育是和谐社会建设的重要依托。"一个社会是否和谐，一个国家能否实现长治久安，很大程度上取决于全体社会成员思想道德素质。没有共同理想信念，没有良好道德规范，是无法实现社会和谐的。"④

（二）德育目标：培养德智体美全面发展的社会主义建设者和接班人

在 2010 年全国教育工作会议上的讲话中，胡锦涛同志提出："培养德智体美全面发展的社会主义建设者和接班人。"⑤ 在 2007 年党的十七大报告中，胡锦涛同志强调："培养德智体美全面发展的社会主义建设者和接班人，办好人民满意的教育。"⑥

（三）德育方法：五个坚持

胡锦涛同志关于德育的方法，提出了"五个坚持"的重要论述。"五个坚持"具体是：坚持教育与自我教育相结合，坚持政治理论教育

---

① 《江泽民文选》第三卷，人民出版社 2006 年版，第 483 页。
② 《江泽民文选》第二卷，人民出版社 2006 年版，第 259 页。
③ 《胡锦涛文选》第三卷，人民出版社 2016 年版，第 2 页。
④ 《胡锦涛文选》第二卷，人民出版社 2016 年版，第 290 页。
⑤ 《胡锦涛文选》第三卷，人民出版社 2016 年版，第 418 页。
⑥ 《胡锦涛文选》第二卷，人民出版社 2016 年版，第 642 页。

与社会实践相结合,坚持解决思想问题与解决实际问题相结合,坚持教育与管理相结合,坚持继承优良传统与改进创新相结合。①

(四) 德育重要内容:社会主义核心价值体系

胡锦涛同志在德育重要内容上,提出了社会主义核心价值体系。② 作为社会主义核心价值体系的重要构成,社会主义荣辱观是胡锦涛同志在德育内容领域的重要构成部分。社会主义荣辱观具体是"八荣八耻"。"坚持以热爱祖国为荣、以危害祖国为耻,以服务人民为荣、以背离人民为耻,以崇尚科学为荣、以愚昧无知为耻,以辛勤劳动为荣、以好逸恶劳为耻,以团结互助为荣、以损人利己为耻,以诚实守信为荣、以见利忘义为耻,以遵纪守法为荣、以违法乱纪为耻,以艰苦奋斗为荣、以骄奢淫逸为耻。"③ 在具体的德育内容体系构成上,胡锦涛同志重点强调了理想信念教育、爱国主义教育、基本道德规范教育和素质教育。④

(五) 德育地位和路径:育人为本、德育为先

在德育的地位上,胡锦涛同志指出:"坚持学校教育、育人为本,德智体美、德育为先。"⑤ 在德育的路径上,胡锦涛同志提出了三进的重要要求,即进教材、进课堂、进头脑。⑥ 对于德育的实效性,胡锦涛同志注重系统性,高度重视德育健康环境的建设。强调:"要把德育融入学校课堂教学、学生管理、学生生活全过程……"⑦ 胡锦涛坚持以人为本的德育理念,是"科学发展观"在教育领域的重要体现,对德育发展影响深远。

---

① 胡锦涛:《进一步加强和改进大学生思想政治教育工作 大力培养造就社会主义事业建设者和接班人》,《人民日报》2005年1月19日第1版。
② 《胡锦涛文选》第三卷,人民出版社2016年版,第164页。
③ 《胡锦涛文选》第二卷,人民出版社2016年版,第430页。
④ 胡锦涛:《进一步加强和改进大学生思想政治教育工作 大力培养造就社会主义事业建设者和接班人》,《人民日报》2005年1月19日第1版。
⑤ 胡锦涛:《进一步加强和改进大学生思想政治教育工作 大力培养造就社会主义事业建设者和接班人》,《人民日报》2005年1月19日第1版。
⑥ 《胡锦涛文选》第三卷,人民出版社2016年版,第62页。
⑦ 《胡锦涛文选》第三卷,人民出版社2016年版,第421页。

## 第三节　中华优秀传统文化中的德育思想

德育与文化习俗和传统深度相关，源远流长的中华文化，是中华民族的文化底色。中华优秀传统文化中的德育智慧，是新时代德育理论的重要构成部分，也是中国德育文化自信的重要基础。

### 一　中华优秀传统文化是新时代德育的重要文化渊源

中华文化是中华民族取得伟大历史成就的重要文化基础。"至少在文化上，中国文明无疑是人类社会所创造出来的完美的文明之一。"① 理解中华优秀传统文化中的德育智慧，是认识新时代德育理论的逻辑和智慧的重要视角。

（一）中华优秀传统文化的世界地位

"在世界历史的大部分时间里，中国一向是整个东亚社会的文化巨人，其所扮演的角色，集西方人在文化上无限敬仰的古希腊罗马和作为现代欧洲文明中心而备受倾慕的法兰西于一身。"② 西方学者在文化比较后客观得出结论："按发展和成熟的几乎任何一项标准来衡量，中国至少在2000年内如果不是唯一领先的文明社会，也是领先的文明社会之一。"③

中华文化有着自身重要的哲学和思想特征。孔子哲学位列于雅斯贝尔斯总结的人类四大思想范式。思想范式的创造者（最伟大的大哲学家）四位：苏格拉底，孔子，耶稣，佛陀。"这四大思想范式的创造者都曾产生过历史性的影响，其广度和深度都是无与伦比的。"④

---

① ［美］吉尔伯特·罗兹曼主编：《中国的现代化》，国家社会科学基金"比较现代化"课题组译，江苏人民出版社2005年版，第16页。
② ［美］吉尔伯特·罗兹曼主编：《中国的现代化》，国家社会科学基金"比较现代化"课题组译，江苏人民出版社2005年版，第15页。
③ ［美］吉尔伯特·罗兹曼主编：《中国的现代化》，国家社会科学基金"比较现代化"课题组译，江苏人民出版社2005年版，第1页。
④ ［德］卡尔·雅斯贝尔斯：《大哲学家》修订版（上），李雪涛、李秋零、王桐、鲁路、姚彤译，社会科学文献出版社2010年版，第64页。

(二) 中华优秀传统文化对新时代德育的重要影响力

中华优秀传统文化是中国德育的重要文化基础。德育与民族发展密切相关，德育塑造着社会的民族观。中华优秀传统文化是中华民族生生不息的丰厚滋养，也是中华民族的重要文化标识。

中国共产党高度重视传承和发展中华优秀传统文化。习近平总书记指出："中国共产党自成立之日起，就既是中华优秀传统文化的忠实传承者和弘扬者，又是中国先进文化的积极倡导者和发展者。"① 新时代中国德育发展，要注意传承中华文化基因，培养青少年新时代爱国主义精神，坚定青少年做中国人的志气、骨气、底气。"要坚守中华文化立场、传承中华文化基因、展现中华审美风范，从中华民族的辉煌历史和国家发展的伟大成就中汲取精神力量，增强文化自信，增强讲好中国故事的底色和底气。"②

## 二 中华优秀传统文化中的重要德育思想

中华优秀传统文化中蕴含着丰富的德育思想，涵盖培养圣贤君子的培养目标、家国同构的思维理念、尊崇主流价值观的价值基础等。

(一) 圣贤君子的德育培养目标

因为文化传统的重要影响，中国德育范式呈现出了明显不同于西方德育范式的特点：如强调社会和谐的价值观体系，注重内圣外王的德育理想境界，注重礼乐结合的德育方法，指向天下大同的社会目标等。③ 这些一方面是中国德育的历史逻辑的结果，同时也蕴含着中国德育范式本身的国际比较价值。

中华优秀传统文化中深刻影响德育的思想主体是儒家思想。儒家思想与古希腊哲学差异较大。在社会指向上，古希腊哲学强调知识和真理，个体追求的人生目标是智者。而儒家思想指向的人生目标是圣贤与君子，并推崇"学而优则仕"。这种文化模式培养了大量社会精英，有

---

① 《习近平总书记系列重要讲话读本》(2016年版)，学习出版社、人民出版社2016年版，第202页。

② 《习近平总书记系列重要讲话读本》(2016年版)，学习出版社、人民出版社2016年版，第209—210页。

③ 孟万金：《继承与超越：中国德育传统的现代化》，《高等教育研究》1996年第3期。

效形成了文化治国的优秀传统,对于社会治理有着明显的优势,促使社会整体崇尚道德和学问。当然,可能的不足也较为明显,过多的人过度重视"学而优则仕",导致社会的发展创新能力可能较为缺乏。在中国社会中,社会应该是有道德的社会,政治应该是有道德的政治,而推行这种道德化的政治的就是圣贤和君子的,而学校就是培养圣贤和君子的地方。①

对比来看,即使是在今天,中国古代德育对圣贤的德育目标指向、知行合一等命题的思考,仍然是中国德育的重要本土特色。"中国人的伦理主张忠于国家、个人修身、敬让和谦虚。"② 中国古代崇尚圣贤,圣贤与智者的重要差异就在于圣贤身上强烈的道德伦理指向。所以中国文化以求善为目标,采取的是价值尺度。③ 中国的德育传统有着强烈的理想主义倾向。中国传统德育的理想中,个体应该是有道德的君子,社会应是有道德的社会,内圣理所当然地就是外王。

春秋时期鲁国大夫叔孙豹提出的三不朽对中国社会的精英影响极大。叔孙豹提出了立德、立功、立言之三不朽(《左传·襄公二十四年》)。意指人生能够实现不朽,需要通过三种方式来实现:其一是立德,指建立后世敬仰的经得起历史考验的道德品行;其二是立功,建立为国为民为天下的历史性功绩,这种功绩是能够放在历史长河中受到后世尊尚的事迹;其三是立言,指的是撰写流传后世的经典著作。三者如果能够共同实现,那就是圣人,如果能够实现其一,也能不朽。三不朽是中国式的社会个体目标的终极目标范式,其基本特点是注重道德,强调入世的功绩,并崇尚文化和思想,道德与政治相结合。这与古希腊开始的西方社会对智者的尊崇是有着明显的思维差异的。相对来看,西方社会所指向的人生目标更多地指向智者,注重智慧,而对品行并不过度要求。而在中国,人生楷模是指向圣贤和君子的,追求的是立德、立功、立言,要求品德、行为、才学共同完美。这既是道德要求,也是政治要求,更是学术要求。同时,这种圣贤君子的培养目标,实际上也是

---

① 杜时忠:《传统德育中的道德理想主义论评》,《现代教育论丛》1998年第1期。
② [法]谢和耐:《中国社会史》,耿昇译,江苏人民出版社1995年版,第497页。
③ 孟万金、甘霖:《论中国德育传统的现代化》,《教育研究与实验》1996年第1期。

中国传统文化主张真善合一、强调"仁且智"的必然结果①。这种文化传统，对中国德育影响深远。

(二) 家国同构的德育理念

家国同构最初由梁启超提出，认为中国社会一直有别于其他社会的重要特征就是家庭在中国社会结构体系中的极端重要性。家国同构主要是指家庭、家族和国家在社会组织结构方面具有明显的共同性。家与国都是家，国为大家，家为小家，家是国的细胞。这一点决定了中国社会是由分子构成的，每个社会个体皆是家庭分子结构中的原子，一切社会关系都需要从家这个最重要的社会单位去理解和定位。

中国的个体是以家的分子的形式而存在的，这鲜明地有别于个体以原子形式存在的西方社会。中国的家的分子结构指的是，在中国社会中，个体都是以家为纽带，多个个体生活在一起，在精神、物质、文化、心理多个层面都是紧密地联系在一起的一种家庭存在。② 这是一种亲情、利益、心理的综合结合体。这种结合体是中国人的心灵归宿，也是存在的基本形式。中国人认为人是所有社会角色的总和，如果将这些社会关系都抽空，人就被蒸发掉了。③ 要了解中国社会结构，最为核心的就是认识中国家庭的分子结构。

中国的家庭基本结构，对于德育影响深远。基于个体在分子中的结构状态，因为家庭关系的持久和稳固，所以中国德育所指向的个体社会性，都强调个体的归属感，强调爱国、爱家、爱父母、爱亲人等。同时在中国，国家和地区都是家的扩展，中国的整个国家基本可以视为一个扩大了的家。所以这种思维范式的扩展，决定了中国德育中个体的社会性非常强调个体的义务、精神归属感、对社会整体的贡献以及必要的宽容和协调。这表面上看可能局限了个体的自由和利益，但个体却得到了人类生存必不可少的安全感和归属感。在任何时候，中国的家都是个体最为温馨的港湾。因为家的结构状态和家在中国社会中的重要意义，所

---

① 王泽应：《论中国传统德育思想的基本特征》，《湖南师范大学社会科学学报》2005年第3期。

② [美] 孙隆基：《中国文化的深层结构》，广西师范大学出版社2004年版，第166—169页。

③ [美] 孙隆基：《中国文化的深层结构》，广西师范大学出版社2004年版，第12页。

以中国德育所指向的更为重要的维度就是对社会性的一种强调。在中国，爱家爱国是自古以来被公认的基本的道德规范，展望未来，这一点也仍然是牢不可破的。

(三) 中华优秀传统价值观

"中华文明绵延数千年，有其独特的价值体系。"[①] 中国传统社会的价值观相对非常稳定，直到今天，仍然闪耀着伦理的光辉。中国传统社会在习俗上和社会生活中，尊崇仁、义、礼、智、信的传统价值观，这即是中国传统社会中的五常。同时，需要注意的是，仁、义、礼、智、信作为中国传统价值观的经典概括，在不断的历史发展中，仍然随着时代变更着其具体内涵，在保持其文化特色的同时，也成为了中国社会伦理的特色，体现了中国社会传统智慧的力量。

仁是五常之首，也是首要价值观。在几乎任何一种中国价值观排序中，仁都居于首位。其重要原因就在于，仁基本决定了人的道德水平，代表着良心、仁爱，并推达到仁政。作为儒家伦理的核心，仁最初指人与人之间的友善关系，孔子扩展到仁爱和对他人的尊重，并与修身紧密联系，"夫仁者，己欲立而立人，己欲达而达人"（《论语·雍也》）。其后，孟子将仁扩展为著名的仁政学说，将个体道德层面的仁爱扩展为政治哲学层面的仁政，要求政治清明，人民安居乐业。"以不忍人之心，行不忍人之政，治天下可运之掌上"（《孟子·公孙丑上》）。这种将人心与仁政联系起来，道德与政治相通的思维方式，最终成为了中国伦理的一个基本范式。

义最初主要指适宜，"义者，宜也"（《中庸》）。当做则做，不当做则不做。其后逐渐扩展其含义，指人际关系和社会生活中的基本原则，有正义、道义等核心内涵。理解义的关键，是与利相对，义利问题是中国古代道德伦理中的一个重要问题。孔子强调"君子义以为上"（《论语·阳货》）。在义利之间，将义置于优先于利的地位。这即是后世强调重义轻利的基本价值观的思想，为克服过度功利主义倾向，孔子提出了"见利思义"。总体来看，义是一种对于天下事物的行事衡量标

---

[①] 《习近平总书记系列重要讲话读本》（2016 年版），学习出版社、人民出版社 2016 年版，第 191 页。

准,是一种复杂的思维的结果,所以这种标准并非一成不变而是不断改变的。在利益的获得上,中国价值观强调要符合义,符合则可取,不符合则不可取。但在义与利相冲突之时,则需要取义而舍利。

中国传统社会强调人必须有礼义廉耻,其逻辑是:礼定贵贱尊卑,义为行动准绳,廉为廉洁方正,耻为有知耻之心。礼相对于义来说,比较容易理解。礼指的是社会的典章制度和道德规范,也是社会生活中的礼节仪式。礼的指向是社会关系,如果说仁主要是良心的话,义则是一种思维,那么礼则是一种现实的道德规范。"礼之所兴,众之所治也;礼之所废,众之所乱也"(《礼记》)。从这个角度上看,礼不只是一种道德规范,同时也是一种治国思路,即礼治。礼治指的是通过推行礼治,而实现治国的理想和目标。

智,即智者,智慧。智作为一种道德价值观,体现了中国社会对智慧的尊重,同时也是对愚蠢的一种本能的厌弃。智,即知也,无所不知才明智,这样的人才能明辨是非,厘清邪正,分清曲直,并审视真妄。在孔子眼中,智非常重要,"知者不惑,仁者不忧,勇者不惧"(《论语·子罕》)。君子之道,需要为人明白,聪明并有智慧,否则就可能落入邪途,走上歧路。同样,智还关乎个人的道德修为和道德行为,所谓"仁不轻绝,智不轻怨"(《战国策·燕策三》)。在儒家思想中,孟子则将仁义礼智并列,认为智能够确保道德修养的认知、理解和保障,从而确立了智在道德体系中的地位。

信指诚信,儒家思想把信作为立身和立国的根本。孔子说:"自古皆有死,民无信不立。"(《论语·颜渊》)具体而言,诚信在中国包括两方面:信,指不怀疑,诚实,言出由衷,始终不渝。诚,诚心之意,以诚居心,要求处世端正,既不诳妄,也不欺诈。诚信既是国家仁政的基本前提,也是社会个体的道德修养。从社会秩序的角度来看,诚信缺失的社会对任何人都是极大的麻烦,所以信成为中国传统社会极为重要的道德价值观。

(四) 注重社会实践的德育思维

注重实践是中国传统德育思想的重要特征。对德育本身而言,强调知行合一,并强调行高于知,强调道德实践和道德行为是德育的目的和旨归。① 在对于德育在社会治理中的作用上，也同样具有明显的实践理性，强调德育对于国家建设和社会治理的基础性作用。"为政以德，譬如北辰居其所而众星拱之"（《论语·为政》）。道德对于中国人和中国社会，相当于宗教对于西方人和西方社会，所以中国社会中，是用伦理关系建构社会。②

需要注意的是，在德育的思维领域，道家思想影响深远。道家思想强调自然无为，自然和谐，天人合一等。这些对中国社会生活影响巨大。中国社会中几乎随处可见的朴素的辩证法，崇尚自然主义，追求自然和谐，这些都是道家思想的精华。中国人大多在顺境中都采取儒家思想，强调治国平天下，而在逆境中则多采取道家思想，强调不如归去。所以老子、庄子、魏晋的嵇康等人的作品，往往是抚慰心灵的重要精神资源。道家对于整个中国社会文化中强调人与自然和谐、人生的宁静和天人之间和谐，都有非常重要的影响。在中国德育中，中国道家思想主要的影响力在思维范式上，特别是对于个体发展的挫折和对失败的理解上，道家思想是中国社会中不可或缺的存在。

---

① 王泽应：《论中国传统德育思想的基本特征》，《湖南师范大学社会科学学报》2005年第3期。

② 杜时忠：《传统德育中的道德理想主义论评》，《现代教育论丛》1998年第1期。

# 第二章　新时代德育目标与地位

"培养什么人，是教育的首要问题。"① 作为主要培养青少年学生的思想、政治、道德素养的德育，在学校教育中具有特殊的地位，也担负着重要责任。德育目标是党和国家对于学校德育指向的培养目的的总的战略指向，是指导学校德育工作的目标指南。"思想政治工作是党的优良传统、鲜明特色和突出政治优势，是一切工作的生命线。"② 作为学校思想政治工作的重要构成部分，德育目标与地位还要站在思想政治工作的高度去深入理解。"加强和改进思想政治工作，事关党的前途命运，事关国家长治久安，事关民族凝聚力和向心力。"③

## 第一节　新时代德育目标

德育目标的设定，既有其内在的教育目标，也有其内在的政治目标。一个国家的德育目标，与其政治意识形态、文化传统和教育沿革均有重要联系。德育目标的设定，既要遵从教育规律，也要遵从政治目标，并符合社会主流文化。

---

① 习近平：《培养德智体美劳全面发展的社会主义建设者和接班人》，载中共中央党史和文献研究院编《十九大以来重要文献选编》（上），中央文献出版社2019年版，第647页。
② 中共中央国务院：《关于新时代加强和改进思想政治工作的意见》，《人民日报》2021年7月13日第1版。
③ 中共中央国务院：《关于新时代加强和改进思想政治工作的意见》，《人民日报》2021年7月13日第1版。

## 一 德育目标的历史发展

德育目标在学校教育中是战略性的教育指向，与党的教育方针密切相关。德育目标的设定依据党的教育方针，经历了一个历史发展的演变过程。

毛泽东同志提出的德育目标是"有社会主义觉悟的有文化的劳动者"①。有社会主义觉悟的有文化的劳动者的重要内涵有：其一，有社会主义觉悟，即具有社会主义思想和政治方向，这是德育目标的政治方向的设定。其二，有文化的劳动者，即具备合格文化标准的社会主义劳动者。

邓小平同志在德育目标领域的重要贡献在于提出了四有新人。"四有"就是有理想、有道德、有文化、有纪律。②四有新人既注重理想信仰，又注重文化知识，是对毛泽东同志提出的又红又专的人才标准的一种创新性发展。

江泽民同志提出了培养社会主义建设者和接班人的德育目标。在江泽民同志的具体表述中，随着时间发展，在内在理念上有重要创新发展。在 1994 年的全国教育工作会议上的讲话中，表述为"德智体全面发展的'四有'新人"③。在 2002 年党的十六大报告中，德育目标表述为"德智体美全面发展的社会主义建设者和接班人"④。社会主义建设者重点强调培养社会主义建设的人才，接班人则重点强调培养拥有坚定社会主义政治方向的下一代。

胡锦涛同志提出的德育目标是"德智体美全面发展的社会主义建设者和接班人"。在三次重要表述中，整体内容基本一致。三次表述具体是：2007 年的党的十七大报告，2010 年全国教育工作会议上的讲话，2012 年党的十八大报告。三次讲话其他的重点则在于：党的十七大报告中提出了"坚持育人为本、德育为先……"⑤ 2010 年全国教育工作

---

① 《毛泽东文集》第七卷，人民出版社 1999 年版，第 226 页。
② 《邓小平文选》第三卷，人民出版社 1993 年版，第 205 页。
③ 《江泽民文选》第一卷，人民出版社 2006 年版，第 371 页。
④ 《江泽民文选》第三卷，人民出版社 2006 年版，第 560 页。
⑤ 《胡锦涛文选》第二卷，人民出版社 2016 年版，第 642 页。

第二章　新时代德育目标与地位

会议上的讲话中提出了"坚持教育为社会主义现代化建设服务，为人民服务，与生产劳动和社会实践相结合……"①党的十八大报告中提出了"把立德树人作为教育的根本任务……"②

**二　新时代的德育目标**

习近平总书记关于新时代德育目标，主要有三次重点阐述。第一次是2017年在党的十九大报告中，具体表述为："要全面贯彻党的教育方针，落实立德树人根本任务，发展素质教育，推进教育公平，培养德智体美全面发展的社会主义建设者和接班人。"③第二次是2018年全国教育大会上，具体表述为"培养德智体美劳全面发展的社会主义建设者和接班人"④。第三次是在思想政治理论课教师座谈会上的讲话中，具体阐述为："努力培养担当民族复兴大任的时代新人，培养德智体美劳全面发展的社会主义建设者和接班人。"⑤三次表述的重要变化是对社会主义建设者和接班人的培养要求从"德智体美全面发展"到"德智体美劳全面发展"。

在新时代党和国家的重要文件中，大都有对德育目标的具体表述。在中共中央、国务院印发的《关于加强和改进新形势下高校思想政治工作的意见》中表述为："培养又红又专、德才兼备、全面发展的中国特色社会主义合格建设者和可靠接班人。"⑥在《中共中央关于党的百年奋斗重大成就和历史经验的决议》中，表述为："要坚持用习近平新时代中国特色社会主义思想教育人，用党的理想信念凝聚人，用社会主义核心价值观培育人，用中华民族伟大复兴历史使命激励人，培养造就

---

① 《胡锦涛文选》第三卷，人民出版社2016年版，第418页。
② 《胡锦涛文选》第三卷，人民出版社2016年版，第641页。
③ 《习近平著作选读》第二卷，人民出版社2023年版，第37页。
④ 习近平：《培养德智体美劳全面发展的社会主义建设者和接班人》，载中共中央党史和文献研究院编《十九大以来重要文献选编》（上），中央文献出版社2019年版，第647页。
⑤ 《习近平重要讲话单行本》（2020年合订本），人民出版社2021年版，第281—282页。
⑥ 《关于加强和改进新形势下高校思想政治工作的意见》，载中共中央党史和文献研究院编《十八大以来重要文献选编》（下），中央文献出版社2018年版，第478页。

大批堪当时代重任的接班人。"① 这个表述重点阐述了德育的重点方法和内容。

从整体上看，习近平总书记在全国教育大会的表述完整和准确地阐述了新时代的德育目标："培养德智体美劳全面发展的社会主义建设者和接班人。"②

### 三 新时代德育目标的基本内涵

新时代德育目标的基本内涵具体涵盖三个维度：五育并举、全面发展、社会主义建设者和接班人。

#### （一）五育并举

新时代德育目标的重要内涵在于提出了五育并举，即德、智、体、美、劳全面发展。"要努力构建德智体美劳全面培养的教育体系，形成更高水平的人才培养体系。"③ 五育并举注重学生的德智体美劳的系统性健康发展，致力于推进青少年发展的健康性。五育并举的一个重要特色还在于德育贯穿学校教育的始终。"德育既是学生入学的第一课，也是学生离校前的最后一课，必须贯穿学生学习始终，贯穿学校工作各方面各环节，使学校真正成为化育为人的天地，而不仅仅是教授技能、发放文凭的场所。"④ 五育并举是新时代德育目标的重要内涵。同时，也要注意到，德育与其他四育有着一定的区别，德育不能代替其他四育。德育的重心在于思想、政治、道德素养的培养。智育的重点是学科教学，目标在于学生的知识和能力体系的建构。体育的重点是促进学生身体健康，目标在于培养青少年强健的体魄。美育的重点是提升青少年的审美知识和能力，目标在于提升青少年审美素养。劳动教育的重点在于培养青少年的劳动能力和知识，目标在于培养青少年的劳动习惯和劳动

---

① 《中共中央关于党的百年奋斗重大成就和历史经验的决议》，人民出版社2021年版，第74页。
② 习近平：《培养德智体美劳全面发展的社会主义建设者和接班人》，载中共中央党史和文献研究院编《十九大以来重要文献选编》（上），中央文献出版社2019年版，第647页。
③ 习近平：《培养德智体美劳全面发展的社会主义建设者和接班人》，载中共中央党史和文献研究院编《十九大以来重要文献选编》（上），中央文献出版社2019年版，第653页。
④ 习近平：《培养德智体美劳全面发展的社会主义建设者和接班人》，载中共中央党史和文献研究院编《十九大以来重要文献选编》（上），中央文献出版社2019年版，第650页。

精神。五育并举，德育为先，共同服务于立德树人。

（二）全面发展

新时代德育目标的重要内涵在于强化了全面发展，将五育作为学生全面发展的具体内容，并注重五育发展的全面性和内在的系统性。五育既是五个维度，同时又是内在的一体。德育是五育之首和贯穿始终的内在纽带。

育人为本，德育为先。新时代学校教育中，德育、智育、体育、美育、劳动教育共同服务于学生的全面发展。智育、体育、美育、劳动教育与德育深度相关，共同推进立德树人。"学习知识是学生的本职。"[1] 智育要注重培养创新精神，服务于学生的时代精神培养。在体育中，要注重培养青少年的体育精神。美育注重培养学生审美，同时，美育也与德育密切相关。"美是纯洁道德、丰富精神的重要源泉。"[2] 劳动教育是新时代党的教育方针的重要创新，也是学生全面发展的重要构成部分。"劳动可以树德、可以增智、可以强体、可以育美。"[3]

（三）社会主义建设者和接班人

新时代德育目标的重要内涵在于培养社会主义建设者和接班人。习近平总书记强调："社会主义建设者和接班人，定语就是'社会主义'，这是我们对培养什么人的本质规定。我们培养的人，必须树立共产主义远大理想和中国特色社会主义共同理想。没有这一条，培养社会主义建设者和接班人就不成立了。"[4]

社会主义建设者和接班人，具体是两个维度，社会主义建设者强调青少年的"专"，社会主义接班人强调青少年的"红"。又红又专是对青少年培养的要求。习近平总书记指出："社会主义建设者和接班人，

---

[1] 习近平：《培养德智体美劳全面发展的社会主义建设者和接班人》，载中共中央党史和文献研究院编《十九大以来重要文献选编》（上），中央文献出版社2019年版，第651页。

[2] 习近平：《培养德智体美劳全面发展的社会主义建设者和接班人》，载中共中央党史和文献研究院编《十九大以来重要文献选编》（上），中央文献出版社2019年版，第652页。

[3] 习近平：《培养德智体美劳全面发展的社会主义建设者和接班人》，载中共中央党史和文献研究院编《十九大以来重要文献选编》（上），中央文献出版社2019年版，第653页。

[4] 习近平：《培养德智体美劳全面发展的社会主义建设者和接班人》，载中共中央党史和文献研究院编《十九大以来重要文献选编》（上），中央文献出版社2019年版，第648页。

既要有高尚品德,又要有真才实学。"① 习近平总书记强调:"我们的教育绝不能培养社会主义破坏者和掘墓人,绝不能培养一些'长着中国脸,不是中国心,没有中国情,缺少中国味'的人!"②

## 第二节 新时代德育任务

"人无德不立,育人的根本在于立德。"③ 立德树人是学校教育的根本任务,也是德育承担的根本任务。"立德为先,修身为本,这是人才成长的基本逻辑。"④

### 一 新时代德育根本任务是立德树人

立德树人是学校教育的根本任务。学校德育关涉到学校教育教学的政治方向性问题,是落实立德树人根本任务的重要领域。党的二十大报告指出:"全面贯彻党的教育方针,落实立德树人根本任务,培养德智体美劳全面发展的社会主义建设者和接班人。"⑤ 立德树人是新时代德育的重要理论创新,同时也传承了中华优秀传统文化。

#### (一) 立德树人的历史追溯

立德树人在词语结构上有两个构成部分:其一是立德,这是前提和基础;其二是树人,这是目的和指向。在中文的基本词义上,立德指的是在一个领域中树立起良好的德业,指向良好的道德风尚和道德品行;树人指的是培养人才,发展个体天赋和潜能,成为社会有用之才。⑥ 立

---

① 习近平:《在北京大学师生座谈会上的讲话》,《思想政治工作研究》2018年第6期。
② 习近平:《培养德智体美劳全面发展的社会主义建设者和接班人》,载中共中央党史和文献研究院编《十九大以来重要文献选编》(上),中央文献出版社2019年版,第647页。
③ 习近平:《培养德智体美劳全面发展的社会主义建设者和接班人》,载中共中央党史和文献研究院编《十九大以来重要文献选编》(上),中央文献出版社2019年版,第649页。
④ 习近平:《培养德智体美劳全面发展的社会主义建设者和接班人》,载中共中央党史和文献研究院编《十九大以来重要文献选编》(上),中央文献出版社2019年版,第649页。
⑤ 《习近平著作选读》第一卷,人民出版社2023年版,第28页。
⑥ 王小琴:《习近平关于立德树人重要论述与实践溯源》,《山西高等学校社会科学学报》2019年第4期。

德是基础，树人是目标，树人的基本前提是必须立德。

立德树人在中华传统优秀文化中有着悠久的思想文化基础，高度重视对道德品质的培育是中华文化的重要特征。具体在教育中，对青少年学生培养中的德与才的结合和并重，这是中国教育传统以来的基本共识，也是中华民族的重要教育智慧。

在词源上，立德最初出自《左传·襄公二十四年》中的"太上有立德，其次有立功，其次有立言，虽久不废，此之谓三不朽"。树人最初出自《管子·权修》："一年之计，莫如树谷；十年之计，莫如树木；终身之计，莫如树人。"意思是社会发展要以真正的长远为计，当以培养人才为重，今天发展成了一个重要的现代成语：十年树木百年树人。

在才与德的关系上，《资治通鉴·周纪》中这样诠释："才者，德之资也；德者，才之帅也。"简而言之，德才兼备是最重要的，而德的重要性更为基础。

中国共产党人一向高度重视德才兼备，特别是正确的思想政治素养是首要要求。"红与专、政治与业务的关系，是两个对立物的统一，一定要批判不问政治的倾向。"[1] 又红又专的人才才是最重要的人才，也是立德树人的培养指向。只讲政治不讲专业能力，会严重危及革命建设事业；只讲专业能力不讲政治，则是严重政治方向错误。

（二）习近平总书记立德树人重要论述的提出

立德树人最初提出是在党的十八大报告中，之后在习近平总书记的2014年北京师范大学讲话、2016年北京市八一学校讲话、2017年党的十九大报告、2018年北京大学讲话、2018年全国教育大会讲话等系列讲话中都重点阐述了立德树人。

在2014年北京师范大学讲话中，习近平总书记重点围绕"四有好老师"做了重要阐述。专门强调："好老师应该懂得，选择当老师就选择了责任，就要尽到教书育人、立德树人的责任，并把这种责任体现到平凡、普通、细微的教学管理之中。"[2] 这次的讲话重点是阐述了教师

---

[1] 《毛泽东文集》第七卷，人民出版社1999年版，第351页。
[2] 习近平：《做党和人民满意的好老师——同北京师范大学师生代表座谈时的讲话》，《人民教育》2014年第19期。

的立德树人的责任和要求。

2016年,习近平总书记在北京市八一学校讲话中强调:"基础教育是立德树人的事业,要旗帜鲜明加强思想政治教育、品德教育,加强社会主义核心价值观教育,引导学生自尊自信自立自强。"① 这次讲话是习近平总书记对于基础教育改革与发展的一次集中重要阐述,重点是阐述了基础教育的发展方向和发展要求。

在2017年党的十九大报告中,关于教育领域,习近平总书记重点阐释了新时代教育改革与发展的主体纲领。"要全面贯彻党的教育方针,落实立德树人根本任务,发展素质教育,推进教育公平,培养德智体美全面发展的社会主义建设者和接班人。"②

在2018年北京大学讲话中,主要围绕高等教育阶段学校立德树人而展开。"人才培养一定是育人和育才相统一的过程,而育人是本。人无德不立,育人的根本在于立德。"③ 并强调:"要把立德树人的成效作为检验学校一切工作的根本标准……"④ 这次讲话对高校的立德树人提出了明确的具体要求,也是对新时代高等教育改革与发展的方向和要求的重要阐述。

在2018年全国教育大会上,系统性阐述了新时代立德树人根本任务。"要把立德树人融入思想道德教育、文化知识教育、社会实践教育各环节,贯穿基础教育、职业教育、高等教育各领域……"⑤

立德树人重要论述全面贯穿于习近平总书记关于教育的系列重要论述中,是新时代教育指导理论的核心构成部分。立德树人重要论述寄予着党和国家对学校教育的期待,同时也是新时代学校教育自我鞭策前进的动力。

---

① 《习近平在北京市八一学校考察时强调 全面贯彻落实党的教育方针 努力把我国基础教育越办越好》,《人民教育》2016年第18期。
② 《习近平著作选读》第二卷,人民出版社2023年版,第37页。
③ 习近平:《在北京大学师生座谈会上的讲话》,《思想政治工作研究》2018年第6期。
④ 习近平:《在北京大学师生座谈会上的讲话》,《思想政治工作研究》2018年第6期。
⑤ 习近平:《培养德智体美劳全面发展的社会主义建设者和接班人》,载中共中央党史和文献研究院编《十九大以来重要文献选编》(上),中央文献出版社2019年版,第653—654页。

## 二 立德树人根本任务的基本内涵

立德树人根本任务有着丰富的理论内涵，主要涵盖学校办学根本标准、人才培养、教育理念、办学环境等。

（一）要把立德树人的成效作为检验学校一切工作的根本标准

习近平总书记强调："要把立德树人的成效作为检验学校一切工作的根本标准。"① 立德树人强调学校教育要以树人为目标，以立德为根本，这是立德树人重要论述的核心要点。学校教育要坚持四个服务的正确办学方向，高质量立德树人，这是新时代学校教育的根本任务。学校办学质量，要坚定指向立德树人，学校的教育教学工作，最终都要落实到对学生的立德树人中去。对学校办学质量的考核和评价，要紧紧围绕立德树人质量，力促提升学校办学的科学性和系统性。

（二）五育并举的人才培养体系

五育并举的人才培养体系是学校教育立德树人的重要体系保障。五育并举是新时代学校教育教学的重要基础性理论，也是立德树人的根本指向和基础性保障。在学校教育体系上，要科学规划和建构服务于德智体美劳全面发展的教育体系。德育领域重点是培育和践行社会主义核心价值观。在智育领域，重点是培育有创新精神的卓越人才。在体育领域，重点是培养青少年的强健体魄和运动精神。美育领域重点是培养青少年鉴赏美、创造美和发现美的素养。劳动教育领域重点是培养青少年的劳动精神、劳动能力和劳动习惯。五育并举是新时代学校教育的体系化和结构化的育人要求，指向的是学生的高质量全面发展。

（三）全员全程全方位育人的教育理念

全员全程全方位育人的"三全育人"理念是新时代立德树人的重要教育理念。全员育人强调集体育人责任，指的是在学校教育教学中，所有教职工都要服务于青少年的健康成长，担负起立德树人的育人责任。全程育人指的是要在教育的所有环节都注重育人理念。全方位育人指的是在教育的课程教学、课外活动、社会实践等所有领域都要注重育

---

① 习近平：《在北京大学师生座谈会上的讲话》，《思想政治工作研究》2018 年第 6 期。

人效果。学校教育教学要高度注重人才培养的科学性,要系统性推进全员育人全程育人全方位育人的教育理念,全面提升学校教育人才培养质量。

(四) 高度重视教师队伍师德师风建设

立德树人的基本前提是立德,学校教育教学要立德,关键在于教师队伍的师德师风。习近平总书记高度重视教师队伍建设,特别注重师德师风建设。"评价教师队伍素质的第一标准应该是师德师风。"① 从一定程度上看,教师队伍建设质量基本决定了学校教育教学的水平,是做好学校教育教学工作的基础性工作。"教师思想政治状况具有很强的示范性。要坚持教育者先受教育,让教师更好担当起学生健康成长指导者和引路人的责任。"② 高度重视教师队伍建设,注重教师队伍的四个责任,这是新时代立德树人对教师队伍建设的重要要求。

(五) 高度注重健康办学环境的建构

"立德修身,既要立意高远,又要立足平实。"③ 学校办学是在具体社会环境中办学,社会中的其他因素对学校办学有重要影响力。要建设健康的办学环境,需要高度关注家庭、社区、政府等相关因素,建构有效支撑学校办学的健康环境。习近平总书记高度重视学校教育健康环境的建设,强调家庭、社会、政府等的教育责任。④ 学校教育立德,既有学校内部教育教学的立德,也有周边社会环境建设的立德,两者都要服务于学生健康成长。健康的办学环境,是立德树人的重要条件,也是立德的重要内涵构成。

(六) 面向新时代的人才培养思想

学校教育本身不能仅停留于教育的逻辑,还需要思考教育背后的政治、社会、历史、文化等逻辑。学校教育教学的改革与提升,也不能局限于学校教育的自我圈子,要站在时代发展的大局下,站在新时代国家

---

① 习近平:《在北京大学师生座谈会上的讲话》,《思想政治工作研究》2018 年第 6 期。
② 习近平:《在北京大学师生座谈会上的讲话》,《思想政治工作研究》2018 年第 6 期。
③ 习近平:《培养德智体美劳全面发展的社会主义建设者和接班人》,载中共中央党史和文献研究院编《十九大以来重要文献选编》(上),中央文献出版社 2019 年版,第 649 页。
④ 《习近平在全国教育大会上强调 坚持中国特色社会主义教育发展道路 培养德智体美劳全面发展的社会主义建设者和接班人》,《人民教育》2018 年第 18 期。

治理的视野中，定位学校教育的发展方向，有效服务于国家经济社会发展的需要，建构新时代的高质量的教育教学体系，培养高质量的一代新人。"时代越是向前，知识和人才的重要性就愈发突出，教育的地位和作用就愈发凸显。"① 新时代高度重视学校教育人才培养的时代性、专业性和创新性。

### 三　立德树人根本任务的理论创新

理论创新是新时代的重要特征，立德树人根本任务在多个理论领域具有重要理论创新，是政治论与专业论的结合，提出了教师队伍建设的基础作用，提升了学校教育教学的系统性，对教育提出了时代性和创新性要求，强化了学校教育办学环境建设责任，从国家治理的视角提出了教育治理方向。

#### （一）政治论与专业论的结合

立德树人既重视政治领域的政治立场和政治方向，也注重教育领域的专业性和科学性，是政治论与专业论的结合。在立德树人中，一方面高度重视办学的正确政治方向，坚持教育的"四个服务"，注重学校意识形态工作建设，这是政治论的重要内容，所指向的重点是学校教育的政治建设；另一方面又高度重视建设高素质教师队伍，建构高水平人才培养体系，注重世界一流人才培养，这是专业论的重要内容，所指向的是学校教育的专业能力建设。

#### （二）提出了教师队伍建设的基础作用

立德树人提出了教师队伍建设在学校教育立德树人中的基础作用。立德树人高度重视教师队伍建设，强化教师队伍的责任，注重教育者先受教育，强调提升教师队伍的政治地位、社会地位和职业地位，将教师队伍建设作为教育改革与发展的基础，这是新时代提升教育质量的重要要求。同时进一步强化教师队伍的公共职业属性，提升教师职业的国家意识和政治意识，推进教师队伍建设的专业性，强化其政治要求，这是新时代教师队伍建设领域的重要实践要求。立德树人高度重视教师队伍

---

① 《习近平在北京市八一学校考察时强调 全面贯彻落实党的教育方针 努力把我国基础教育越办越好》，《人民教育》2016 年第 18 期。

建设，强化教师师德师风，这是在教师队伍建设领域的重要理论创新。

（三）注重学校教育教学的系统性

习近平总书记一贯高度重视系统性思维，在教育领域高度重视学校教育教学的系统性和结构性，强调对学生的德智体美劳五育并举的系统化教育教学。注重人才培养体系的科学性，要求系统性提升学校教育教学培养人才的能力，这是立德树人重要论述的重要理论特质。① 在对学生的教育路径上，强调"以文育人、以德育人、以行育人"②。在教育理念上提出了全员全程全方位育人的"三全育人"理念。具体在树人的目标上，提出时代新人在培养中要具备共产主义远大理想和中国特色社会主义共同理想，具有创新思维和国际眼光，并要具备中国文化基因和深厚爱国情怀等。③ 系统性科学规划学校教育教学体系，这是新时代立德树人的内在要求。

（四）深刻的时代性和创新性要求

立德树人本身就是时代发展的创新性理论成果。在中国特色社会主义理论中，教育领域理论也呈现出不断创新发展的轨迹。邓小平同志创造性地提出了"教育三个面向"④，提出培养"四有"新人，提出"科学技术是第一生产力"的重要论断。江泽民同志明确提出了"科教兴国"的战略举措。胡锦涛同志的教育思想最显著的特点是确立了"以人为本"的教育理念。⑤ 立德树人是马克思主义教育思想的新发展，也是对教育事业如何面对时代发展的科学回应，同时在文化上传承了中华优秀传统文化的教育智慧。⑥ 习近平总书记高度重视学校教育与时俱进，紧跟时代发展需要，强调教育的时代精神和创新精神。在青少年的

---

① 习近平：《在北京大学师生座谈会上的讲话》，《思想政治工作研究》2018年第6期。
② 魏欣羽：《当代马克思主义德育思想新发展——习近平"立德树人"德育思想三维探析》，《中共济南市委党校学报》2019年第3期。
③ 魏欣羽：《当代马克思主义德育思想新发展——习近平"立德树人"德育思想三维探析》，《中共济南市委党校学报》2019年第3期。
④ 《邓小平文选》第三卷，人民出版社1993年版，第35页。
⑤ 黄书生：《论习近平教育思想的逻辑理路与践行路径》，《佳木斯大学社会科学学报》2018年第3期。
⑥ 黄书生：《论习近平教育思想的逻辑理路与践行路径》，《佳木斯大学社会科学学报》2018年第3期。

发展上，要求青少年把自身的发展与国家民族的命运紧密联系。特别是在高等教育领域，要求培养具有深厚爱国情怀的服务于新时代建设的世界一流人才，建设世界一流大学和世界一流学科，服务于国家经济社会发展。这既体现出时代性，同时高度关注未来，注重可持续的发展能力，强调要具有中华民族的千秋伟业的未来视野，这是立德树人的重要理论特色。

(五) 强化了学校教育办学环境建设责任

学校教育是社会环境中的教育，学校的人才培养质量除了受学校教育教学的影响之外，必然还受到社会、家庭等的影响。习近平总书记把教育作为社会治理的一个重要子系统，高度重视党政群团共抓的育人机制，强化提升办学环境质量，积极发挥学校、家庭、社区、政府、网络等多个环境建设主体的作用。在立德树人中，坚持把学校作为青少年学生的育人主渠道，注重发挥好教师队伍的基础作用；强调学科教学育人功能，建立并完善学校课程教学协同育人机制；注重调动多方面力量，形成全社会相互配合、党政群团齐抓共管的育人机制。[1] 立德树人高度重视校风教风学风建设。校风是学校办学整体的内在精神风貌，也是学校教育教学系统性环境的集中外在体现。教风是学校教师群体的工作风貌，集中体现了教师队伍建设的整体素养和质量，是学校教学工作的关键性精神因素。学风是学校教育教学中的学生群体体现出来的整体性精神状态和学习风貌，是学校学生群体的整体精神性标签。立德树人强调树立良好的学校和社区之德，共同树立高质量的新时代人才。

(六) 国家治理的教育治理视角

立德树人具有宽广的国家治理的教育治理视角。习近平总书记注重学校教育治理的全局性和系统思维，强调教育治理的系统思维。学校教育是国家治理中的构成部分，教育治理必须站在国家治理的整体视角，有效扩展教育治理的视野和质量。以国家治理的视角认识教育，能够有效提升教育立德树人的前沿性、创新性和系统性。新时代国家经济社会发展对学校教育提出了新的时代要求，学校教育要高质量为党育人，为

---

[1] 石书臣：《论习近平治国理政的青少年学生德育工作思想》，《教学与研究》2017年第1期。

国育才。特别是高等教育，要致力于培养世界一流人才，建设世界一流大学和世界一流学科，强化教育的四个服务职能，明确教育发展要从时代发展中自我科学定位。从发展期待来看，中国教育的发展质量，最终要取决于是否高质量培养了世界一流人才，这是新时代的教育领域的国家要求与期待。新时代的学校教育，不能局限于学校教育的单一视野，必须扩展到经济社会发展和历史智慧的层面，有效提升学校教育立德树人的质量。

## 第三节　新时代德育的地位

"培养什么人、怎样培养人、为谁培养人是教育的根本问题。"[①] 德育是学校思想政治工作的重要构成部分，是事关学校教育培养什么样的人、如何培养人以及为谁培养人的重要教育领域，也是习近平总书记高度关注的教育领域。

### 一　学校德育的重要地位

德育是学校教育中的重要构成部分，在学校教育中至关重要。从小培养青少年正确的政治认同、民族认同、国家认同，建构青少年正确的思想、政治、道德素养，培养青少年树立正确的理想信仰，是德育的重要任务。

（一）德育是学校思想政治工作的核心构成部分

学校教育的根本任务是立德树人。基础教育德育和高等教育德育都服务于立德树人，德育是学校思想政治工作的核心构成部分，决定着教育目标培养的正确性。基础教育德育与高等教育德育存在一些差异，基础教育德育相对而言更为基础和常识化。在具体构成上，基础教育德育中具体有道德教育、思想教育、政治教育、国情教育、法治教育等，这些教育内容在高等教育阶段也同样存在，只是高等教育阶段更为系统和

---

① 《习近平著作选读》第一卷，人民出版社2023年版，第28页。

理论化。高等教育阶段是学校教育体系的最高阶段，一般又称为大学教育。从整体上看，大学教育阶段青年学生聚集，高校德育工作非常重要。

高等教育阶段德育的重要性在于：其一，高等教育阶段，学生都基本是法律意义上的成年人，都拥有较为成熟的心智，并且处于人生观、价值观和世界观逐步定型的阶段，德育需要提升正能量，帮助青年学生健康发展。其二，高等教育阶段，青年学生正处于对自己人生发展方向的重新定位阶段，是青年学生将要做出人生未来道路的重要抉择的时期，这个阶段，德育需要帮助青年学生进行深入的自我认识，并做出正确选择。其三，高等教育阶段，青年学生处于青春期后期，对人生和未来既憧憬又担忧，德育工作需要帮助青年学生度过人生的相对危险时期。其四，高等教育阶段是青年聚集的地方，同时也是意识形态的重要工作场域，因为大学的特殊性，大学也是西方意识形态的重点侵袭领域，学校德育需要高度重视青年学生的思想政治工作，维护高校意识形态安全。

从整体上看，德育是学校教育的核心构成部分，是决定着学生思想、政治、道德素养的关键领域，也是决定着未来公民的历史观、民族观、国家观、文化观的教育质量的关键领域。

(二) 德育是学校政治正确性的重要保障

德育是政治性极强的工作领域，在学校教育教学工作中，德育是学校政治正确性的重要保障，很大程度上体现了学校教育的思想政治工作质量。中小学德育整体上更为基础，也更为接近学生的生活，是对学生思想、道德、政治等领域的启蒙和逐步深化教育。高等教育的德育则更为注重思想教育和理论教育，强调学理性和逻辑性，偏重于思想层面的理想信仰教育，并注重系统性培养学生的政治认同、政治信仰，相对于中小学，高等教育阶段更为注重意识形态建设。

高等教育阶段的德育与基础教育阶段相比，有着自身的特殊性，其最重要的特点在于高等教育的德育具有高度的政治性和意识形态要求。基础教育阶段的学生主体是中小学生，中小学生的心智还不够成熟，并且基础教育阶段的学习内容主要是人类社会中的最基础性的知识，所以德育与政治意识形态的关系,与高等教育阶段相比,还不算很紧密。但在高等教育的大学阶段,学生基本都处于青年时期,心智和思维都已经基本成熟,对于世界和社会的看法具有了明显的主动性和主观性,这一时期的青年学生处于青春期后期,还有着青春期的基本特点:容易冲动和情绪化,强调个性,追求个人独立等。

从整体上看,高等教育阶段德育具有其特殊性,主要表现在:首先,高等教育面对的青年学生在认知层面基本成熟,德育必须具有高度的艺术性,否则很难得到青年学生的认同。其次,高等教育面对的青年学生具有充分的判断能力和逻辑思考能力,德育必须注重其科学性,不能仅依赖于灌输。再次,高等教育面对的青年学生具有充分的个性,在德育中需要注重个别教育和集体教育相结合,深入学生生活和学习,才可能取得效果,否则仅依赖于集体性教育,很难有真正的效果。最后,高等教育面对的青年学生社交较为广泛,朋辈影响力强大,高校校园文化建设非常丰富,各类社团众多,高校德育需要高度重视校园文化建设,提升学校整体德育的系统性和结构性,同时通过提升隐形德育的影响力,提升高等教育思想政治工作的科学性和艺术性。

**二 德育为先的德育地位**

新时代学校教育育人为本,德育为先。德育为先的德育地位,是新时代学校教育中的重要特征,也是对党的教育传统的重要传承。

(一) 德育为先的理论渊源

德育为先是党的教育理论的基本共识。对于思想教育的重要性,毛泽东同志有精辟的观点:"掌握思想教育是我们第一等的业务。"[1] 对于思想政治工作的重要地位,毛泽东同志指出:"思想工作和政治工作,是完成经济工作和技术工作的保证,它们是为经济基础服务的。思想和政治又是统帅,是灵魂。"[2] 邓小平同志高度重视理想信念教育。"革命的理想,共产主义的品德,要从小开始培养。"[3] 他特别强调:

---

[1] 《毛泽东文集》第二卷,人民出版社1993年版,第375页。
[2] 《毛泽东文集》第七卷,人民出版社1999年版,第351页。
[3] 《邓小平文选》第二卷,人民出版社1994年版,第105页。

"凡是思想问题,都是教育问题。"① 邓小平同志高度重视教育的政治方向。"毫无疑问,学校应该永远把坚定正确的政治方向放在第一位。"②

江泽民同志高度重视思想政治教育,并把思想政治素质作为素质教育最重要的构成部分。"思想政治教育,在各级各类学校都要摆在重要地位,任何时候都不能放松和削弱。要说素质,思想政治素质是最重要的素质。"③ 在德育的地位上,胡锦涛同志的重要论述有:"坚持学校教育、育人为本,德智体美、德育为先。"④ 综上所述,德育为先在党的德育理论的发展中,基本取得了共识。

(二) 新时代德育为先的德育地位

新时代学校教育强调德育为先,德育是固本铸魂的关键教育领域,是培养青少年理想信仰的基础性路径。

1. 德育的重要性:关系培养什么样的人的根本问题

"浇花浇根,育人育心。"⑤ 德育就是育人育心的工作。德育的重要性在于,德育关系到培养什么样的人的根本问题。学校德育工作是重点培养青少年正确的思想意识和政治信仰的教育工作,是学校教育思想政治工作的核心构成部分。学校教育培养的人的政治倾向,主要是由德育质量决定的。对于德育课程中最为重要的思想政治理论课,习近平总书记指出:"思想政治理论课是落实立德树人根本任务的关键课程。青少年阶段是人生的'拔节孕穗期',最需要精心引导和栽培。"⑥ 并强调:"思政课作用不可替代,思政课教师队伍责任重大。"⑦

---

① 《邓小平文集》(一九四九——一九七四)中卷,人民出版社2014年版,第269页。
② 《邓小平文选》第二卷,人民出版社1994年版,第104页。
③ 《江泽民文选》第二卷,人民出版社2006年版,第332页。
④ 胡锦涛:《进一步加强和改进大学生思想政治教育工作 大力培养造就社会主义事业建设者和接班人》,《人民日报》2005年1月19日第1版。
⑤ 习近平:《培养德智体美劳全面发展的社会主义建设者和接班人》,载中共中央党史和文献研究院编《十九大以来重要文献选编》(上),中央文献出版社2019年版,第647页。
⑥ 《习近平主持召开学校思想政治理论课教师座谈会强调 用新时代中国特色社会主义思想铸魂育人 贯彻党的教育方针落实立德树人根本任务》,《思想政治工作研究》2019年第4期。
⑦ 《习近平主持召开学校思想政治理论课教师座谈会强调 用新时代中国特色社会主义思想铸魂育人 贯彻党的教育方针落实立德树人根本任务》,《思想政治工作研究》2019年第4期。

2. 德育的指向目标：全面贯彻党的教育方针

新时代德育的目标就是全面贯彻党的教育方针，坚持爱国、爱党和爱社会主义相统一，培养担当民族复兴大任的时代新人。对于德育课程建设，习近平总书记要求："办好思想政治理论课，最根本的是要全面贯彻党的教育方针，解决好培养什么人、怎样培养人、为谁培养人这个根本问题。"[①] 学校德育要建立育人体系，要通过课程育人、教材育人、教学育人、活动育人等方式，全面贯彻党的教育方针。

3. 德育的构成内容：为学生一生成长奠定科学的思想基础

德育是育人的工作，工作的重点在于思想层面和政治信仰的教育，需要触及学生的思想和灵魂。教育人本身是复杂的工作，也是需要高度科学性和艺术性的工作。德育要适应青少年学生的成长规律，系统性为青少年学生成长提供科学的思想基础。德育需要科学的工作体系，其重点构成就是系统性的思想政治理论课和德育教师队伍。任何一项工作，要取得长久的效果，都需要相应的组织保障。德育工作的重要依托就是德育课程——思想政治理论课程体系。思想政治理论课是一个系统性的课程体系，是系统性推进德育的依托课程，是大中小学课程体系中的核心构成部分，肩负着为学生一生成长奠定科学的思想基础的重任。同时，要注意重点建设好德育教师队伍建设，这是提升德育质量的重要基础和前提。

4. 德育是固本铸魂的关键教育领域

德育是对青少年固本铸魂的关键教育领域，德育对于传承红色基因、培育中华文化基因意义重大，对青少年发展影响深远。新时代德育高度重视传承红色基因，强调革命传统教育要从娃娃抓起。学校德育对于中华文化基因的培育，具有重要意义，现代社会的公民都出自学校的培养。"学校具有集中式、系统化、持续性进行中华优秀传统文化教育的独特优势，要把中华优秀传统文化教育作为固本铸魂的基础工程，贯

---

① 《习近平主持召开学校思想政治理论课教师座谈会强调 用新时代中国特色社会主义思想铸魂育人 贯彻党的教育方针落实立德树人根本任务》，《思想政治工作研究》2019 年第 4 期。

穿人才培养全过程。"①

5. 德育是培养青少年理想信仰的基础性路径

"青少年教育最重要的是教给他们正确的思想，引导他们走正路。"② 培养青少年的理想信仰，在学校教育中必须有所依托。德育工作和德育课程是培养青少年理想信仰的基础性路径。在德育工作领域，班主任、辅导员直接陪伴青少年成长，对青少年的思想、政治、道德发展影响深远。在德育课程领域，思政课对学生正确的政治观、历史观、国家观等的形成具有关键作用，语文、历史等间接德育课程也对学生的思想、政治、道德素养的培育影响深远。习近平总书记要求："学校要把德育放在更加重要的位置，努力做到每一堂课不仅传播知识、而且传授美德，让社会主义核心价值观的种子在学生们心中生根发芽。"③ 在学校的教育教学中，德育对于青少年的理想信仰的培养，是最基础性的构成部分。

### 三　新时代德育为先的重要理论创新

新时代德育为先，在理论领域具有重要创新，在工作方法论上提出了把思想政治工作贯穿教育教学全过程的德育工作方法论，在德育工作中提出了重抓思想政治理论课的关键维度的德育工作重点论，在德育的政治方向上提出了牢牢掌握思想政治工作的主导权的德育工作政治方向保障论。

**（一）把思想政治工作贯穿教育教学全过程的德育工作方法论**

任何一种工作或事业，其内在的方法论都是决定质量的重要因素。习近平总书记一贯高度重视方法论。不管任何一个领域，目标都要准确，方法也要科学。只有正确的目标，没有科学的方法，工作很难有成效，事业也很难取得成功。对于学校德育工作，习近平总书记强调："要坚持把立德树人作为中心环节，把思想政治工作贯穿教育教学全过

---

① 习近平：《培养德智体美劳全面发展的社会主义建设者和接班人》，载中共中央党史和文献研究院编《十九大以来重要文献选编》（上），中央文献出版社2019年版，第650页。
② 《习近平重要讲话单行本》（2020年合订本），人民出版社2021年版，第276页。
③ 《习近平重要讲话单行本》（2020年合订本），人民出版社2021年版，第278页。

程……"① 这是一种注重系统性推进学校德育的工作方法论。

同时，在方法论上，习近平总书记还高度重视德育工作的体系化。体系化的重点主要在于两个领域：其一是结构化的思想政治理论课体系，这是针对德育课程教学体系，要求大中小学的思想政治理论课的结构化。其二是结构化的学校人才培养体系，这是针对五育并举的培养目标，目的在于系统性提升人才培养体系的内在结构的科学性。

（二）重抓思想政治理论课的关键维度的德育工作重点论

工作质量的一个重要影响因素就是在于能否抓住工作重点。学校德育工作，要重点抓好思想政治理论课的关键维度，抓好德育课程教材体系，建设好学校文化活动和社会实践活动，以点带面，高质量抓好学校德育质量。思想政治理论课是系统化的课程和教学，这是对学生进行德育教育的课堂教学主渠道，能够给学生带来系统化的思想教育和政治教育的知识基础，对于学生的正确的思想意识和政治倾向具有至关重要的影响力。思想政治理论课的质量，关涉到德育的整体质量，也是学校德育工作的重点所在。

学校德育本身是一项系统性的工程，在抓好思想政治理论课建设的同时，要充分发挥学科育人的功能，提升课程思政的建设，建设好中国特色哲学社会科学学科体系和教材体系，提升校园文化活动育人功能，并要注意运用新媒体技术，提升学校德育的时代性和艺术性。

（三）牢牢掌握思想政治工作的主导权的德育工作政治方向保障论

要确保德育工作的质量，必须牢牢掌握学校思想政治工作的主导权。习近平总书记高度重视学校德育的质量保障，重点强调三个结构化的质量保障体系：其一是坚持党对学校德育的领导；其二是强调思想政治理论课的建设；其三是注重学校德育队伍的建设。

坚持党的领导是掌握思想政治工作主导权的组织保障，是确保学校德育政治方向正确的基本前提。② 思想政治理论课的建设质量很大程度上决定了学校德育的质量，其内在内容的结构性对学生一生的思想信仰

---

① 《习近平谈治国理政》第二卷，外文出版社2017年版，第376页。
② 《习近平谈治国理政》第二卷，外文出版社2017年版，第379页。

有重大影响。学校德育队伍的建设工作非常重要,具体包括教师队伍、党政干部、班主任辅导员队伍等,这是具体实施学校德育的基础性力量,直接影响学校德育的效果。学校德育要坚持党的领导,牢牢掌握思想政治工作的主导权,确保德育工作的正确政治方向。

# 第三章　新时代德育内容与价值基础

德育内容是服务于德育目标实现的主要依托，德育内容是构成德育课程的主体内容。德育内容既需要符合青少年认知发展规律，同时也与社会的价值观和政治意识形态深刻相关。

## 第一节　德育构成内容的历史追溯

基于学校德育的重要性，党和国家领导人一向高度重视德育的构成内容。在具体的德育内容构成上，在党的德育理论发展中，呈现出随时代发展而适度调整的基本规律。

### 一　德育构成内容的发展演变

毛泽东同志在德育内容构成上，高度重视共产主义道德教育。"儿童时期需要发展共产主义的情操、风格和集体英雄主义的气概，就是我们时代的德育。"[①] 毛泽东同志高度重视思想教育。"学校要大力进行思想教育，进行遵守纪律、艰苦创业的教育。"[②] 同时，毛泽东同志还高度重视历史教育。"青年们没有见过地主剥削、资本家剥削，也没有打过仗，没有看见过什么是帝国主义。就是现在二十几岁的人，当时也只有十岁左右，对旧社会什么也不知道。所以由他们的父母、老年人讲一

---

[①] 《毛泽东文集》第七卷，人民出版社1999年版，第398—399页。
[②] 《毛泽东文集》第七卷，人民出版社1999年版，第246页。

讲过去，很有必要，不然不知道过去那段历史。"①

邓小平同志对德育内容有明确阐述。"要加强各级学校的政治教育、形势教育、思想教育，包括人生观教育、道德教育。"② 邓小平同志注重革命精神教育，高度重视革命纪律教育。另外，邓小平同志还高度重视法制教育。"法制教育要从娃娃开始，小学、中学都要进行这个教育，社会上也要进行这个教育。"③ 理想信念教育是邓小平同志高度重视的德育内容。"我们一定要经常教育我们的人民，尤其是我们的青年，要有理想。"④

江泽民同志对德育内容高度关注，明确提出"要切实加强对学生的思想政治教育、品德教育、纪律教育、法制教育"⑤。在德育的具体内容上，江泽民同志高度重视党的理论教育、爱国主义、集体主义和社会主义教育等。鉴于学校教育可能脱离社会，他特别强调加强国情教育。⑥ 另外，历史教育也是江泽民同志高度重视的德育内容。⑦

胡锦涛同志在德育内容领域的重要创新，主要在于提出了社会主义荣辱观和社会主义核心价值体系。其德育内容体系具体有：社会主义核心价值体系，马克思主义中国化理论，中国特色社会主义共同理想，民族精神和时代精神，社会主义荣辱观，爱国主义、集体主义、社会主义教育，等等。

**二 德育内容发展演变中的坚守与创新**

在党的德育理论发展中，德育内容的构成一方面呈现出理论坚守，另一方面也体现出创新发展。

在理论坚守上，各个时期的德育内容都注重马克思主义基本原理和中国化马克思主义教育。毛泽东思想、邓小平理论、"三个代表"重要

---

① 《毛泽东文集》第八卷，人民出版社1999年版，第407页。
② 《邓小平文选》第二卷，人民出版社1994年版，第369页。
③ 《邓小平文选》第三卷，人民出版社1993年版，第163页。
④ 《邓小平文选》第三卷，人民出版社1993年版，第110页。
⑤ 《江泽民文选》第二卷，人民出版社2006年版，第588页。
⑥ 《江泽民文选》第一卷，人民出版社2006年版，第61页。
⑦ 《江泽民文选》第一卷，人民出版社2006年版，第123页。

思想和科学发展观,是各个时期的中国化马克思主义的重要发展成果。在德育内容的呈现中,中国化马克思主义既是德育的指导思想,也是德育的重要构成内容。

在创新发展上,不同时期呈现出理论领域的创新成果,并与时代发展相适应,有着德育内容的增加调整。毛泽东同志提出的共产主义道德教育、集体英雄主义教育、历史教育、艰苦创业教育,都成为了德育内容的核心构成。邓小平同志提出了革命纪律教育、法制教育,并进一步通过四有新人的理论创新了德育的内涵。江泽民同志提出了加强国情教育和历史教育的要求,在学校课程体系中重点提升了历史学科的地位。历史教育与德育深度相关,这对德育内容的发展形成了重要影响。胡锦涛同志提出了社会主义荣辱观和社会主义核心价值体系,是德育内容的重要创新。

## 第二节 新时代德育基本内容

习近平总书记高度重视德育内容体系的科学性,建构了以理想信念教育、爱国主义教育、品德修养教育、奋斗精神教育等为主要构成的新时代德育内容体系。

### 一 新时代德育内容

在 2018 年全国教育大会上,习近平总书记详细阐述了新时代的德育内容。"我们要培养的社会主义建设者和接班人应该具备什么样的基本素质和精神状态,应该如何培养,我看关键是要做好以下几方面工作。一是要在坚定理想信念上下功夫。二是要在厚植爱国主义情怀上下功夫。三是要在加强品德修养上下功夫。四是要在增长知识见识上下功夫。五是要在培养奋斗精神上下功夫。六是要在增强综合素质上下功夫。"[①]

---

[①] 习近平:《培养德智体美劳全面发展的社会主义建设者和接班人》,载中共中央党史和文献研究院编《十九大以来重要文献选编》(上),中央文献出版社 2019 年版,第 648—652 页。

坚定理想信念、厚植爱国主义情怀、加强品德修养、培养奋斗精神都属于德育范围。德育的知识见识的重要构成和集中体现就是思想政治理论课中的思想、理论和知识，这是新时代德育课程建设的重点领域。国际视野是新时代德育内容的重要构成维度，也是学校德育实践中的重要内容。

（一）坚定理想信念

理想信念教育是德育的重要构成部分。"我们培养的人，必须树立共产主义远大理想和中国特色社会主义共同理想。没有这一条，培养社会主义建设者和接班人就不成立了。"[①] 习近平总书记特别强调："现在的青少年长期生活在和平环境之下，没有体验过民族生死存亡的苦难，没有经历过血与火的考验，没有参加过艰难困苦的奋斗，人生阅历很有限。如果不加以正确引导和长期教育，难以树立正确理想信念，甚至可能走偏。"[②] 坚定理想信念教育，必须加强党史学习教育，认识并理解在中国伟大的复兴之路上，青少年所担负的时代责任和使命。"四个自信"教育是理想信念教育的重要内容。"只有社会主义才能救中国，只有坚持和发展中国特色社会主义才能实现中华民族伟大复兴。要给学生讲清楚这一被实践证明了的历史逻辑和现实逻辑……"[③] 理想信念教育是新时代德育最为重要的构成部分，也是贯穿德育始终的内容。

（二）厚植爱国主义情怀

"爱国主义教育是世界各国教育的必修课。"[④] "爱国主义是中华民族的民族心、民族魂，培养社会主义建设者和接班人，首先要培养学生的爱国情怀。"[⑤] 爱国主义教育要从小抓起，学校德育是推进爱国主义

---

[①] 习近平：《培养德智体美劳全面发展的社会主义建设者和接班人》，载中共中央党史和文献研究院编《十九大以来重要文献选编》（上），中央文献出版社2019年版，第648页。

[②] 习近平：《培养德智体美劳全面发展的社会主义建设者和接班人》，载中共中央党史和文献研究院编《十九大以来重要文献选编》（上），中央文献出版社2019年版，第648页。

[③] 习近平：《培养德智体美劳全面发展的社会主义建设者和接班人》，载中共中央党史和文献研究院编《十九大以来重要文献选编》（上），中央文献出版社2019年版，第649页。

[④] 习近平：《培养德智体美劳全面发展的社会主义建设者和接班人》，载中共中央党史和文献研究院编《十九大以来重要文献选编》（上），中央文献出版社2019年版，第649页。

[⑤] 习近平：《培养德智体美劳全面发展的社会主义建设者和接班人》，载中共中央党史和文献研究院编《十九大以来重要文献选编》（上），中央文献出版社2019年版，第649页。

教育的重要领域。"弘扬爱国主义精神要从少年儿童抓起,要把爱国主义贯穿教育和精神文明建设全过程。"① 新时代的爱国主义,必须坚持爱国和爱党爱社会主义相统一。习近平总书记指出:"只有坚持爱国和爱党爱社会主义相统一,爱国主义才是鲜活的、真实的,这是当代中国爱国主义精神最重要的体现。"② 爱国主义教育是新时代德育中的重要构成内容,是固本铸魂的关键所在。

(三)加强品德修养

品德修养是学校德育的重要内容,立德树人首先在于立德。"育人的根本在于立德。"③ 习近平总书记指出:"立德为先,修身为本,这是人才成长的基本逻辑。"④ 新时代的品德教育,既注重个人品德教育,也注重社会公德和大德的教育。"立德修身,既要立意高远,又要立足平实。"⑤ 习近平总书记强调:"加强品德教育,既有个人品德,也有社会公德、热爱祖国和人民的大德。"⑥ 品德教育的重点是引导青少年学生培育和践行社会主义核心价值观。习近平总书记要求:"要坚持教育引导学生培育和践行社会主义核心价值观,做到品德润身、公德善心、大德铸魂。"⑦ 以社会主义核心价值观为基础,引导青少年立德修身,是新时代德育在品德修养上的重点工作内容。

(四)培养奋斗精神

青少年是祖国的未来,青少年学生的主要工作是学习。"志存高远

---

① 习近平:《培养德智体美劳全面发展的社会主义建设者和接班人》,载中共中央党史和文献研究院编《十九大以来重要文献选编》(上),中央文献出版社2019年版,第649页。

② 习近平:《培养德智体美劳全面发展的社会主义建设者和接班人》,载中共中央党史和文献研究院编《十九大以来重要文献选编》(上),中央文献出版社2019年版,第649页。

③ 《习近平著作选读》第一卷,人民出版社2023年版,第28页。

④ 习近平:《培养德智体美劳全面发展的社会主义建设者和接班人》,载中共中央党史和文献研究院编《十九大以来重要文献选编》(上),中央文献出版社2019年版,第649页。

⑤ 习近平:《培养德智体美劳全面发展的社会主义建设者和接班人》,载中共中央党史和文献研究院编《十九大以来重要文献选编》(上),中央文献出版社2019年版,第649页。

⑥ 习近平:《培养德智体美劳全面发展的社会主义建设者和接班人》,载中共中央党史和文献研究院编《十九大以来重要文献选编》(上),中央文献出版社2019年版,第650页。

⑦ 习近平:《培养德智体美劳全面发展的社会主义建设者和接班人》,载中共中央党史和文献研究院编《十九大以来重要文献选编》(上),中央文献出版社2019年版,第650页。

是学习进步的动力。"① 中华民族伟大复兴不是一条坦途,是极为艰苦的征程。习近平总书记告诫:"实现中华民族伟大复兴,绝不是轻轻松松、敲锣打鼓就能实现的,要付出更为艰巨、更为艰苦的努力。"② 新时代随着物质条件的改善,如何培养青少年的奋斗精神,这是新时代德育的重要挑战。"现在的青少年绝大多数在不愁吃穿的环境中长大,培养他们的责任感、坚强意志、吃苦耐劳精神需要比过去付出更多努力。"③ 培养青少年的奋斗精神,重要的是要对青少年开展时代使命和责任意识教育。奋斗精神是新时代德育的重要气质所在。

(五) 具有国际视野

"我国古代读书人历来有胸怀天下、匡时济世的志向,也有天下为公、世界大同的理想。"④ 中国古代强调修身齐家治国平天下,新时代的青少年,也要有中国情怀、国际视野。"新时代社会主义建设者和接班人,不仅要有中国情怀,而且要有世界眼光和国际视野。"⑤ 习近平总书记要求:"要教育引导学生关注世界形势及其发展变化,成为具有中国情怀、全球视野的人才,不仅能肩负起建设中国的使命,而且能承担起为世界、为人类作贡献的责任。"⑥ 培养青少年广阔的国际视野和人类命运共同体的责任担当,是新时代德育在国际领域的重要内容和目标。

## 二 新时代德育的具体构成

新时代德育肩负着培养青少年理想信念、爱国主义情操、品德修

---

① 习近平:《培养德智体美劳全面发展的社会主义建设者和接班人》,载中共中央党史和文献研究院编《十九大以来重要文献选编》(上),中央文献出版社2019年版,第651页。

② 习近平:《培养德智体美劳全面发展的社会主义建设者和接班人》,载中共中央党史和文献研究院编《十九大以来重要文献选编》(上),中央文献出版社2019年版,第651页。

③ 习近平:《培养德智体美劳全面发展的社会主义建设者和接班人》,载中共中央党史和文献研究院编《十九大以来重要文献选编》(上),中央文献出版社2019年版,第651页。

④ 习近平:《培养德智体美劳全面发展的社会主义建设者和接班人》,载中共中央党史和文献研究院编《十九大以来重要文献选编》(上),中央文献出版社2019年版,第651页。

⑤ 习近平:《培养德智体美劳全面发展的社会主义建设者和接班人》,载中共中央党史和文献研究院编《十九大以来重要文献选编》(上),中央文献出版社2019年版,第651页。

⑥ 习近平:《培养德智体美劳全面发展的社会主义建设者和接班人》,载中共中央党史和文献研究院编《十九大以来重要文献选编》(上),中央文献出版社2019年版,第651页。

养、奋斗精神和国际视野的责任，具体内容涵盖马克思主义基本理论、中国化马克思主义、社会主义核心价值观、生态文明教育、人类命运共同体教育等内容。

## （一）理想信念教育

"我们培养的人，必须树立共产主义远大理想和中国特色社会主义共同理想。"① 习近平总书记指出："马克思主义信仰、共产主义远大理想、中国特色社会主义共同理想，是中国共产党人的精神支柱和政治灵魂，也是保持党的团结统一的思想基础。"② 新时代德育要加强青少年理想信念教育，高质量为党育人、为国育才。

### 1. 马克思主义基本原理教育

理想信仰教育要加强马克思主义基本原理教育。"马克思主义主要由哲学、政治经济学、科学社会主义三大组成部分构成。"③ "马克思的思想理论源于那个时代又超越了那个时代，既是那个时代精神的精华又是整个人类精神的精华。"④ 新时代要坚持对青少年学生进行马克思主义基本原理的教育，提升青少年的哲学素养，坚定共产主义理想信仰。

### 2. 中国化马克思主义理论教育

新时代德育要深入开展中国化马克思主义理论教育。中国化马克思主义是中国共产党结合马克思主义基本原理和中国革命建设实践，探索出的具有中国特色的马克思主义理论。中国化马克思主义理论具体包括：毛泽东思想、邓小平理论、"三个代表"重要思想、科学发展观、习近平新时代中国特色社会主义思想。新时代德育要坚持用习近平新时代中国特色社会主义思想教育青少年学生，增进对习近平新时代中国特色社会主义思想的政治认同、思想认同、理论认同、情感认同，提升"四个自信"，坚定理想信念。

---

① 习近平：《培养德智体美劳全面发展的社会主义建设者和接班人》，载中共中央党史和文献研究院编《十九大以来重要文献选编》（上），中央文献出版社2019年版，第648页。
② 《中共中央关于党的百年奋斗重大成就和历史经验的决议》，人民出版社2021年版，第31页。
③ 习近平：《在纪念马克思诞辰200周年大会上的讲话》，《社会主义论坛》2018年第6期。
④ 习近平：《在纪念马克思诞辰200周年大会上的讲话》，《社会主义论坛》2018年第6期。

### 3. 中国梦教育

中国梦教育是新时代理想信仰教育领域的重要构成内容。"中国梦是国家的、民族的，也是每一个中国人的。"① 中国梦不只是个体、民族、国家的范畴，还是指向人类和平与世界发展的重要范畴。"中国梦是历史的、现实的，也是未来的。"② 习近平总书记要求："要用中国梦打牢广大青少年的共同思想基础，教育和帮助青少年树立正确的世界观、人生观、价值观，永远热爱我们伟大的祖国，永远热爱我们伟大的人民，永远热爱我们伟大的中华民族，坚定跟着党走中国道路。"③ 中国梦是新时代理想信仰教育领域的重要基础。

### 4. 四史教育

"要在党史学习教育中做到学史明理，明理是增信、崇德、力行的前提。"④ 党史学习教育是理想信仰教育的重要构成部分，只有知之深，才会爱之切。只有让青少年学生深刻理解了党的光辉历史，才能建立起牢固的理想信仰。在学校德育中要加强党史、新中国史、改革开放史、社会主义发展史和形势政策教育。

### 5. 社会主义核心价值观教育

"社会主义核心价值观是当代中国精神的集中体现，是凝聚中国力量的思想道德基础。"⑤ 习近平总书记要求："我们要从巩固全党全国各族人民团结奋斗的共同思想基础、巩固党的执政地位的战略高度，持续加强社会主义核心价值体系建设，把培育和弘扬社会主义核心价值观作为凝魂聚气、强基固本的基础工程，作为一项根本任务，切实抓紧抓好。"⑥ 社会主义核心价值观是新时代的价值基础，是学校德育的价值基石。

---

① 《习近平谈治国理政》第一卷，外文出版社 2018 年版，第 49 页。
② 《习近平谈治国理政》第一卷，外文出版社 2018 年版，第 49 页。
③ 《习近平谈治国理政》第一卷，外文出版社 2018 年版，第 53 页。
④ 习近平：《用好红色资源，传承好红色基因 把红色江山世世代代传下去》，《求是》2021 年第 10 期。
⑤ 《习近平谈治国理政》第二卷，外文出版社 2017 年版，第 351 页。
⑥ 《习近平总书记系列重要讲话读本》，学习出版社、人民出版社 2014 年版，第 94 页。

### 6. 传承红色基因

红色基因是革命精神的内核，是中国共产党人的精神标识。红色基因涵盖革命理想高于天的理想信念、爱国爱党爱社会主义的新时代爱国主义精神、为人民服务的根本宗旨、高度严格自觉的革命纪律等。习近平总书记高度重视传承红色基因，注重革命传统教育。"革命传统教育要从娃娃抓起，既注重知识灌输，又加强情感培育，使红色基因渗进血液、浸入心扉，引导广大青少年树立正确的世界观、人生观、价值观。"① 红色基因是新时代德育的重要政治标识，是学校德育的重要内容。

## （二）爱国主义教育

新时代学校德育，要高质量实施爱国主义教育，培养青少年正确的历史观、民族观、国家观、文化观，坚持爱国和爱党、爱社会主义相统一，高质量固本铸魂。

### 1. 新时代爱国主义教育

新时代爱国主义，必须坚持爱国和爱党、爱社会主义相统一。习近平总书记要求："要教育引导学生把自身的理想同祖国的前途、把自己的命运同民族的命运紧密联系在一起……让爱国主义精神在学生心中牢牢扎根，时刻不忘自己是中国人。"② 爱国主义是中华民族的伟大历史传统，是新时代德育中的核心内容和重要目标。

### 2. 历史观民族观国家观文化观教育

历史观教育的重点在于建立青少年正确的历史观，反对历史虚无主义。民族观教育的重点是培养青少年中华民族归属感、认同感、尊严感、荣誉感，坚决维护祖国统一和民族团结，旗帜鲜明地反对分裂国家的图谋、破坏民族团结的言行。国家观教育的重点是培养青少年正确的国家意识，坚定做中国人的志气、骨气、底气。③ 文化观教育的重点是热爱中华文化，传承并发展中华文明。

---

① 习近平：《用好红色资源，传承好红色基因 把红色江山世世代代传下去》，《求是》2021年第10期。
② 习近平：《培养德智体美劳全面发展的社会主义建设者和接班人》，载中共中央党史和文献研究院编《十九大以来重要文献选编》（上），中央文献出版社2019年版，第649页。
③ 习近平：《在党史学习教育动员大会上的讲话》，《求是》2021年第7期。

3. 厚植中华文化基因

中华文化基因是中华文化的内核，厚植中华文化基因，是爱国主义教育是否有成效的关键所在。只有具备中华文化基因，才能建构深厚的爱我中华的感情。"5000多年连绵不断、博大精深的中华文化，积淀着中华民族最深沉的精神追求，包含着中华民族最根本的精神基因，代表着中华民族独特的精神标识，是中华民族生生不息、发展壮大的丰厚滋养。"① 学校德育要高度重视厚植中华文化基因，将其作为固本铸魂的基础工程。

（三）品德修养教育

"加强品德教育，既有个人品德，也有社会公德、热爱祖国和人民的大德。"② 新时代品德修养教育，既注重个人品德，也重视社会公德、家庭美德、职业道德。③ 同时，法治教育、生态文明教育也是新时代广泛意义上的品德修养的重要构成部分。法治教育与道德教育相互促进，协调共进，共同服务于社会治理。生态文明教育体现着个体和社会在人与自然领域的道德意识和文明修养。④

1. 个人品德教育

个人品德教育是学校德育的基础性工作，每一个公民都出自学校教育的培养，学校德育的质量对社会整体道德水准有重要影响。习近平总书记要求："要教育引导学生从做好小事、管好小节开始起步，踏踏实实修好品德，学会感恩、学会助人、学会谦让、学会宽容、学会自省、学会自律，成为有大爱大德大情怀的人。"⑤ 在个人品德修养领域，要重点推进践行爱国奉献、明礼遵规、勤劳善良、宽厚正直、自强自律等

---

① 《习近平总书记系列重要讲话读本》（2016年版），学习出版社、人民出版社2016年版，第201页。
② 习近平：《培养德智体美劳全面发展的社会主义建设者和接班人》，载中共中央党史和文献研究院编《十九大以来重要文献选编》（上），中央文献出版社2019年版，第650页。
③ 《新时代公民道德建设实施纲要》，载中共中央党史和文献研究院编《十九大以来重要文献选编》（中），中央文献出版社2021年版，第228—229页。
④ 热爱祖国和人民的大德在本书中则归属于爱国主义情怀，这里不再赘述。
⑤ 习近平：《培养德智体美劳全面发展的社会主义建设者和接班人》，载中共中央党史和文献研究院编《十九大以来重要文献选编》（上），中央文献出版社2019年版，第650页。

品德,① 教育青少年学生在学习和生活中养成高尚品行。

2. 社会公德教育

社会公德是社会文明程度的重要体现,是学校德育致力于推进的重要品德修养。今天的青少年学生都会成为未来的国家公民,学校德育服务于社会公德教育具有集中性和高效率的特征和优势。在学校德育中,要注意重点推进教育以文明礼貌、助人为乐、爱护公物、保护环境、遵纪守法等为主要构成的社会公德,力促青少年未来成为拥有高尚品德的好公民。②

3. 职业道德教育

职业道德是从事职业而需要具备的专业性或行业性的基本道德规范,也是职业修养和职业精神的重要体现。学校德育要高度重视职业道德培育,重点推动践行以爱岗敬业、诚实守信、办事公道、热情服务、奉献社会等为主要构成的职业道德教育,③ 鼓励青少年学生未来在社会工作中成为一个高尚的职业人和建设者。

4. 家庭美德教育

家国同构是新时代中国德育的重要思维和方法论。今天的青少年,未来都会成为家庭的主人。学校德育要培育和弘扬中华家庭美德,推进青少年理解和践行家庭美德。新时代家庭美德以尊老爱幼、男女平等、夫妻和睦、勤俭持家、邻里互助等为主要构成内容,④ 目标指向和谐家庭建设。

5. 法治教育

新时代的国家治理战略是依法治国和以德治国相结合。⑤ 法律和道

---

① 《新时代公民道德建设实施纲要》,载中共中央党史和文献研究院编《十九大以来重要文献选编》(中),中央文献出版社2021年版,第228—229页。
② 《新时代公民道德建设实施纲要》,载中共中央党史和文献研究院编《十九大以来重要文献选编》(中),中央文献出版社2021年版,第228—229页。
③ 《新时代公民道德建设实施纲要》,载中共中央党史和文献研究院编《十九大以来重要文献选编》(中),中央文献出版社2021年版,第228—229页。
④ 《新时代公民道德建设实施纲要》,载中共中央党史和文献研究院编《十九大以来重要文献选编》(中),中央文献出版社2021年版,第228—229页。
⑤ 《习近平总书记系列重要讲话读本》(2016年版),学习出版社、人民出版社2016年版,第90页。

德对于社会治理具有重要作用。"法律是成文的道德,道德是内心的法律,法律和道德都具有规范社会行为、维护社会秩序的作用。"① 新时代高度重视法治教育,重点是培养青少年的法治意识和规则意识。

6. 生态文明教育

生态文明教育是新时代德育的重要构成部分。"建设生态文明是中华民族永续发展的千年大计。"② "走向生态文明新时代,建设美丽中国,是实现中华民族伟大复兴的中国梦的重要内容。"③ 生态文明教育是新时代德育在生态建设领域的重要支撑,是服务于新时代生态文明建设的重要教育基础。

(四) 奋斗精神教育

弘扬以爱国主义为核心的民族精神和以改革创新为核心的时代精神,是新时代中华民族前进的坚实精神支撑和强大道德力量。新时代德育,高度重视对青少年实施艰苦奋斗精神教育、时代使命和责任意识教育,培育具有强大奋斗精神的新一代。

1. 艰苦奋斗精神教育

"幸福都是奋斗出来的,奋斗本身就是一种幸福。"④ 新时代德育,要大力培育青少年的"幸福源自奋斗""成功在于奉献""平凡孕育伟大"等精神理念,在青少年德育中弘扬劳模精神、工匠精神、优秀企业家精神、科学家精神等,保持艰苦奋斗精神。学校德育要高度重视奋斗精神的培养。青少年时期是人生的重要奋斗期,也基本决定了人一生在基本知识领域的可能上限。青少年需要重点培养奋斗精神,理解奋斗的乐趣,掌握奋斗的方法。在学校德育中,既要创造机会让学生学会奋斗、享受奋斗,同时也要勇于让学生结合社会发展,做时代奋斗者。

2. 时代使命和责任意识教育

一代人有一代人的使命。"时代呼唤担当,民族振兴是青年的责

---

① 《习近平总书记系列重要讲话读本》(2016 年版),学习出版社、人民出版社 2016 年版,第 90 页。
② 《习近平著作选读》第二卷,人民出版社 2023 年版,第 20 页。
③ 《习近平谈治国理政》第一卷,外文出版社 2018 年版,第 211 页。
④ 习近平:《在北京大学师生座谈会上的讲话》,《思想政治工作研究》2018 年第 6 期。

任。"① 习近平总书记要求："要对学生开展时代使命和责任意识教育，教育引导学生懂得，如果想创造出彩人生，就必须树立高远志向，历练勇于担当、不懈奋斗的精神，具有勇于奋斗的精神状态、乐观向上的人生态度……"② 学校德育要重点推进时代使命和责任意识教育，教育青少年勇于担当、敢于负责。

（五）国际视野教育

中华民族是一个热爱和平的民族。毛泽东同志曾经坦诚地对美国友人说过："不管美国承认不承认我们，不管我们进不进联合国，世界和平的责任我们是要担负的。"③ 人类命运共同体是新时代的重要思想，学校德育要做好国际视野教育，推进青少年理解和践行人类命运共同体思想。

1. 世界眼光教育

"新时代社会主义建设者和接班人，不仅要有中国情怀，而且要有世界眼光和国际视野。"④ 随着现代科学技术的快速发展，国际世界变成了地球村。胸怀天下是中国古代读书人的志向，新时代德育要引导青少年既有中国情怀，也要具有全球视野。世界眼光对于提升青少年的创新意识和国际多元文化理解能力，均具有重要意义。

2. 人类命运共同体教育

人类命运共同体是新时代国际领域的重要理论创新。"人类已经成为你中有我、我中有你的命运共同体，利益高度融合，彼此相互依存。"⑤ "和平、发展、公平、正义、民主、自由，是全人类的共同价值，也是联合国的崇高目标。"⑥ 人类命运共同体是新时代德育中的重要内容，目的在于培养青少年的人类命运共同体意识，推进世界和平与发展。

---

① 《习近平谈治国理政》第三卷，外文出版社2020年版，第335页。
② 习近平：《培养德智体美劳全面发展的社会主义建设者和接班人》，载中共中央党史和文献研究院编《十九大以来重要文献选编》（上），中央文献出版社2019年版，第651页。
③ 《毛泽东文集》第八卷，人民出版社1999年版，第217页。
④ 习近平：《培养德智体美劳全面发展的社会主义建设者和接班人》，载中共中央党史和文献研究院编《十九大以来重要文献选编》（上），中央文献出版社2019年版，第651页。
⑤ 《习近平谈治国理政》第二卷，外文出版社2017年版，第481页。
⑥ 《习近平谈治国理政》第二卷，外文出版社2017年版，第522页。

# 第三节 社会主义核心价值观是新时代思想道德基础

"社会主义核心价值观是当代中国精神的集中体现，是凝聚中国力量的思想道德基础。"① 价值观是社会建构的重要基础，也是社会治理的重要依托。中国传统以来高度重视价值观，注重道德教化的作用，以德立国是中华文明的重要特征和重要历史智慧。社会主义核心价值观是新时代中国社会建设和社会治理的价值观基础，并彰显着中国特色社会主义在道德价值观领域的价值标准和建设目标。社会主义核心价值观是学校德育的重要基础，既是德育的重要构成内容，也直接决定着德育的价值导向。

## 一 社会主义核心价值观基本内容

一般而言，核心价值观是一个社会中最为基础和重要的价值观构成，核心价值观一般都是一个体系，是社会最为珍视的最重要的多个价值观构成的价值观体系。从一定程度上看，核心价值观直接构成了社会中的道德话语体系，同时也直接影响着社会主流的生活方式和道德判断。

### （一）价值观的重要性

在任何一个社会治理和发展中，价值观建设都是极为重要的。价值观从一定程度上看，是社会在道德领域的基石，基本决定了社会的道德风貌和价值倾向，也与社会秩序和法律体系深刻相关。任何国家和族群要生存发展，必须有其内部基本价值规范，以协调群体内部的思想、行为和利益，人类伟大的文明都创造了社会价值精神体系，以此保障文明群体生生不息，并经受了历史的考验。②

基于价值观的重要性，中华文明一向高度重视价值观建设，中华优

---

① 《习近平谈治国理政》第二卷，外文出版社2017年版，第351页。
② 哈佛燕京学社编：《启蒙的反思》，江苏教育出版社2005年版，第68页。

秀传统文化中的仁义礼智信的价值观几乎深入所有中华文明影响区域。价值观本身也是与时俱进的，人类社会的道德伦理也随着时代变化而不断发展进步。

在国家治理中，价值观的重要性在于通过其内在的价值倾向和道德哲学，建构社会基本秩序，并实质上构成法律体系、政治体系的伦理基础。在国家治理体系中，法律法规体系是相对而言的"硬治理"，核心价值观则是相对的"软治理"。价值观是德治的基础，德治是国家治理的重要战略，价值观通过以德治国的形式直接参与到国家治理中。[①] 同时，核心价值观对于国家文化价值观领域的安全，以及对于中华民族共同体意识的建设，均具有重要意义。从整体上看，社会主义核心价值观对国家治理的作用主要体现在三个方面：其一是核心价值观具有重要的目标导向作用，深刻影响着建设什么类型的国家、形成怎样的社会、培养具有什么道德品质的国民；其二是在道德价值规范领域，核心价值观直接为社会建设和社会治理提供了基本的道德价值规范；其三是凝聚力量和形成共识，有力推进国家认同、民族认同，形成道德价值观领域的公约数。

（二）社会主义核心价值观基本内容的构成

社会主义核心价值观，最初于2012年党的十八大报告中提出。社会主义核心价值观的基本内容是：富强、民主、文明、和谐；自由、平等、公正、法治；爱国、敬业、诚信、友善。[②] 12个核心价值观具体分为三个层面：国家层面、社会层面和公民层面。

从社会主义核心价值观基本内容的构成来看，三个层次既体现了对中华优秀传统文化价值观的传承，同时也彰显着内在的社会主义意识形态。中国一贯注重社会和谐和国家发展，特别是在近代以来国力衰弱，屡受列强欺辱的背景下，国家富强等国家层面的核心价值观成为整个社会的价值观共识，同时也是传统文化中的修身、齐家、治国平天下的时代发展的体现；自由、平等、公正、法治等社会主义核心价值观，彰显

---

① 滕明政：《社会主义核心价值观：习近平治国理政的价值支撑》，《新疆社会科学》2017年第6期。

② 《习近平谈治国理政》第一卷，外文出版社2018年版，第48页。

了马克思主义伦理的时代性，是以解放人类为指向的马克思主义伦理在价值观领域的体现；爱国、敬业、诚信、友善等个人价值观，是对中华优秀传统价值观的重要传承，并体现了时代特色。从整体上看，社会主义核心价值观基本内容既全方位彰显了中国特色社会主义的价值追求，是新时代对马克思主义伦理的重要创新，同时也忠实传承了中华优秀传统价值观。①

**二 社会主义核心价值观的理论内蕴**

社会主义核心价值观是国家精神领域建设的重要基础，是国家治理在价值领域的重要依托。社会主义核心价值观有其丰富的基本理论内涵，回答了建设什么样的国家、建设什么样的社会、培育什么样的公民的重大问题。

（一）核心价值观是国家民族最持久最深层的力量

"社会主义核心价值观是当代中国精神的集中体现，凝结着全体人民共同的价值追求。"② 核心价值观承载着国家民族的精神追求，也是社会中的基础性的价值标准。一个国家的发展，必须有其内在的强大精神力量，这种精神力量很大程度上决定了社会的凝聚力和价值倾向。社会主义核心价值观是国家民族最持久最深层的力量。"如果没有共同的核心价值观，一个民族、一个国家就会魂无定所、行无依归。"③ 社会主义核心价值观在社会建设上是新时代国家民族的价值观领域的凝聚力量和价值基础。

（二）核心价值观回答了建设什么样的国家、建设什么样的社会、培育什么样的公民的重大问题

"在当代中国，我们的民族、我们的国家应该坚守什么样的核心价值观？这个问题，是一个理论问题，也是一个实践问题。"④ 任何一个

---

① 袁久红、甘文华：《社会主义核心价值观与"中国精神"的新生》，《东南大学学报》（哲学社会科学版）2013年第5期。
② 《习近平著作选读》第二卷，人民出版社2023年版，第35页。
③ 《习近平总书记系列重要讲话读本》（2016年版），学习出版社、人民出版社2016年版，第189页。
④ 《习近平谈治国理政》第一卷，外文出版社2018年版，第168页。

社会需要健康发展,必须有其发展目标和发展标准,这种发展目标和发展标准最终会形成一种精神层面的愿景,激励和引导社会前进。作为国家建设中至为重要的道德伦理领域,必须有其基本的标准体系。社会主义核心价值观的重要性在于,"实际上回答了我们要建设什么样的国家、建设什么样的社会、培育什么样的公民的重大问题"①。核心价值观作为道德伦理的基石,对国家治理、社会建设的所有领域均有重大影响,很大程度上决定了国家的道德水平和方向、社会的道德水准与和谐程度、公民道德素养和法治水平。这些都是社会发展中至为重要的建设领域,也体现了核心价值观的重要地位。

(三) 社会主义核心价值观体现了社会主义本质要求

价值观是意识形态的重要构成部分,并且是意识形态体系中最为基础的构成。任何一个国家的价值观体系,都彰显着其主流的政治倾向,体现着其内在的政治哲学。核心价值观体现了社会主义本质要求,在基本伦理哲学和指导思想上,秉持了马克思主义道德观。"核心价值观,其实就是一种德,既是个人的德,也是一种大德,就是国家的德、社会的德。"② 社会主义核心价值观是新时代社会主义道德的集中体现。

(四) 社会主义核心价值观继承了中华优秀传统文化

"人类社会发展的历史表明,对一个民族、一个国家来说,最持久、最深层的力量是全社会共同认可的核心价值观。"③ 文化自信事关国家文化安全,同时也彰显了中华民族在世界文化领域的地位和贡献。社会主义核心价值观在文化上有着深厚的中华文明基础,传承着中华文明五千余年的历史智慧,彰显了新时代中华民族在价值观领域的坚守和追求。社会主义核心价值观在价值观领域传承了中华文化基因,建构了新时代中国人的道德价值观基石。同时,中华优秀传统文化本身就是社会主义核心价值观的文化特色所在,也是新时代道德伦理领域的重要文化基础。

---

① 《习近平谈治国理政》第一卷,外文出版社2018年版,第168页。
② 《习近平谈治国理政》第一卷,外文出版社2018年版,第168页。
③ 《习近平总书记系列重要讲话读本》,学习出版社、人民出版社2014年版,第92—93页。

（五）社会主义核心价值观体现了时代精神和吸收了世界文明有益成果

社会主义核心价值观不只是传承过去，同时也面向时代，面向世界。社会主义核心价值观高度重视时代精神，同时，也与构建"人类命运共同体思想"的国际精神紧密联系。在国际外交领域，习近平总书记高度重视国际治理，提出了国际领域的价值观共识。现代社会中，任何一个国家的发展都不能自外于世界，中国治理高度重视推进国际和平与发展。中华民族一向致力于维护国际道义，推进国际世界和平与公正。中国共产党作为马克思主义指导的社会主义政党，本身就有着致力于解放全人类的伦理追求。习近平总书记提出的国际领域的价值观，也是国际领域核心价值观的重要构成部分。价值观领域是社会建设精神领域的基础，必须与时俱进，绝不可以成为滞后于时代的遗老遗少。在价值观的发展中，既要传承历史智慧，也要体现时代精神，同时要开放扬弃吸收世界文明有益成果。注重时代发展和世界眼光，这也是社会主义核心价值观的重要内涵。

（六）要切实把社会主义核心价值观贯穿于社会生活方方面面

长远来看，价值观的力量看上去柔弱，实则对于社会建设和国家治理影响深远。社会主义核心价值观本身是一套价值观体系，其关键在于如何把核心价值观体系融入社会建设和社会治理，彰显价值观对社会建设的价值指引作用，奠定社会建设的价值伦理基础。"要切实把社会主义核心价值观贯穿于社会生活方方面面。"① 具体来看，社会主义核心价值观要成为社会建设和国家治理的重要道德价值观基础，一个很重要的路径和关键领域，就在于要贯穿社会生活方方面面。价值观体系的科学性在于理论层面，但更重要的是价值观的实践。价值观要从理论层面的正确，转化为实践层面的践行，这需要实践层面的智慧和行动。价值观践行的关键在于融入生活，即贯穿社会生活各个领域。

**三 社会主义核心价值观的德育内涵**

作为承担价值观教育重要工作的学校德育，需要将社会主义核心价

---

① 《习近平谈治国理政》第一卷，外文出版社2018年版，第164页。

值观深度融入德育实践，引导青少年建立正确的价值观体系。

(一) 社会和谐民族复兴的德育目标

"历史和现实都表明，构建具有强大感召力的核心价值观，关系社会和谐稳定，关系国家长治久安。"[①] 每一个社会大都有终极道德目标，这种道德目标在很大程度上是一种道德愿景，最终会成为该社会的普遍性人民信仰。社会主义核心价值观基本内容所确定的德育目标是社会和谐和民族复兴。社会和谐是社会层面的建设目标，而建设一个富强、民主、文明、和谐、美丽的中国则是国家治理的目标，两者共同形成中国社会道德层面的群体目标。中国社会强调个体的发展要与主流价值观相适应，社会尊重个体的自由，但这种自由是建立在符合社会主流价值观的基础之上的，这一点是中国社会的自由与西方社会的自由在内涵上的重大差异。中国德育要指向社会和谐和民族复兴的德育目标，以社会主义核心价值观定位个体的道德价值观，服务于新时代的国家治理和社会建设。

社会主义核心价值观体系有着明显的中国特色，其中既有中国思维特点、文化特色，也秉承了中国政治与道德紧密结合的历史传统。中国自孔子以来，就极为重视政治的道德示范和道德基础，将政治视为社会的道德高阶。在社会主义核心价值观基本内容中，国家和社会两个层面的部分价值观也可归为政治道德，这是对中华优秀传统文化的现代传承。政治与道德紧密结合，一方面用道德抑制了政治的恶的可能，同时也让道德借助政治的力量，实现对整个社会的强力改造和道德提升，这也是中华文明是人类唯一一个没有中断的人类古老文明的重要原因。道德与政治相结合，促使中华民族有着强大的内聚力和较高的道德标准，这正是中华民族生生不息的重要力量源泉。

(二) 个体和谐发展的德育路径

社会主义核心价值观基本内容注重个体层面的道德价值观的建设，既追求社会和谐，也追求个体和谐。这一点也与中国梦的要求相适应，中国梦追求个体梦与民族复兴梦的统一。在个体层面的四个核心价值观

---

① 《习近平谈治国理政》第一卷，外文出版社2018年版，第163页。

中：爱国体现的是个体对国家的忠诚，这是个体的精神动力；敬业体现的是个体对国家和集体的责任担当，反映了个体的工作品质；诚信、友善体现的是公民个体之间的道德关系，也是社会主义公民的基本素养。① 个体层面的爱国是个体与国家命运紧密相关，国家兴，个体尊严才有发展的外部保障；敬业是个体与工作的和谐，是个体的工作基本道德；诚信则是个体的社会生活的基本要求，也是中华优秀传统文化中"信"的传承；友善则是中国文化的重要内涵，中国自古以来就有着修身齐家的个体道德观，对他人、他国的友善一直是中华民族的传统美德，这一点也是鲜明有别于强调力量原则的西方社会传统的。

(三) 价值观构成上的国家、社会和个体三位一体

社会主义核心价值观的国家、社会和个体的三位一体，既体现了社会主义政治方向，也是对中华优秀传统文化的家国同构思维的重要历史传承。孔子儒家思想强调个体的社会属性，注重从社会角度定义个体自身道德，所以中国社会思维上有着明显的注重社会整体性的重要特征，在伦理学上，则表现出明显的社群主义倾向，即强调个体道德的社会属性，而并非将个体设定为单个原子。这种国家、社会、个体三层次的伦理价值体系，鲜明区别于西方自由主义道德价值观。

价值观构成上的国家、社会和个体三位一体，既是社会主义意识形态的体现，也是对我国传统道德价值观的传承。"在东亚文化的中心地区——无论是东北亚还是东南亚，个人都在追求一种群体特性和身份，个人是作为某个群体的一分子，而不是从个人身份中得到肯定和认可，个人通过群体成员的身份来寻求安全感和价值。"② 在中国社会范式中，并不能完全独立地将价值观的个体与社会和国家相割裂，三者统一于整体道德价值观体系的建设。在中国社会思维中，国家是家庭的扩大，个体既生活在家庭中，也生活在国家中，这是家和国的共同体。这在思维上有点类似于亚里士多德的名言："人类自然是趋向于城邦生活的动

---

① 吴桂韩：《社会主义核心价值观培育的理论逻辑与实践路径》，《中国特色社会主义研究》2013年第3期。

② [英] 马丁·雅克：《当中国统治世界：中国的崛起和西方世界的衰落》，张莉、刘曲译，中信出版社2010年版，第108页。

物。"① 在中国，每个个体都是属于家和国的，国家、社会、个体三者本质上是三位一体的存在，所以中国社会特别注重伦理道德建设，并非简单依靠法律维持社会的和谐。

（四）价值观导向上的主流价值观倾向

中国社会一贯强调社会主流价值观，在以前是强调仁义礼智信的儒家伦理，今天则是社会主义意识形态与中华优秀传统伦理结合的社会主义核心价值观。培育和弘扬社会主义核心价值观是新时代思想道德领域的基础工作。"社会核心价值观是国家、社会为促成和保障人的价值实现而做出的价值承诺，这种承诺应明确、集中地反映社会成员基于自己的价值存在所形成的通约或共识。"② 这种主流价值观的存在，促进了社会道德水平提升，统一了社会的道德认识，有利于社会整体和谐发展。

价值观的排序是人类社会中社会范式差异的重要原因。当代世界几乎任何一个社会中，排名靠前的价值观的种类和构成几乎都没有质的差异。在社会主义核心价值观中，几乎所有价值观也都是人类社会普遍珍视的重要价值观，但决定社会实质差异的不是价值观的种类，而是价值观的排序。"每一种价值秩序的形成都会形成一种价值观，有什么样的价值秩序就有什么样的价值观。"③ 简而言之，价值观体系中的价值观排序导致一切都可能变得不一样。在西方社会范式中，自由被视为天然的首要价值观，在西方政治伦理学者眼中，自由无可争议，是先验存在的真理。但在其他社会，自由并不是无可争议的首要价值观。西方社会中其他所有价值观都需要服从于自由价值观，但在其他社会中，自由往往只是社会珍视的价值观之一。西方社会为了自由，可以牺牲社会和谐和安全，而在中国社会，自由需要服务于社会整体和谐发展。这就是社会范式差异的价值观原因，起点看起来很简单，但最终在社会范式的现实实践中，可能差异巨大。在12个社会主义核心价值观的排序中，并不会简单将某一种价值观置于过度强势的地位，而是注重价值观之间的

---

① ［古希腊］亚里士多德：《政治学》，吴寿彭译，商务印书馆1965年版，第7页。
② 李海星：《社会主义核心价值观论要》，《科学社会主义》2013年第2期。
③ 张永芝：《核心价值秩序与社会主义核心价值观》，《教学与研究》2013年第6期。

和谐，在具体的社会道德伦理实践中注意避免价值观冲突，注重社会和个体整体和谐发展。

（五）生活、工作和信仰一体的德育环境

"一种价值观要真正发挥作用，必须融入社会生活，让人们在实践中感知它、领悟它。要注意把我们所提倡的与人们日常生活紧密联系起来，在落细、落小、落实上下功夫。"[1] 核心价值观的基本内容涵盖了个体的生活、工作和信仰，强调个体的道德价值观在生活、工作中的基本构成，这一点既是道德建设中的重要的德育环境，也是社会道德建设的基本路径。社会是由个体构成的，而个体的直接社会环境就是生活和工作，所以从这个角度上看，社会主义核心价值观基本内容贴近个体，贴近生活。个体的生活很大程度上决定了个体的幸福感。个体的工作既是个体的社会价值所在，同时也是社会和谐的基本保障，敬业对于每个个体来说，都具有其特殊意义。任何道德都并非能简单地通过理性学习获得，道德价值观的建立是一个复杂的过程，信仰则是最高境界。培养青少年的社会主义信仰，是学校德育的重要使命。

（六）个体发展与社会发展协调的德育动力机制

在道德建设上，存在个体道德发展和社会道德建设两种路径，社会主义核心价值观摒弃了简单的二元对立思维，而是将个体道德发展与社会道德建设协调并重，共同构成德育发展的动力机制。个体道德发展需要外在的道德环境，需要社会道德的支撑，社会道德本身就是由其中的个体道德所构成的，所以两者的协调发展体现了一种和谐思想，是个体与社会共同发展的复杂思维的体现。中国在个体与社会的道德价值观上，一直追求两者的协调，比如中国社会中，自由也是社会珍视的重要价值观，但同时也关注社会和谐与安全，要求自由与安全之间需要一定的平衡。比较来看，"在西方自由主义者眼中，个人愿意为个人自由和自主而接受暴力犯罪和社会、经济的不平等这样的代价，但在中国，这种偏爱自由而不顾人身安全与经济公平的做法似乎显得极端"[2]。

---

[1] 《习近平谈治国理政》第一卷，外文出版社2018年版，第165页。
[2] ［美］郝大维、安乐哲：《先贤的民主：杜威、孔子与中国民主之希望》，何刚强译，江苏人民出版社2004年版，第142页。

社会主义核心价值观注重个体与社群和谐一体，这也是中国伦理范式的重要思维特征，这种伦理思维也明显区别于西方伦理思维。西方伦理思维大多将个体与社群相对立，是一种典型的二元对立思维，如西方政治哲学中大多将政府视为社会必然存在的恶，这是与强调政府的社会服务职能的中国社会思维相异的。西方学者注意到，中国的社会模式和哲学与西方社会存在明显差异，"中国从来都是而且将继续是一个社群社会……"[①] 中国社会将个体与社群视为和谐一体，并在发展中将两者统一于社会的整体发展，这种融两者为一体的思维能够积极促进社会建设，也能促进个体在追求自身价值的过程中重视社会的需求，从而带来两者健康协调发展。

（七）高度注重社会公正的德育伦理

社会主义核心价值观基本内容非常重视社会道德建设，强调建立必要的社会公正的德育伦理。[②] 在社会层面的四个基本价值观中：自由是社会创新的源泉，也是人类珍视的一种价值观；平等则是社会主义方向的本质要求；公正是社会建设的道德基础；法治是社会必要的重要底线。从社会建设的视角看，公正的社会环境是学校德育的重要外部环境要求。"要用法律来推动核心价值观建设。各种社会管理要承担起倡导社会主义核心价值观的责任，注重在日常管理中体现价值导向，使符合核心价值观的行为得到鼓励、违背核心价值观的行为受到制约。"[③] 公正社会建设的基础性价值观，也彰显了社会主义道德伦理，是社会主义意识形态的重要体现。

---

[①] [美] 郝大维、安乐哲：《先贤的民主：杜威、孔子与中国民主之希望》，何刚强译，江苏人民出版社2004年版，第9页。

[②] 欧清华：《公正是社会主义核心价值观的基本平台》，《科学社会主义》2010年第5期。

[③] 《习近平谈治国理政》第一卷，外文出版社2018年版，第165页。

# 第四章　新时代德育的原则与方法

德育是教育人的工作领域，既需要正确的目标和方向，也需要优秀的原则和方法。正如毛泽东同志所说："但只有理想还不行，还要有丰富的生活经验与良好的艺术技巧。"① 对于德育工作，需要高度重视基本原则和德育方法，德育原则和方法对学校德育质量有重要影响。

## 第一节　新时代德育基本原则

德育原则指的是学校德育中应当遵循的基本准则和基本要求。德育原则既需要符合青少年发展规律，也与国家的政治、文化、习俗等密切相关。德育原则是德育内容选择、德育方法倾向、德育活动实践等的基本依据。

### 一　新时代德育基本原则的主要构成

学校德育是学校思想政治工作的重要构成部分。学校思想政治工作除了面对学生群体之外，还涉及面对教职工队伍。学校对学生的思想政治工作，主体构成就是德育工作。新时代德育的基本原则主要有：坚持党的领导；坚持社会主义办学方向；坚持全员全过程全方位育人；坚持遵循教育规律、思想政治工作规律、学生成长规律；坚持改革创新。②

---

① 《毛泽东文集》第二卷，人民出版社1993年版，第123页。
② 《关于加强和改进新形势下高校思想政治工作的意见》，载中共中央党史和文献研究院编《十八大以来重要文献选编》（下），中央文献出版社2018年版，第478页。

(一) 坚持党的领导

德育是学校思想政治工作的重要构成部分，必须坚持党的领导。对于高等教育，习近平总书记强调："办好我国高等教育，必须坚持党的领导，牢牢掌握党对高校工作的领导权，使高校成为坚持党的领导的坚强阵地。"① 坚持党的领导，既是对德育的组织保障，也是方向保障，还是质量保障。"马克思主义政党具有崇高政治理想、高尚政治追求、纯洁政治品质、严明政治纪律。"② 德育坚持党的领导，要把党的教育方针政策，坚定贯彻到学校教育教学全过程中。"我们党是按照马克思主义建党原则建立起来的，形成了包括党的中央组织、地方组织、基层组织在内的严密组织体系。这是世界上任何其他政党都不具有的强大优势。"③ 学校党组织的纪律性和思想政治的先进性，本身就是学校德育科学性和执行力的重要基础。

(二) 坚持社会主义办学方向

学校德育必须确保正确的办学方向，而学校正确的政治方向就是坚持社会主义办学方向。习近平总书记要求："党委要保证高校正确办学方向，掌握高校思想政治工作主导权，保证高校始终成为培养社会主义事业建设者和接班人的坚强阵地。"④ 在学校德育中，要重点做好马克思主义科学理论教育。习近平总书记强调："要坚持不懈传播马克思主义科学理论，抓好马克思主义理论教育，为学生一生成长奠定科学的思想基础。"⑤ 社会主义核心价值观是学校德育的价值基础。"要坚持不懈培育和弘扬社会主义核心价值观，引导广大师生做社会主义核心价值观的坚定信仰者、积极传播者、模范践行者。"⑥

(三) 坚持全员全过程全方位育人

"推进教育现代化不能忘记初心，要健全全员育人、全过程育人、全方位育人的体制机制，不断培养一代又一代社会主义建设者

---

① 《习近平谈治国理政》第二卷，外文出版社2017年版，第379页。
② 《习近平谈治国理政》第三卷，外文出版社2020年版，第91页。
③ 《习近平谈治国理政》第三卷，外文出版社2020年版，第86页。
④ 《习近平谈治国理政》第二卷，外文出版社2017年版，第379页。
⑤ 《习近平谈治国理政》第二卷，外文出版社2017年版，第377页。
⑥ 《习近平谈治国理政》第二卷，外文出版社2017年版，第377页。

和接班人。"① 德育是学校思想政治工作的重要构成，本质上是育人的工作。"思想政治工作从根本上是做人的工作，必须围绕学生、关照学生、服务学生，不断提高学生思想水平、政治觉悟、道德品质、文化素养，让学生成为德才兼备、全面发展的人才。"② 学校德育要贯彻"三全育人"的基本原则和方法论，建立科学系统的德育体系，高质量履行立德树人的根本任务。

（四）坚持遵循教育规律、思想政治工作规律、学生成长规律

学校德育的科学性建立在三个规律的基础上：其一是教育规律；其二是思想政治工作规律；其三是学生成长规律。习近平总书记指出："要遵循思想政治工作规律，遵循教书育人规律，遵循学生成长规律，不断提高工作能力和水平。"③ 特别是在教育规律领域，习近平总书记指出："学生培养得怎么样，要看拿什么样的尺子去衡量，以什么样的眼光去发现。"④ 新时代学校教育要致力于发现并发展青少年的个体天赋。"教育不是制造'失败者'的，以分数贴标签的做法必须彻底改！"⑤ 学校德育要坚守三个规律，科学推进青少年德育工作。

（五）坚持改革创新

"做好高校思想政治工作，要因事而化、因时而进、因势而新。"⑥ 因事而化重在强调德育要实事求是，有的放矢，要抓住事物的本质，深入解疑释惑，化解德育难题。因时而进重在强调抓住德育时机，顺应时代发展，积极锐意进取。新时代德育要高度重视利用现代科学技术。"要运用新媒体新技术使工作活起来，推动思想政治工作传统优势同信

---

① 习近平：《培养德智体美劳全面发展的社会主义建设者和接班人》，载中共中央党史和文献研究院编《十九大以来重要文献选编》（上），中央文献出版社2019年版，第647—648页。

② 《习近平谈治国理政》第二卷，外文出版社2017年版，第377页。

③ 《习近平谈治国理政》第二卷，外文出版社2017年版，第378页。

④ 习近平：《培养德智体美劳全面发展的社会主义建设者和接班人》，载中共中央党史和文献研究院编《十九大以来重要文献选编》（上），中央文献出版社2019年版，第653页。

⑤ 习近平：《培养德智体美劳全面发展的社会主义建设者和接班人》，载中共中央党史和文献研究院编《十九大以来重要文献选编》（上），中央文献出版社2019年版，第653页。

⑥ 《习近平谈治国理政》第二卷，外文出版社2017年版，第378页。

息技术高度融合,增强时代感和吸引力。"① 因势而新指的是抓住发展势头,与时俱进,顺势而为,科学把握德育的前瞻性、引领性,创新推进德育发展。德育中的发展势头既有时代发展的宏观势头,也有青少年个体的德育发展的微观势头,要顺势而为,善于抓住德育的时机,积极把势头转化为德育的实际效果。

## 二 新时代德育基本原则的科学内涵

新时代德育基本原则具有其内在的理论内涵,具体涵盖德育的组织路线、政治方向、方法论、科学性和发展性等领域。

### (一) 坚持党的领导是德育的组织路线的基本原则

学校德育的首要原则是坚持党的领导,这是组织路线的基本原则。学校德育必须确保政治正确,而政治正确需要有组织建设保障。党的领导主要体现在思想领导、政治领导、组织领导、方向领导等方面。思想领导指的是学校德育必须确保全面贯彻党的教育方针,坚持党的理论指导,具体是中国化马克思主义理论,当前最为重要的指导理论是习近平新时代中国特色社会主义思想。政治领导指的是学校德育要维护党中央权威、保证党的团结统一、落实党中央的要求。组织领导指的是学校德育要接受学校党组织的领导,把党的建设贯穿始终,牢牢把握学校思想政治工作。方向领导指的是学校德育要坚定"四个自信",走中国特色的德育道路,培养德智体美劳全面发展的社会主义建设者和接班人。

### (二) 坚持社会主义办学方向是政治方向的基本原则

学校德育必须坚持社会主义办学方向,这是政治方向的基本原则。学校德育坚持社会主义办学方向,主要体现在四个重要维度。首先,在指导思想上,学校德育必须坚持马克思主义指导地位。德育工作要致力于服务学生全面发展,在思想和理论上,为青少年学生一生的健康发展打下坚实的思想理论基础。其次,在价值基础上,学校德育必须坚持以社会主义核心价值观为价值基础。社会主义核心价值观是新时代学校德育的价值基础,也是道德价值观的社会主义方向的直接体现。学校德育

---

① 《习近平谈治国理政》第二卷,外文出版社2017年版,第378页。

要引导青少年培育和践行社会主义核心价值观，坚定德育的社会主义方向。再次，在法治领域，学校德育要坚持社会主义法治方向，高质量推进社会主义法治教育。法治教育是新时代德育的重要内容，事关依法治国的国家战略。对青少年的法治教育事关重大，影响深远。学校德育要培育青少年的社会主义法治精神，建立社会主义法治信仰，以法治的力量引导青少年向上向善。最后，在道德领域，学校德育要坚持社会主义道德方向。学校德育要坚持马克思主义道德观、社会主义道德观，倡导共产主义道德，以为人民服务为核心，以集体主义为原则，以爱祖国、爱人民、爱劳动、爱科学、爱社会主义为基本要求，确保学校德育的社会主义道德方向。[1]

（三）坚持全员全过程全方位育人是德育的方法论领域的基本原则

学校德育必须坚持全员全程全方位育人，这是德育的方法论领域的基本原则。全员全过程全方位育人本身是系统性思维，三者紧密联系，全员与全过程、全方位相互之间均有重要联系，虽然内在的构成具体是全员育人、全过程育人、全方位育人，但在实践中三者应当是一体的。这是德育实践中需要把握的一个重要原则。首先，学校德育要坚持全员育人，全员育人指的是学校所有教职工都应当服务于立德树人。全员育人是新时代德育的重要理论创新。传统德育的育人主体是班主任、辅导员和德育课教师，新时代德育注重全员育人，要求学校所有教职工均应当深入践行立德树人，确保学校立德树人的育人质量。其次，学校德育要坚持全过程育人，全过程育人指的是学校所有教育教学过程均应当致力于立德树人。"德育既是学生入学的第一课，也是学生离校前的最后一课，必须贯穿学生学习始终……"[2] 全过程育人是一种重要的德育方法论，强调学校工作的所有流程、所有时间都应当践行立德树人的理念。最后，学校德育要坚持全方位育人，全方位育人指的是学校所有领

---

[1]《新时代公民道德建设实施纲要》，载中共中央党史和文献研究院编《十九大以来重要文献选编》（中），中央文献出版社2021年版，第227—228页。

[2] 习近平：《培养德智体美劳全面发展的社会主义建设者和接班人》，载中共中央党史和文献研究院编《十九大以来重要文献选编》（上），中央文献出版社2019年版，第650页。

域都应当致力于立德树人。具体而言，全方位育人包括学科体系、教学体系、教材体系和管理体系等，涵盖思想道德教育、文化知识教育、社会实践教育等环节。

（四）坚持遵循教育规律、思想政治工作规律、学生成长规律是德育的科学性原则

学校德育必须坚持遵循教育规律、思想政治工作规律、学生成长规律，这是新时代德育的科学性的基本原则。学校德育必须遵循科学规律，教育规律是德育实施的教育教学领域的规律，思想政治工作规律是德育的政治方向的规律，学生成长规律是德育面对的学生的思想道德认知发展规律。学校德育必须遵循教育规律，指的是学校德育要注重提升德育设计的科学性、德育实施的艺术性和德育影响力的持久性。学校德育在实施中都是通过教育教学而得以开展的，学校德育需要注意汲取优秀的教育经验和教育智慧，有效传承中华德育智慧，建立新时代德育科学体系。学校德育必须遵循思想政治工作规律，指的是学校德育要注重汲取党的思想政治工作领域的经验和智慧。注重理论联系实际、普遍要求和分类指导相结合、强调深入学生群体调研、积极倡导与榜样示范相结合等。做好学生的思想政治教育工作，承担好思想政治工作的责任。学校德育必须遵循学生成长规律，指的是学校德育要深入认识学生思想道德认知发展规律，理解学生在思想、政治、道德素养的形成过程中的基本规律和特征，把握学生成长的关键期，有效防范学生成长的危险期，有快有慢，既有惊涛拍岸的育人气势和感召力，也追求春风化雨润物无声的育人效果。在德育过程中多汲取心理学、社会学、管理学等相关学科的知识，提升青少年思想道德发展的科学性。

（五）坚持改革创新是德育的发展性基本原则

学校德育必须坚持改革创新，这是新时代德育的发展性基本原则。学校德育是面对青少年的工作，青少年的发展既有着人的发展的一般规律，也与时代发展密切联系。学校德育必须与时俱进，坚持改革创新。首先，学校德育必须增强德育工作的时代感，推进德育理念思路、内容形式、方法手段创新。新时代是一个科学技术高速发展的时代，德育必须紧跟时代发展，汲取先进媒体技术，全面提升德育的影响力和艺

性。学校德育要在改进中加强，在创新中提高。其次，学校德育必须注重提升德育工作的实效性。德育必须实实在在，要坚持在继承传统中创新发展，在德育内容上自觉传承中华传统美德，继承党的优良传统和革命道德，同时积极推动创造性转化、创新性发展，有效提升学校德育的工作质量。最后，学校德育要注重守正创新。守正指的是要坚定正确的德育路线，创新指的是要在德育方法和艺术上努力革新。新时代德育强调德育课程一定要与时俱进，力戒僵化和陈旧。守正强调方向正确，不能偏离马克思主义、社会主义；创新强调力戒刻舟求剑，防范僵化思维和陈旧观念。

## 第二节 新时代德育重要方法与方法论

方法论是关于人们认识世界和改造世界的方法的理论。方法论涵盖方法、方式和思维习惯等，目的是观察和处理现实自然和社会中的问题。从人类社会宏观视角看，每个民族都有自身的方法论，从小的个体看，每个社会个体也都会形成自己的方法论。学校德育也有其内在的方法论，不同的德育范式，基于其基本理论的差异，在方法论领域也会存在明显的不同。方法论既体现了德育范式的理论气质，也在德育实践中对德育质量产生了重要影响。方法论是德育理论领域和实践领域的重要维度，德育理论和实践都必须建立在科学的方法论的基础上。德育理论需要科学的方法论实现科学建构，德育实践也需要科学的方法论确保德育的实效性。

**一 德育方法与德育方法论**

德育方法论是德育理论中的重要领域，对德育方法和德育艺术影响深远。德育方法论从一定程度上看，基本决定了德育方法体系的特色和倾向，是德育理论研究中需要高度重视的理论领域。

（一）德育方法与德育方法论的联系与区别

在现实社会实践中，不管遇到任何具体事情，个体都会分析、思考其背后的缘由和可能的处理路径和方法，之后经过分析选择相应的处理方式和方法，最终具体实施。这个过程中决定个体选择的路径和方法的基础就是该个体的方法论。对于一个国家或民族来说，也基本如此。遇到重大事情，该国家或民族会用其主体思维方式和方法去思考和选择。最终一个国家或民族在处理重大事务的方式方法上会呈现出明显的同质性的选择，其基础和缘由也是方法论。

德育中既有德育方法，也有其背后的德育方法论，两者都非常重要。德育方法指的是在具体的学校德育中采取的手段和方式，如榜样示范法、实践育人法、环境熏陶法、自我反思法等，这些德育方法在现实的学校德育中被广泛使用。但这些德育方法背后还有德育方法论，德育方法论指的是德育方法选择和使用背后的在德育领域中占主流的方式、路径和思维习惯。

德育方法论与德育方法相比，德育方法更为具体，主要面向现实德育，更为注重具体的实际德育效果。德育方法论更稳定，呈现出德育实施主体对德育整体上的认识和理解，并在具体选择中体现出主流德育理论背后的主体倾向和思维习惯。

（二）德育方法论的重要价值

德育方法论对德育的影响很大，是决定学校德育的实践范式的重要因素。从整体上看，德育方法论对德育的影响主要在三个维度：第一是德育方法体系维度；第二是德育思维维度；第三是德育标准维度。

在德育方法体系维度，德育方法论基本决定了德育方法体系的构成，只有符合德育方法论的德育方法才可能被选择纳入德育方法体系中，以供学校德育选择使用。从整体上看，德育方法论基本决定了德育具体方法体系的具体构成、整体倾向和方法特色。不符合德育方法论的德育方法，一般不会被学校德育采用。从这个角度来看，德育方法的选择除了德育工作者的主观性之外，也存在因为德育方法论而导致的德育方法选择上的相对客观性。

在德育思维维度，德育方法论决定了具体的学校德育中的整体德育思维倾向。现实学校德育中，德育环境、德育对象、德育目标、德育过程等是复杂的，在这种复杂的德育中，要确保全国学校德育在方式方法上的一定程度上的同质性,其依靠主要是德育方法论。因为德育方法论基本决定了德育思维,也就决定了德育选择的基本倾向和分析基础。只要全国学校德育具备相同的方法论,在德育实践中就能有效形成相对统一的实践思维和价值倾向。

在德育标准维度,德育方法论基本决定了学校德育对德育目标的实践性定位,最终形成学校德育领域中被所有德育实践者内心认可的德育基本模式,形成学校德育实践中的具体标准体系和实践模式。这种德育标准不只是以一种外在的书面的德育标准的形式存在,更重要的是以一种思维和方法存在于学校德育工作者心中。

**二 新时代德育重要方法**

新时代德育在方法领域具有重要创新,高度重视思想引导、价值渗透和榜样示范,在德育中注重以文化人、协同育人,要求思政小课堂结合社会大课堂,在德育风格上注重循序渐进水到渠成、惊涛拍岸与润物无声相结合,并注重德育中的知情意行统一。

**(一)思想引导**

思想引导是学校德育的首要方法,也是最重要的德育方法。"浇花浇根,育人育心。"[1] 学校德育最重要的就是通过思想引导建立青少年健康的思想理论基础。习近平总书记强调:"青少年教育最重要的是教给他们正确的思想,引导他们走正路。"[2] 在学校德育中,"重中之重是要以坚定的理想信念筑牢精神之基,坚定对马克思主义的信仰,对社会主义和共产主义的信念,对中国特色社会主义道路、理论、制度、文化的自信"[3]。事实上,随着新时代国家现代化程度进一步提高,对青少年的思想引导还有着特殊的使命。新时代的青年没有接受过艰难困苦,不加以正确引导,难以树立正确理想信念。思想引导的效果,很大程度上决定了青少年发展的健康性。

---

[1] 习近平:《培养德智体美劳全面发展的社会主义建设者和接班人》,载中共中央党史和文献研究院编《十九大以来重要文献选编》(上),中央文献出版社2019年版,第647页。
[2] 《习近平重要讲话单行本》(2020年合订本),人民出版社2021年版,第276页。
[3] 《习近平谈治国理政》第三卷,外文出版社2020年版,第313页。

## (二) 价值渗透

价值渗透指的是寓价值观引导于知识传授之中,目的是引导青少年培育和践行社会主义核心价值观,这是学校德育在价值观教育领域中的重要方法。青少年时期是价值观形成的关键时期,要重点做好价值渗透,引导青少年形成正确的价值观。习近平总书记要求:"要抓住青少年价值观形成和确定的关键时期,引导青少年扣好人生第一粒扣子。"[①] 社会主义核心价值观是新时代的思想道德基础,而青少年则是社会主义核心价值观教育的重要人群。"必须通过教育引导、舆论宣传、文化熏陶、行为实践、制度保障等,使社会主义核心价值观内化于心、外化于行。"[②] 价值观教育不只是知识传授,更重要的是价值渗透,关键是要做到落细落小落实。价值观培养的重点路径是渗透,不能简单依赖于灌输,渗透式的教育才更具有效果,也更为稳固。

## (三) 榜样示范

"其身正,不令而行;其身不正,虽令不从"(《论语·子路》)。"亲其师,才能信其道。"[③] 德育的重要方法就是榜样示范。"道德模范是有形的正能量,是鲜活的价值观,是道德实践的榜样。"[④] 学校德育中的重要的榜样示范就是学校教师,特别是德育教师,要有高尚的道德情操和坚定的政治信仰,为学生树立好模范和榜样。"思政课教师,要给学生心灵埋下真善美的种子,引导学生扣好人生第一粒扣子。"[⑤] 特别是思政课教师,要高度重视其内在的思想道德素养。学校教师需要有高尚的师德师风,其重要的指向就是教师对学生的榜样示范。

## (四) 理论联系实践

德育必须具备理论联系实践的德育方法。德育不只要注重理论的科学性,还要把理论的科学性转化为对学生的育人的效果。对学生个体发

---

① 《习近平谈治国理政》第三卷,外文出版社2020年版,第313页。
② 《习近平总书记系列重要讲话读本》(2016年版),学习出版社、人民出版社2016年版,第190页。
③ 《习近平重要讲话单行本》(2020年合订本),人民出版社2021年版,第287页。
④ 《习近平总书记系列重要讲话读本》(2016年版),学习出版社、人民出版社2016年版,第192页。
⑤ 《习近平重要讲话单行本》(2020年合订本),人民出版社2021年版,第283页。

展而言，也必须贯彻理论联系实践的基本方法，不只是要从理论上理解和接受思想理论教育，还必须能够在学习生活中践行，知与行相互促进。"纸上得来终觉浅，绝知此事要躬行"（《陆游·冬夜读书示子聿》）。德育领域的理论联系实践还有着特殊的意义。因为德育与思想理论紧密联系，如何避免青少年落入本本主义的覆辙，这是需要考虑和防范的重要问题。必须强化理论联系实践，推进青少年在思维理论领域的科学性。理论联系实践本身也是马克思主义的基本方法论的重要构成部分，引导青少年理论联系实践，也是对青少年重要的马克思主义方法论的培养。

（五）以文化人以文育人

德育与文化高度相关，德育既要注重文化的力量，也要高度重视对青少年的文化自信的教育。以文化人以文育人是德育的重要方法，在德育中要注重用健康向上的文化，实现启迪心智、陶冶情操的文化育人职能。习近平总书记要求："要更加注重以文化人以文育人，广泛开展文明校园创建，开展形式多样、健康向上、格调高雅的校园文化活动，广泛开展各类社会实践。"[①] 学校德育要视野广阔，要善于借助文化领域的力量提升德育质量。"文化文艺工作者、哲学社会科学工作者都肩负着启迪思想、陶冶情操、温润心灵的重要职责，承担着以文化人、以文育人、以文培元的使命。"[②] 以文化人以文育人还与传承中华文化基因密切相关，以文化的力量，艺术性提升德育的效果，也是学校德育提升质量的重要方法。

（六）协同育人

学校德育的重要方法是协同育人，增强学校教育教学和校外资源共同协调育人的效果。"要挖掘其他课程和教学方式中蕴含的思想政治教育资源，实现全员全程全方位育人。"[③] 协同育人既要发挥课程育人的作用，同时也要注意扩展学校德育资源，特别是要注重博物馆、纪念馆、展览馆等的育人职能。[④] 协同育人还要注意教材的育人职能。"教

---

① 《习近平谈治国理政》第二卷，外文出版社2017年版，第378页。
② 《习近平谈治国理政》第三卷，外文出版社2020年版，第325页。
③ 《习近平重要讲话单行本》（2020年合订本），人民出版社2021年版，第292页。
④ 习近平：《培养德智体美劳全面发展的社会主义建设者和接班人》，载中共中央党史和文献研究院编《十九大以来重要文献选编》（上），中央文献出版社2019年版，第650页。

材是传播知识的主要载体，体现着一个国家、一个民族的价值观念体系，是老师教学、学生学习的重要工具。"① 建立高质量的教材体系，是新时代推进协同育人的重要内容。

（七）思政小课堂结合社会大课堂

学校德育要做好德育课程建设，特别是思政课，这是学校德育最为重要的课程。但同时也要注意思政小课堂结合社会大课堂，在广阔的新时代社会主义建设实践中，有效推进对青少年的高质量德育。引导青少年在时代发展中，在广阔的社会实践视野中，在新时代生动的社会主义建设中实现健康发展。"在温室里培养出来的东西，不会有强大的生命力。"② 德育不能局限于学校，不能局限于课堂。习近平总书记强调："马克思主义是在实践中形成并不断发展的，要高度重视思政课的实践性，把思政小课堂同社会大课堂结合起来……"③ 同时，思政课也要注意与时俱进、常讲常新。"国内外形势、党和国家工作任务发展变化较快，思政课教学内容要跟上时代，只有不断备课、常讲常新才能取得较好教学效果。"④ 思政小课堂结合社会大课堂，同时也是学校德育守正创新的重要内容。

（八）循序渐进水到渠成

青少年发展是一个循序渐进的过程，学校德育要有耐心、有定力、能等待。"人的成长、成熟、成才不是一蹴而就的，而是一个渐进的过程，就跟人的生理发育一样，所以要把这几个阶段都铺陈好。"⑤ 循序渐进水到渠成强调学校德育需要分阶段，还需要有静待花开的耐心。德育要注重播种，但也要有耐心等待花开。青少年跟自然界的种子一样，都具有自身的特点，成长有快有慢，个性各有不同。但德育既要有共性的期待和要求，也要有对个性的尊重。学校德育要能够引导青少年踏踏实实、水到渠成地实现自身的思想道德健康发展。

---

① 习近平：《培养德智体美劳全面发展的社会主义建设者和接班人》，载中共中央党史和文献研究院编《十九大以来重要文献选编》（上），中央文献出版社2019年版，第654页。

② 《毛泽东文集》第七卷，人民出版社1999年版，第232页。

③ 《习近平重要讲话单行本》（2020年合订本），人民出版社2021年版，第290页。

④ 《习近平重要讲话单行本》（2020年合订本），人民出版社2021年版，第283页。

⑤ 《习近平重要讲话单行本》（2020年合订本），人民出版社2021年版，第279页。

## 第四章　新时代德育的原则与方法

（九）惊涛拍岸与润物无声结合

学校德育既要春风化雨、润物无声，也要有适度的惊涛拍岸的声势。"既要有惊涛拍岸的声势，也要有润物无声的效果，这是教育之道。"① 惊涛拍岸的德育有其独特的价值，特别是必要的仪式感、参与感、现代感，对学生思想道德发展具有特殊意义，能够增强学生内在的神圣感，让学生理解德育仪式给予学生的历史感，深刻感受仪式的艺术性的画面感。学校仪式感的重点工作有：升国旗、奏唱国歌、入党入团入队等仪式。在润物无声的德育中，一个很重要的工作就是讲故事。讲故事看上去很普通，但可能是德育效果最为重要的德育方法。"这里面，会讲故事、讲好故事十分重要，思政课就要讲好中华民族的故事、中国共产党的故事、中华人民共和国的故事、中国特色社会主义的故事、改革开放的故事，特别是要讲好新时代的故事。讲故事，不仅老师讲，而且要组织学生自己讲。"② 德育中必要的惊涛拍岸的声势，能够让学生定格画面，提升认识的艺术感。润物无声的德育则在于提升德育的亲和力，提升青少年思想道德稳固性。

（十）知情意行统一

德育是知情意行统一的教育。德育要注重知情意行统一，打牢青少年健康成长的基础。知识基础是德育有效培养青少年健康发展的重要维度。知识基础包括正确的思想、理论，特别是马克思主义基本原理和中国化马克思主义理论，是知识基础领域的重点内容，也是培养青少年"四个自信"的关键所在。知识基础主要是由思想政治理论课承担的。情感是德育的重点培育内容，要建立青少年对党的情感、对国家的情感、对中华民族的情感、对社会主义的情感。思维和思想是德育的重点指向，要培养青少年马克思主义的科学唯物辩证法，建立历史唯物主义思维和观点。行为是德育的最终指向，德育要转化为青少年的爱国情、强国志和报国行，这才是德育的行动目标。知情意行的统一还体现在思政课的建设上。习近平总书记强调："但无论组合拳怎么打，最终要落到把思政课讲得更有亲和力和感染力、更有针对性和实效性上来，实现

---

① 《习近平重要讲话单行本》（2020年合订本），人民出版社2021年版，第292页。
② 《习近平重要讲话单行本》（2020年合订本），人民出版社2021年版，第292页。

知、情、意、行的统一，叫人口服心服。"① 德育的科学性要建立在学生本身的心悦诚服上，知情意行统一是德育必须系统采取的基本方法。

**三 新时代德育方法论**

新时代德育高度重视内在的方法论。有学者研究习近平总书记新时代观，认为其蕴含着丰富的方法论思想，主要有坚持历史意识、坚持人民史观、坚持现代观念、坚持世界眼光、坚持辩证思维等。② 方法论本身既是新时代德育基本理论的内在理论构成，同时也是学校德育实践中需要高度重视并实践的思维和方法逻辑。

（一）新时代德育方法论基本构成

新时代德育方法论构成多元，内容全面而深刻，主要涉及德育方法、德育思维、德育标准、德育视野等多个维度。具体来看，新时代德育方法论主要有：在德育方法维度强调实践指向；在德育思维维度高度关注理想和信仰；在德育标准维度高度重视学校教育的意识形态；在德育视野维度具有高度的文化自信；在德育实践维度注重知行合一。

1. 在德育方法维度强调实践指向，注重德育工作的结构性和系统性

在德育方法维度，新时代德育方法论的重要构成是注重实践，强调实践指向，要求德育融入学校教育教学的所有环节，注重德育工作的结构性和系统性。在学校德育中，必须具备结构化和体系化的方法论，所有学段和德育内容，都要系统性和结构性推进学生立德树人的质量，服务于德智体美劳全面发展的学生个体的培养。

德育既要有德育使命，同时也要放在学生全面发展的视野中，与其他的智育、体育、美育、劳动教育相配合，共同有效促进学生健康成长。新时代德育高度重视学校教育、家庭教育、社会教育的协同性，强调要重点建构系统性的教育合力。"办好教育事业，家庭、学校、政府、社会都有责任。"③ 这是一种系统有效促进学生发展的结构性方法

---

① 《习近平重要讲话单行本》（2020年合订本），人民出版社2021年版，第292页。
② 郝立新：《新时代视野下的中国道路和中国逻辑》，《甘肃社会科学》2019年第1期。
③ 《习近平在全国教育大会上强调 坚持中国特色社会主义教育发展道路 培养德智体美劳全面发展的社会主义建设者和接班人》，《人民教育》2018年第18期。

论，要求学校教育教学与家庭、社会相配合，同时也强调各级党委政府的协调责任。这种结构化和系统化的方法论，必须在具体的学校德育实践中高度重视并贯彻实施。

2. 在德育思维维度高度关注理想和信仰，注重对青少年的中国梦教育

在德育思维维度，新时代德育方法论的重要特色在于高度关注理想和信仰，注重对青少年的中国梦教育。青少年时期是人一生中最重要的可塑期，也是一生孕育梦想的时期。必须高度重视理想和信仰教育，提升青少年的理想预期，激发其发展的精神动力，将个体发展融入国家和民族的发展事业之中。"中国梦是全国各族人民的共同理想，也是青年一代应该牢固树立的远大理想。"[1] 在学校德育中，需要高度重视中国梦教育，激发学生的家国情怀，建构其国家与民族视野，有效激发出青少年人生发展的强大精神动力。对理想和信仰教育的高度重视，高度关注和注重梦想的力量，这是新时代德育在德育思维维度的方法论的重要特色。

学校德育要重点关注理想信仰教育在学生发展中的重要性，高质量的理想信仰教育能够给学生一生带来持续的正向精神动力。青少年时期是奠定人生目标和志向的重要时期，也是一生中最重要的具有可能性的塑造期，学校德育要重视对青少年的理想信仰教育，提升青少年的理想层次，志当存高远，用理想信仰引领青少年发展，激发其发展的精神动力，将自身的发展融入国家和民族的发展之中。如果青少年时期缺乏梦想和理想信仰教育，青少年的未来发展就可能预后不良。青少年时期是人生最有梦想、最能够建构远大梦想的时期，是学校德育需要把握的关键时期。

3. 在德育标准维度高度重视学校教育的意识形态，培养政治立场坚定的社会主义建设者和接班人

在德育标准维度，新时代德育方法论的重要特色在于高度重视学校教育的意识形态，培养政治立场坚定的德智体美劳全面发展的社会主义建设者和接班人。青少年时期的思想政治教育基本决定了青少年未来的政治意识形态的方向，在学校德育中要高度重视政治方向的正确性，坚

---

[1] 《习近平谈治国理政》第一卷，外文出版社2018年版，第50页。

持马克思主义指导，强化意识形态建设工作，确保学校德育的红色阵地健康建设。

学校德育必须高度重视爱国主义教育，坚持爱国爱党爱社会主义高度统一。家国同构是中华民族的历史智慧，学校德育要高度重视爱国主义教育，激发青少年爱国情感，立志奉献祖国。爱国主义教育是学校德育中的重要基础性构成，"爱国，是人世间最深层、最持久的情感，是一个人立德之源、立功之本"[①]。中华民族具有强大的爱国主义文化传统，在青少年的发展中，学校德育要重点引导青少年把自身的发展与国家前途和民族命运结合起来，在奉献国家和人民的行动中实现自身人生价值。

4. 在德育视野维度具有高度的文化自信，并有着人类命运共同体的国际视野

在德育视野维度，新时代德育方法论的重要特色在于高度的文化自信，并有着人类命运共同体的国际视野，强调德育的中国特色、中国风格和中国气派。在德育理论维度，必须坚持中国德育理论自信。中国德育必须坚持走自己的道路，正如中国特色社会主义道路一样，路是探索出来的。在德育理论建设中要具有内在的坚定的文化自信，并把这种文化自信转换为理论建设中的定力，最终实现中国德育理论自信。

同时，在学校德育中，也需要注重培养学生的国际眼光和世界视野，确保学生思维的开放性和创新性。"人类文明多样性赋予了这个世界姹紫嫣红的色彩，多样带来交流，交流孕育融合，融合产生进步。"[②]中国坚定改革开放，绝不走闭关锁国的封闭老路，确保中华民族健康的开放性和发展性，以我为主有效批判借鉴他国的有益经验，并服务于人类社会的和平与发展。在德育视野上，要坚定培养具有中国文化基因的具有坚定文化自信的青少年，并注意拓展其国际视野，有效服务于人类命运共同体建设。

---

① 《习近平在全国教育大会上强调 坚持中国特色社会主义教育发展道路 培养德智体美劳全面发展的社会主义建设者和接班人》，《人民教育》2018年第18期。

② 《习近平谈治国理政》第二卷，外文出版社2017年版，第524页。

5. 在德育实践维度注重知行合一，强调脚踏实地久久为功

在德育实践维度，新时代德育方法论的重要基础是知行合一。习近平总书记说："我在长期工作中最深切的体会就是：社会主义是干出来的。"① 学校德育是一项必须注重实践性的工作领域，最终德育效果必须转化为青少年学生的实际德育效果。在德育工作中，必须高度重视知行合一。"学到的东西，不能停留在书本上，不能只装在脑袋里，而应该落实到行动上，做到知行合一、以知促行、以行求知，正所谓'知者行之始，行者知之成'。"② 学校德育是一项系统性工程，也是一项持久性的工作，在工作中必须高度重视知行合一，脚踏实地，久久为功。

在学校德育中，学校和教师都必须高度重视言传身教，实践道德学问，如果学校和教师在教育教学中德之不立，将严重影响青少年健康发展。在学校德育中，需要踏踏实实推进德育工作，确保德育工作本身的务实性和健康性。"道虽迩，不行不至；事虽小，不为不成"（《荀子·修身》）。最终这种务实求真的德育，才能有效转化为青少年的健康发展，促使青少年未来也成为实干家，所谓种瓜得瓜种豆得豆。学校德育需要切实推进知行合一，有效促进青少年健康发展，成为社会主义事业建设中的实干家。

6. 在德育路径维度注重"三全育人"，强调全员全程全方位

"三全育人"既是新时代德育的基本原则，也是新时代德育的重要方法论。"三全育人"注重整合德育资源，形成教育教学的系统合力，把德育做在日常、贯穿过程、做到个人。做在日常指的是德育要持之以恒，不能仅满足于运动式德育。贯穿过程指的是德育要从始至终，不选择性实施。做到个人指的是德育要目中有人，要把德育工作做到个体、做到个人，要见林也见木。

"三全育人"强调学校德育本身的育人理念、育人体系和育人方式系统化，并高度重视以理服人、以文化人、以学养人、以美育人的基本理念和实践指向。以理服人的重点是马克思主义的真理性品质和革命性品格，以文化人重点是发挥文化的熏陶作用，以学养人重点是培养青少

---

① 习近平：《在北京大学师生座谈会上的讲话》，《思想政治工作研究》2018年第6期。
② 习近平：《在北京大学师生座谈会上的讲话》，《思想政治工作研究》2018年第6期。

年崇真向善的精神品质。以美育人重点是引导学生发现美、欣赏美、创造美。①

(二) 新时代德育的方法论特色

新时代德育具有实事求是的理论品质，注重德育实践，强调以我为主，并注重对中华优秀传统文化进行扬弃学习。其方法论的特色主要有：高度重视"四个自信"，注重批判学习和开放学习，注重实践检验和理论创新。

其一是高度重视"四个自信"。习近平总书记强调："解决中国的问题，提出解决人类问题的中国方案，要坚持中国人的世界观、方法论。"② 在方法论维度，习近平总书记强调主体方法论思维，通过明确主体责任，强调主动争取意识形态工作的主体国际话语权，扩大中国文化和价值的国际影响力。③ 习近平总书记既重视中华优秀传统文化的时代发展，与现代社会相协调，同时强调推动中华优秀传统文化走向世界，让世界理解中国文化。④ 既要让世界理解中国，也要让中国理解自己。让中国理解自己指的是要深入研究中国改革、建设、发展中的实践智慧和实践逻辑，科学建设中国理论体系、话语体系和智慧体系。在此基础上，向世界传播中国声音，讲述好中国故事，让世界理解中国逻辑和中国智慧，这是让世界理解中国。

其二是注重批判学习。习近平总书记强调不能简单复制他国经验，强调在学习中的必要的批判性。"一切刻舟求剑、照猫画虎、生搬硬套、依样画葫芦的做法都是无济于事的。"⑤ 这是中国革命和中国建设中的重要经验教训，复制性学习在历史上给中国革命和中国建设带来过十分惨痛的教训。学校德育事关青少年的思想、政治、文化、道德等领域的社会化，涉及社会主流价值观的建设，是社会建设和国家治理的重

---

① 杨晓慧：《高等教育"三全育人"：理论意蕴、现实难题与实践路径》，《中国高等教育》2018 年第 18 期。
② 《习近平谈治国理政》第二卷，外文出版社 2017 年版，第 341 页。
③ 崔三常、庞立昕：《习近平新时代意识形态工作的主体方法论思维》，《广西社会科学》2019 年第 5 期。
④ 崔华前：《关于习近平传承发展中华优秀传统文化的方法论思考》，《文化软实力研究》2019 年第 3 期。
⑤ 《习近平谈治国理政》第二卷，外文出版社 2017 年版，第 344 页。

要领域。德育领域既需要学习，同时又不能落入简单复制。这需要德育理论工作者和德育实践工作者在学习的过程中依据中国学校德育实际情况，并结合中国社会、历史、文化等具体情况对他国德育理论和经验予以批判性扬弃学习，有效推进我国德育理论发展。

其三是注重开放学习。学校德育领域需要注重必要的开放性，不能闭关锁国，也不能停滞不前。"要坚持古为今用、洋为中用，融通各种资源，不断推进知识创新、理论创新、方法创新。"① 德育本身必须注重健康的开放性，最终在多元学习中才能有效促进德育理论本身的生命力和发展性。中华文明一向博采众长，有着流水不腐户枢不蠹的智慧，在发展中不断开放学习他国和他种文化之长，这也是中华民族老而弥坚与时俱进的重要原因。在学校德育领域，也需要开放学习，拓展思维和方法，提升德育智慧和艺术性，在理论领域和实践领域推陈出新、与时俱进。

其四是注重实践检验。"生活之树长青。一种理论的产生，源泉只能是丰富生动的现实生活，动力只能是解决社会矛盾和问题的现实要求。"② 学校德育本身就是一个实践的领域，需要高度重视德育实践的具体成效。德育理论建构必须联系德育实践，有效推进德育理论与实践共同发展。在德育具体实践中，需要高度重视具体的方式方法，以及方式方法背后的方法论。习近平总书记强调统揽全局的战略思维方法，强调问题导向意识，强调以史为鉴的历史分析方法，同时注重底线思维。这些都是在德育实践中需要重视汲取的方法论。③ 生活之树长青，实践之路常通。学校德育要注意探索德育实践智慧，这种智慧既要从中国历史文化中探索，也要到具体鲜活的中国学校德育实践活动中去探索建构。

其五是高度重视理论创新。"理论的生命力在于创新。"④ 学校德育在理论领域和实践领域都要高度重视创新发展，这是新时代德育的重要

---

① 《习近平谈治国理政》第二卷，外文出版社2017年版，第339页。
② 《习近平谈治国理政》第三卷，外文出版社2020年版，第63页。
③ 刘保国：《习近平新时代绿色发展思想：内容体系、理论品格和方法论特色》，《社会主义核心价值观研究》2018年第1期。
④ 《习近平谈治国理政》第二卷，外文出版社2017年版，第342页。

方法论特色。学校德育要在创新中求发展，在创新中求实效。新时代对我国哲学社会科学的创新发展寄予厚望，要求哲学社会科学界要彰显中国立场、中国智慧和中国价值。客观来看，中国改革发展是人类社会发展中的重大事件，中国走出了一条科学的发展创新之路，无论是在经济领域，还是在科学技术上，中国都对人类社会发展贡献巨大。中国哲学社会科学要对中国的鲜活的改革发展进行深入科学的探索，深入理解中国自己的智慧和逻辑。这既是中国哲学社会科学界的时代使命，放在人类社会发展的视角，也是世界哲学社会科学界的重要责任，因为这是关涉到人类社会发展的理论和哲学的重大问题。

## 第三节　新时代德育基本路径

学校德育的任务是培养思想政治正确和道德品质高尚的学生个体。学生在学校德育中，实现健康社会化，从一个待塑造的青少年，成长为具备社会所设定的思想道德素养的人，其间经历的基本过程和路径，就是学校德育的路径。在学校德育理论中，一个很重要的基础构成理论就是对学生个体德育路径的设定。德育路径指的是在学校德育中对学生思想、政治、道德等领域的发展的基本道路、基本方向、基本阶段的预设。这种预设全方位影响学校德育的具体内容和实践。学校德育按照德育路径，设置不同阶段的具体德育构成内容，在德育实践中，也会依据德育路径而在不同的年龄段和教育阶段设置相应的德育实践活动。

### 一　新时代德育路径的主要构成

德育路径是对德育中个体的思想、政治、道德素养的发展道路、发展方向、发展阶段的基本设定。这种路径设定对学校德育具有多个维度的重要影响。学校德育在德育内容设置和德育环境建设中，均要适应德育路径设置的逻辑。

（一）德育路径在学校德育中的基础性

德育路径的设置本身既是社会对学生思想、政治、道德素养发展路径的基本预设,同时也会通过这种预设而形成德育内容体系和德育环境设置等系统构成的强大影响力,最终投射到学生个体身上。简言之,德育路径本身是理论预设,但也会形成强大的期望效应和现实的学校德育实践,最终成为学校德育中的具体实践效果和个体道德与思想政治素养。

首先,德育路径体现了学校德育的基本道德与政治哲学基础。德育路径本身是建立在道德与政治哲学的基础之上的。当然,德育路径同时也受发展心理学的重要影响,学生个体的思想、政治、道德素养的发展需要符合个体道德认知发展的基本规律。发展心理学揭示了个体心理发展的基本规律,所以从这个角度看,学校德育必须符合个体发展的普遍规律。但学校德育的具体路径,还受到社会的道德哲学和政治哲学的强大影响。道德哲学的影响范围主要包括对个体的道德层次的基本判断、个体道德的基本结构和目标、道德与政治的关系等。政治哲学的影响范围主要是德育的指导理论、政治方向、意识形态建设等领域。

其次,德育路径直接决定了学校德育的内容体系及其设置阶段。学校德育有其明确具体的内容体系和阶段设置。德育内容体系是学校德育的主体内容和基本依据,也是德育课程的主要构成,最终会呈现到德育教科书体系和德育环境建设中。德育内容体系不只是内容构成,还需要呈现出在实践中的发展性和阶段性。在德育内容体系最终呈现时,需要分为不同的阶段,如小学阶段、初中阶段、高中阶段、大学阶段。不同学段的德育内容整体上需要符合德育路径的发展安排,最终呈现为一种循序渐进并螺旋上升的德育阶段性内容体系,学生个体也基本是按照这一路径安排而实现了个体的思想、政治、道德素养的发展。这种循序渐进并螺旋上升的德育阶段性内容体系既需要符合学生个体的发展心理学上的道德认知发展规律,又要符合各个学段的课程体系的要求,还要符合时代发展的现实需要。同时,德育内容要具备适度的开放性和前沿性,需要根据时代发展进行相关内容的增删和调整,并在这种发展中确保内在的结构性和系统性。

再次,德育路径很大程度上决定了学校德育实践的基本模式和具体阶段基本目标。德育路径基本决定了学校德育实践的具体模式,在不同的学段设置不同的德育发展目标,最终依据阶段性目标而实施该学段的具体的德育任务。在青少年发展的过程中,不同阶段会设置该阶段的重点德育任务,这一德育任务会成为学校德育的具体计划,并成为学校德育的具体德育实践活动。在德育模式和德育目标上,每一个学段都有其侧重点。小学阶段的德育模式需要适应小学生的生理和心理发展规律,要突出以德育故事和德育游戏等为主的模式。中学阶段的德育模式需要注意法律知识教育和青春期健康发展的需要,在德育活动中要适度注意德育的艺术性和系统性。大学阶段的德育模式需要关注大学生的思想动态,关注社会,增加社会实践和德育思想层面的教育教学,重点提升大学生的思想政治素养。

最后,德育路径最终会成为学校德育中的个体的思想、政治、道德素养发展的基本轨迹。德育路径本身只是一种理论预设,但这种理论预设会通过成为学校德育的内容体系和德育计划,最终成为学生个体身上的思想、政治、道德素养发展的轨迹。学校德育的最终目标都是指向学生个体的思想、政治、道德素养发展,具体每一位学生个体的这一发展轨迹与德育路径的预设可能有所差异,但从整体上看,学生个体的思想、政治、道德素养发展的整体轨迹与德育路径的预设会呈现出高度吻合。这种德育路径还需要注意符合国家的文化习俗,在德育路径设置中要注意中华优秀传统文化中的重要的家国同构的智慧,注意学校德育与家庭教育、社区建设等紧密联系,最终将这种理论上的德育路径转化为学生个体的思想、政治、道德素养的具体发展轨迹。

(二) 新时代德育的具体德育路径

新时代高度重视德育路径,基于"三全育人"的方法论,新时代德育主要有七大路径。"把思想价值引领贯穿教育教学全过程和各环节,形成教书育人、科研育人、实践育人、管理育人、服务育人、文化育人、组织育人长效机制。"① 七大路径基本涵盖了学校德育的所有领域,是新时代推进德育的主要路径。

1. 教书育人

教书育人具体涵盖了教学育人、课程育人和教材育人。德育具体是由教师队伍实施的,教师队伍既要教书,承担传授知识的职能,同时也

---

① 《关于加强和改进新形势下高校思想政治工作的意见》,载中共中央党史和文献研究院编《十八大以来重要文献选编》(下),中央文献出版社2018年版,第478页。

要育人，这是强调教师的德育职能。学校教育教学的主阵地是课堂，课堂教学必须践行课程育人的理念，新时代的教师，要深入践行教书育人的职责，这是德育的主阵地，也是最为重要的德育渠道。既涵盖直接德育课程——思想政治理论课，也涵盖所有课程。教书育人的重要形式就是课程育人，课程育人又被称为课程德育。所谓课程育人，指的是教师在课程教学活动中育人。[①] 教书育人还涵盖了教材育人，在教师的教学中，教材本身也发挥了育人的功能。

2. 科研育人

科研育人更主要的是指在高校领域，在科学研究中实现育人的职能。具体而言，科研育人重点是培养科学精神、爱国主义精神，激励大学生在科学研究中勇于创新、追求真理、报效祖国。具体在学校德育中，也要注重科研育人的路径。德育要与时俱进，要从小培育孩子们的思想、理论，要重视用新时代的最新的理论教育青少年，德育要做到常讲常新。同时，在德育课程建设中，要注重以创新思维，推进德育课程的创新性、德育课堂的艺术性，以科研推进教学质量和育人效果。

3. 实践育人

德育既要培育青少年的思想、政治、道德素养，还必须转化为青少年的德育行动。青少年的道德行为习惯的培养，并不是仅依靠课堂教学就能实现的。德育不是一日之功，需要反复强化，需要实践躬行。学校德育要高度重视通过实践去培育青少年的思想品德。德育不能停留于课堂育人，必须让青少年在鲜活的实践中，去深入理解思想、政治和道德。德育要贯彻知行合一的德育路径，推进青少年对思想理论深入认识，理解新时代的个人责任和历史使命，以实践强化学习，以学习促进实践，协同提高德育质量。

4. 管理育人

学校是服务于青少年学生健康发展的教育机构，学校的一切工作都要服务于育人。学校内部的管理工作，也要坚定指向育人职能，有效服务于学校立德树人。学校内部的行政管理、后勤管理、学生管理工作，

---

① 石书臣：《正确把握"课程思政"与思政课程的关系》，《思想理论教育》2018年第11期。

都要具有育人的系统化、结构化的思维,通过管理制度育人、管理过程育人、管理文化育人,实现学校内部健康育人环境的系统建设。

5. 服务育人

学校是一个整体,不能仅理解为德育是教师的事情,学校要推进学校所有教职工的育人意识。通过全员化的育人环境,提升青少年对思想道德伦理的理解,力促青少年向上向善。服务育人的重点领域有图书馆服务、食堂服务、机关工作服务等。图书馆服务指的是要创设优秀的图书馆文化和图书馆借阅服务,高质量推进青少年求知求真。食堂服务的重点是推进高质量的食品卫生和饮食文化建设,有效促进青少年健康饮食习惯养成。机关工作服务是服务学生的关键,要有效简化程序,解决学生的难题,实现机关工作有效服务于学生健康发展。

6. 文化育人

学校是一个文化教育机构,学校育人的重要渠道就是文化育人。学校要体现文化属性,要具备典雅的文化环境,要营造尊重知识文化的校园文化氛围。文化育人的重点是以校训为代表的校风、学风,以及以校园文化环境建设和学生社团活动为重点的学校文化建设。学校文化对学生德育影响深远,以学校办学特色的方式,并通过校友的传播传递,甚至可能对学生一生的发展都具有重要影响。

7. 组织育人

学校德育的重要育人路径就是组织育人。组织育人对于学校整体而言,重点是以政治建设为重点的学校党组织建设,要抓好教职工的党组织建设,发挥教职工党员先锋作用,以此带动学校整体发展,坚定德育的正确方向,提升学校德育质量。组织育人对于学生个体而言,重点是学生党组织、共青团组织和少先队组织建设,抓好学生入队教育、入团教育和入党教育工作,做好党团队组织的日常建设工作,实现高质量的组织育人职能。

**二 新时代德育路径的内在规律**

新时代德育以学校教育为主体,同时涵盖家庭教育、社会教育等领域,在德育基本理论领域体现出德育路径的内在规律。新时代德育路径有其内在的基本规律,主要表现在内容范围、德育构成、环境预设等领域。

(一) 内容范围上呈现出个体到社会的规律

在新时代德育中,在个体的道德与思想政治发展的德育内容范围内,明显呈现出个体从家庭到学校、社会的规律。这个内容范围不断扩大,所涉及的德育视野也不断扩展。这种道德发展路径的预设本身也是对学生个体的道德与思想政治素养发展的一种环境发展预设。这种德育内容设置也是符合个体认知发展规律的,个体认知都是从个体逐步扩大到家庭,然后从家庭扩展到社区、学校、社会、国家、世界。从这个角度看,个体的德育内容的设置也应当与这个范围相契合,逐步扩展学生的相应思想道德知识,以应对学生的个体生活和社会活动的需要。

(二) 德育构成上呈现出道德到政治与法律的基本规律

在个体的德育构成上,新时代德育呈现的是从道德到政治与法律的基本路径。从道德到政治与法律,这既是学校德育中的重要的三个维度,同时也是一个有机整体。三者之间的关系上,道德是政治与法律的基础,政治与法律都需要符合社会主流道德。法律与道德相比,法律属于偏硬的体系化的社会规范,道德属于偏软的社会规范和意识。法律偏硬是因为其背后有着国家警察、监狱、法院等系统支持,这是一种具有强制力的规范体系。道德则主要依靠个体的道德认同产生的自我规范和调节,这种个体规范和调节表面上更为柔弱,但却是社会中更为广泛并具有持久作用的社会调节机制。没有一个社会能够完全依靠外部强制力量进行社会协调,在社会建设和国家治理中,要重点培育和依靠道德的力量。基于道德本身的基础性和广泛性,在德育内容的设置上,采取从道德到政治与法律,是符合个体发展和社会建设的基本规律的。新时代德育高度重视道德的基础性,强调道德是政治与法律的基础,同时也重点关注在学校德育中安排思想政治内容和法律内容,以此作为学校德育的主要内容体系的核心基础。这也是新时代依法治国和以德治国的治国理念在学校德育中的重要体现。

(三) 高度重视传承中华优秀传统文化中的德育文化基础

在德育路径的文化基础上,新时代德育高度重视文化自信。德育路径的设定本身也高度符合中国传统的修身、齐家、治国、平天下的路径设定。新时代德育注重个体道德教育、家庭教育、法治教育和人类命运共同体教育，这一路径与中国传统的修身、齐家、治国、平天下具有明显的契合性。道德教育对应个体的修身，家庭教育对应齐家，法治教育则是依法治国的重要基础，而依法治国和以德治国是国家治理的基本方略，人类命运共同体则是对应平天下的逻辑。中国传统文化中的德育路径，与现代中国德育路径具有大致相同的理论逻辑，并涵盖了人类现代社会新的时代内涵。从整体上看，具有强大的文化自信的定力，将学校德育建构于文化自信的基础之上，这是新时代德育的重要理论特点。德育路径的设置有效汲取了中华文明的历史智慧，也有利于学校德育在实践中对中华传统德育文化资源的借鉴和使用。

（四）环境预设上注重全方位渗透的德育模式

在德育路径的环境预设上，新时代德育高度重视全方位渗透的德育模式。新时代德育高度重视德育的全方位影响力，在具体的学校德育中，强调所有学科和所有教育教学环节均应当有正面的德育渗透，这种全方位具有学科教学性质的德育影响力更为持久，对学生发展的影响更为全面。这种全方位渗透的德育模式本身也是中国德育的重要特点。在具体的学校德育中，要求所有课程和教学都要有德育责任，学校校园环境建设和社会实践活动等都需要服务于学生发展。新时代德育既注重全方位渗透，同时也注重思想政治理论课的主阵地建设。任何一个具体的重点知识或能力的有效培养，要在学校教育中确保其质量，都需要将这种知识或能力有效纳入学校课程体系，或者成为其中的一门课程，或者成为课程中的一部分。学校德育也同样如此，学校德育需要有其固定的课程阵地，系统性设置的思想政治理论课就是德育的主要课程阵地。这种系统性的开设课程，确保了每一个时段的青少年都有相应阶段的德育内容。

（五）方法上注重个人历练注重过程感

"事非经过不知难"，只有让青少年在行动中去历练，接受生活和社会的锤炼，才能坚定思想，培养知行合一的品质。这种培养看上去更慢，实际上更稳，学生的道德认知和思想政治信仰更为坚定。注重青少年德育中的过程感，强化对青少年发展的个人历练，是新时代德育路径的重要特色。个体的道德发展是需要锤炼的，没有过程感的德育，也很难在青少年身上留下深刻烙印。单独停留于认知层面的思想品德并不一定坚实。道德与思想政治认同是需要在实际社会中得到实践验证的，这种通过实践验证的思想品德发展才是真正意义上的发展。只有经过德育锤炼而成长的青少年，才具有思想品德上的稳固性，这样的务求实效的学校德育才具有真正的实效性。在学校德育中，既需要高度重视知，即培养青少年个体系统性的思想、政治、道德知识体系，同时要高度重视行，以行动提升个体的思想、政治、道德素养。

# 第五章　新时代德育课程与教材建设

德育课程是落实立德树人根本任务的关键课程，德育课程建设是新时代德育的重要工作领域。德育课教师队伍建设事关德育课授课质量，建设一支高素质的德育课教师队伍，是德育领域的国家重要举措。教材是学校教育教学的基本依据，对学生一生发展影响深远。建立高质量的国家教材体系，是新时代提升学校教育立德树人质量的重要基础性工作。

## 第一节　新时代德育课程建设

德育课程，按照课程基本理论，具体分为直接德育课程、间接德育课程和隐形德育课程。直接德育课程指的是直接系统性进行思想、政治、道德、法治知识理论教学的课程。在学校课程体系中，思想政治理论课是直接德育课程。间接德育课程指的是与德育密切相关的语言文学、历史文化等课程，特别重要的是语文、历史课程。隐形德育课程主要指的是实践类、活动类、校园文化建设类课程，这类课程对学生的德育起着潜移默化的作用。新时代德育课程建设重点是思想政治理论课，但同时也注重课程育人，要求所有课程都服务于立德树人。本节中的德育课程指的是直接德育课程，具体指的是思想政治理论课。

### 一　新时代德育课程的重要地位

德育课程具体指思想政治理论课，是在大中小学循序渐进、螺旋上升开设的一门直接德育课程。国家设置了结构性的思想政治理论课的课程体系。小学阶段与初中阶段的思想政治理论课是"道德与法治",高中思想政治理论课必修课是"思想政治"。大学本科阶段的思想政治理论课具体有"马克思主义基本原理概论""毛泽东思想和中国特色社会主义理论体系概论""中国近现代史纲要""思想道德修养和法律基础""形势与政策"。硕士研究生阶段开设的思想政治理论课是"中国特色社会主义理论与实践研究",博士研究生阶段开设的思想政治理论课是"中国马克思主义与当代"。另外,全国重点马克思主义学院率先全面开设"习近平新时代中国特色社会主义思想概论"课程。[①]

(一) 思政课是全面贯彻党的教育方针的基础性课程

"办好思政课,最根本的是要全面贯彻党的教育方针,解决好培养什么人、怎样培养人、为谁培养人这个根本问题。"[②] 思政课是为学生健康成长提供思想政治素养的重要课程,是全面贯彻党的教育方针的基础性课程。

思政课旨在系统性向学生提供思想理论知识基础。习近平总书记强调:"办好思政课,就是要开展马克思主义理论教育,用新时代中国特色社会主义思想铸魂育人,引导学生增强中国特色社会主义道路自信、理论自信、制度自信、文化自信,厚植爱国主义情怀,把爱国情、强国志、报国行自觉融入坚持和发展中国特色社会主义、建设社会主义现代化强国、实现中华民族伟大复兴的奋斗之中。"[③] 思政课是学校课程体系中政治方向的鲜明凸显,是学校意识形态建设的重要依托课程。

(二) 思政课是落实立德树人根本任务的关键课程

学校教育的根本任务是立德树人,而思政课是落实立德树人根本任务的关键课程。思想政治理论课的课程定位是德育课,是铸魂定向、涵德化人的"成人"课程,承担着提高青少年的思想道德境界、完善其

---

[①] 《关于深化新时代学校思想政治理论课改革创新的若干意见》,《中华人民共和国国务院公报》2019年第24期。

[②] 《习近平重要讲话单行本》(2020年合订本),人民出版社2021年版,第281页。

[③] 《习近平重要讲话单行本》(2020年合订本),人民出版社2021年版,第279页。

人格心理、促进其健康成长的使命。①

在学校课程体系中，每一门课程都有其设置的主要目标。如语文主要是培养青少年的中国语言文字素养，而思政课就是主要培养青少年思想、政治、道德素养的基础性课程。"人的成长、成熟、成才不是一蹴而就的，而是一个渐进的过程，就跟人的生理发育一样，所以要把这几个阶段都铺陈好。"② 在学校教育教学中，"思政课是落实立德树人根本任务的关键课程，思政课作用不可替代，思政课教师队伍责任重大"③。

（三）思政课是培养社会主义建设者和接班人的重要保障

我国教育的目标是培养德智体美劳全面发展的社会主义建设者和接班人。在德育、智育、体育、美育、劳动教育中，要求五育并举、德育为先。德育决定了青少年的理想信仰和政治方向，思政课是德育体系的直接性的基础性课程。

"在大中小学循序渐进、螺旋上升地开设思政课非常必要，是培养一代又一代社会主义建设者和接班人的重要保障。"④ 习近平总书记指出："我们党立志于中华民族千秋伟业，必须培养一代又一代拥护中国共产党领导和我国社会主义制度、立志为中国特色社会主义事业奋斗终身的有用人才。这就要求我们把下一代教育好、培养好，从学校抓起、从娃娃抓起。"⑤ 培养青少年正确系统的思想理论体系，必须有依托的系统性的课程体系，以提供贯穿大中小学的体系性的思想理论知识，思政课就承担着这一职能。

（四）思政课要为学生一生成长奠定科学的思想基础

思政课是为学生一生成长奠定科学的思想基础的关键性课程。"要坚持不懈传播马克思主义科学理论，抓好马克思主义理论教育，为学生一生成长奠定科学的思想基础。"⑥ 思想政治理论课是传播马克思主义

---

① 刘贤玲、刘剑津：《新时代思想政治教育的政治引领》，《福建论坛》（人文社会科学版）2021年第4期。
② 《习近平重要讲话单行本》（2020年合订本），人民出版社2021年版，第279页。
③ 《习近平重要讲话单行本》（2020年合订本），人民出版社2021年版，第276页。
④ 《习近平重要讲话单行本》（2020年合订本），人民出版社2021年版，第279页。
⑤ 《习近平重要讲话单行本》（2020年合订本），人民出版社2021年版，第278—279页。
⑥ 《习近平谈治国理政》第二卷，外文出版社2017年版，第377页。

理论和信仰，宣扬科学社会主义理论与前景，是保证社会主义办学方向的主阵地和有效载体。①

学校教育主要是面对青少年，这是人生重要的可塑期。"青少年阶段是人生的'拔节孕穗期'，这一时期心智逐渐健全，思维进入最活跃状态，最需要精心引导和栽培。"② 各个阶段的思政课都有其阶段性的重点目标。小学阶段重在启蒙道德情感，引导学生形成爱党、爱国、爱社会主义、爱人民、爱集体的情感，具有做社会主义建设者和接班人的美好愿望。初中阶段重在打牢思想基础，引导学生把党、祖国、人民装在心中，强化做社会主义建设者和接班人的思想意识。高中阶段重在提升政治素养，引导学生衷心拥护党的领导和我国社会主义制度，形成做社会主义建设者和接班人的政治认同。大学阶段重在增强使命担当，引导学生矢志不渝听党话跟党走，争做社会主义合格建设者和可靠接班人。③

**二　新时代德育课程建设的基本要求**

"推动思想政治理论课改革创新，要不断增强思政课的思想性、理论性和亲和力、针对性。"④ 针对思政课建设中需要改进的一些问题，为了全面提升思政课建设质量，习近平总书记提出了新时代德育课程建设八个相统一的基本要求。

（一）坚持政治性和学理性相统一

"要坚持政治性和学理性相统一，以透彻的学理分析回应学生，以彻底的思想理论说服学生，用真理的强大力量引导学生。"⑤ 思政课的重要功能在于政治引导，通过课程内蕴的真理，在思想上引领学生发展。发挥思政课的政治引导功能，切忌把思政课讲成简单的政治宣传，

---

① 刘贤玲、刘剑津：《新时代思想政治教育的政治引领》，《福建论坛》（人文社会科学版）2021年第4期。
② 《习近平重要讲话单行本》（2020年合订本），人民出版社2021年版，第275—276页。
③ 《关于深化新时代学校思想政治理论课改革创新的若干意见》，《中华人民共和国国务院公报》2019年第24期。
④ 《习近平谈治国理政》第三卷，外文出版社2020年版，第330页。
⑤ 《习近平谈治国理政》第三卷，外文出版社2020年版，第330页。

思政课要具备内在的学理性，但同时要注意不能用学理性弱化政治性。学理性要支撑政治性，政治性要强化政治引导功能。

(二) 坚持价值性和知识性相统一

"要坚持价值性和知识性相统一，寓价值观引导于知识传授之中。"① 思政课的重要目标在于塑造青少年的价值观，但塑造青少年的价值观要以科学的知识为基础。在思政课教学中，知识传授是载体，价值塑造是目的，在教学中要将有效价值观引导融入课堂知识传授之中。思政课教学绝不能为了应付考试而死记硬背，既要有科学的知识体系，也要有正确的价值引导，两者一体两面协同推进青少年的价值观健康养成。

(三) 坚持建设性和批判性相统一

"要坚持建设性和批判性相统一，传导主流意识形态，直面各种错误观点和思潮。"② 思政课的重点是建设性，主要任务是传导主流意识形态，要传播好马克思主义立场、观点和方法。在此基础上，思政课要具有批判性，以马克思主义的批判精神，教育引导学生剖析和批判各种错误观点和思潮。同时，要注意正确引导青少年理性分析和正确看待现实问题，在对社会假恶丑等现象的批判中，培育和弘扬真善美，引导青少年明晰社会中的是非黑白。

(四) 坚持理论性和实践性相统一

"要坚持理论性和实践性相统一，用科学理论培养人，重视思政课的实践性，把思政小课堂同社会大课堂结合起来，教育引导学生立鸿鹄志，做奋斗者。"③ 思政课是一门以科学理论为主的课程，重点是用科学理论培养人。思政课要注重理论性，要把马克思主义基本原理讲清楚和讲透彻，这也是思政课的根本性职责。但同时，思政课不能只局限于理论性，马克思主义的重要特征在于强烈的实践性。既要重点建设好思政小课堂，也要有效结合社会大课堂，引导学生脚踏实地，努力学习，把人生发展同时代使命结合起来，成长为新时代的美丽奋斗者。在思政

---

① 《习近平谈治国理政》第三卷，外文出版社 2020 年版，第 330—331 页。
② 《习近平谈治国理政》第三卷，外文出版社 2020 年版，第 330 页。
③ 《习近平谈治国理政》第三卷，外文出版社 2020 年版，第 330 页。

课教学中要引导青少年具有理论思维，同时又回到实践，在实践的基础上再回到理论，建立坚实的理论自觉。

（五）坚持统一性和多样性相统一

"要坚持统一性和多样性相统一，落实教学目标、课程设置、教材使用、教学管理等方面的统一要求，又因地制宜、因时制宜、因材施教。"① 思政课既要在教学目标、课程设置、教材使用等领域坚持统一要求，但又要注意必须有适度的多样性和开放性。要坚持推进思政课改革创新，要具有因地制宜、因时制宜、因材施教的理念。统一性的考量重点在于确保课程教材的高质量，确保内容的科学性。多样性的考量在于提升课程教学的适应性和艺术性。思政课教师要注意提升教学的艺术性，既要确保教学的规范性、科学性和权威性，同时决不能照本宣科，要做创造性工作，探索多样化的教学方式方法，大力提升思政课的授课质量。

（六）坚持主导性和主体性相统一

"要坚持主导性和主体性相统一，思政课教学离不开教师的主导，同时要加大对学生的认知规律和接受特点的研究，发挥学生主体性作用。"② 思政课是学校教育教学体系中的一门课程，是课堂主阵地的重要构成部分，要符合教育基本规律。思政课要发挥教师的主导作用，同时要重视发挥学生的主体性，以学生思想理论的学习发展为中心。

（七）坚持灌输性和启发性相统一

"要坚持灌输性和启发性相统一，注重启发性教育，引导学生发现问题、分析问题、思考问题，在不断启发中让学生水到渠成得出结论。"③ 思政课必须坚持正确的思想导向，必要的灌输是需要的。特别是在青少年还缺乏相应的理论思维时，必要的灌输对于青少年的理论学习是必不可少的。但思政课的教学不能陷于机械，不能落入填鸭式教学。要在课堂教学中注意启发式教学，积极引导学生发现并深入分析和思考问题，要注意水到渠成的教育原理，启发学生自己得出结论。思政课要注意会讲故事和讲好故事，有效启发学生理解和建立正确的历史

---

① 《习近平谈治国理政》第三卷，外文出版社 2020 年版，第 330 页。
② 《习近平谈治国理政》第三卷，外文出版社 2020 年版，第 330 页。
③ 《习近平谈治国理政》第三卷，外文出版社 2020 年版，第 330 页。

观、民族观、国家观、文化观、政治观。讲故事的重要性在于通过趣味性的故事，让学生理解并掌握内在的理论知识，这也是青少年认知发展规律的基本要求。

（八）坚持显性教育和隐性教育相统一

"要坚持显性教育和隐性教育相统一，挖掘其他课程和教学方式中蕴含的思想政治教育资源，实现全员全程全方位育人。"① 思政课程本身就是一门直接德育课程，就是显性课程，是学校思想政治工作的主阵地。思政课要理直气壮，要有内在的强大自信。显性课程是必要的，显性课程能够有效建设青少年系统性的思想理论基础。同时，思政课也要与其他课程协同育人，积极推进校园文化建设等隐形德育课程建设，实现全员全程全方位育人，实现知、情、意、行统一。

### 三 新时代德育课程建设基本原则

新时代德育课程建设，要坚持党的全面领导，要坚持思政课建设与党的创新理论武装同步推进，要坚持守正创新，要坚持政治引领和价值引领，要坚持培养高素质专业化思政课教师队伍，要坚持问题导向和目标导向相结合。

（一）坚持党对思政课建设的全面领导

思政课建设事关重大，是立德树人的关键性课程，必须坚持党对思政课建设的全面领导，确保思政课建设质量。习近平总书记要求："要建立党委统一领导、党政齐抓共管、有关部门各负其责、全社会协同配合的工作格局，推动形成全党全社会努力办好思政课、教师认真讲好思政课、学生积极学好思政课的良好氛围。"② 学校党委在思政课建设中要发挥领导作用，既要坚持从严管理，又要注意科学治理。

（二）坚持思政课建设与党的创新理论武装同步推进

思政课建设要与时俱进，要推进党的创新理论融入思想政治理论课。思政课要用习近平新时代中国特色社会主义思想铸魂育人，要让青少年学生理解并领会中国特色社会主义建设中的马克思主义的真理力

---

① 《习近平谈治国理政》第三卷，外文出版社2020年版，第331页。
② 《习近平谈治国理政》第三卷，外文出版社2020年版，第331页。

量。思政课建设要理论联系实践，要注意联系社会大课堂，引导青少年参与到新时代国家经济社会改革发展的过程中，并有效引导学生积极思考和学习新时代党和国家的发展战略及其背后的理论思想。思政课要把社会主义核心价值观贯穿教育教学全过程，积极引导学生思考时代发展中的国家挑战和个人使命。

（三）坚持守正和创新相统一

思政课建设既要守正，又要创新。守正指的是思政课教材必须正确，诠释必须严谨，内容必须科学，要有其必要的统一性和权威性。思政课的内容源头要清，内容要真，方向要正。同时，也要高度重视思政课改革创新。"推动思想政治理论课改革创新，不断增强思政课的思想性、理论性和亲和力、针对性。"[①] 在具体的课堂教学中，要注意"及时更新教学内容、丰富教学手段，不断改善课堂教学状况，防止形式化、表面化"[②]。同时，思政课建设要有"大思政课"的格局和眼光，习近平总书记强调："'大思政课'我们要善用之，一定要跟现实结合起来"[③] "思政课不仅应该在课堂上讲，也应该在社会生活中来讲。"[④] 思政课建设守正在于科学性，创新在于实效性。科学性与实效性是新时代思政课建设的重要要求。

（四）坚持思政课在课程体系中的政治引领和价值引领作用

思政课在学校课程体系中，应当发挥政治引领和价值引领作用，这是基于思政课的地位和性质而必须承担的课程使命。政治引领指的是思政课要跟上时代发展，要把党的创新性理论成果引入学校教育教学中，统筹大中小学思政课一体化建设，实现党的理论成果的学校领域的政治引领作用。价值引领指的是思政课要发挥好社会主义核心价值观的培育和渗透作用，积极引导其他课程实现课程育人的作用，形成学校课程体系在立德树人上的协同效应。

---

① 《习近平重要讲话单行本》（2020年合订本），人民出版社2021年版，第287页。
② 《习近平重要讲话单行本》（2020年合订本），人民出版社2021年版，第278页。
③ 《"'大思政课'我们要善用之"》（微镜头·习近平总书记两会"下团组"·两会现场观察），《人民日报》（海外版）2021年3月7日第1版。
④ 《"'大思政课'我们要善用之"》（微镜头·习近平总书记两会"下团组"·两会现场观察），《人民日报》（海外版）2021年3月7日第1版。

### （五）坚持培养高素质专业化思政课教师队伍

思政课的建设质量，很大程度就在于思政课教师队伍的建设质量。"四个讲清楚"，虽是从面上对宣传工作的要求，但实际上也是对教师的要求，特别是对思政课建设的要求。① 思政课建设要坚持培养高素质专业化的思政课教师队伍，确保思政课授课质量，实现思政课的育人目标。思政课内容复杂，涉及哲学、历史、文化和党的建设等方面，对教师的素质要求很高。同时，思政课又是一门课程教学，需要专业化，思政课教师要掌握教育的规律、思想政治工作的规律和学生认知发展的规律。习近平总书记要求："要配齐建强思政课专职教师队伍，建设专职为主、专兼结合、数量充足、素质优良的思政课教师队伍。"② 除了思政课专职教师队伍，新时代思政课建设还注重思政课授课教师的多元补充。"鼓励教学名师到思政课堂上讲课。各地区各部门负责同志要积极到学校去讲思政课。"③

### （六）坚持问题导向和目标导向相结合

思政课建设既要坚持问题导向，又要坚持目标导向，要积极推进思政课建设内涵式发展。问题导向指的是在思政课建设中，要直面问题和不足，积极主动提升思政课的质量。目标导向指的是思政课建设要紧紧围绕立德树人，全面提升青少年学生的思想、政治、道德素养，系统性促进学生知、情、意、行统一。注意推进青少年思想政治理论知识体系学习，爱国爱党爱社会主义的情怀的培养，科学的思想思维养成，并付诸积极的个人奋斗实践。

## 第二节　新时代德育课程教师队伍建设

"办好思政课关键在教师。"④ 新时代提升德育课程质量的关键在于

---

① 杨增崟：《"四个讲清楚"：高校思想政治理论课教学的着力点》，《扬州大学学报》（高教研究版）2015 年第 1 期。
② 《习近平谈治国理政》第三卷，外文出版社 2020 年版，第 331 页。
③ 《习近平谈治国理政》第三卷，外文出版社 2020 年版，第 332 页。
④ 《习近平重要讲话单行本》（2020 年合订本），人民出版社 2021 年版，第 294 页。

做好德育课程教师队伍建设。建设一支优秀的德育课程教师队伍，是确保德育课程质量的关键所在。

**一　新时代德育课程教师的重要性**

德育课程是学校德育的重要课程依托，是德育知识体系的集中性课程。德育课程教师责任重大，肩负着传播思想和真理的时代重任。

（一）思政课教师队伍责任重大

思政课是直接德育课程，是系统性培育青少年思想、政治、道德素养的关键性课程。"思政课教师队伍责任重大。"[1]虽然语文、历史、地理等课程也具有重要的德育职能，但思政课在其中具有思想和政治导向作用，在学校德育课程体系中具有明显的引领作用。思政课内容丰富，涉及哲学、政治学、历史学、教育学、心理学等学科，内容上涉及世情、国情、党情、民情，对教师综合素质的要求很高。如何在这种丰富并复杂的课程内容的前提下，给学生建立一个政治方向正确、价值体系明确、思想内容明晰的课程教学，是德育课程教师的重要使命。

（二）思政课教师要给学生心灵埋下真善美的种子

"思政课教师，要给学生心灵埋下真善美的种子，引导学生扣好人生第一粒扣子。"[2]青少年是人生中重要的可塑期，青少年时期也是学生思想、政治、道德素养的重要塑造期。思政课教师人品要正，学识要高，教学要精。"讲思想政治理论课，要让信仰坚定、学识渊博、理论功底深厚的教师来讲，让学生真心喜爱、终身受益。"[3]思想政治理论课教师要比其他学科的教师有更高的思想和品德的要求，思政课教师思想坚定，品德高尚，才能有效引导学生健康成长。

（三）思政课教师肩负着传播思想和真理的时代重任

"教师承载着传播知识、传播思想、传播真理，塑造灵魂、塑造生命、塑造新人的时代重任。"[4]思政课要守正创新，在教育教学中要做

---

[1]《习近平重要讲话单行本》（2020年合订本），人民出版社2021年版，第276页。

[2]《习近平重要讲话单行本》（2020年合订本），人民出版社2021年版，第283页。

[3]《习近平重要讲话单行本》（2020年合订本），人民出版社2021年版，第283—284页。

[4]《习近平重要讲话单行本》（2020年合订本），人民出版社2021年版，第283页。

到常讲常新。在内容维度，思政课要与时俱进，把党的最新的理论有机融入思政课课程内容体系中。在教学维度，思政课要深入研究学情，有效汲取先进的教学方法和理念，改革课堂教学，把课堂质量抓实、抓好、抓深，高质量传播思想和真理。

**二　新时代德育课程教师的重要要求**

思政课教师责任重大，是决定德育课程质量的关键所在。习近平总书记指出："办好思政课，有不少问题需要解决，但最重要的是解决好信心问题。"① 而信心问题，首先是要解决思政课教师的信心问题。新时代对思政课教师要求很高，习近平总书记特别提出了对思政课教师"六要"的重要要求："政治要强、情怀要深、思维要新、视野要广、自律要严、人格要正。"②

**（一）政治要强**

政治要强，这是对思政课教师在理想信仰领域的重要要求。首先，思政课教师的思想政治本身就是对学生的导向。思政课必须"要让有信仰的人讲信仰"③。思政课教师信仰坚定，才能引导学生坚定信仰。"对马克思主义的信仰，对社会主义和共产主义的信念，只有首先在思政课教师心中扎下根，才能在学生心中开花结果。"④ 其次，信仰坚定是思政课教师本身的底气和信心。思政课教师如果没有信仰的底气，自然难以做到让学生真学真懂。"思政课教师只有自己信仰坚定，对所讲内容高度认同，做学习和实践马克思主义的典范，才能讲得有底气，讲深讲透，才能有效引导学生真学、真懂、真信、真用。"⑤ 最后，教师"要善于从政治上看问题，自觉用新时代中国特色社会主义思想武装头脑，在大是大非面前保持政治清醒"⑥。思政课教师自己对政治信仰坚

---

① 《习近平重要讲话单行本》（2020年合订本），人民出版社2021年版，第280页。
② 《习近平重要讲话单行本》（2020年合订本），人民出版社2021年版，第284—287页。
③ 《习近平重要讲话单行本》（2020年合订本），人民出版社2021年版，第284页。
④ 《习近平重要讲话单行本》（2020年合订本），人民出版社2021年版，第284页。
⑤ 《习近平重要讲话单行本》（2020年合订本），人民出版社2021年版，第284页。
⑥ 《习近平重要讲话单行本》（2020年合订本），人民出版社2021年版，第284页。

定明确，才能在授课中思维清晰、内容明确、态度坚定，课堂才能富有感染力。

（二）情怀要深

情怀要深，这是对思政课教师的教师情怀领域的基本要求。"教师在课堂上展现的情怀最能打动人，甚至会影响学生一生。真信才有真情，真情才能感染人。"①首先，"思政课教师要有家国情怀，心里装着国家和民族，在党和人民的伟大实践中关注时代、关注社会，汲取养分、丰富思想"②。家国情怀是中华民族的重要特点，也是五千多年来支撑中华民族不断繁荣昌盛的重要精神。思政课是关涉培养青少年家国情怀的课程，教师首先要具备深厚的家国情怀。其次，"要有传道情怀，对马克思主义理论教育事业投入真情实感，对思政课教育教学有执着追求"③。教师是一个传授真理和知识的职业，教师要引导青少年追求真善美，要有对马克思主义真理的信念，并把这种信念转化为课堂中的真情实感，引导青少年积极向上向善、求实求真。最后，"要有仁爱情怀，把对家国的爱、对教育的爱、对学生的爱融为一体，心中始终装着学生，让思政课成为一门有温度的课"④。教育是一个必须要有仁爱情怀的行业。思政课教师要有对家国的爱、对教育的爱和对学生的爱，思政课要有温度、有高度，思政课教育教学过程中要始终关爱学生，思政课教师对学生和教育事业要具有内在的仁爱之心。

（三）思维要新

思维要新是对思政课教师在科学思维领域的重要要求。首先，思政课要重点教会学生科学的思维。思政课教学要注重知情意行统一，而"意"就是指的方法和思维。思政课教师要教会学生"观察认识当代世界、当代中国的立场、观点、方法"⑤。对学生思维和方法的训练，本身就是思政课的重要教学目标。对学生思维和方法的培养，要贯穿思政课教学过程始终。其次，在思政课教学中要正确引导使用科学思维。在

---

① 《习近平重要讲话单行本》（2020年合订本），人民出版社2021年版，第284页。
② 《习近平重要讲话单行本》（2020年合订本），人民出版社2021年版，第285页。
③ 《习近平重要讲话单行本》（2020年合订本），人民出版社2021年版，第285页。
④ 《习近平重要讲话单行本》（2020年合订本），人民出版社2021年版，第285页。
⑤ 《习近平重要讲话单行本》（2020年合订本），人民出版社2021年版，第285页。

课堂教学中，教师要用马克思主义思维方法，抓住关键、找准重点、阐明规律，要让学生理解思维之美，领会科学思维的力量。最后，思政课在思维方法上要落实到科学的思维方法体系中，要具有创新思维、辩证思维，善于使用矛盾分析方法等。

（四）视野要广

视野要广指的是对思政课教师的知识视野、国际视野、历史视野的重要要求。首先，在知识视野上，"思政课教师要有知识视野，除了具有马克思主义理论功底之外，还要广泛涉猎其他哲学社会科学以及自然科学的知识"①。教师必须要具有深厚宽广的知识，才能让学生信服，才能在知识上有效引导学生。其次，在国际视野上，"要善于利用国内外的事实、案例、素材，在比较中回答学生的疑惑，既不封闭保守，也不崇洋媚外，引导学生全面客观认识当代中国、看待外部世界，善于在批判鉴别中明辨是非"②。思政课教师要引导学生客观全面地认识中国和世界，建构青少年健康的世界观。国际视野是思政课教师区别于其他课程教师的一个重要特征，思政课教师要引导学生思考国际时事，以帮助学生建立正确的国际视野。最后，在视野上，思政课教师要具备良好的历史视野。"要有5000多年中华文明史，要有500多年世界社会主义史，要有中国人民近代以来170多年斗争史，要有中国共产党近100年的奋斗史，要有中华人民共和国70年的发展史，要有改革开放40多年的实践史，要有新时代中国特色社会主义取得的历史性成就、发生的历史性变革，通过生动、深入、具体的纵横比较，把一些道理讲明白、讲清楚。"③ 这种穿越时空的历史视野，是需要思政课教师具备的一种基本能力。

（五）自律要严

自律要严是对思政课教师的政治纪律和政治规矩的重要要求。思政课是一门关涉青少年思想意识发展的课程，自然必须有其严格的纪律。

---

① 《习近平重要讲话单行本》（2020年合订本），人民出版社2021年版，第285—286页。

② 《习近平重要讲话单行本》（2020年合订本），人民出版社2021年版，第286页。

③ 《习近平重要讲话单行本》（2020年合订本），人民出版社2021年版，第286页。

首先,"思政课教师对自己要求要严格,既要遵守教学纪律,也要遵守政治纪律和政治规矩……"① 思政课教师要具有严格的工作纪律意识,在职业态度和精神上,要成为学生的榜样。在政治纪律和政治规矩上,思政课教师要严格遵守相关规定和规范,成为学生思想政治领域的优秀示范。其次,"思政课教师掌握着课堂的主导权和话语权,一定要自觉弘扬主旋律,积极传递正能量"②。思政课堂必须弘扬主旋律,传递正能量。虽然思政课教学中也会有部分对假恶丑现象的批判,但这是服务于最终的真善美的培养目标的。思政课也应当讲矛盾、碰问题,这既能提升青少年的政治免疫力,同时也有利于提升青少年全面客观认识问题和矛盾的能力。最后,思政课程建设要充分信任教师,在坚持正确的政治方向的基础上,就不用担心政治上出问题。习近平总书记特别强调:"只要坚持正确政治方向,立足于引导学生坚定理想信念,全面客观看问题,就不用担心在政治上出问题。要给教师充分的信任,不抓辫子、不扣帽子、不打棍子。"③ 注重思政课教师的自律,本身也是对思政课教师自身素养的一种内在要求。

(六) 人格要正

人格要正是对思政课教师的人格学识领域的重要要求。首先,教师职业必须要有高尚的人格,这是教师职业的重要特征。思政课教师关涉青少年健康人格的养成,更需要具备高尚的人格。"有人格,才有吸引力。亲其师,才能信其道。"④ 其次,教师人格不能局限于品德,还需要有学识魅力。思政课教师必须要具有内在的真理力量,才能赢得学生。"要有学识魅力,用真理的力量感召学生,以深厚的理论功底赢得学生。"⑤ 再次,作为主要从事教育教学的思政课教师,主要的阵地是课堂,主要的教学手段是语言,思政课教师必须要具有语言魅力,结合思想境界,让学生感受并接受教师的才学和境界。"思想要有境界,语

---

① 《习近平重要讲话单行本》(2020 年合订本),人民出版社 2021 年版,第 286 页。
② 《习近平重要讲话单行本》(2020 年合订本),人民出版社 2021 年版,第 286 页。
③ 《习近平重要讲话单行本》(2020 年合订本),人民出版社 2021 年版,第 286—287 页。
④ 《习近平重要讲话单行本》(2020 年合订本),人民出版社 2021 年版,第 287 页。
⑤ 《习近平重要讲话单行本》(2020 年合订本),人民出版社 2021 年版,第 287 页。

言也要有魅力,从教师的话语中,学生能够感受到教师的人格和学识。"① 最后,思政课教师要知行合一,"要自觉做到修身修为……自觉做为学为人的表率,做让学生喜爱的人"②。思政课教师既要言传,更要身教,要成为青少年敬仰的榜样,以身示范,引导青少年健康成长。

### 三 新时代德育课程教师队伍建设的重点方向

思政课意义重大,思政课教师队伍建设是保障学校德育课程质量的重要基础。新时代学校教育要重点做好思政课教师建设,确保学校教育高质量立德树人。

(一)增强教师的职业认同感、荣誉感、责任感

思政课教师队伍建设,首要的是做好思政课教师的内在精神的建设,提升思政课教师的信心。习近平总书记指出:"调动思政课教师的积极性、主动性、创造性,必须增强教师的职业认同感、荣誉感、责任感。"③ 思政课对教师的要求很高,讲好思政课不是一件容易的事情。"讲好思政课不仅有'术',也有'学',更有'道'。"④ 思政课的术是思政课教师的教育教学方法和艺术,这是思政课的重要方法要求。思政课的学是思政课教师要具备的宽广和深厚的知识基础,这是对思政课的知识真理领域的要求。思政课的道是要求思政课教师要具备坚定的理想信仰和情怀,这是对思政课的思想情怀的要求。

(二)配齐建强思政课专职教师队伍

思政课教师队伍建设,必须要配齐建强思政课专职教师队伍。专职教师队伍是思政课教学质量的直接依托,首先是要配齐。教师的时间精力都是有限的,如果教师数量不足,自然会导致教师授课质量难以做到时间精力保障。配齐的基本要求是:专职为主、专兼结合、数量充足。其次,要建强思政课教师队伍。要确保思政课教师队伍素质优良、学识优秀、视野开阔、结构合理。在思政课教师队伍建设上要"严把政治

---

① 《习近平重要讲话单行本》(2020年合订本),人民出版社2021年版,第287页。
② 《习近平重要讲话单行本》(2020年合订本),人民出版社2021年版,第287页。
③ 《习近平重要讲话单行本》(2020年合订本),人民出版社2021年版,第294页。
④ 《习近平重要讲话单行本》(2020年合订本),人民出版社2021年版,第294页。

关、师德关、业务关，解决好学风问题"①。一支数量充足、质量优良的思政课专职教师队伍，是建设好思政课的前提和保障。

（三）创新工作机制加大培养和激励工作力度

思政课教师队伍建设，要创新工作机制，加大培养和激励工作力度。思政课要提高岗位对优秀人才的吸引力，"让思政课教师特别是青年教师的创造活力竞相迸发、聪明才智充分涌流"②。思政课既要讲政治，讲情怀，也要有必须的保障待遇，要落实相关政策保障，让思政课教师内有信心和能力，外有保障和职业荣誉。培养重在提供充足的师资来源，提升思政课教师的发展空间。激励重在提升思政课教师的荣誉感，建立强大的学科定力和任教信心。

（四）改革思政课教师评价机制

思政课教师队伍建设，重点是高质量教书育人，要把思政课教师队伍建设的质量，立足到高质量的立德树人中去。"要改革思政课教师评价机制，提高评价中的教学和教学研究占比，克服唯文凭、唯论文、唯帽子等弊端，引导思政课教师把主要精力放在教书育人上。"③ 思政课要重点关注课堂教学质量，评价的重心在于育人的效果。思政课教师的主要精力要致力于教书育人，这也是思政课评价的特殊性所在。

## 第三节 新时代教材建设的德育要求

教材是学校教育教学的主要依据，是传播知识的主要载体，深刻影响着青少年学生发展。习近平总书记高度重视教材建设，在教材建设领域做出了系列重要论述，是新时代指导教材建设的重要理论基础。课程育人是新时代德育的重要理念，各科教材都与学校德育密切相关，必须确保教材建设正确的政治方向和价值导向。习近平总书记关于教材建设的重要论述主要针对学校教材建设整体工作，重点涵盖教材建设的内在

---

① 《习近平重要讲话单行本》（2020年合订本），人民出版社2021年版，第294页。
② 《习近平重要讲话单行本》（2020年合订本），人民出版社2021年版，第294页。
③ 《习近平重要讲话单行本》（2020年合订本），人民出版社2021年版，第294页。

指导思想、政治方向、文化基础等。德育教材建设在德育课程一节已经基本涉及，本节中的教材建设指的是学校教育的教材建设的整体，不局限于德育教材建设。

教材既是学校教育教学的主要依据，同时也是培养青少年知识能力素养的重要基础。义务教育阶段的教材尤显重要，基于义务教育的普及性，义务教育阶段的教材最终都会成为青少年的集体记忆和共同知识基础，并最终成为国民的共同知识文化素养。学校教材是奠定国民基本素养的重要教育基础，是决定国民价值倾向的重要导向，是教育方向的重要显现。教材编写和发行，是国家事权的重要构成。

习近平总书记高度重视教材建设，在教材建设领域做出了系列重要论述。在 2018 年全国教育大会上，习近平总书记提出了新时代教材建设的指导思想和基本遵循"一坚持五体现"："教材要坚持马克思主义指导地位，体现马克思主义中国化要求，体现中国和中华民族风格，体现党和国家对教育的基本要求，体现国家和民族基本价值观，体现人类文化知识积累和创新成果。"[1] 在 2020 年教育文化卫生体育领域专家代表座谈会上，习近平总书记强调了"强化教材建设国家事权地位"[2]。在 2020 年给人民教育出版社老同志回信中，习近平总书记提出了"用心打造培根铸魂、启智增慧的精品教材"[3] 的新时代教材建设的重要要求。

## 一 新时代教材建设的基本理论内涵

习近平总书记关于教材建设的重要论述，形成了新时代教材建设的基本理论。新时代教材建设的指导思想和基本遵循是"一坚持五体现"。从整体上看，新时代教材建设的基本理论内涵具体有：教材建设是国家事权；教材建设要紧紧围绕立德树人根本任务；教材建设必须坚持正确政治方向；教材建设要体现中国和中华民族风格；教材建设要注

---

[1] 习近平：《培养德智体美劳全面发展的社会主义建设者和接班人》，载中共中央党史和文献研究院编《十九大以来重要文献选编》（上），中央文献出版社 2019 年版，第 654 页。

[2] 《习近平重要讲话单行本》（2020 年合订本），人民出版社 2021 年版，第 137 页。

[3] 《习近平给人民教育出版社老同志回信强调 紧紧围绕立德树人根本任务 用心打造培根铸魂启智增慧的精品教材》，《中国民族教育》2021 年第 1 期。

重推进改革创新；教材建设的任务是打造培根铸魂启智增慧的精品教材。

（一）教材建设的重要地位：教材建设是国家事权

学校教材，特别是中小学教材，发行极为广泛，影响深远。青少年时期是人生重要的可塑期，而青少年时期的主要学习材料就是教材，所以教材对中小学生成长影响深远。"教材是教师教、学生学的基本依据，也是所有青少年学生健康成长的主要精神食粮。"① 对国家而言，中小学教材对青少年全覆盖的特点，决定了其对民族文化、价值观和心理世界的塑造的重要性，也是弘扬和培育民族精神的重要载体和重要途径。② 基于教材在国家治理中的重要地位和作用，教材建设不是普通事务，而是归属于国家事权的重要事务。邓小平同志曾经指出："中小学应该有全国统一的课本。"③ 教材建设的质量和方向是事关国家治理的重要工作，对教材建设的认识，首先要提升到国家事权的高度。教材建设是国家事权，有两层基本内涵：其一是教材建设影响深远，覆盖面极广，是事关国家发展的重要事情；其二是教材建设工作极为重要，要提升到国家治理的高度，必须高度重视，精心组织编写，以此确保教材建设质量。

全面落实教材建设国家事权，新时代国家做出了系列重要决策和举措，设置了国家教材委员会和教育部教材局，发布了《全国大中小学教材建设规划（2019—2022年)》。义务教育阶段的语文、历史、道德与法治三科实施全国统一教材，即教育部统一编写，全国统一使用。全国义务教育阶段2019年已经全面使用三科统编教材。这是新时代系统性编写关于政治、文化、价值观最为重要的三科教材并全国统一使用的重要举措。三科统一是对教材是国家事权的重要实践，彰显了新时代注重文化价值观领域的国家安全的重要要求。

（二）教材建设的服务指向：紧紧围绕立德树人根本任务

立德树人是学校教育的根本任务，教材建设要紧紧围绕立德树人。

---

① 郭戈：《用心打造培根铸魂、启智增慧的精品教材》，《人民教育》2021年第2期。
② 康晓伟、王刚：《铸魂育人：新时代教材建设的思想遵循》，《课程·教材·教法》2020年第9期。
③ 《邓小平文集》（一九四九——九七四）下卷，人民出版社2014年版，第2页。

立德树人一体两面，共同服务于时代新人的高质量培养。教材体系建设要高质量立德。教材编写既要注重基础知识体系的建设，同时也要注意在思想道德价值观领域高质量立德，建构青少年健康的理想信仰和道德情操。这需要教材建设的结构化设计相关内容。教材建设的最大政治是通过教材建设体现党和国家对人才培养的总体要求，体现党和国家在人才培养方面的意志和主张。[1] 对于学校立德树人而言，对青少年打好中华文化底色、厚植红色基因，教材是最为重要、影响力最为深远的载体。[2]

同时，教材建设要高质量树人。教材建设要具备全面的现代科学文化知识，要符合青少年认知发展规律。教材体系建设的基础在于知识体系的重构，是把人类文化的最新成果经过教育学和心理学逻辑加工，转化成为可以教学的知识体系。[3] 教材建设的最终成果，表现为宏观层面的教材体系和具体使用的教材。教材体系要能够系统、全面、科学，高质量服务于青少年健康成长。在具体的教材编写中，教材必须站稳中国立场，立足中国、面向全球、立足时代，在编写内容上要系统呈现中国优秀文化，反映世界科学技术新进展，在编写理念上要兼容并蓄、博采众长。

### （三）教材建设的政治方向：坚持正确政治方向

教材建设是事关青少年整体政治方向引导的重要工作，作为中小学教育教学的主要依据，教材的政治方向对青少年成长具有极为深远的影响。"教材建设是国家事权和铸魂工程，是培养什么人、怎样培养人、为谁培养人的载体和工具。"[4] 在现代社会，学校是对青少年成长具有普遍强制影响力的重要机构，是社会建设和国家治理的重要依托机构。现代社会所有公民都出自学校教育的培养，而教材则是青少年成长中的基础性底色。一般而言，教材的内容最终都会成为青少年身上的知识、能力和素养，在政治方向上同样如此，教材中的政治方向，最终都会成

---

[1] 田慧生：《新时代教材建设的若干思考》，《课程·教材·教法》2019年第9期。
[2] 申继亮：《新时代教材建设面临的挑战、问题和趋势》，《课程·教材·教法》2019年第9期。
[3] 靳玉乐：《努力构建中国特色教材体系》，《课程·教材·教法》2019年第7期。
[4] 郭戈：《用心打造培根铸魂、启智增慧的精品教材》，《人民教育》2021年第2期。

为青少年的集体性的政治方向。如果教材政治方向不明，或者政治方向导向混乱，最终都会形成严重的青少年发展中的政治方向问题，并可能在青少年的成年期爆发出来。

教材建设必须坚持正确的政治方向，实现高质量课程育人。首先，教材建设要加强党的领导，必须牢牢把握党对教材建设的领导权。其次，教材建设必须坚持马克思主义的指导地位，体现马克思主义中国化要求，及时反映马克思主义中国化的最新成果。最后，教材建设既要重抓教材编写，也要注意教材使用中的问题防范与内容审查。对于大中小学教材的发行，要注意做好政治审查，把好学校教材入口关。

(四) 教材建设的文化底色：体现中国和中华民族风格

教材建设要体现中国和中华民族风格，要正确彰显国家和民族基本价值观。"教材作为一个国家和民族文化与价值观的重要载体，其传导的价值观是培养人的重要基础。"[1] 教材既承载着知识和真理，是学校教育教学的主要依据，又体现着国家在教育领域的知识水准，同时教材还扮演着文化传统的重要角色，彰显着一个国家的教育文化传统，以及蕴藏其中的教育传统智慧和经验。教材作为学校教育教学的主要依据，是教师开展课堂教学的直接内容，是学生成长中的知识基础。教材的重要性在于，教材是国家教育文化领域最具有深远影响力的汇编本，其普及性无与伦比。特别是现代国家普遍实施义务教育，决定了义务教育阶段的教材是每一个青少年成长都要接受的教育内容。教材是青少年文化底色的最为基础的构成部分，教材拥有文化自信才能有效奠定青少年坚定的文化自信，教材拥有鲜明的中华文化基因，才能有效培养青少年的爱国主义情怀。从这个角度看，教材建设事关国家文化安全，是建设文化自信的重要构成部分，甚至可能是最为重要的构成部分。

在文化价值观建设上，教材建设的重点在于两个领域。其一是培育和弘扬社会主义核心价值观。新时代教材建设既要立足中华历史文化精华，又要把握时代前沿。"新时代教材建设要扎根中华民族传统文化，充分体现国家和民族基本价值观，将中华民族传统文化的精华作为教材

---

[1] 郑富芝：《尺寸教材 悠悠国事——全面落实教材建设国家事权》，《人民教育》2020年第3—4期。

的'原料'融入教材内容,构筑国家和民族基本价值观的心理基础。"①其二是认真梳理并汲取中国优秀教育传统和经验。古代中国是人类代表性的教育文化大国,在教育经验和理论领域为人类作出了重要贡献。新中国成立70余年来,中国基础教育取得了巨大的历史成绩,并以培养学生全面而扎实的基础知识和基本技能而闻名于世。在教材编写中,要注重汲取传承中国传统教育经验和智慧,总结新中国的优秀教育经验,形成中国特色的优质教材体系。在教材建设中要积极反映当代中国人的精神风貌和时代成果,深刻反映中华民族的历史传统、文化底蕴和民族性格,并符合中国语言特点和表达方式。

(五)教材建设的建设路径:推进改革创新

教材建设本身要注意与时俱进,注重不断改革创新。教材中的内容应当是已经被验证为真理的知识,从这个角度看,教材本身应当有一定的滞后性,需要将确定为真理的知识编写到内容体系中,这是教材编写要尊重传统和延续教育经验的一面。但同时,人类社会发展日新月异,经济社会发展迅速,教材编写也不能落后于时代。如果教材编写过度守旧,学校教育教学就会脱离时代,学生接受教育后会呈现出与社会需要不相适应的问题。从这个维度看,教材是学校教育质量的重要基础。教材编写要不断汲取时代发展智慧,贴近时代发展前沿,确保学校教育本身的时代性。

在教材建设的改革创新上,重点工作在于三方面。其一是教材建设要注意适度的自由空间和内部张力。教材建设不能完全一元化,这样会导致缺乏生动活泼的创造性,也降低了教材领域的容错空间。新时代教材建设并不追求完全一元化,而是注重统一性和多元性的适度平衡,以确保教材建设领域的统一性和生动活泼的健康平衡。② 其二是要注意吸收他国经验和教训。"他山之石可以攻玉",学习他国经验是为了提升教材编写的科学性和艺术性。同时,他国教材编写的教训同样重要,这

---

① 康晓伟、王刚:《铸魂育人:新时代教材建设的思想遵循》,《课程·教材·教法》2020年第9期。

② 张振、刘学智:《继承与创新:70年来我国统编教材建设的回顾与展望》,《课程·教材·教法》2019年第5期。

样能够避免在教材建设中犯同样的错误,此所谓前车之鉴。如苏联的教材建设的教训,就需要去系统总结。其三是要对国家教材建设工作多反思改进。教材建设不能闭门造车,要多思考和反思在使用中出现的问题,以求持续改进。包括国家教材委员会、教育部统编教材专家组等,都需要流水不腐适度定期轮换,以避免定式思维和视野问题。

(六)教材建设的任务:用心打造培根铸魂启智增慧的精品教材

教材建设的最终质量,必须体现到具体的教材编写质量中。用心打造培根铸魂启智增慧的精品教材,这是新时代教材建设的目标和任务,也是教材建设必须具备的态度。教材建设要用心打造,教材建设是事关亿万青少年成长的重要工作,要集中国家优秀专家,精心编写打造,在态度上要高度重视教材编写,理解教材编写的重要性和基础性。在目标上,要建设培根铸魂、启智增慧的精品教材。其重点在于两个领域:其一是在思想和精神领域,确保传承红色基因和中华文化基因,坚定理想信仰,确保正确的政治方向,这也是课程育人、教材育人的重要要求。其二是在知识和智慧领域,确保教材体系编写的真理性和科学性,确保教材编写本身的智慧,并内蕴育人的智慧。

用心打造培根铸魂启智增慧的精品教材,重点工作主要是做好统编教材,以此引领国家教材建设工作高质量推进。其一,从质量上看,统编教材要能够用其内在的高质量的思想性、科学性、艺术性来引领教材建设工作。统编教材代表着国家的优质教材的标准,但这个优质不能由其"国家教材"的品牌来彰显,必须有其内在的高质量为支撑。其二,从国家意志上看,统编教材还肩负着体现国家风格和意志,服务于新时代国家治理的重要任务。从长远发展来看,统编教材既是一种教育实践活动,又是一种国家构建过程。[1] 从这个角度看,"统编教材已经成为全面落实国家事权,保证国家长治久安,维护民族团结,实现中华民族伟大复兴的重要载体"[2]。同时,统编教材在国际上,代表着教育领域

---

[1] 张振、刘学智:《我国统编教材建设的百年脉络与核心议题》,《课程·教材·教法》2021年第4期。

[2] 张振、刘学智:《继承与创新:70年来我国统编教材建设的回顾与展望》,《课程·教材·教法》2019年第5期。

的中国风格,体现着中华民族的教育心理,也是中国教育形象的重要代表。统编教材既是他国理解中国教育的重要渠道,同时也是分析中国未来教育发展的重要材料。

**二 新时代教材建设的德育基本标准**

教材是学校育人育才的基本依托,体现着国家水准。建设优质教材体系,是新时代教材建设的重要任务。教材建设的基本标准是培根、铸魂、启智、增慧。培根注重固本清源,重在巩固国家教育文化根基;铸魂旨在打牢中华底色厚植红色基因,重在正确的价值导向;启智力求建设宽厚知识基础启迪青少年心智,重在科学的知识文化体系;增慧强调博采众长增长智慧见识,重在培养创新精神。

(一)培根:注重固本清源,重在巩固国家教育文化根基

培根在教材建设中,有多重内涵。培指的是培育、培养、培植。根指的是根本、根苗和根基。综合来看,培根有其三重内涵:其一是健康培植教育中的根苗,即青少年;其二是打好教育的根本,即培植好青少年成长的健康土壤;其三是夯实教育的根基,即扎根中国大地办教育,根基深厚稳固才能枝繁叶茂。教材建设,要致力于建设好国家教育文化领域的根基,培植好学校教育的健康沃土,健康培育青少年成长。

首先,要致力于建设好国家教育文化领域的根基。教材建设是国家教育文化安全的重要构成部分。教材建设要坚持马克思主义指导,立足时代发展,及时反映马克思主义中国化的最新成果;要反映中华民族的历史传统、文化底蕴和民族性格;要符合中国语言特点和表达方式,要具有中华美学;要弘扬民族精神,增强国家认同感和中华民族共同体意识。在任何时候,都不可低估教育文化对于国家建设的基础性地位。著名历史学家汤因比,在比较了中国汉朝与罗马帝国的历史发展后,专门评论道:"尽管儒家学说最终采取了一种枯燥而迂腐的形式,它依然能够在汉朝帝国官僚集团中激励起一种团队敬业精神。罗马帝国的文官则缺乏这样一种共同的传统伦理约束;显然,这两个官方团体在各自大一统帝国崩溃后的混乱时期之所以会有不同的命运,与此不

无关系。"① 简而言之，中国汉朝具有深厚的儒家学说的教育文化，促使中国始终拥有统一的文化基础，而罗马帝国则缺乏这种教育文化基础，最终再未能实现中国一样的凤凰涅槃般的王者归来，永远消失在历史的烟尘之中。

其次，要致力于建设好青少年的知识文化根基。教材是青少年成长中的重要知识来源，是培养青少年德智体美劳全面发展的主要知识基础。在教材编写中，要致力于培养好青少年的知识文化根基，成为全面发展的重要基石。根基不牢的教育，是不健康的教育；根基不稳的青少年，是难以走远的。根基是隐藏在深处的基础，只有根基牢固，才能有效培养全面发展的新时代人才。教材建设是国家知识和科学领域安全的重要构成部分。简而言之，如果教材体系中存在知识和科学领域的结构性缺陷，那么国民整体也会存在此领域的缺陷。中国古代科举仅局限于四书五经，主要是儒学经典，内容主要局限于人文道德伦理，而科举对教育具有决定性作用，这直接导致了传统中国国民在科学素养上的严重缺陷。这一历史教训导致了中国近现代史的危难局面。这是中国教育文化历史中的深刻教训。前事不忘后事之师，教材建设要高度重视建设好青少年的知识文化根基，要建设适应国家发展需要、立足国际学术前沿、门类齐全、内容科学的教材体系，高质量培养全面发展的时代新人。

最后，要实现固本清源培植好青少年成长成才的健康土壤。教材建设要培植好学校教育的健康沃土。教材建设要扎根中国大地，拓宽国际视野，注重提升教材建设的思想性、科学性、民族性、时代性、系统性。"作为知识具体化的教材必须向学生传授国家意志、公共知识、主流知识。"② 把教育文化作为国家治理的重要领域，是中华优秀传统文化的重要智慧。现代社会的矛盾和冲突，其中一个重要的原因就是文化冲突。"在后冷战的世界中，人们之间最重要的区别不是意识形态的、

---

① ［英］阿诺德·汤因比：《历史研究》，刘北成、郭小凌译，上海世纪出版集团2005年版，第282页。
② 靳玉乐、张善超：《教材建设40年：知识变革的检讨与展望》，《课程·教材·教法》2018年第6期。

政治的或经济的,而是文化的区别。"① 文化冲突是基于不同人群在文化领域的价值倾向的差异,这种矛盾有其深厚的文化缘由,往往会形成系列问题。在社会治理中,要注重教育文化在国家治理中的重要基础性作用,要注重建构一个和谐、统一、健康的教育文化内容体系,确保国家教育文化领域的安全性。现代国家普遍采取强制性的义务教育,本身也有此重要考量。

(二) 铸魂:打牢中华底色厚植红色基因,重在正确的价值导向

铸魂既是教材建设的重要标准,也是重要指向目标。铸,意即熔铸、铸就、铸锻。魂,即灵魂、精神、底色。铸魂有三重内涵:其一是教材建设要铸就中国底色;其二是教材建设要厚植红色基因;其三是教材建设要铸锻青少年牢固的社会主义核心价值观基础。综合来看,铸魂指的是教材建设要铸就中国底色,厚植红色基因,培养拥有中国心的时代新人。

首先,教材建设要打牢中国底色,传承民族基因,在教材领域打牢中国人的志气骨气底气。教材集中体现一个国家、一个民族的价值观念体系,新时代教材建设要为培育青少年拥有民族自豪感提供基本价值观。② 在教材内容的安排上,要注意先中国后外国,以中国为主,国际为辅。教材建设切记不可主次颠倒,忘了自己的中国底色和中国立场。

其次,教材建设要厚植红色基因。教材建设是学校意识形态工作的重要构成部分,甚至可以说是最为重要的构成部分。在影响力的广度和深度上,没有别的方式能够超出教材的影响力。教材作为系统化的知识体系,彰显着国家在知识和真理领域的最为重要的内容,同时在内容选择和构成上,也有着背后的重要的意识形态建设的考量。如果在教材建设领域不能坚定正确的政治方向,则可能导致青少年形成结构性的政治问题,这决定了教材建设本身就是学校意识形态的重要建设领域,必须高度重视教材建设中的意识形态工作。红色基因传承是教材建设的重要

---

① [美] 塞缪尔·亨廷顿:《文明的冲突与世界秩序的重建》,周琪、刘绯、张立平、王圆译,新华出版社 2002 年版,第 6 页。
② 康晓伟、王刚:《铸魂育人:新时代教材建设的思想遵循》,《课程·教材·教法》2020 年第 9 期。

内容，是学校教育教学的重要构成，是立德树人的内在要素。红色基因是爱国、爱党、爱社会主义的基因，是奠定未来青少年一生健康发展的内在灵魂。教材建设要确保正确政治方向，厚植红色基因，铸就青少年理想信仰之魂。

最后，教材建设要全面系统渗透社会主义核心价值观。教材是渗透社会主义核心价值观最重要的领域之一。教材能够有效深入影响所有青少年发展，并且这种在青少年的可塑期渗透的价值观教育是最为持久和坚固的。教材建设系统渗透社会主义核心价值观，最为重要的是语文、历史、思想政治三门课程，其他课程作为辅助建设。语文课程重点培养中国底色和爱国主义精神，形成正确的国家观、文化观等；历史课程重点培养青少年正确的历史文化知识，形成正确的历史观、文化观等；思想政治课程重点培养青少年的"四个自信"，形成正确的政治观、民族观等。

（三）启智：建设宽厚知识基础启迪青少年心智，重在科学的知识文化体系

启智是教材建设的质量领域的重要指向。启，即启迪、启示、开启。智，意即心智、智力、聪明。启智，系统来看，主要有三重内涵：其一，开启青少年智慧之门；其二，启迪青少年心智；其三，培养青少年聪明才智。在教材建设中，要重点建设好教材的知识文化体系，为青少年一生发展打下良好的知识基础和素养，发挥好教材启迪心智的重要功能。

首先，教材建设要构建全面系统的知识文化体系，为青少年一生的发展打下良好的知识基础和素养。学校教育是建立在知识和真理的基础之上的，知识和真理是人类智慧的结晶。教材编写要彰显人类智慧，突出真理，着力于增长青少年知识能力素养。知识就是力量，学校教育本身就是人类社会系统性传承知识的机构，承担着培养青少年知识基础的重任。学校教育的学科分类，就是该学科领域人类的知识体系的系统呈现。如文学、数学、物理、化学、生物、地理、音乐、美术等学科，都有其背后的知识逻辑。

其次，教材建设要重点关注教材启迪青少年心智的功能。学校教育的启智职能，关系重大，是奠定学习型社会和创新型社会建设的基础。

现代学校教育本身就是源于启智，对于学校而言，启智是永恒的主题。育人的重要基础在于启智，正确地启智才能培养青少年正确的世界观、人生观、价值观，塑造青少年健康的历史观、民族观、国家观、文化观。学校是现代社会系统性培养下一代的最为重要的机构，既要让学生有知识，又要让学生有思想。启智的教材建设职能还指向尊重真理、尊重知识、尊重人才的社会价值观，服务于学习型社会建设，实现中华民族在人类知识和真理领域的卓越贡献。

最后，教材建设要能培养青少年的聪明才智。教材是对学术知识的记录，也是对文化文明的重要传承。在教材建设中，要兼容并蓄、博采众长。要站稳中国立场、坚持使他国文化"为我所用"，大胆汲取他国的自然科学成果和社会科学成果。教材建设要系统性建设知识体系，要不断更新知识内容，确保学校教育中的知识体系本身的科学性和前沿性，既不能犯知识错误，也不能成为知识领域的遗老遗少。学校教育要力图培养和提升青少年的聪明才智，千万不能让学生成为有知识但愚笨机械的人。大力培养具备聪明才智的青少年，是新时代国家创新发展的重要前提和基础。

（四）增慧：强调博采众长增长智慧见识，重在培养创新精神

增慧是教材建设内在精神的重点要求。增，即增长、增进、增益；慧指的是智慧、慧心、慧眼。增慧，其理论内涵重点强调在教材建设中，教材不能落入机械的知识堆砌，要具有内在思想和逻辑，要能够培养青少年的智慧和见识。

首先，教材建设要能够让青少年增长智慧。学校教育不能仅停留于复制型的教育教学之中，要通过有智慧的教育，提升青少年创新发展的智慧和能力，成长为有智慧的新一代，有效服务于国家发展，同时也在知识和真理领域，拓展人类的知识疆域，为人类社会建设和治理服务。"虽然智力教育的一个主要目的是传授知识，但是智力教育还有另外一个要素，模糊却伟大，而且更重要——古人称之为智慧。"[1] 新时代教材建设既要注重知识培养，也要高度重视启迪青少年智慧。学校教育要

---

[1] [英] 怀特海：《教育的目的》，庄莲平、王立中译注，文汇出版社2012年版，第40页。

## 第五章 新时代德育课程与教材建设

有趣味、有思想,不能落入无趣的教育问题之中。教育要发掘青少年的天赋,不能将青少年灌输成为知识领域的小老头、小老太婆。青少年有其个体特征,学校教育要增长智慧,在教材建设中要重点引导学生增长智慧、培育创新思想、提升思想高度。建设尊重创新、尊重思想的教材体系,培养有创新空间的教育教学体系,是教育领域的重要目标。青少年正处于人生中的重要可塑期,学校教育的引导对于青少年一生的发展至关重要。教材建设的内在理念,最终都会大概率成为一代青少年身上潜在的文化精神和气质,并最终会成为中华民族的重要气质的构成部分,因为青少年最终都会走入社会,成为中华民族的一个时期的构成主体。确保中华民族的智慧水平,有效提升青少年的智慧高度,永远都是教材建设的重要目标和方向。

其次,教材建设要能给予青少年一双慧眼。教材是青少年认识世界的重要窗口,教材要能够开阔青少年的视野和见识。增长视野和见识,重点是在教材建设中提升历史视野和国际视野。教材建设要重点引导青少年理解中国化马克思主义中蕴含的革命、建设和改革中的实践经验、思想认识和智慧创造。让青少年理解革命建设工作中的艰巨性,是青少年健康成长的必须。在国际视野上,教材建设要拥有平等的视角,既不过度重视以欧美为代表的发达国家,也不忽略非洲和拉美等不发达地区。要博采众长、视野开阔、放眼世界。在教材建设中既要立足中国,又要有国际胸怀,高质量培养青少年的国际视野和人类命运共同体建设理想。

最后,教材要培养青少年创新勇气和创新精神。学校教育不能仅停留于呆板的知识教育,还需要增长青少年以创新精神为重点的内在智慧。教材不能全部都是已有知识,要具有一定的开放性,要能够有效培养青少年的创新意识,理解创新精神在民族发展中的重要性。教材既承担着培养中华民族共同体意识和文化价值观的重要责任,同时也孕育着青少年不断开拓进取创新发展的精神潜质。人类文明的发展史已经充分证明,"一个社会一旦降临于世,在其生命的任何阶段,实际上都有可能陷入停滞状态"[1]。中华民族对此挑战的应对就是坚定的改革创新,

---

[1] [英]阿诺德·汤因比:《历史研究》,刘北成、郭小凌译,上海世纪出版集团2005年版,第113页。

不断自我挑战,自我激励持续前进。教材建设既要有知识,更要有智慧。只有知识,就可能流于机械呆滞,有了智慧的浇灌,知识才具有蓬勃的生命力。一定程度上看,教材的整体精神导向对于国民的精神领域建设有着重要影响。儒家思想本身相对保守,以四书五经为科举考试内容,导致中国传统教育在近两千年中缺乏变化,最终失去了文化的鲜活生机活力。简而言之,亘古不变的教材,导致了中国传统社会缺乏创新的勇气,这是教材建设需要汲取的重要历史教训。

### 三 新时代教材建设要高质量服务立德树人

"建国君民,教学为先。"[①] 高度重视教育文化在国家治理中的基础性作用,这是中华民族的重要历史智慧,是中华民族繁荣昌盛的重要教育基础。

(一)教材建设背后的中华历史智慧

文化价值观领域的统一是中华民族统一的核心基础,也是确保内部和谐的关键所在。在中国古代两千多年的历史中,主要采取的教材是儒家经典:四书五经。四书五经在相当程度上奠定了中华民族的文化思想和心理世界,并有效促进了中华民族和谐统一。

文化价值观领域的统一,在多个维度对社会建设具有重要意义:其一,文化价值观的统一在思想和心理层面奠定了共同基础。其二,文化价值观统一能够有效促进道德伦理价值观领域的共同倾向。其三,文化价值观的统一给予了国家统一的文字、文学和历史认同。这三个领域都是国家统一和谐的核心基础。习近平总书记指出:"针对义务教育阶段中道德与法治、语文、历史三科教材建设,我提出要从维护国家意识形态安全、培养社会主义建设者和接班人的高度来抓好。"[②] 今天的三科国家统编教材,有着深邃的历史智慧和重大战略远见,要深刻理解这一战略举措。

(二)教材建设要求全求真求正

教材建设最终必须要以高质量的教材体系作为建设成果,这也是教

---

① 《礼记》(下),胡平生、张萌译注,中华书局2017年版,第697页。
② 《习近平重要讲话单行本》(2020年合订本),人民出版社2021年版,第277页。

材建设的目标和任务。在教材体系的建设中，既要求全，也要求真，还要求正。求全指的是要基本具备系统性的各个学科的大中小学的高质量教材体系。求真指的是教材本身要具备科学性，其内容要选择学科精华，并接受过检验的知识体系。求正指的是教材内容要指导思想正确，政治方向正确，内在价值导向正确。习近平总书记强调："教材建设要加强政治把关。政治上把握不对、不到位的教材，要一票否决。"① 他特别指出："简单贴政治标签，不顾教材体系完整、逻辑完备，断章取义塞入政治内容，搞得不伦不类的教材，也要不得。"②

（三）教材建设要符合教育的客观规律

教材建设要具备科学性，要符合教育的客观规律。教材要方便教师教学，要能够发挥教师的主观能动性；教材要能够有效支持学生积极主动学习，并留有必要的创新空间。

首先，教材要有利于一线教师处理使用，要注意保持必要的稳定性。教材的使用上，涉及面广，并且还有着延续性的内在考量。在教材编写中，既要注意前沿性，同时也要高度重视教材的稳定性。教材三五年一大变，是不符合学校教育的基本规律的。但十年二十年一点都不变化，也是不科学的。同时，教材要有利于一线教师的主观能动性，还要有利于一线教师对教材的二次开发，在教学中留出发挥、调整的必要空间。③

其次，教材要符合学生学习的要求，切忌越编越厚。还要注意，教材编写不能过度贪大求全，要考虑到学生学习的有限时间和精力，在教材编写中要保持教材内容的相对总量，不能越编越厚、越积越多，要注重在教材编写中贯彻学业减负的教育理念。当然，教材编写还要符合学生认知发展基本规律，要注重提升教材内容的艺术性，增强可读性，注意教材美学的建设。

---

① 习近平：《培养德智体美劳全面发展的社会主义建设者和接班人》，载中共中央党史和文献研究院编《十九大以来重要文献选编》（上），中央文献出版社2019年版，第654页。

② 习近平：《培养德智体美劳全面发展的社会主义建设者和接班人》，载中共中央党史和文献研究院编《十九大以来重要文献选编》（上），中央文献出版社2019年版，第654页。

③ 申继亮：《新时代教材建设面临的挑战、问题和趋势》，《课程·教材·教法》2019年第9期。

高质量的德育，必须建立在高质量的教材建设的基础上。德育本身是一项久久为功、潜移默化的系统性工程。在学校教育教学中，要有效发挥教材的育人功能，以此系统推进各科教学与思政课同向而行，共同服务于立德树人。

# 第六章　新时代德育的领导与保障

德育是系统性对青少年实施社会性教育的工作领域，事关国家和民族的思想文化领域的安全，关涉到青少年的思想、政治、道德素养的整体健康。学校德育的健康发展，必须坚持党的领导，全面贯彻党的教育方针，这是做好学校德育的基本前提和重要保障。

## 第一节　新时代德育必须坚持党的领导

"办好中国的事情，关键在党。"[①] 德育是与意识形态建设、社会建设密切相关的基础性工作。德育的质量，很大程度上决定了社会整体的思想基础、政治方向、道德规范的健康水准。习近平总书记指出："各级各类学校党组织要把抓好学校党建工作作为办学治校的基本功，把党的教育方针全面贯彻到学校工作各方面。"[②] 中国共产党的领导是中国德育的组织优势。"马克思主义政党具有崇高政治理想、高尚政治目标、纯洁政治品质、严明政治纪律。"[③] 在学校德育中必须坚持党管德育，以党建推进德育工作，确保立德树人质量。

### 一　坚持党对学校德育的领导

学校德育是培育青少年健康社会性的教育维度，而健康社会性本身

---

① 《习近平谈治国理政》第三卷，外文出版社2020年版，第331页。
② 《习近平在全国教育大会上强调 坚持中国特色社会主义教育发展道路 培养德智体美劳全面发展的社会主义建设者和接班人》，《人民教育》2018年第18期。
③ 《习近平谈治国理政》第三卷，外文出版社2020年版，第91页。

就有其内在的价值标准。所有的未来国民都出自学校教育的培养，也都会受到学校德育的重要影响。如何在现代多元化的社会中，确保未来公民具备正确的、健康的社会性，确保国家和民族的团结与和谐，这是学校德育必须具备的基本理论视野。坚持党对学校德育的领导，是确保学校德育高质量和正确方向的基本前提，重点是坚持党对德育的思想理论、道路方针、组织制度、文化内容等领域的领导。

（一）坚持党对德育的思想理论的领导

德育是实施青少年思想理论教育的基础性课程，必须坚持党对德育的思想理论的领导，这是事关德育领域的意识形态安全的重要工作。意识形态的重要基础在于指导思想，指导思想是全方位影响意识形态中的政治、经济、文化、哲学、思维等所有领域的核心要素。"没有马克思主义信仰、共产主义理想，就没有中国共产党，就没有中国特色社会主义。"[1] 坚持党对德育的思想理论的领导，是确保学校德育正确政治方向的基本前提。

首先，对于党的建设而言，坚持党对德育的思想理论的领导，事关党的红色基因传承的重大问题。"共产党人如果没有信仰、没有理想，或信仰、理想不坚定，精神上就会'缺钙'，就会得'软骨病'，就必然导致政治上变质、经济上贪婪、道德上堕落、生活上腐化。"[2] 坚定马克思主义指导也是重要的历史教训。"世界社会主义实践的曲折历程告诉我们，马克思主义政党一旦放弃马克思主义信仰、社会主义和共产主义信念，就会土崩瓦解。"[3] 在德育的思想理论指导上，要坚持以马克思主义为指导，坚定培养青少年共产主义信仰和中国特色社会主义共同理想，确保高质量传承红色基因。同时，党对德育的思想理论的领导，还事关党的接班人建设的重大问题。所有的接班人都出自学校教育的培养，都出自德育的思想理论的教育。德育中的思想理论的教育如果存在问题，必然导致接班人存在思想领域的质量问题。这是绝不能允许出现的问题，所以必须确保德育的思想理论的政治立场和方向的正

---

[1] 《习近平谈治国理政》第二卷，外文出版社2017年版，第326页。
[2] 《习近平谈治国理政》第二卷，外文出版社2017年版，第326页。
[3] 《习近平谈治国理政》第二卷，外文出版社2017年版，第326页。

确性。

其次,对于国家治理而言,国民整体的思想理论素养,很大程度上关涉国家的统一和团结。习近平总书记高度重视意识形态工作,"必须推进马克思主义中国化时代化大众化,建设具有强大凝聚力和引领力的社会主义意识形态,使全体人民在理想信念、价值理念、道德观念上紧紧团结在一起"[①]。德育的思想理论领域既要方向正确,也要与时俱进,这也是强调思想政治理论课内容要紧跟时代发展的重要缘由。新时代德育的思想理论,要重点融入习近平新时代中国特色社会主义思想,推进当代中国马克思主义时代化大众化,打牢青少年思想理论基础。

(二) 坚持党对德育道路方针的领导

坚持党对德育道路方针的领导,指的是在德育的方向上,必须坚定社会主义德育方向,全面贯彻党的教育方针。德育道路事关德育培养目标,是决定了培养什么样的人的重要问题,必须坚持党的领导,确保德育道路方针的正确性。

首先,要坚持全面贯彻党的教育方针,培养德智体美劳全面发展的社会主义建设者和接班人。"高校思想政治工作关系高校培养什么样的人、如何培养人以及为谁培养人这个根本问题。"[②] 学校教育的根本任务是立德树人,学校德育质量最终必须通过所培养的青少年的政治立场、思想意识、情感价值等体现出来。学校培养目标既要方向正确,还要求培养的高质量。社会主义建设者的培养目标,强调学校要致力于培养青少年的高素质;社会主义接班人的培养目标,强调学校培养的青少年要具有坚定的社会主义政治倾向、深厚的爱国主义情怀,能够有效传承中国革命建设事业。在德育工作中,要系统性培养青少年牢固的政治信仰和爱国主义情怀,立志报效祖国,建设国家,在实现民族伟大复兴的过程中实现自我价值。

其次,要坚持社会主义德育方向。社会主义德育方向的重要体现是培育和践行社会主义核心价值观,培养社会主义劳动者。社会主义核心

---

[①] 《习近平著作选读》第二卷,人民出版社2023年版,第34页。
[②] 《习近平谈治国理政》第二卷,外文出版社2017年版,第376页。

价值观是当代中国思想和道德的价值基础，必须系统性渗透到学校教育教学全过程。培养社会主义劳动者，是德育的社会主义性质的重要体现，也是马克思主义德育的基本要求。

（三）坚持党对德育组织制度的领导

坚持党对德育组织制度的领导，指的是党对德育的组织层面和制度层面的全面领导，具体分为德育组织领导和德育制度领导。组织领导重在德育结构和机构设置上，制度领导重在常态化和规范化上。德育制度领导是组织领导的具体化，也是组织领导的重要体现。两者各有侧重，共同服务于学校德育健康发展。

首先，在组织领导上，要坚持党对学校德育的全面领导。党对德育的领导必须通过组织机构确保具体实施。习近平总书记高度重视学校的管理机制改革，确保党对学校工作的全面领导。"建立中小学校党组织领导的校长负责制，是坚持为党育人、为国育才，保证党的教育方针和党中央决策部署在中小学校得到贯彻落实的必然要求。"[①] 党对德育的组织领导在德育实践中，具体表现为党组织领导德育工作、党组织决定重要德育活动、党组织领导重要德育建设等。

其次，在德育制度领导上，要坚持做好学校党组织建设和党组织的思想政治工作能力。"要加强高校党的基层组织建设，创新体制机制，改进工作方式，提高党的基层组织做思想政治工作能力。"[②] 在学校德育的实践中，"要把党建工作作为办学治校的重要内容，发挥基层党组织作用，加强党员队伍建设，使基层党组织成为学校教书育人的坚强战斗堡垒"[③]。在学校工作中，要高度重视学校党组织建设。特别是在高校，"要做好在高校教师和学生中发展党员工作，加强党员队伍教育管理，使每个师生党员都做到在党爱党、在党言党、在党为党"[④]。高质量的党组织建设是高质量的学校德育的重要基础和基本前提。

---

① 《中办印发〈意见〉（试行） 建立中小学校党组织领导的校长负责制》，《新华每日电讯》2022 年 1 月 27 日第 1 版。

② 《习近平谈治国理政》第二卷，外文出版社 2017 年版，第 379 页。

③ 《中办印发〈意见〉（试行） 建立中小学校党组织领导的校长负责制》，《新华每日电讯》2022 年 1 月 27 日第 1 版。

④ 《习近平谈治国理政》第二卷，外文出版社 2017 年版，第 379 页。

## （四）坚持党对德育文化内容的领导

德育最终都要直接面对青少年，德育文化内容是德育课程和教学中的主体构成部分，也是德育实践的主要依据。德育文化内容有其内在意识形态特征和文化导向，是事关国家文化安全的重要事情，也关涉青少年健康的历史观、民族观、国家观、文化观、政治观的形成。基于德育文化内容的重要性，必须坚持党对德育文化内容的领导，确保德育文化内容体系的健康性。

首先，德育文化要建立在中国特色社会主义文化的基础上。"在5000多年文明发展中孕育的中华优秀传统文化，在党和人民伟大斗争中孕育的革命文化和社会主义先进文化，积淀着中华民族最深层的精神追求，代表着中华民族独特的精神标识。"① 当代中国德育文化，必须重点覆盖中国特色社会主义文化的三个维度：中华优秀传统文化、革命文化和社会主义先进文化。

其次，德育内容维度，要具备高度的意识形态安全意识，必须坚定文化自信。"意识形态决定文化前进方向和发展道路。"② 在德育话语体系的建构中，要坚定文化自信，切忌落入西方意识形态的覆辙。"有的人奉西方理论、西方话语为金科玉律，不知不觉成了西方资本主义意识形态的吹鼓手。"③ 学校德育领域的意识形态是事关青少年正确的价值导向和政治方向的重要工作，一定要有清醒的理论认知和理论自觉，切忌成为西方话语体系的吹鼓手。德育内容是事关民族文化自信的重要问题，德育领域文化不自信，必然会导致国民在文化领域的软骨症。"坚定文化自信，是事关国运兴衰、事关文化安全、事关民族精神独立性的大问题。"④ 德育必须坚定文化自信，坚定青少年做中国人的志气、骨气和底气。

## 二 党对学校德育重点领域的具体领导

党对学校德育的领导，必须要有常规性和组织性的保障。"各级党

---

① 《习近平谈治国理政》第二卷，外文出版社2017年版，第36页。
② 《习近平著作选读》第二卷，人民出版社2023年版，第34页。
③ 《习近平谈治国理政》第二卷，外文出版社2017年版，第327页。
④ 《习近平谈治国理政》第二卷，外文出版社2017年版，第349页。

委要把教育改革发展纳入议事日程,党政主要负责同志要熟悉教育、关心教育、研究教育。"① 在德育领域,要求各级党组织高度重视学校思想政治工作,关心思想政治理论课建设,确保学校德育方向的正确性和内在的高质量。

(一) 党管思想政治工作

"思想政治工作是学校各项工作的生命线,各级党委、各级教育主管部门、学校党组织都必须紧紧抓在手上。"② "要把思想政治工作紧紧抓在手上,深入开展社会主义核心价值观教育,抓好学生德育工作,把弘扬革命传统、传承红色基因深刻融入到学校教育中来,厚植爱党、爱国、爱人民、爱社会主义的情感,努力培养德智体美劳全面发展的社会主义建设者和接班人。"③

党管思想政治工作是党领导德育的最为重要的组织保障,也是对各级党组织的重要要求。习近平总书记要求:"各地党委书记和有关部门党组书记要多到高校走走,多同师生接触,多去高校作报告,回答师生关注的理论和现实问题。"④ 学校本身是培养人的工作,思想政治工作是党的重要抓手。学校德育是学校思想政治工作的重要构成部分,要深入践行党的思想政治工作要求,做好青少年学生的德育工作。

(二) 党管德育队伍建设

德育质量最终主要是由德育队伍的质量所决定的。德育队伍具体有学校党政干部、团队干部、思想政治理论课教师、辅导员班主任等。习近平总书记要求:"要精心培养和组织一支会做思想政治工作的政工队伍,把思想政治工作做在日常、做到个人。"⑤ "要拓展选拔视野,抓好教育培训,强化实践锻炼,健全激励机制……保证这支队伍后继有

---

① 《习近平在全国教育大会上强调 坚持中国特色社会主义教育发展道路 培养德智体美劳全面发展的社会主义建设者和接班人》,《人民教育》2018年第18期。

② 《习近平在全国教育大会上强调 坚持中国特色社会主义教育发展道路 培养德智体美劳全面发展的社会主义建设者和接班人》,《人民教育》2018年第18期。

③ 《中办印发〈意见〉(试行) 建立中小学校党组织领导的校长负责制》,《新华每日电讯》2022年1月27日第1版。

④ 《习近平谈治国理政》第二卷,外文出版社2017年版,第379页。

⑤ 《习近平在全国教育大会上强调 坚持中国特色社会主义教育发展道路 培养德智体美劳全面发展的社会主义建设者和接班人》,《人民教育》2018年第18期。

人、源源不断。"①

在德育队伍中，学校党政干部重点是全面贯彻党的教育方针，团队干部重点是培养红色基因和共青团、少先队建设工作，思想政治理论课教师和哲学社会科学课教师重点是系统传授思想理论，辅导员班主任等学工队伍重点是做好学生日常德育工作，心理咨询教师重点则是做好学生心理健康教育。党要坚持做好德育队伍建设，确保德育正确方向，系统性提升学校德育质量。

（三）党管团队工作

学校德育工作体系中，共青团、少先队是重要的组织机构，对于做好青少年的思想政治工作，做好学校的校园文化活动，具有重要意义。党管学校团队工作是党管德育的重要构成部分。共青团是中学及以上学段的学校内部重要组织，是党组织的助手。习近平总书记要求："共青团是党的助手和后备军，这体现了我们党对共青团的高度信任和殷切期望。团的所有工作，归结到一点，就是要当好这个助手和后备军。"②

少先队是小学阶段的学校内部重要组织，是建设社会主义和共产主义的预备队。"广大少先队员在少先队这所大学校里立志向、修品行、练本领，从小培养热爱党、热爱祖国、热爱人民的情怀，展现出朝气蓬勃的精神风貌。"③ 少年队是丰富校园文化活动、引领少先队员传承红色基因的重要组织。

青联和学联是高校设置的青年组织，是党的青年工作的重要组成部分。"青联和学联组织要紧跟时代步伐，把握青年工作特点和规律，深化改革创新，组织动员广大青年和青年学生坚定跟党走、奋进新时代，为党和国家事业发展作出新的更大的贡献。"④ 高校的德育工作，要注意根据大学生青年的年龄和知识特点，重点依托共青团、青联、学联等

---

① 《习近平谈治国理政》第二卷，外文出版社 2017 年版，第 380 页。

② 《习近平同团中央新一届领导班子成员集体谈话：让广大青年敢于有梦勇于追梦勤于圆梦》，《中国共青团》2018 年第 7 期。

③ 《习近平致中国少年先锋队第八次全国代表大会的贺信》，《中国共青团》2020 年第 15 期。

④ 《习近平致信祝贺全国青联十三届全委会全国学联二十七大召开》，《黄金时代》2020 年第 10 期。

组织，积极开展德育活动，实现以文化人以理服人的德育职能。

（四）党管德育课程建设

德育课程建设事关重大，必须坚持党的领导。党高度重视德育课程建设，重点抓思政课内容、质量和教师队伍等，要求全面提升思政课质量。2019年习近平总书记亲自主持召开了学校思想政治理论课教师座谈会并发表重要讲话，充分体现了党对德育课程建设的高度重视和重点支持。

在思政课的保障上，习近平总书记要求："各级党委要把思政课建设摆上重要议程，抓住制约思政课建设的突出问题，在工作格局、队伍建设、支持保障等方面采取有效措施。"① 在思政课的管理上，"学校党委要坚持把从严管理和科学治理结合起来"②。作为直接德育课程的思政课，事关青少年系统性的思想、政治、道德素质的培养，是决定青少年整体性的思想政治倾向的重要课程。坚持党的领导，确保德育课程内容的科学性和系统性，确保德育教材建设质量，这是新时代德育的重要要求。

## 第二节　加强和改进学校思想政治工作

思想政治工作事关学校教育的方向性，是学校各项工作的生命线。"思想政治工作从根本上说是做人的工作……"③ 学校德育是学校思想政治工作的重要构成部分，新时代要确保高质量德育，就必须加强和改进学校思想政治工作。

### 一　德育是学校思想政治工作的重要构成

"每个党员的奉献，才成就了今天的共产党，党的伟大，真正的伟

---

① 《习近平重要讲话单行本》（2020年合订本），人民出版社2021年版，第293页。
② 《习近平重要讲话单行本》（2020年合订本），人民出版社2021年版，第293页。
③ 《习近平谈治国理政》第二卷，外文出版社2017年版，第377页。

## 第六章 新时代德育的领导与保障

大,令全世界震撼。"① 所有的党员,都出自学校德育的培育,学校德育是学校思想政治工作的重要构成,承担着正确的思想引导、政治教育、道德培育的重要责任。

（一）思想政治工作事关培养什么样的人的根本问题

学校思想政治工作事关学校教育的根本问题。"加强和改进高校思想政治工作,事关办什么样的大学、怎样办大学的根本问题,事关党对高校的领导,事关中国特色社会主义事业后继有人,是一项重大的政治任务和战略工程。"② 党对学校的领导的重要体现,就是党对学校的思想政治工作。党对学校的思想政治工作的对象,既面对学生,也面对教职工,目的是确保学校全面贯彻党的教育方针,凝聚教育力量,推进四个服务。从这个意义来看,加强学校思想政治工作,意义重大,不可忽视。学校思想政治工作,旨在确保学校办学方向的正确性,全面贯彻党的教育方针,系统性提升学校教育教学的能力和质量。

（二）思想政治工作要坚持把立德树人作为中心环节

学校教育的根本任务在于立德树人,设置学校的目的在于"培养又红又专、德才兼备、全面发展的中国特色社会主义合格建设者和可靠接班人"③。虽然学校思想政治工作也面对教职工,重点是针对教师队伍。但学校立德树人是最为重要的根本任务,对教职工的思想政治工作的质量也要体现到对学生的立德树人的效果中去。

（三）德育是学校思想政治工作的重要构成部分

德育主要是培养青少年学生的思想、政治、道德素养的教育,其对象是青少年学生,其内容是思想教育、政治教育、道德教育和法治教育等,其目标是培养社会主义建设者和接班人。学校思想政治工作的主要目标在于确保学校正确办学方向、提升学校办学质量、高质量立德树人。从这个角度看,德育自然是学校思想政治工作的重要构成部分。德育的主要方法是教育,对于青少年学生发展而言,主要也应当采取教育

---

① 本书编写组:《习近平与大学生朋友们》,中国青年出版社 2020 年版,第 320 页。
② 《关于加强和改进新形势下高校思想政治工作的意见》,载中共中央党史和文献研究院编《十八大以来重要文献选编》（下）,中央文献出版社 2018 年版,第 478 页。
③ 《关于加强和改进新形势下高校思想政治工作的意见》,载中共中央党史和文献研究院编《十八大以来重要文献选编》（下）,中央文献出版社 2018 年版,第 478 页。

的方式方法。邓小平同志强调:"学校本来就是教育部门,在学校里是宣传教育第一,要善于引导在学校里的任何工作,包括党、团、行政都必须注意这一点。"①

**二　加强学校思想政治工作基本要求**

新时代加强学校思想政治工作,要注意强化思想理论教育和价值引领,要注意发挥哲学社会科学育人功能,要重点加强对课堂教学和各类思想文化阵地的建设管理,要注重加强教师队伍和专门力量建设,要大力推进改革创新。

**(一)要强化思想理论教育和价值引领**

学校思想政治工作的基础在于科学的思想理论。学校思想政治工作要坚定马克思主义指导,切实抓好中国当代马克思主义教育,深入学习习近平新时代中国特色社会主义思想,坚定"四个自信"。在价值引导上,要引导青少年培育和践行社会主义核心价值观,加强个人品德、社会公德、职业道德、家庭美德教育。要弘扬中华优秀传统文化、革命文化、社会主义先进文化,弘扬以爱国主义为核心的民族精神和以改革创新为核心的时代精神,传承红色基因,厚植中华文化基因。

**(二)要发挥哲学社会科学育人功能**

哲学社会科学的重要性在于其内在的思想性和文化性,这是立德树人的重要思想文化基础。没有强大的科学技术,国家就可能被"卡脖子",没有强大的哲学社会科学,就可能导致青少年"缺脑子"。建设强大的哲学社会科学,发挥其育人功能,这是推进学校思想政治工作的重要基础。国家的自信,要建立在灿烂的历史文化的基础上,而哲学社会科学,就是国家文化自信的重要依托。

**(三)要加强对课堂教学和各类思想文化阵地的建设管理**

"学习知识是学生的本职。"② 学校教育教学的主阵地是课堂。学校思想政治工作要加强对课堂教学、教材建设、学校思想文化阵地、青少

---

① 《邓小平文集》(一九四九——一九七四)上卷,人民出版社2014年版,第197页。
② 习近平:《培养德智体美劳全面发展的社会主义建设者和接班人》,载中共中央党史和文献研究院编《十九大以来重要文献选编》(上),中央文献出版社2019年版,第651页。

年网络媒体等的建设和管理。特别是教材建设，应当是新时代学校思想政治工作的重要领域。"教材是传播知识的主要载体，体现着一个国家、一个民族的价值观念体系，是老师教学、学生学习的重要工具。"①

（四）要加强教师队伍和专门力量建设

学校育人的主体力量是教师队伍，加强教师队伍建设，是学校思想政治工作的重要要求。加强教师队伍建设，重点是提升教师思想政治素质，加强师德师风建设，增强教师教书育人的质量。提升学校思想政治工作，要注意完善考核机制，进一步注重师德师风建设，要把师德师风作为对教师评价的第一标准。立德树人是评价学校办学质量的根本标准，学校思想政治工作要有效提升教师队伍建设，高质量服务于立德树人根本任务。

（五）要推进学校思想政治工作改革创新

思想政治工作要常做常新，与时俱进，不能脱离时代、落入形式主义的窠臼。学校思想政治工作主要是面对青少年学生，青少年学生是一个思想活跃、具有明显的时代特征的群体，需要以青少年喜闻乐见的形式进行思政工作。思想政治工作既要注重内容科学，还要注重形式的艺术性，要注意贴近学校师生思想实际，注重改革创新。学校思想政治工作要注意有的放矢、生动活泼，要把解决思想问题与解决实际问题结合起来，既讲道理又办实事。思想政治工作要注意有高度、有温度、有深度。有高度指的是要具有站位高度，要视野广阔。有温度指的是要有情有义，要踏踏实实，要联系师生学习生活实际。有深度指的是要触及师生思想灵魂，不能做表面文章，不搞形式主义。

## 第三节　新时代德育的保障

德育工作要注重组织保障，要构建有效支撑学校德育的系统性的工作格局，做好大中小学德育一体化建设，重点做好德育课程教材建设和

---

① 习近平：《培养德智体美劳全面发展的社会主义建设者和接班人》，载中共中央党史和文献研究院编《十九大以来重要文献选编》（上），中央文献出版社 2019 年版，第 654 页。

德育队伍建设。

**一 新时代德育保障工作体系**

学校德育覆盖面广,内容丰富,影响深远。新时代要有效保障德育质量,建立党委统一领导、党政齐抓共管、地方党委政府及有关部门各负其责、全社会协同配合的工作格局,高质量为党育人、为国育才。

(一) 新时代德育保障机制的建构

德育是一项系统性的工作,需要协调德育相关组织和力量,形成德育合力,确保青少年成长中优良的德育环境建设。

1. 党委统一领导

"高校党委对学校工作实行全面领导,承担管党治党、办学治校主体责任,把方向、管大局、作决策、保落实。"[1] 具体在德育工作中,党管德育是学校德育工作的基本原则。要按照社会主义政治家、教育家的标准,选任学校领导。学校党委书记主持党委全面工作,履行学校思想政治工作和党的建设第一责任人的职责。校长是学校的法人代表,在党委领导下组织实施党委有关决议,行使法律规定的各项职权。学校党委班子成员履行"一岗双责",结合学校具体业务分工,抓好思想政治工作和党的建设工作。

2. 党政齐抓共管

学校德育既是思想政治工作,也涉及教学业务工作。学校德育工作要党政齐抓共管,共同保障做好立德树人。在思政课建设、教师队伍建设、辅导员班主任建设等工作领域中,学校党委相关部门和学校行政业务部门,要通力协调合作。学校党委部门的组织部和宣传部,学校行政业务部门的德育处、教务处等是重点协作部门,需要通力合作,形成学校德育健康合力。

3. 地方党委政府和有关部门各负其责

学校德育需要地方党委政府领导和支持,并需要相关部门各负其责,共同做好学校德育工作。要健全地方党委抓高校思想政治工作制

---

[1] 《习近平谈治国理政》第二卷,外文出版社2017年版,第379页。

度，切实加强组织领导和工作指导，坚持和完善党委定期研究、领导干部联系高校等制度，建立部门协作常态机制。中小学德育要重点发挥教育行政部门的德育指导职能，建立健全地方党委政府定期研究和指导中小学德育的制度，确保中小学德育质量。学校德育的重要相关部门有各级宣传文化部门、共青团少先队组织、关心下一代委员会等，各部门都需要各负其责，共同保障学校德育质量。

4. 全社会协同配合

学校德育是一个系统工程，青少年健康发展，需要一个健康的德育社会环境，这需要全社会协同配合。重点是家庭建设、社区建设、网络媒体建设等，要形成安全健康和谐的青少年成长德育环境，重点消除丑、恶、黑等不良社会现象，积极建设真善美，培育正面、向上、积极、健康的社会文化和道德环境，引导青少年健康成长。

(二) 进一步做好德育系统性保障

学校德育的保障重点，是德育课程教材建设、德育工作队伍建设、德育组织机构保障和德育环境建设等领域。德育需要系统性保障，课程教材、德育队伍、德育组织、德育环境，其中任何一个领域如果存在问题，都会影响学校德育质量。

1. 德育课程教材建设保障

德育课程的地位要得到充分保障，这个是涉及德育课程本身在学校教育体系中的地位的重要问题。要注意德育课程的学时保障，同时要注意把德育课程纳入中考、高考、研究生招生考试中，强化对学生学习思政课的指挥棒作用。全世界一个基本的教育规律就是，一门课程只要不纳入考试范围，基本都会被学生和家长选择性忽视。思政课要确保地位和时间，就必须要重视相关的制度性保障。德育的教材建设事关德育课程内容的科学性的问题，要高度重视抓好德育教材建设。要重点通过马克思主义理论研究和建设工程高质量推进德育教材建设，同时要注意吸收学术名家编写教材，要重点培育一大批优秀马克思主义理论教育家。德育教材建设要与时俱进，要鲜活反映新时代党的创新思想、理论和实践。

2. 德育队伍建设保障

德育队伍的质量，很大程度上决定了德育的质量。新时代德育注重全员全程全方位育人，形成一个系统性的德育机制。从这个意义来看，学校所有的教职工都是德育队伍。马克思主义的重要思维方法就是抓主要矛盾和重点工作，德育队伍建设同样需要抓主要矛盾和重点工作。德育队伍建设的重点是两个群体：其一是德育课程教师队伍，这是事关思政课质量的教师队伍；其二是辅导员班主任队伍，这是事关青少年健康发展的扮演着人生导师角色的重要教师队伍。德育课程教师队伍和辅导员班主任队伍，都是直接面对青少年学生的，是对青少年健康成长起着重要直接影响力的教师队伍，两者的师德师风水平和德育业务能力，深刻影响着青少年的健康成长。要积极引导德育队伍以德立身、以德立学、以德施教。学校对德育队伍既要严格管理，又要积极引导并有效保障。

3. 德育组织机构保障

学校内部所有部门和机构都应当服务于立德树人，但学校内设部门中，仍然有主抓德育的工作部门，这是德育组织机构建设的重点。中小学的德育组织机构的重点部门有两个：学校德育处和学校共青团（或少年队）组织。高校的德育组织机构的重点部门也有两个：学校学生处和学校共青团组织。事实上，在学校德育长期的发展中，已经形成了一些普遍性的共同规律，也是中国学校教育的重要智慧。中小学德育处和高校学生处更为偏重学生德育的思想政治工作和日常管理，而学校的共青团少年队组织的重点工作则是校园文化活动和团队建设。要确保学校德育质量，要重点推进对学校德育组织机构的科学指导，提升德育业务能力，确保学校德育组织机构开展工作的科学性。

4. 德育健康环境建设保障

德育工作本身是做人的工作，是一项需要久久为功的工作，在过程中需要等待、需要耐心、需要宽容，还需要坚持。德育健康环境建设是保障学校德育质量的重要领域，需要各部门通力合作，特别是公安、宣传、文化等相关部门，都肩负着保障学校德育健康环境建设的重任。"要更加注重以文化人以文育人，广泛开展文明校园创建，开展形式多样、健康向上、格调高雅的校园文化活动，广泛开展各类社会实践。"① 现代网络媒体技术，更决定了德育健康环境的建设既有线上，也有线下。"要运用新媒体新技术使工作活起来，推动思想政治工作传统优势同信息技术高度融合，增强时代感和吸引力。"② 德育健康环境的建设，既需要立，也需要破。既要努力建构真善美的典范，建立青少年学习的榜样，同时也要消除假恶丑，确保青少年健康成长。

## 二　大中小学德育一体化建设

大中小学德育一体化建设是新时代德育的重要特征。德育工作是一项系统性工作，需要系统性、一体化来更好地完成育人的使命，重点是消除德育体系的碎片化、割裂化、分散化的弊病。③ 德育一体化旨在构建整体、系统、衔接的德育体系，促进德育课程、教学、理念、目标等方面一体化。

### （一）大中小学思政课程一体化

"要把统筹推进大中小学思政课一体化建设作为一项重要工程，推动思政课建设内涵式发展。"④ 习近平总书记指出："要针对不同学段，根据思想政治理论教育规律和学生成长规律科学设置具体教学目标，抓好教学目标设计、课程设置、教材编写、教学改革、教师培养、考核评价等环节，既不能揠苗助长、操之过急，又不能刻舟求剑、故步自封。课程设置要相对稳定，坚持大中小学纵向主线贯穿、循序渐进，各类课程横向结构合理、功能互补的原则，确保教材的政治性、科学性、时代性、可读性。"⑤ 在大中小学思政课程目标上，要循序渐进、螺旋上升。小学阶段重在启蒙道德情感，初中阶段重在打牢思想基础，高中阶段重在提升政治素养，大学阶段重在增强使命担当。⑥

---

① 《习近平谈治国理政》第二卷，外文出版社2017年版，第378页。
② 《习近平谈治国理政》第二卷，外文出版社2017年版，第378页。
③ 叶飞、檀传宝：《德育一体化建设的理念基础与实践路径》，《教育研究》2020年第7期。
④ 《习近平谈治国理政》第三卷，外文出版社2020年版，第331—332页。
⑤ 《习近平重要讲话单行本》（2020年合订本），人民出版社2021年版，第295页。
⑥ 《关于深化新时代学校思想政治理论课改革创新的若干意见》，《中华人民共和国国务院公报》2019年第24期。

## (二) 大中小学德育课程内容一体化

德育课程的内容体系对青少年影响深远。大中小学德育课程内容要一体化,遵循青少年认知发展的基本规律,科学安排各阶段的重点德育内容。新时代德育的内容体系,要坚持用习近平新时代中国特色社会主义思想铸魂育人,内容重点是政治认同、家国情怀、道德修养、法治意识、文化素养。内容主体构成部分有:马克思主义理论教育、中国特色社会主义和中国梦教育、社会主义核心价值观教育、法治教育、中华优秀传统文化教育、劳动教育和心理健康教育等。在学习的方式方法上,小学阶段重在开展启蒙性学习,初中阶段重在开展体验性学习,高中阶段重在开展常识性学习,本专科阶段重在开展理论性学习,研究生阶段重在开展探究性学习。[①]

## (三) 大中小学德育工作体系一体化

大中小学德育工作体系的一体化,指的是要形成大中小学各阶段组织开展德育工作的组织工作机构的一体化。中小学德育与大学德育,在德育组织机构上本身是一体的,要加强大中小学德育工作体系的结构性,提升大中小学德育工作协调上的一体化,目的在于确保大中小学德育工作的相互衔接和配合,形成健康德育合力。中小学德育处要与大学学生处密切工作联系,中小学团队组织要与大学共青团组织联系合作,共同推进大中小学德育相互理解,达成德育共识,解决德育衔接问题,确保青少年成长过程中德育过程的流畅和协调。

## (四) 大中小学德育教师队伍建设一体化

大中小学德育一体化的重点是大中小学德育教师队伍建设的一体化,要建设一支政治强、情怀深、思维新、视野广、自律严、人格正的德育教师队伍。大中小学德育教师队伍建设一体化的重要性在于德育教师队伍在新时代德育理论、德育内容、德育目标等领域形成共识,减少德育过程中可能产生的矛盾和冲突。德育不能各管一段,必须把真理性和准确性贯彻始终。德育教师队伍建设要重点提升思政课教师的理论功底、知识素养,要重点选拔培养高素质人才从事马克思主义理论学习研

---

[①] 《关于深化新时代学校思想政治理论课改革创新的若干意见》,《中华人民共和国国务院公报》2019年第24期。

究和教育教学，加强思政课教师队伍后备人才培养工作。

(五) 大中小学课程思政一体化

大中小学德育一体化的重要构成是大中小学课程思政一体化。德育不只是要抓好思想政治理论课建设，还要形成协同效应，抓好学校的课程思政。"其他各门课都要守好一段渠、种好责任田，使各类课程与思想政治理论课同向同行，形成协同效应。"[1] 高校要重点抓好课程思政，发挥课程育人的职能。中小学要重点做好语文、历史、地理、体育等课程中的学科德育，使各类课程与思政课同向同行，形成育人的协同效应。[2]

---

[1] 《习近平谈治国理政》第二卷，外文出版社2017年版，第378页。
[2] 《关于深化新时代学校思想政治理论课改革创新的若干意见》，《中华人民共和国国务院公报》2019年第24期。

# 第七章　新时代德育重点领域

新时代德育的重点领域主要有：中国梦教育、法治教育、革命英雄主义教育、生态文明教育等。这些领域的德育，既是对德育领域的历史经验和智慧的传承，同时也是对新时代德育的重要理论创新。爱国主义教育是德育领域的重点，是中华民族的重要历史经验和智慧，也是新时代德育的重要力量源泉。法治教育是新时代德育的重要任务，也是以德治国和依法治国的国家治理战略在德育领域的重要要求。革命英雄主义教育是新时代德育重要指向，对于传承红色基因具有特殊意义。生态文明教育是新时代德育重要构成内容，指向生态文明建设和美丽中国建设，事关中华民族永续发展的国家战略。

## 第一节　爱国主义教育

爱国是社会主义核心价值观的重要构成，爱国主义教育是学校德育的重要内容。"要把加强青少年的爱国主义教育摆在更加突出的位置，把爱我中华的种子埋入每个孩子的心灵深处。"[①] 新时代爱国主义教育的指导思想是习近平总书记关于爱国主义的重要论述。深入理解习近平总书记关于爱国主义的重要论述，高质量立德树人，厚植青少年爱国情怀，是新时代学校德育的重要工作。

---

① 《习近平谈治国理政》第三卷，外文出版社2020年版，第301页。

## 一　爱国主义重要论述主要理论内涵

爱国主义几乎出现在习近平总书记历次重要讲话中，其根源在于爱国主义是习近平新时代中国特色社会主义思想的精神领域的核心基础。习近平总书记关于爱国主义精神的重要论述主要有：2014年在北京大学师生座谈会上的讲话；2014年在文艺工作座谈会上的讲话；2015年在中共中央政治局第二十九次集体学习时的讲话；2016年在纪念红军长征胜利80周年大会上的讲话；2019年在纪念五四运动100周年大会上的讲话；2020年在纪念中国人民志愿军抗美援朝出国作战70周年大会上的讲话；等等。

### （一）新时代爱国主义基本理论内涵

习近平总书记爱国主义系列重要论述有其丰富的理论内涵。爱国主义是民族精神的核心，是中华民族前进的强大精神动力。对于每一个中国人而言，爱国主义是本分和职责。爱国主义的本质是坚持爱国和爱党、爱社会主义高度统一，同时，新时代爱国主义还有着人类命运共同体的国际视野。

#### 1. 爱国主义是中华民族精神的核心

内在精神的高度决定着一个国家和民族的高度，任何一个国家和民族都会高度关注其精神领域的建设。习近平总书记指出："爱国主义是我们民族精神的核心，是中华民族团结奋斗、自强不息的精神纽带。"[①]"在社会主义核心价值观中，最深层、最根本、最永恒的是爱国主义。"[②] 从一定程度上看，爱国主义对国家和民族具有极为深远的影响力，基本决定了国家精神和民族精神的质量、高度和纯净度，是国家和民族精神领域最重要的基础性构成。可以这么认为，没有爱国主义的存在，就基本谈不上国家和民族精神的存在。在国家和民族精神的质量上，爱国主义奠定了国家和民族的凝聚力和向心力，没有爱国主义的有力支撑，国家精神和民族精神将趋于松散而变得没有力量。在国家和民族精神的高度上，爱国主义决定了一个国家和民族的发展上限，缺乏爱

---

[①] 习近平：《在纪念五四运动100周年大会上的讲话》，《党建》2019年第5期。
[②] 习近平：《在文艺工作座谈会上的讲话》，《人民日报》2015年10月15日第2版。

国主义，国家和民族发展就将落入功利主义的窠臼。在国家和民族精神的纯净度上，爱国主义决定了一个国家和民族的精神是否纯粹，爱国主义应当是无条件的，只有无条件的爱国主义，才能促使国家和民族精神得以净化而不至于陷入犬儒主义的泥潭。

2. 爱国主义是中华民族前进的强大精神动力

近代以来，中华民族历经劫难，但中华民族从未放弃过前进的步伐，也从未丧失过勇气，其背后的支撑力量就是爱国主义精神。爱国主义是中华民族始终把握和依托的强大精神力量，激励着中华民族不断前进。"在中华民族几千年绵延发展的历史长河中，爱国主义始终是激昂的主旋律，始终是激励我国各族人民自强不息的强大力量。"① 在悠久的历史发展中，中华民族一向崇尚独立自主，坚持自我奋斗，这既是中华民族的骨气所在，也是中华民族的勇气所在。爱国主义既是中华民族的重要历史经验，又是中华民族的重要智慧，还是推动中华民族不断前进的重要实践理性。展望未来，中华民族在新时代的长征路上，将继续高举爱国主义精神奋勇前行。

3. 爱国主义是每一个中国人的本分和职责

对社会个体来说，爱国主义既是一个人内在精神的重要构成部分，也是一个人重要外在标识和行为体现。爱国主义以行为和精神一体的方式，展示着一个人的精神风貌和内在品质。现代社会的每一个人，都有着自己的国籍标识，归属于一个具体国家。爱国主义既是对国籍归属的一种精神上的承认，也是外界评价和认识个体的重要组成部分。一个中国人走到全世界任何地方，都会因为其文化基因和种族标识而被视为中国人，这是不以个人好恶而变化的客观事实。习近平总书记指出："对每一个中国人来说，爱国是本分，也是职责，是心之所系、情之所归。"② 一方面，所谓本分，就是作为一个中国人本身就应该具备的本能性的精神和行为；另一方面，所谓职责，就是作为一个中国人，都应该基于中国人的标签而应当承担的责任和义务。爱国主义是不依据外在条件而改变的，因为文化标识和种族特征是不能更改的，将永远跟随个

---

① 《习近平谈治国理政》第一卷，外文出版社2018年版，第58页。
② 习近平：《在纪念五四运动100周年大会上的讲话》，《党建》2019年第5期。

体一生。对于青少年发展而言，爱国主义具有特殊的意义，爱国主义是个体成长和发展的重要精神动力，也是其未来创建事业以报效祖国实现个体价值的重要精神基础。"对新时代中国青年来说，热爱祖国是立身之本、成才之基。"① 爱国主义不是可以谈判或者讨论的，本身就是一种天然的责任和义务。

4. 爱国主义的本质是坚持爱国和爱党、爱社会主义的高度统一

"对新时代中国青年来说，热爱祖国是立身之本、成才之基。当代中国，爱国主义的本质就是坚持爱国和爱党、爱社会主义高度统一。"② 具体来看，爱国主义在每一个时代都有其明确的指向，空泛的爱国主义精神本身可能只是一种虚幻的感情。爱国主义精神是一种需要实践的精神，需要精神与实践相结合，仅停留于精神层面的爱国主义精神是值得怀疑的。当代中国的爱国主义精神要结合中国革命、中国建设和中国改革发展去深入理解和实践。在今天，"祖国的命运和党的命运、社会主义的命运是密不可分的。只有坚持爱国和爱党、爱社会主义相统一，爱国主义才是鲜活的、真实的，这是当代中国爱国主义精神最重要的体现"③。爱国主义精神既是一种深层次的情感，也是需要用一生去实践的承诺。

5. 爱国主义教育是新时代弘扬爱国精神的永恒主题

每一个时代都有其时代的主题，但爱国主义教育是学校教育弘扬爱国精神的永恒主题。除了学校教育之外，社会要为青少年学生成长建设一个良好的爱国主义教育氛围，孕育爱国主义精神。"我们当代文艺更要把爱国主义作为文艺创作的主旋律，引导人民树立和坚持正确的历史观、民族观、国家观、文化观，增强做中国人的骨气和底气。"④ 爱国主义本质上是青少年成长中的钙质营养剂，是决定了青少年骨气和底气的重要基础。爱国主义给予青少年热爱祖国、敢于斗争的精神，这是中国人的骨气。爱国主义给予青少年正确认识伟大的中国和伟大的中华民

---

① 习近平：《在纪念五四运动100周年大会上的讲话》，《党建》2019年第5期。
② 《习近平谈治国理政》第三卷，外文出版社2020年版，第334页。
③ 习近平：《大力弘扬伟大爱国主义精神为实现中国梦提供精神支柱》，《人民日报》2015年12月31日第1版。
④ 习近平：《在文艺工作座谈会上的讲话》，《人民日报》2015年10月15日第2版。

族,为是一个中国人而自豪,这是中国人的底气。

6. 爱国主义要具有人类命运共同体的国际视野

中华民族是一个爱好和平的民族,自古以来一向心忧天下,高度重视人类社会的和平与发展,注重人类社会的安危。在爱国主义领域,新时代的中国同时还致力于人类命运共同体建设。习近平总书记要求:"新时代中国青年,要有家国情怀,也要有人类关怀,发扬中华文化崇尚的四海一家、天下为公精神,为实现中华民族伟大复兴而奋斗,为推动共建'一带一路'、推动构建人类命运共同体而努力。"①回顾历史,中华民族一向心系天下,人类命运共同体思想是新时代爱国主义的国际领域的重要基础性理论,是对中华传统优秀文化中的四海为家、天下为公等精神的现代传承,体现了中华民族的国际善意。从长远来看,这也是中国在新时代的一种世界价值引导和国际领域的重要承诺。从历史角度来看,爱国主义是人类社会中的一种伟大的情感和精神,但同时,也需要注意警惕爱国主义可能走向狭隘的民族主义或大国沙文主义,这就需要人类命运共同体的国际视野。

(二)爱国主义重要论述的理论逻辑

习近平总书记爱国主义重要论述是对学校德育的重要实践要求,同时也有着内在的严密理论逻辑。中华民族的奋斗史是爱国主义的历史基础;实现中华民族伟大复兴的中国梦是新时代爱国主义的目标;爱国主义是中华民族团结奋斗、自强不息的精神纽带;民族精神的核心是爱国主义的重要地位;国际视野与历史视野是新时代爱国主义的视野宽度和深度。

1. 爱国主义的历史基础:中华民族的奋斗史

中华民族的奋斗史是爱国主义的历史基础。爱国主义作为一种得到普遍珍视的情感,对于人类社会来说,既具有普遍性,也具有独特性。普遍性是指爱国主义是人类普遍拥有的一种情感,独特性是指对于每一个国家来说,爱国主义有着历史文化价值观等领域的差异性。"历史告诉我们,每个人的前途命运都与国家和民族的前途命运紧密相连。"②

---

① 习近平:《在纪念五四运动100周年大会上的讲话》,《党建》2019年第5期。
② 《习近平谈治国理政》第一卷,外文出版社2018年版,第36页。

在五千余年的中华文明史中,中华民族每一个时期都有着爱国主义的主旋律,但贯穿历史长河的,是中华民族基于奋斗史而拥有的浓厚的爱国主义精神。具体来看,习近平总书记爱国主义重要论述的思想渊源是中国共产党的爱国主义理论,继承了中华民族爱国主义传统,其现实起点是新时代的需要。① 在习近平总书记爱国主义重要论述中,既蕴含着马克思主义的世界观和方法论,也以中华优秀传统文化和红色文化为重要文化基础,并体现着习近平总书记个人的家风建设、知青岁月、从政经历等为载体的重要思考。②

2. 爱国主义的目标:实现中华民族伟大复兴的中国梦

实现中华民族伟大复兴的中国梦是新时代爱国主义的目标。中国梦结合了国家、民族和个体三个层面的奋斗目标,是国家富强、民族振兴、人民幸福的三位一体,承载着中华民族的奋斗期望。爱国主义的目标指向既要明确,也要具体。爱国主义既是一种人类情感,具有其精神层面的属性,也是一种具体的时代任务,要具有明确的时代目标。爱国主义如果缺失明确的具体的时代目标,就可能走向一种模糊的情感。对于个体发展而言,既需要内在的爱国主义精神,也需要外在的具体的爱国主义实践。两者是一体两面,爱国主义精神是爱国主义实践的基础,爱国主义实践是爱国主义精神的外显。个体在自身发展中,需要把自己的发展融入国家、民族的发展目标中,投身于爱国主义实践。如果缺失爱国主义精神,个体很可能在社会实践中浑浑噩噩,漫无目标,失去个体成功必须具备的强大精神动力和明确的方向感。

3. 爱国主义的价值:中华民族团结奋斗、自强不息的精神纽带

"爱国主义始终是把中华民族坚强团结在一起的精神力量。"③ 中华优秀传统文化一向注重家国同构,追求天下大同,无数仁人志士为了中华统一献出了毕生的奋斗甚至宝贵的生命,这些英雄事迹和爱国主义情感都是中国爱国主义精神的重要渊源和依托。习近平总书记指出:"千

---

① 赵建波:《习近平关于新时代爱国主义重要论述研究》,《北方民族大学学报》(哲学社会科学版)2019年第5期。
② 孟克迪:《习近平新时代爱国主义重要论述的渊源》,《中共合肥市委党校学报》2019年第4期。
③ 《习近平谈治国理政》第一卷,外文出版社2018年版,第40页。

百年来，中华民族历经苦难，但没有任何一次苦难能够打垮我们，最后都推动了我们民族精神、意志、力量的一次次升华。"① 爱国主义在今天还具体承担着推进国家统一和确保民族团结的使命。中华民族繁荣昌盛、生生不息，要确保中华民族内部团结，必须高度重视精神层面的建设，强化爱国主义精神，推进中华民族认同教育，将爱国主义作为中华民族团结的精神纽带，打牢国家统一和民族团结的强大精神基础。

4. 爱国主义的地位：爱国主义是民族精神的核心

"一个不记得来路的民族，是没有出路的民族。"② 习近平总书记指出："实现中国梦必须弘扬中国精神。这就是以爱国主义为核心的民族精神，以改革创新为核心的时代精神。"③ 五千余年的历史发展中，支撑中华民族跨过重重困难和挑战的正是以爱国主义为核心的民族精神。回望中华民族的历史英雄，都是对国家和民族无怨无悔付出的杰出贡献者，他们用他们的英雄事迹，诠释了爱国主义精神的伟大内涵。爱国主义不能空幻，必须实实在在依托中华民族的奋斗史和中华民族的英雄事迹，这些奋斗史和英雄事迹支撑并诠释着中华民族的爱国主义精神。新时代要高扬爱国主义精神，坚定文化自信，塑造中华民族的伟大民族精神。爱国主义既要注重历史，同时要注重当下，不能仅沉浸于历史的爱国主义英雄事迹中。从这个角度看，爱国主义教育不能厚古薄今，要注意拉近爱国主义与青少年生活世界的距离。在爱国主义教育中，既要强化历史传统中的爱国主义精神教育，也要注意有效树立新时代的爱国主义典范。

5. 爱国主义的视野：国际视野与历史视野是新时代爱国主义的视野宽度和深度

国际视野与历史视野是新时代爱国主义的视野宽度和深度。对于世界和平与发展，习近平总书记提出了"人类命运共同体"重要思想，这是将爱国主义的视野从国内视角提升到人类社会的国际视野，大幅提升了爱国主义的视野宽度。在历史视野维度，新时代爱国主义高度重视

---

① 《习近平谈治国理政》第三卷，外文出版社2020年版，第335页。
② 《习近平谈治国理政》第二卷，外文出版社2017年版，第49页。
③ 《习近平谈治国理政》第一卷，外文出版社2018年版，第40页。

中华民族的历史智慧和历史经验,高度重视爱国主义的文化基础,大幅提升了爱国主义的历史视野的深度。新时代的爱国主义,既注重民族精神的培养,同时也注重国际认可和国际引领,将爱国主义提升到信念爱国、理性爱国、开放爱国的更高层次。① 在国际视野维度,高度重视"人类命运共同体"的构建,注重国际互信互谅互鉴的文明观,坚持共商共建共享的治理观,坚守中国的责任担当。从这个维度看,构建人类命运共同体也是新时代爱国主义的世界使命。② "弘扬爱国主义精神,必须坚持立足民族又面向世界。"③ 历史视野和国际视野的爱国主义更为理性,同时也确保中国健康地对外交流,在与世界各国的健康交流中不断创新,以确保国家发展的生机和活力,防范发展中的自我封闭可能导致的发展僵化,这也是中华民族的重要历史智慧。

**二 爱国主义重要论述的德育价值**

习近平总书记爱国主义重要论述对学校德育有着重要的理论价值。在价值引领上,要把爱国主义教育作为学校德育永恒的主题;在精神力量上,爱国主义精神要在学生心中牢牢扎根;在德育文化基础上,要让学生秉承中华文化基因;在纪律意识上,要旗帜鲜明反对分裂国家图谋和破坏民族团结言行;在爱国主义指向上,爱国和爱党、爱社会主义要高度统一;在爱国主义路径上,要把爱国主义教育贯穿国民教育和精神文明建设全过程。

(一)爱国主义的价值引领:爱国主义教育作为学校德育永恒的主题

"弘扬爱国主义精神,必须把爱国主义教育作为永恒主题。"④ 爱国主义教育是学校教育的重要内容,也是学校德育永恒的主题。习近平总

---

① 朱芊:《人类命运共同体视野下爱国主义教育新论》,《南华大学学报》(社会科学版)2019年第3期。
② 吴灿新:《习近平关于新时代爱国主义的重要论述略探》,《岭南学刊》2019年第1期。
③ 习近平:《大力弘扬伟大爱国主义精神为实现中国梦提供精神支柱》,《人民日报》2015年12月31日第1版。
④ 习近平:《大力弘扬伟大爱国主义精神为实现中国梦提供精神支柱》,《人民日报》2015年12月31日第1版。

书记爱国主义重要论述高度重视对学生爱国主义精神的培养，学校教育要发挥爱国主义的价值引领作用，要让青少年在成长中深刻认识到爱国主义精神的崇高性，让爱国主义价值观内化于心外化于行，成为一个拥有爱国主义精神的合格的社会主义事业建设者和接班人。要实现新时代梦想，学校德育必须坚持爱国主义教育，系统性培养青少年的爱国主义精神。

（二）爱国主义的精神力量：爱国主义精神在学生心中牢牢扎根

支撑着中华民族走出近现代史低谷的重要力量，就来自爱国主义精神。学校德育必须高度重视爱国主义教育，要让爱国主义精神在学生心中牢牢扎根。青少年时期是个体成长中至为重要的可塑期，在学校德育中要从小培养青少年爱国主义情感，让爱国主义在青少年心中扎根。爱国主义既是中华民族在历史发展中不断发展的精神动力，也是中华民族面对挑战奋勇前进的力量之源。学校德育要扎实推进爱国主义教育，厚铸爱国主义精神，让青少年学生理解精神力量的伟大，并在未来的人生发展中践行爱国主义，报效祖国、服务社会、实现人生价值。

（三）爱国主义的德育文化基础：让学生秉承中华文化基因

在学校教育中，学校德育要扎实推进爱国主义教育的德育文化基础，确保让学生秉承中华文化基因。"我们的同胞无论生活在哪里，身上都有鲜明的中华文化烙印，中华文化是中华儿女共同的精神基因。"[1]能否让学生秉承中华文化基因，决定着青少年学生在成长中能否成为一个真正的中国人，能否在内心深处真正认同中国是自己的祖国、中国是自己的根。青少年学生身上的中华文化基因的教育质量很大程度上决定了爱国主义教育的质量。如果缺失中华文化基因的教育，即使一个人在法律上是中国公民，但骨子里可能是一个外国人。同样，即使一个人在种族上是中华民族的后代，但如果缺失了中华文化基因，他在内心深处不会对中国有归属感，自然也就谈不上对中国的爱国主义。对于国家来说，健康的系统性的高质量爱国主义教育，是一个国家团结和统一的坚实基础，如果缺失了系统性的高质量爱国主义教育，这种国家迟早会走

---

[1]《习近平谈治国理政》第一卷，外文出版社2018年版，第64页。

向分裂和内乱。在国际竞争中也是一样,"博大精深的中华优秀传统文化是我们在世界文化激荡中站稳脚跟的根基"①。在具体的学校德育中,一定要注意系统性的中华文化基因教育,这是确保爱国主义教育质量的文化基础。

(四)爱国主义的纪律意识:旗帜鲜明反对分裂国家图谋和破坏民族团结言行

新时代学校德育中的爱国主义教育,不能只局限于正面的爱国主义教育,还必须要有爱国主义的纪律教育。"坚决维护国家主权、安全、发展利益,旗帜鲜明反对分裂国家图谋、破坏民族团结的言行,筑牢国家统一、民族团结、社会稳定的铜墙铁壁。"② 对于爱国主义事迹,要广为宣传和学习,要有相关荣誉体系作为保障。对于爱国主义的反面行为,特别是分裂国家和破坏民族团结的行为,要严肃处理,并要依据国家法律法规予以惩戒。具体而言,在学校德育中,要旗帜鲜明引导青少年爱国爱党爱社会主义,坚决反对分裂国家图谋和破坏民族团结言行。同时,只有让青少年学生从小就意识到爱国主义中的基本纪律,在未来的成长中才能有效斗争分裂国家图谋和破坏民族团结的言行。

(五)爱国主义的指向:爱国和爱党、爱社会主义高度统一

习近平总书记爱国主义重要论述的一个重要的理论论点就是:在爱国主义教育中坚持爱国和爱党、爱社会主义高度统一。③ 在新时代学校德育中,要系统性教育学生爱国、爱党和爱社会主义,三者系统性成为一体,在教育中系统性推进。"要教育引导学生热爱和拥护中国共产党,立志听党话、跟党走,立志扎根人民、奉献国家。"④ 爱国主义教育既要注重知识教育、文化教育,还要紧密联系新时代中国特色社会主

---

① 《习近平谈治国理政》第一卷,外文出版社 2018 年版,第 164 页。
② 习近平:《大力弘扬伟大爱国主义精神为实现中国梦提供精神支柱》,《人民日报》2015 年 12 月 31 日第 1 版。
③ 习近平:《大力弘扬伟大爱国主义精神为实现中国梦提供精神支柱》,《人民日报》2015 年 12 月 31 日第 1 版。
④ 习近平:《培养德智体美劳全面发展的社会主义建设者和接班人》,载中共中央党史和文献研究院编《十九大以来重要文献选编》(上),中央文献出版社 2019 年版,第 649 页。

义的鲜活的社会实践。

（六）爱国主义教育的路径：把爱国主义教育贯穿国民教育和精神文明建设全过程

"要把爱国主义教育贯穿国民教育和精神文明建设全过程。"① 爱国主义教育的质量决定着爱国主义精神在国民中的普遍性。爱国主义教育不只是要贯穿学校教育所有阶段，同时还要在社会教育、家庭教育中系统性贯彻，并在社会精神文明建设中作为重点内容，建构一个健康的爱国主义教育环境。在学校的爱国主义教育中，要把爱国主义作为学校德育的系统性内在构成，即作为内在理念进入学校德育的所有环节和所有领域，同时还要注意建构系统性的爱国主义知识体系和环境育人体系，有效提升爱国主义教育的艺术性。

### 三 爱国主义重要论述的德育实践路径

"弘扬爱国主义精神要从少年儿童抓起，要把爱国主义贯穿教育和精神文明建设全过程。"② 学校德育必须扎实贯彻习近平总书记爱国主义重要论述，进一步提升青少年爱国主义教育质量。具体在学校德育实践中要注意以下实践路径：爱国主义教育在学校德育中必须体系化；爱国主义要成为学校德育的内在精神纽带；爱国主义要全面融入课程教材体系；爱国主义要成为立德树人的重要维度；爱国主义要形成社会教育、学校教育和家庭教育的强大合力。

（一）爱国主义教育在学校德育中必须体系化

在学校德育中，爱国主义教育不能是单一维度的存在，而必须是系统性的存在。在具体的爱国主义教育中，要注重爱国、爱党和爱社会主义协同一体推进；在中华文化基因的系统性教育培养中，要对中国、中华民族、中华文化的认同系统性设计安排。学校德育要注意结合青少年认知发展规律，系统性推进爱国主义教育设计，高质量潜移默化地推进

---

① 习近平：《大力弘扬伟大爱国主义精神为实现中国梦提供精神支柱》，《人民日报》2015年12月31日第1版。
② 习近平：《培养德智体美劳全面发展的社会主义建设者和接班人》，载中共中央党史和文献研究院编《十九大以来重要文献选编》（上），中央文献出版社2019年版，第649页。

青少年的爱国主义教育。

(二) 爱国主义要成为学校德育的内在精神纽带

"爱国主义教育是世界各国教育的必修课。"[1] 爱国主义教育必须建立在"四个自信"的基础上,爱国主义精神本身也是"四个自信"的重要基础。作为爱国主义的本质,爱党、爱国和爱社会主义必须建立在坚定的"四个自信"的基础上。学校教育要高质量立德树人,必须以爱国主义为内在精神纽带,系统性安排教育教学内容和教育教学活动,强化青少年学生内在的精神世界,提升青少年学生的知识和能力。以此实现爱国主义在青少年精神层面扎根,同时也促使青少年积极进取并具备未来实践爱国主义的才能。这才是爱国主义高质量地内化于心外化于行。爱国主义既要呈现为青少年成长中的精气神,也要呈现为青少年大批量成长为中华民族的栋梁之才。

(三) 爱国主义要全面融入课程教材体系

爱国主义要系统性融入课程教材体系。在学校教育中要系统规划爱国主义教育内容体系,在历史文化中特别要注重四个讲清楚。四个讲清楚具体是:"讲清楚每个国家和民族的历史传统、文化积淀、基本国情不同,其发展道路必然有着自己的特色";"讲清楚中华文化积淀着中华民族最深沉的精神追求,是中华民族生生不息、发展壮大的丰厚滋养";"讲清楚中华优秀传统文化是中华民族的突出优势,是我们最深厚的文化软实力";"讲清楚中国特色社会主义植根于中华文化沃土、反映中国人民意愿、适应中国和时代发展进步要求,有着深厚历史渊源和广泛现实基础"。[2] 四个讲清楚是学校爱国主义教育需要高度重视的内容,爱国主义教育不能仅通过简单灌输而实现,必须有其内在的理性和逻辑。

(四) 爱国主义要成为立德树人的重要维度

青少年时期是培养爱国主义精神的最佳时期,也是基础性阶段。错过了青少年时期,爱国主义教育就很难取得良好效果。"任何一个思想

---

[1] 习近平:《培养德智体美劳全面发展的社会主义建设者和接班人》,载中共中央党史和文献研究院编《十九大以来重要文献选编》(上),中央文献出版社2019年版,第649页。

[2] 《习近平谈治国理政》第一卷,外文出版社2018年版,第155—156页。

观念，要在全社会树立起来并长期发挥作用，就要从少年儿童抓起。"①在爱国主义教育中，要实现小学时期讲故事，重点是培养爱国主义情感；中学时期讲爱国主义历史，重点是普及爱国主义知识；大学时期讲爱国主义哲学和逻辑，重点是培养和坚定爱国主义信仰。把爱国主义作为学校教育立德树人的重要维度，这是确保爱国主义教育质量的重要基础。

（五）爱国主义要形成社会教育、学校教育和家庭教育的强大合力

在爱国主义教育中，要注意两个领域的协同：其一是形成社会教育、学校教育和家庭教育的合力，系统推进爱国主义教育；其二是要注意爱国之情、强国之志、报国之行高度统一。爱国主义教育不能停留于纸上，必须落实到行动中。学校德育工作者要身体力行实践爱国主义，为青少年立下爱国主义榜样。同时，爱国主义教育要与社会实践和人民群众的现实生活相联系，通过社会生活培养青少年的家国情怀。在爱国主义教育中，要高度重视社会精神领域的净化，减少和控制精神污染源，系统性推进青少年的爱国主义教育质量。

## 第二节 新时代法治教育

习近平法治思想，是习近平新时代中国特色社会主义思想的重要组成部分。法治教育是学校德育的重要维度，是培养青少年法治素养的重要教育领域。新时代学校德育践行法治教育，指导思想是习近平法治思想。习近平总书记高度重视青少年法治教育，在法治教育领域有系列重要论述。"要加强对学生的法治教育，使学生养成遵纪守法的良好习惯。"② 法治教育是依法治国和以德治国的国家治理现代化战略的重要基础，学校教育要高度重视青少年法治教育，扎实推进法治教育质量，

---

① 《习近平谈治国理政》第一卷，外文出版社2018年版，第181页。
② 习近平：《培养德智体美劳全面发展的社会主义建设者和接班人》，载中共中央党史和文献研究院编《十九大以来重要文献选编》（上），中央文献出版社2019年版，第650页。

为法治国家建设奠定坚实基础。

**一 法治教育与德育**

在人类社会建设中,道德与法律都是建构社会秩序的重要基础。道德与法律两者之间,本身就有着密切的联系。比较来看,道德是法律的基础,道德更为宽泛和生活化,在道德哲学、道德价值观等领域支撑着法律;法律是规则化的道德体系,法律更为刚性,更为正式,是体系化的实质性条款内容的存在,是对道德的规则化和系统化。"法律是准绳,任何时候都必须遵循;道德是基石,任何时候都不可忽视。"[①] 法治教育是学校德育的重要内容,学校德育需要高度重视法治教育,科学建构德育中的法治教育体系,提升青少年的法治素养,服务于法治社会的建构。

(一) 法治教育是学校德育的重要内容

法治教育是对青少年实施法治理念、法律知识、法律哲学、法治能力、法治信仰等的教育,是学校德育的重要内容,也是建设法治国家的重要路径和重要基础。法治是新时代的重要治国理念,法治教育也是新时代的新的表述。我国法律界和教育界原来使用的是法制教育,从法制教育更改为法治教育,体现着内在理念的发展变化。法制教育与法治教育相比,法制教育主要更为注重静态法律制度和法律知识体系的教学,而法治教育不只是注重法律知识体系,还注重社会治理的视角。具体而言,法治教育除了教授法律知识体系之外,还关注法律运行的内容,覆盖范围包括立法、执法、司法、守法全过程。法治教育的重点也不仅仅在于法律知识体系的传授,还在于让学生深入理解法治国家、法治政府、法治社会等。[②] 相对于法制教育的内容,法治教育扩展了社会治理、法治理念、法治信仰等领域的内容。

首先,法治教育在学校德育中处于基础性地位。学校德育是培养青少年学生的健康的社会性,而社会性的重要构成就是法治素养。学校德

---

① 《习近平谈治国理政》第二卷,外文出版社2017年版,第133页。
② 卢野、彭钟敏:《全面依法治国与高校思修课改革——以习近平新时代中国特色社会主义政法思想的融入为视角》,《四川师范大学学报》(社会科学版)2019年第4期。

育需要理解法治教育的重要性,并理解法治对社会治理的重要价值,高质量培养青少年学生的法治素养,为建设现代法治社会服务。

其次,学校德育需要高度重视法治教育。学校德育是社会治理的关键和重点领域,学校德育如果存在偏差,就会导致社会治理中的危机,特别是在学生的人生观、价值观和世界观的培养中,学校德育具有非常重要的地位。建设中国特色社会主义法治国家是我国社会治理的重要目标,每一个中国公民都出自学校教育的培养,如果学校德育中缺失了法治教育,会导致中国公民存在普遍意义上的法治素养的问题。学校德育需要高度重视法治教育的质量,有效提升青少年学生的法治素养和法治能力。

最后,法治教育是学校德育内容体系的重要构成部分。在德育内容体系中,道德教育主要培养学生个体的道德认知和发展的教育,思想教育主要培养学生个体的思想意识和哲学思维,政治教育重点培养学生个体的政治认同和政治信仰,法治教育主要培养青少年的法治知识和法治理念,心理健康教育主要培养青少年的心理健康知识,国情教育则是普及国家基本情况,培养学生关于国家的基本常识和爱国主义情感。其中法治教育是指向法治社会的重点德育内容,也是贯穿大学和中小学学校教育体系的重点德育目标。

(二) 学校德育是实施法治教育的主要途径

全面实施法治教育,必须高度重视学校德育的主阵地。学校德育是实施法治教育的主要途径,具体原因是:青少年是实施法治教育的主体,学校德育是实施青少年法治教育最重要的主阵地。

首先,青少年是实施法治教育的主体。青少年可塑性强,对青少年的法治教育能够取得良好效果,依托学校德育推进法治教育,能够有效系统性培养青少年的法治素养。成人社会也需要实施法治教育,但难度更大,实施途径难以有效掌控,法治教育的质量难以保障。从整体上看,对青少年的法治教育更为重要,也更为有效。

其次,学校德育是实施法治教育最重要的阵地。学校是青少年的集中聚集之地,通过学校德育实施法治教育,能够取得事半功倍的效果。学校德育中将法治教育与道德教育、思想教育、政治教育、国情教育等统筹协调实施，法治教育的覆盖面更广，法治教育质量更高，在教育效果上更具有保障。

最后，法治教育应当在中小学特别是义务教育阶段全面实施。"推进全民守法，必须着力增强全民法治观念。"① 现代公民几乎都出自学校的培养，而义务教育阶段则是所有公民必须接受的基础性教育阶段。法治教育的良好普及，最重要的是要在义务教育阶段全面实施，这样能够实现对未来所有公民的法治教育的全覆盖，这也是全面建设和提升社会法治素养的关键。

（三）学校德育实施法治教育的重要意义

对青少年实施系统性的法治教育对社会治理具有重要意义，是建设法治社会和法治国家的重要基础。没有高质量的青少年的法治教育，就难以普及公民法治素养，难以有效建设法治社会。

首先，学校德育实施法治教育是建立法治社会的基础。要建立法治社会，其关键在于国民法治素养的培养，只有在学校德育中大力普及法治教育，才能有效建构国民法治素养，进而高质量建设法治社会。学校教育能够有效实现对青少年的全覆盖，任何一种大规模的知识内容的教育，要取得良好的普及效果，最好的途径和方式都是进入学校教育教学体系，法治教育也不例外。

其次，学校法治教育的水平基本决定了社会整体的法治素养的水准。社会不是抽象的存在，而是由社会个体构成的，要提升社会整体法治素养，必须有效提升社会个体的法治教育水平。学校法治教育的水平，就基本成为了未来公民法治素养的水平，这个水平自然也就是社会法治素养的基本水准。学校法治教育需要注重艺术性和科学性，系统推进青少年的法治知识素养，有效培养青少年的法治思维和法治信仰。

最后，学校德育能够实现法治教育的体系化和结构化。学校德育本身是一个系统工程，既有德育组织体系，又有思想政治理论课的课程体系，能够有效全面实施法治教育。特别是义务教育阶段的《道德与法治》，是注重法治教育体系化的课程教材体系。学校教育的所有阶段都

---

① 《习近平谈治国理政》第二卷，外文出版社2017年版，第122页。

有内部结构化的德育体系,在学校德育中实施法治教育,能够实现法治教育内容的体系化、法治教育教师的专业化、法治实践体系的结构化,最终实现法治教育的系统性。

**二 新时代法治教育基本要求**

高质量的法治教育是推进依法治国的重要基础和前提,在学校德育中普及青少年法治教育意义重大、影响深远。学校德育要深入理解习近平法治思想,高质量实施法治教育,为推进法治国家建设服务。

法治教育是依法治国的重要基础。法治中国是中国梦的重要组成部分,系统来看,法治中国是建设富强中国、民主中国、文明中国、和谐中国、美丽中国的重要基础,也与新时代的公正中国、平安中国、网络强国、文化强国、海洋强国等建设密切相关。

习近平总书记高度重视法治教育,强调法治教育在学校德育中的重要地位。法治建设的重要基础在于高质量的法治教育,法治教育是依法治国和以德治国相结合的国家治理战略的重要基础,是青少年德智体美劳全面发展的重要构成部分,是提高现代社会治理质量的重要途径。从整体上看,习近平法治思想注重高瞻远瞩的战略思维,有其内在的求真务实的实践思维,并注重运筹全局的改革思维,在表述上注重精准练达。[①] 具体来看,习近平法治思想的内容主要涵盖依法治国、法治政府、法治社会、从严治党、国际法治、全球治理等广泛领域。[②] 在法治教育领域,基本要求主要有:法治教育是全面依法治国在教育领域的核心要求;把法治教育纳入国民教育体系培养青少年的规则意识的重点要求;在道德教育中突出法治内涵的基本要求;法治教育是青少年德智体美劳全面发展的重要构成部分;法治教育是推进现代社会治理质量的重要途径;等等。

**(一)法治教育是全面依法治国在教育领域的核心要求**

法治教育是依法治国和以德治国相结合的国家治理战略的重要基

---

① 张文显:《习近平法治思想研究(上)——习近平法治思想的鲜明特征》,《法制与社会发展》2016年第2期。
② 张文显:《习近平法治思想研究(上)——习近平法治思想的鲜明特征》,《法制与社会发展》2016年第2期。

础。依法治国是新时代国家治理重要战略，在教育中要深入贯彻依法治国的国家治理战略，重点工作就是推进法治教育。习近平总书记强调："加大全民普法力度，建设社会主义法治文化，树立宪法法律至上、法律面前人人平等的法治理念。"① 在法治社会建设的过程中，要致力于"推进科学立法、民主立法、依法立法，以良法促进发展、保障善治"②。法治教育是依法治国的国家治理战略在教育领域中的核心要求，只有在学校教育中建立了良好的法治教育体系，系统性培养了青少年良好的法治素养，全面依法治国才具有强大的国民法治素养的基础。习近平总书记高度重视推进全面依法治国，"坚持全面依法治国。全面依法治国是中国特色社会主义的本质要求和重要保障"③。具体来看，国家治理的重要基础在于国民素质，只有高质量的法治教育，才能培养国民良好的法治素养，依法治国和以德治国才具有坚实的基础。从这个角度看，学校高质量的青少年法治教育，是依法治国和以德治国相结合的国家治理战略的重要基础。青少年即未来的国家公民，对青少年进行高质量法治教育，就能实现未来国家公民的优秀法治素养。同时，青少年也能通过家庭影响和朋辈影响，有效提升其他社会成员的法治素养。

(二) 把法治教育纳入国民教育体系培养青少年的规则意识的重点要求

广大公民具有良好的法治素养，是推进全面依法治国和建设法治国家的重要前提和基础。"要坚持法治教育从娃娃抓起，把法治教育纳入国民教育体系和精神文明创建内容，由易到难、循序渐进不断增强青少年的规则意识。"④ 对社会群体而言，法治教育最重要的对象是青少年，现代公民都要接受系统性的学校教育，青少年时期是最佳法治教育时期。如果不能在青少年时期培养良好的法治意识，建立法治社会就缺乏坚实的基础。在法治教育的具体内容安排上，要从易到难、循序渐进，从小学到中学，再到大学阶段，建立系统性的法治教育体系，既包括体

---

① 《习近平著作选读》第二卷，人民出版社 2023 年版，第 32 页。
② 《习近平著作选读》第二卷，人民出版社 2023 年版，第 32 页。
③ 《习近平著作选读》第二卷，人民出版社 2023 年版，第 18 页。
④ 《习近平谈治国理政》第二卷，外文出版社 2017 年版，第 122 页。

系化的课程教材，也包括结构化的法治教育师资队伍建设。在法治教育中，先讲法治故事，再普及法治知识，培养法治信仰，科学有效培养青少年的法治素养。

（三）在道德教育中突出法治内涵的基本要求

道德教育与法治教育紧密相连，义务教育阶段德育课程的名称就是《道德与法治》。在中小学德育工作中，必须高度重视对青少年实施高质量的法治教育，在道德教育中要注意突出法治内涵。习近平总书记指出："要在道德教育中突出法治内涵，注重培育人们的法律信仰、法治观念、规则意识，引导人们自觉履行法定义务、社会责任、家庭责任，营造全社会都讲法治、守法治的文化环境。"① 相对于法律，道德更为抽象，一定程度上看，道德是法律的前提和基础，法律必须符合社会主流道德，不符合社会主流道德的法律，难以被社会认可和遵守。在青少年的道德教育中，要注意升华道德观念，理解道德哲学，突出道德规范背后的法治内涵，对学生进行有效的法治教育启蒙，引导青少年学生理解社会治理中德治与法治相辅相成的关系。道德教育与法治教育的关系，一方面，要注意法治教育对道德教育的支撑。"以法治承载道德理念，道德才有可靠制度支撑。"② 在社会治理中，"发挥好法律的规范作用，必须以法治体现道德理念、强化法律对道德建设的促进作用"③。这是通过公正的社会法治建设，对青少年实施隐性的道德教育。另一方面，道德教育要有效支撑法治教育。习近平总书记指出："发挥好道德的教化作用，必须以道德滋养法治精神、强化道德对法治文化的支撑作用。"④ 道德教育貌似柔弱，但却极为持久和稳定，道德教育要重点理解法治的道德精神，培养学生理解法律的道德哲学，强化对法律的尊敬，建立青少年法治信仰。

（四）法治教育是青少年德智体美劳全面发展的重要构成部分

法治教育是学校教育目标的核心指向，是德智体美劳全面发展的重

---

① 《习近平谈治国理政》第二卷，外文出版社 2017 年版，第 134 页。
② 《习近平谈治国理政》第二卷，外文出版社 2017 年版，第 134 页。
③ 《习近平谈治国理政》第二卷，外文出版社 2017 年版，第 117 页。
④ 《习近平谈治国理政》第二卷，外文出版社 2017 年版，第 117 页。

要构成维度。法治教育决定了学生个体在法治素养上的水准，这是国民素养的重要体现，也基本决定了社会主义法治国家建设的质量。学校教育要服务于社会主义法治国家的高质量建设，必须在学校德育中高度重视法治教育，以此系统提升国民的法治素养。"要在道德体系中体现法治要求，发挥道德对法治的滋养作用，努力使道德体系同社会主义法律规范相衔接、相协调、相促进。"[1] 德育是推进青少年法治教育的主阵地，在学校德育内部，法治教育本身要与道德教育相互协调、相互配合，共同提升青少年道德与法治素养。在德育与智育、体育、美育、劳动教育的协调配合中，也要在其他教育中有效推进法治教育。智育的重点是提升法治知识体系的教育，重点是道德与法治课程体系和课堂教学；体育的重点是通过理解运动规则，提升青少年的规则意识和合理竞争意识；美育的重点是让学生理解法律规则和法律哲学之美，理解社会和谐之美；劳动教育的重点是让学生理解劳动与收获的关系，理解劳动取得的财富的合法性和光荣性，建立劳动契约精神。

（五）法治教育是推进现代社会治理质量的重要途径

现代社会治理方向必然面向法治社会建设，这既是世界发展趋势，也是新时代国家治理的战略方向。依法治国是国家战略，充分体现了党治理国家的经验和智慧。"党和法、党的领导和依法治国是高度统一的。"[2] 在国家治理中，"把党的领导贯彻到依法治国全过程和各方面，是我国社会主义法治建设的一条基本经验"[3]。法治教育不只是针对青少年法治素养，还是推进社会建设和国家治理质量的重要途径，这是基本决定未来国民法治素养和法治社会建设质量的重要工作。社会是由人构成的，社会治理最终都是面对社会个体的。学校德育要高质量实施法治教育，系统推进青少年法治教育质量，为提升现代社会治理质量服务。同时，学校德育也要注意协调道德教育、思想教育、政治教育等内容，形成与法治教育相匹配的体系化德育，共同服务于青少年德智体美

---

[1] 《习近平谈治国理政》第二卷，外文出版社2017年版，第134页。
[2] 《习近平总书记系列重要讲话读本》（2016年版），学习出版社、人民出版社2016年版，第97页。
[3] 《习近平总书记系列重要讲话读本》（2016年版），学习出版社、人民出版社2016年版，第97页。

劳全面发展。

### 三 新时代法治教育的德育践行

学校德育需要提升到国家治理的战略层面，深入理解法治教育的重要性。高质量的学校法治教育既是青少年德育的重要要求，同时对于系统推进法治国家建设具有重要意义。

（一）习近平法治思想的德育理论价值

习近平法治思想在法治教育领域，具有深刻的德育内涵。其德育理论价值具体有：秉持法律是成文的道德和道德是内心的法律的哲学理念；强调法治教育是推进法治国家建设的重要途径；高度重视法律的规范作用和教化作用的教育理念；培养社会主义法治文化和法治理念的法治教育目标。

1. 法治素养是青少年德育的重要内容

青少年德育的重要内容是法治素养，没有法治教育，学校德育的内容体系是不完整和不健康的。法治是对道德的相对强制性维护，而道德则是法治的坚实基础，两者不可偏废，共同服务于社会治理。"一方面，道德是法律的基础，只有那些合乎道德、具有深厚道德基础的法律才能为更多人所自觉遵行。另一方面，法律是道德的保障，可以通过强制性规范人们行为、惩罚违法行为来引领道德风尚。"[1] 对青少年德育也同样需要高度重视道德教育与法治教育，道德教育奠定青少年的道德素养，法治教育重在培养规则意识和法治信仰，两者共同服务于青少年健康发展。在学校德育体系中，道德教育本身要与法治教育相统一。只重视道德教育而缺失法治教育，会导致道德教育缺乏力量；只重视法治教育，忽视道德教育，会导致法治教育缺乏道德根基。"没有道德滋养，法治文化就缺乏源头活水，法律实施就缺乏坚实社会基础。"[2] 道德教育与法治教育两者相比较，道德教育更重要的是教化作用，有其柔性的一面，法治教育更重要的在于规则意识的培养，有其强力的一面。道德与法治两者本身有其内在的统一性，要注意推进部分重要道德共识

---

[1] 《习近平谈治国理政》第二卷，外文出版社 2017 年版，第 117 页。
[2] 《习近平谈治国理政》第二卷，外文出版社 2017 年版，第 117 页。

转化为法律规范，通过法律强化社会道德素质提升。

2. 法律是成文的道德和道德是内心的法律的哲学理念

习近平法治思想具有深刻的哲学理念，其中重要的就是法律与道德的哲学关系。"法律是成文的道德，道德是内心的法律，法律和道德都具有规范社会行为、维护社会秩序的作用。"[1] 法律是社会秩序的重要基石，道德是内心的法律，法律和道德结合，才能有效建构社会秩序。对于学校德育，不能仅局限于道德教育，还必须高度重视法律知识、法律规则、法律理念、法律哲学等的教育，道德教育与法治教育相互协调，才能更为有效地推进青少年的健康社会化。

3. 法治教育是推进法治国家建设的重要途径

法治教育不仅是关系到青少年法治素养的重要事情，也是推进法治国家建设的重要途径。德育不能仅局限于道德教育，必须高度重视法治教育。道德教育虽然更为基础，但也更为抽象，在具体的社会生活中并不一定具有法治教育内容的具体性和针对性。在学校德育中，需要注意系统推进法治教育，在青少年的可塑期，打牢青少年的法治教育基础。具体而言，在基础教育阶段，要高度重视对青少年实施法治教育，具体涵盖法律知识、法治理念、法治哲学、法治信仰等领域。建设法治社会的关键和核心，是培养国民的法治素养。每一位公民都是出自学校教育的培养，如果忽视了学校德育中的法治教育，法治社会的建构就会缺乏建构的坚实基础。从这个视角看，法治教育是建设法治国家的长期性基础性工作。推进法治教育，既需要正面普及法治教育，这主要是由学校教育具体承担的，同时也需要对失德行为进行纠正，对违法行为实施惩戒，这需要社会共同建设一个良好的法治环境，维护社会道德正义，特别是社会强力部门需要重点承担。正面教育和问题惩戒，两者协调共同服务于对青少年的健康的法治素养的培养。

4. 高度重视法律的规范作用和教化作用的教育理念

中国社会传统以来都高度重视社会教化，这是中国社会建设的重要历史智慧。在现代社会治理中，法律不只是具有规范作用，同时也对整个社会具有重要的教化作用。"要把实践中广泛认同、较为成熟、操作

---

[1] 《习近平谈治国理政》第二卷，外文出版社2017年版，第116页。

性强的道德要求及时上升为法律规范，引导全社会崇德向善。"① 在现代社会建设中，只有社会的公民整体法治素养得到提升，法治社会的建构才具有坚实的基础。法律既有规范作用，也有其内在的教化作用，因为法律本身就是成文的道德，在法治教育中不可简单过度区分道德与法治，要注意两者的内在协调性。

5. 培养社会主义法治文化和法治理念的法治教育目标

习近平总书记要求："加大全民普法力度，建设社会主义法治文化，树立宪法法律至上、法律面前人人平等的法治理念。"② 法治社会建设的重要基础在于建设高质量的社会法治文化，培养社会成员牢固的法治理念。建设法治国家的重要工作，就是推进社会主义法治文化和法治理念的教育。如果不能在社会中有效建构法治文化，就难以形成法治共识，很难建设成为法治国家。另外，社会法治文化本身也是社会法治水平的重要体现，同时也是培育社会成员法治理念的重要途径。在法治教育中，要有效建构具有良好法治文化的社会主流文化，形成对青少年良好的法治教育环境，有效服务于青少年法治素养的培养。

（二）学校德育实践法治教育的路径与要求

学校德育有其良好的组织体系和课程体系，是实施青少年法治教育的重要资源和力量。学校德育实践法治教育，要高度注重法治教育的系统性、科学性和艺术性，建立系统的法治教育体系、法治教育社会支撑体系和法治社会文化环境，系统推进法治教育质量。

1. 建立系统的法治教育体系

要建立从小学、中学到大学的系统的法治教育体系，具有系统的课程体系、教材体系、校园文化环境和社会实践活动体系。课程体系指的是法治教育的课程结构，具体的课程会以课程标准的方式具体呈现相关要求与内容。教材体系指的是制定和编写优秀的系列法治教育教材。课程体系和教材体系决定了学校法治教育的基本质量。校园文化环境是法治教育的潜在课程，能够有效潜移默化推进法治教育。社会实践活动体系指的是学校法治教育依托的相关社会实践，这对提升学生的法治素养

---

① 《习近平谈治国理政》第二卷，外文出版社 2017 年版，第 134 页。
② 《习近平著作选读》第二卷，人民出版社 2023 年版，第 32 页。

第七章 新时代德育重点领域

和能力有重要意义。

2. 建立系统的法治教育社会支撑体系

法治教育的实践，要建立系统的法治教育社会支撑体系，包括法治政府建设、司法系统建设等，通过与学校教育相协调，系统提高学校法治教育的质量。"建设法治政府，推进依法行政，严格规范公正文明执法。"[1] 对青少年法治教育质量的影响，不只是学校教育的质量，还包括社会影响。公正的社会法治文化，是促进青少年法治教育的重要因素。只有建立了良好的法治教育社会支撑体系，才能高质量推进学校教育中的法治教育。习近平总书记指出："深化司法体制综合配套改革，全面落实司法责任制，努力让人民群众在每一个司法案件中感受到公平正义。"[2] 法治教育需要正面的社会榜样和典型事例，这些正面典型能够有效建立青少年的正义感，而正义感正是培养青少年法治教育的重要情感和价值基础。

3. 建立全方位的法治社会文化环境

要努力打造全方位的法治社会文化环境，建立法治社会的舆论氛围和社会共识。法治社会文化环境建设需要良好的道德环境、治理环境等的系统支持。"在推进依法治国过程中，必须大力弘扬社会主义核心价值观，弘扬中华传统美德，培育社会公德、职业道德、家庭美德、个人品德，提高全民族思想道德水平，为依法治国创造良好人文环境。"[3] 在社会治理上，各级党组织和党员要带头尊法学法守法用法，任何组织和个人都必须遵守法律。从发展角度看，良好的法治社会文化环境，既是良好法治教育必需的社会文化环境，也是良好法治教育指向的目标和结果。

4. 注重法治教育的整体结构性和系统性

法治教育在学校德育中要注重整体的结构性和系统性。结构性指的是在课程体系、教材体系、内容分布、阶段设置等维度注重法治教育在大中小学的整体结构的科学性，系统性指的是法治教育要与道德教育、

---

[1] 《习近平著作选读》第二卷，人民出版社2023年版，第32页。
[2] 《习近平著作选读》第二卷，人民出版社2023年版，第32页。
[3] 《习近平谈治国理政》第二卷，外文出版社2017年版，第117页。

思想教育、政治教育、国情教育、心理健康教育等整体构成。新时代在学校教育中系统推进青少年法治教育，要注重培养法治理念，培育法治思维，弘扬法治精神，坚定法治信仰，有效培养青少年现代法治理念。[①] 结构性和系统化的法治教育，既体现了法治教育本身的系统性，同时也符合青少年认知发展规律，有助于科学提高法治教育质量。

5. 根据学生发展规律分阶段实施法治教育

法治教育要科学实施，必须依据青少年学生的身心发展规律，科学规划各学段具体的法治教育内容，以及相关法治能力素养。小学阶段主要是法治启蒙，注重故事熏陶，培养儿童的法治意识。中学阶段主要是法治知识、法律规则的学习理解，重点是法律规则学习，掌握法律知识基本体系。大学阶段主要是法律哲学、法治理念的学习，重点是理解法律哲学，培养法治信仰。

6. 注意道德教育与法治教育的相互渗透

道德教育与法治教育紧密相关，道德教育是法治教育的重要教育基础，法治教育是道德教育的重要深化。道德教育更为基础和抽象，法治教育更为实用和具体。两者在学校德育中需要共同协调配合，形成健康教育合力。法律本身的条文并不是单独的存在，还有其背后的法治理念和法律哲学。在对青少年的法治教育中，不能局限于对法律条文具体内容的诠释和学习，还要让青少年参与法治建设，注重发展理念的教育，才能有效促进青少年法治精神、法治信仰的培育和生成。[②] 道德教育有助于让学生理解法律的基础，法治教育能够让学生理解社会强力维护社会道德性的重要性，道德教育与法治教育要相辅相成，相互协调，合力提高青少年德育质量。

7. 强调法治教育中的知识学习与生活运用的结合

法治知识、法治能力、法治行动本身是一体的，需要系统推进。在法治教育中，既要重视法治知识学习，也要注重法治能力培养，还要注

---

① 王学俭、阿剑波：《习近平新时代青年教育思想及其价值旨归》，《思想教育研究》2018年第8期。

② 石瑛：《习近平关于青年教育重要论述的旨要及其现实价值探析》，《福建师范大学学报》（哲学社会科学版）2018年第6期。

第七章　新时代德育重点领域

重法律知识的实际运用。法治知识只有在生活中具体应用，才能牢固地奠定青少年遇事找法律的习惯，培养并形成尊重法律、相信法律、信仰法律的价值倾向。学校德育既要注重法治知识教育的系统性和科学性，同时也要充分创设条件，增加法治社会实践，有效培养青少年法治能力和素养。法治教育要高度重视法治思维，要有效训练青少年运用法律思考、分析和解决发展问题的能力，培养尊法、学法、守法、用法的法治思维。① 法治教育既要学，也要注重用，只有学生在生活中守法用法，法治教育才算真正落到实处，具有实际效果。

## 第三节　革命英雄主义教育

作为人类历史上唯一一个从未中断文明的古老民族，中华民族一向崇尚英雄，仁人志士的事迹是中华民族奋斗历史的重要部分，英雄主义是中华民族伟大内在品质的重要构成。英雄主义精神是中华民族的伟大精神财富，弘扬英雄主义精神是中华民族的重要历史经验。英雄和英雄主义精神，承载着中华民族的奋斗历史。不忘来路，才能更好地面向未来。中国今天的成就是建立在中华民族的英雄们奋斗的基础之上的，弘扬英雄精神有助于民族不忘过去、把握当下和开创未来。"崇尚英雄才会产生英雄，争做英雄才能英雄辈出。"② 在新时代，中华民族要高扬革命英雄主义，培养崇尚英雄争做英雄的一代新人。革命英雄主义教育是学校德育的重要构成部分，学校德育要深入贯彻习近平总书记革命英雄主义重要论述，扎实推进青少年革命英雄主义教育。

### 一　革命英雄主义重要论述的提出及其理论渊源

革命英雄主义是中华传统的英雄主义精神与中国共产党的革命精神

---

① 卢野、彭钟敏：《全面依法治国与高校思修课改革——以习近平新时代中国特色社会主义政法思想的融入为视角》，《四川师范大学学报》（社会科学版）2019年第4期。
② 习近平：《在国家勋章和国家荣誉称号颁授仪式上的讲话》，《思想政治工作研究》2019年第10期。

的结合。作为中华民族的优秀代表,中国共产党既有着伟大的革命征程,也有着伟大的国家建设历程。习近平总书记指出:"不忘初心,牢记使命,就不要忘记我们是共产党人,我们是革命者,不要丧失了革命精神。"① 无论是作为带领人民进行革命斗争的党,还是作为执政建设国家的党,中国共产党始终是一个"革命党",并以"革命者"的身份和角色自我定位和自我要求。② 中国共产党人始终保持革命初心,传承红色基因,勇于自我革命。③ 时代不断向前,但革命英雄主义的精神不变,所有的党员和国家公民都出自学校教育的培养,必须高度重视在学校德育中弘扬革命英雄主义精神,永葆中华民族敢于担当和敢于斗争的精神,这是时代发展在精神领域的重大课题。

(一)革命英雄主义重要论述的提出

习近平总书记关于革命英雄主义的重要论述由系列重要讲话构成。主要有:2016 年在纪念红军长征胜利 80 周年大会上的讲话;2016 年在中国文学艺术界联合会第十次全国代表大会和中国作家协会第九次全国代表大会开幕式上的讲话;2018 年在会见四川航空"中国民航英雄机组"全体成员时的讲话;2019 年在国家勋章和国家荣誉称号颁授仪式上的讲话;等等。

系列讲话强调每一个时代都需要革命英雄主义,革命者要永远保持革命者本色,每一个时代都有一个时代的革命使命。"伟大出自平凡,英雄来自人民。把每一项平凡工作做好就是不平凡。新时代中国特色社会主义伟大事业需要千千万万个英雄群体、英雄人物。"④ 在系列讲话中,贯穿始终的是强调铭记历史不忘初心的传承精神、天下兴亡匹夫有责的爱国情怀、百折不挠坚韧不拔的必胜信念、不畏强暴敢于亮剑的英雄气概、爱岗敬业无私奉献的踏实工作精神。⑤

---

① 《习近平谈治国理政》第三卷,外文出版社 2020 年版,第 70 页。
② 彭蓉:《习近平关于革命精神教育的重要命题》,《思想教育研究》2019 年第 4 期。
③ 彭蓉:《习近平关于革命精神教育的重要命题》,《思想教育研究》2019 年第 4 期。
④ 《习近平在会见四川航空"中国民航英雄机组"全体成员时强调学习英雄事迹弘扬英雄精神将非凡英雄精神体现在平凡工作岗位上》,《思想政治工作研究》2018 年第 11 期。
⑤ 李军刚、李飞跃:《新时代习近平英雄情怀及路径研究》,《重庆三峡学院学报》2019 年第 4 期。

第七章　新时代德育重点领域

(二) 革命英雄主义的理论渊源

革命英雄主义既有英雄主义的共性，也有中国革命的特质。具体来看，革命英雄主义源于两个基础：其一是中华传统优秀文化中的英雄主义精神；其二是中国革命和建设中的革命特质。

中华传统文化中有着悠久的英雄主义精神。子曰：知者不惑，仁者不忧，勇者不惧。① 孟子有著名诠释："富贵不能淫，贫贱不能移，威武不能屈，此之谓大丈夫。"② 这些都是中国历史文化中对英雄主义的经典诠释。在中华民族历史上的英雄事迹中，有卫青霍去病的远征匈奴；有岳飞的精忠报国；有文天祥的"人生自古谁无死，留取丹心照汗青"；有左宗棠的抬棺收复新疆；等等。这些英雄的事迹都是中华民族的英雄主义精神的重要诠释。

中国革命和建设中，有着众多的杰出的革命英雄主义事迹。毛泽东同志的"星星之火，可以燎原"对革命的坚定和执着，"一切反动派都是纸老虎"的必胜信念；彭德怀同志不惧强敌出征抗美援朝；重庆红岩先烈们的革命精神；邱少云、黄继光、董存瑞等一系列革命烈士的英雄事迹……这些都是中国共产党革命征程中革命英雄主义精神的重要诠释。王进喜的铁人精神；红旗渠工程、青藏铁路工程、港珠澳大桥等建设；三峡库区移民；新冠疫情中的最美逆行的医护人员……这些英雄事迹都体现了中国共产党人在建设时期的革命英雄主义精神。

**二　革命英雄主义重要论述的理论内涵**

英雄一词是一个跟随历史文化发展逐渐形成的专用名词。魏国刘劭的《人物志·英雄》中写道："故英可以为相，雄可以为将。若一人之身，兼有英雄，则能长世。"简而言之，"英雄"本指文武兼备的杰出人才。隋代王通的《中说·周公篇》中写道："自知者英，自胜者雄。"意即英雄是能够自我认识、战胜自己的人。在后世的发展中，英雄一词意指才能过人，拥有英勇品质，并具有相应的突出功业或者事迹的人。英雄是国家和社会发展的骨干力量和杰出代表，不管是在革命战争时

---

① 《论语·大学·中庸》，陈晓芬、徐儒宗译注，中华书局2015年版，第109页。
② 《孟子》，方勇译注，中华书局2015年版，第109页。

· 193 ·

期,还是和平建设时期,国家和社会都需要英雄和英雄精神,新时代同样需要革命英雄主义。习近平总书记革命英雄主义重要论述的理论内涵主要有:忠诚执着朴实的英雄的品质;榜样的无穷力量的英雄的作用;承载着国家与民族的价值信仰的英雄的价值;敢于担当与敢于斗争的革命英雄主义的时代意义。

(一)英雄的品质:忠诚执着朴实

英雄的伟大首先在于英雄的品质,品质是英雄精神的核心基础,是支撑英雄完成其英雄事迹的内在精神力量。英雄的品质,在于其内在的忠诚执着朴实。

首先,英雄的品质在于对党和人民事业的忠诚。"忠诚,就是英雄模范们都对党和人民事业矢志不渝、百折不挠,坚守一心为民的理想信念,坚守为中国人民谋幸福、为中华民族谋复兴的初心使命,用一生的努力谱写了感天动地的英雄壮歌。"[1] 忠诚不是简单的言语和口号,而是需要用行动去证明的品质。忠诚既是对事业的坚定,对初心的坚守,更是需要用一生的努力去践行的誓言。

其次,英雄的品质在于对事业的执着和坚守。"执着,就是英雄模范们都在党和人民最需要的地方冲锋陷阵、顽强拼搏,几十年如一日埋头苦干,为国为民奉献的志向坚定不移,对事业的坚守无怨无悔,为民族复兴拼搏奋斗的赤子之心始终不改。"[2] 英雄都是用其英雄事迹铸就自身的英雄称号,要完成英雄事迹,都是需要常人所不及的强大意志和对事业的强大热爱,这种内在的精神是推动英雄完成英雄事迹的核心力量。

最后,英雄的品质还在于朴实和奉献。"朴实,就是英雄模范们都在平凡的工作岗位上忘我工作、无私奉献,不计个人得失,舍小家顾大家,具有功成不必在我、功成必定有我的崇高精神,其中很多同志都是做隐姓埋名人、干惊天动地事的典型,展现了一种伟大的无我境界。"[3]

---

[1] 习近平:《在国家勋章和国家荣誉称号颁授仪式上的讲话》,《思想政治工作研究》2019年第10期。

[2] 习近平:《在国家勋章和国家荣誉称号颁授仪式上的讲话》,《思想政治工作研究》2019年第10期。

[3] 习近平:《在国家勋章和国家荣誉称号颁授仪式上的讲话》,《思想政治工作研究》2019年第10期。

英雄都不是功利主义的结果，更不是犬儒主义。英雄的朴实在于不计个人得失，不追名逐利，功成不必在我是英雄的崇高精神境界。没有英雄是刻意为了当英雄而去完成英雄事迹的，这种功利主义倾向的行为动机是产生不了英雄事迹的。英雄都是完成了英雄事迹而被承认的，英雄事迹在完成之前都是不确定的，如果预先能确定可以轻松完成的事业，可能谈不上是英雄事迹。

（二）英雄的作用：榜样的力量是无穷的

"祖国是人民最坚实的依靠，英雄是民族最闪亮的坐标。"[1] 任何一个伟大的民族都是英雄辈出的民族，英雄及其英雄事迹是国家和民族的历史丰碑，是人民敬仰的榜样。国家和民族需要榜样，榜样的力量是无穷的，其激励着人民不断奋勇前进。

首先，一个有希望的民族不能没有英雄，一个有前途的民族必须崇尚英雄。习近平总书记指出：伟大的抗美援朝精神的重要构成就是英勇顽强、舍生忘死的革命英雄主义精神。[2] 正是这种伟大的革命英雄主义精神，激励着亿万中国人民取得了中国革命和社会主义建设的伟大胜利。

其次，一个正义的民族必须捍卫英雄，绝不做亵渎英雄的事情。英雄以其英雄事迹捍卫着民族的发展，国家和人民也必须保护好英雄，捍卫英雄的名声，绝不做亵渎英雄的事情。一方面，捍卫英雄才能激励更多的人学习英雄，成长为英雄，建立英雄事迹；另一方面，亵渎英雄将会让仁人志士寒心，在民族精神上构成严重负面效应。

再次，一个有智慧的民族必须深入学习英雄，要深刻理解英雄品质的伟大和对事业的执着。每一位英雄都是因其伟大的事迹才成为英雄的。英雄事迹很大程度上也是一个民族的文化符号，构成了民族记忆中最为鲜亮的部分。世界人民理解中华民族及其特性，大都会依据中国历史文化上的重要英雄事迹的行为和品质，来理解中华民族内在精神世

---

[1]《习近平谈治国理政》第二卷，外文出版社2017年版，第351页。
[2] 习近平：《在纪念中国人民志愿军抗美援朝出国作战七十周年大会上的讲话》，载中共中央党史和文献研究院编《十九大以来重要文献选编》（中），中央文献出版社2021年版，第772页。

界，并判断中华民族未来可能的发展方向和行为选择。

最后，一个有历史智慧的民族必须尊敬英雄，要让英雄获得声誉和荣光。一个有良知和有智慧的民族，必须关爱英雄，既要让英雄获得声誉和荣光，也要在待遇上和生活上处处关心，让英雄成为受人尊敬并被羡慕的人。这既体现出一个民族的厚道，也体现出一个民族的良心，还体现出一个民族的智慧。任何一个社会对英雄的遗忘与冷落，实际上反映出的是该社会的精神懈怠与道德滑坡。对英雄关爱，就是确保国家不失去信仰和信誉。确保英雄拥有尊严感、荣誉感和幸福感，这是一个国家对待英雄必须有的国家态度。①

（三）英雄的价值：承载着国家与民族的价值信仰

英雄是民族最闪亮的坐标，承载着国家和民族的重要价值信仰。"我们干事业不能忘本忘祖、忘记初心。我们共产党人的本，就是对马克思主义的信仰，对中国特色社会主义和共产主义的信念，对党和人民的忠诚。"② 对社会大众而言，价值信仰不只是抽象的理论体系，还必须转化为具体的英雄榜样和英雄事迹。正如精忠报国与岳飞，鞠躬尽瘁与诸葛亮，就是典型的例子。价值信仰只有跟具体的英雄和英雄事迹相联系，对社会的影响才能更为鲜活和久远。

英雄的价值首先在于英雄人物承载着国家与民族的价值信仰。英雄是民族的优秀代表，英雄精神是民族精神的生动体现。③ 革命英雄主义本身就彰显着国家荣光。英雄是涉及崇高的重要问题，是对崇高的追求，是国家和民族发展中的重要精神性力量源泉，正是因为追求崇高，无数仁人志士才能前赴后继建功立业。如果一个民族在价值信仰领域没有具体的英雄楷模，那么在精神领域的高度将趋于矮化，并且在价值信仰的软实力领域只能仰他国鼻息，这将导致严重的精神领域的危机。任何一个英雄辈出的国度都将是繁荣昌盛的，因为英雄们本身就是国家价值信仰的重要标杆，激励着人民不断前进。

---

① 庞申伟：《试析习近平关于新时代英雄文化的重要论述》，《新疆社会科学》2019年第4期。
② 《习近平谈治国理政》第二卷，外文出版社2017年版，第326页。
③ 张春梅、刘硕：《论习近平的英雄情怀及其时代意义》，《探求》2019年第3期。

其次，英雄的价值还在于英雄人物的重要时代价值。一代人有一代人的担当，每一个时代都需要该时代的英雄。对于新时代，英雄及其英雄精神有其重要的时代价值和意义：其一，英雄及其英雄事迹所彰显的革命英雄主义精神是实现中华民族伟大复兴中国梦的重要精神力量；其二，英雄事迹及其内在精神是培育和践行社会主义核心价值观的重要载体，是净化和提升社会精神品质的重要依托；其三，英雄及其代表的精神是引领新时代主流文化和健康社会风尚的重要源泉；其四，英雄及其代表的精神是提升国家软实力的重要构成部分，也是中华民族的国际形象的重要构成。①

最后，英雄的价值还在于英雄本身是英雄精神的集中体现，这种具体的英雄楷模的存在是提振民族士气培育斗争精神的重要依托。在中华民族的历史文化中，英雄精神的重要内涵具体有："矢志不渝"的信仰精神；"精忠报国"的爱国精神；"百折不挠"的奋斗精神；"心中有责"的担当精神。② 这些精神及其代表的具体英雄及其事迹，本身就是对青少年教育和国民素质提升的重要承载力量。

（四）革命英雄主义的时代意义：敢于担当与敢于斗争

革命英雄主义并非仅出现在革命战争年代，在和平建设年代，同样需要革命英雄主义。毛泽东同志曾经告诫全党，一定要高度警惕糖衣炮弹的攻击，"中国的革命是伟大的，但革命以后的路程更长，工作更伟大，更艰苦"③。和平建设年代更容易懈怠，在精神层面容易沉沦，如何保持革命党的本色，保持不忘初心继续奋斗，这是需要强力关注并维护的重点领域。"我们不但善于破坏一个旧世界，我们还将善于建设一个新世界。"④ 对于今天的和平建设时代来说，革命英雄主义有着特殊的时代意义，要能够有效培养和保持敢于担当与敢于斗争的精神。

---

① 唐勇：《捍卫与传承：英雄精神的当代价值及实现路径》，《思想教育研究》2019年第2期。
② 唐勇：《捍卫与传承：英雄精神的当代价值及实现路径》，《思想教育研究》2019年第2期。
③ 《毛泽东选集》第四卷，人民出版社1991年版，第1438页。
④ 《毛泽东选集》第四卷，人民出版社1991年版，第1439页。

首先，革命英雄主义意味着不忘初心、继续革命、敢于斗争的新时代精神。革命战争年代的革命精神需要用出生入死的行动去实践，和平建设时代则需要数十年如一日的坚守和不忘初心的坚强信仰去应对默默无闻的平凡工作。部分意志不坚定的党员干部在和平年代容易成为温水青蛙，被糖衣炮弹侵袭，被名利诱惑，最终成为浑浑噩噩的老好人，甚至成为腐败分子。新时代同样需要革命英雄主义精神，其重要表现就是不忘初心、继续革命、敢于斗争的新时代精神，这需要全党保持革命党的革命本色和革命精神。在革命意志力的培育上，革命英雄及其革命英雄事迹就是教育全党的重要精神财富，能够有效培育和保持敢于斗争的革命精神。

其次，革命英雄主义体现着敢于担当的共产党人的时代精神。在革命战争年代，缺乏进取和智慧，就会有直接的事业失败、人员牺牲和部队败仗，这种明确的具体的淘汰机制避免了革命过程中的党员干部的老好人问题趋向。和平建设时代因为没有特定的革命任务，没有明显的问题凸显机制，容易落入老好人的问题中。新时代的革命建设事业需要敢于担当的精神。在新时代，习近平总书记敢于担当，体现了革命领袖的责任与担当。特别是在新时代强军思想中，彰显出敢于斗争、敢于胜利的英雄气魄与胆识；善于谋划、勇于决断的统帅气质；深入部队、关爱士兵的领袖风范；"不惹事、不怕事"的责任与担当。[①] 在新时代，这些革命英雄主义精神和品质，是需要全体党员干部大力学习的，也是学校德育的重要教育内容。

### 三 革命英雄主义重要论述的德育价值

革命英雄主义精神并没有远去，在新时代的和平建设中，需要大力弘扬革命英雄主义精神，这对于提升中华民族的精神境界、培育国民健康的人格品行、提升社会的整体道德素养，都有积极促进作用。具体而言，革命英雄主义对于培育国民的正义感和见义勇为精神、家国情怀和爱国主义精神、为理想、大义而勇于献身的崇高感，以及责任意识和纪

---

[①] 邹小华：《习近平新时代强军思想的革命英雄主义情怀》，《江西财经大学学报》2018年第3期。

律意识等精神要素都具有重要意义。① 学校德育是培养青少年的具体承载体，是立德树人的重要途径，学校德育必须深入学习习近平总书记的革命英雄主义重要论述，大力推进革命英雄主义教育，提升青少年内心的革命英雄主义精神和情怀，服务于国家和民族发展的需要。

（一）革命英雄主义的德育价值

具体在学校德育领域中，习近平总书记革命英雄主义重要论述的德育价值主要有英雄的价值引导、英雄的模范效应、英雄的历史标杆和英雄的时代指引。

1. 英雄的价值引导：每一个时代都需要英雄

"伟大出自平凡，平凡造就伟大。"② 英雄及其事迹和精神对社会精神领域是重要的价值引导，能够有效荡涤庸俗之风，提升国民精神层次，并有效激励人民服务于国家和民族发展。每一个时代都需要时代英雄。英雄和英雄主义不仅是个人行为，也是社会品格和时代精神的体现。③ 英雄并非远离生活，实际上英雄就在我们身边。守护在祖国边疆的边防战士、战斗在防疫一线的医护人员、维护着社会安全的公安干警、攻克科学技术难题的科研工作者们……他们都是我们身边的英雄。每一个行业都有其英雄，一切平凡的工作都可以产生英雄。在价值引导上，抽象的价值观需要用具体的人物和事迹教育青少年成长，而英雄及其精神和事迹就是青少年成长中的重要钙片，也是激励青少年未来成为顶天立地的民族脊梁的重要标杆。

2. 英雄的模范效应：崇尚英雄才会产生英雄

"崇尚英雄才会产生英雄，争做英雄才能英雄辈出。"④ 革命英雄主义是需要强大意志力和信仰的，只有拥有这些，才能克服英雄事迹中的艰难困苦。在学校德育中大力弘扬革命英雄主义，能够产生模范效应，

---

① 邹小华：《习近平新时代强军思想的革命英雄主义情怀》，《江西财经大学学报》2018年第3期。
② 习近平：《在国家勋章和国家荣誉称号颁授仪式上的讲话》，《思想政治工作研究》2019年第10期。
③ 邹小华：《习近平新时代强军思想的革命英雄主义情怀》，《江西财经大学学报》2018年第3期。
④ 习近平：《在国家勋章和国家荣誉称号颁授仪式上的讲话》，《思想政治工作研究》2019年第10期。

激励更多的青少年争当英雄,向英雄看齐。"今天我们以最高规格褒奖英雄模范,就是要弘扬他们身上展现的忠诚、执着、朴实的鲜明品格。"① 英雄是建立在英雄精神的基础上的,推进社会主义核心价值观,提升立德树人的质量,必须高度重视英雄的模范效应。在青少年的成长中,英雄及其事迹是德育的重要资源,激励着青少年在成长中建立远大的志向和宽广的视野,建构服务国家和人民的胸怀。

3. 英雄的历史标杆:忠实传承革命英雄主义

革命英雄主义教育还是涉及历史观和历史教育的重要问题。英雄是历史传统的重要构成部分,也是留在中华民族历史记忆中的宝贵财富,是不朽的历史标杆和历史丰碑。"对中华民族的英雄,要心怀崇敬,浓墨重彩记录英雄、塑造英雄,让英雄在文艺作品中得到传扬,引导人民树立正确的历史观、民族观、国家观、文化观,绝不做亵渎祖先、亵渎经典、亵渎英雄的事情。"② 英雄代表着民族的精神高度,英雄崇拜是每一个民族都具有的现象,也是民族文学和史诗歌咏的永恒主题。③ 革命英雄主义教育要植根于中华优秀传统英雄文化,重点阐述和弘扬中国共产党的革命英雄文化。④ 长征精神是中国共产党革命英雄主义精神的重要构成。⑤ 学校德育涉及立德树人的方向问题,学校要确保成为意识形态建设的红色基地,在学校德育中必须忠实传承革命英雄主义,确保青少年赓续红色基因。

4. 英雄的时代指引:新时代需要革命英雄主义

新时代的物质条件越来越富足,在精神领域,更要高度重视精神文明建设。新时代需要革命英雄主义,要保持不忘初心继续革命的精神,在学校德育中要重点加强革命英雄主义教育。革命英雄主义教育对青少年学生锤炼人格、抵御物欲、化解空虚、培育血性都有积极的

---

① 习近平:《在国家勋章和国家荣誉称号颁授仪式上的讲话》,《思想政治工作研究》2019 年第 10 期。

② 《习近平谈治国理政》第二卷,外文出版社 2017 年版,第 351 页。

③ 邹小华:《习近平新时代强军思想的革命英雄主义情怀》,《江西财经大学学报》2018 年第 3 期。

④ 庞申伟:《试析习近平关于新时代英雄文化的重要论述》,《新疆社会科学》2019 年第 4 期。

⑤ 《习近平谈治国理政》第二卷,外文出版社 2017 年版,第 48 页。

现实意义。① 在时代发展中，要高度警惕对英雄的不良倾向：历史虚无主义丑化英雄的光辉形象；实用主义扭曲英雄的精神内涵；消费主义削弱英雄的榜样价值。② 从国家和民族发展上看，革命英雄主义是抵御物质主义蔓延、社会风尚低俗化的精神良药，是提升民族精神和国民品格的重要依托力量。③

（二）革命英雄主义重要论述的学校德育实践

革命英雄主义教育是学校德育的重要构成部分，对于提升青少年意志品质、革命精神和防范社会风尚庸俗化都有着重要意义。所有青少年都出自学校德育的培养，在学校德育体系中，需要全方位系统彰显和渗透革命英雄主义教育，有效提升民族精神领域的层次。

1. 形成体系化的学校德育革命英雄主义教育体系

现代社会随着信息化和强大的自媒体影响，革命英雄主义精神时常受到历史虚无主义思潮的解构、消费主义文化的侵蚀、自媒体信息时代的消解、代际传承的弱化倾向等严峻挑战。④ 学校德育要结合青少年发展规律，科学规划革命英雄主义教育，要在学校内部建构革命英雄主义系列图书、系列历史展览、系列影视作品，并举办革命英雄主义系列活动，如主题演讲、主题晚会、系列征文、报刊专栏等，以将革命英雄主义教育全方位系统性融入学校德育体系，提升学校德育在精神领域的硬度。

2. 革命英雄主义全面融入学校课程教材体系

课程教材体系是学校教育中对学生影响最为深远的载体，革命英雄主义教育内容进入课程教材体系的质量，深刻影响青少年在精神领域的发展。革命英雄主义教育要重点融入学校课程教材体系，在中小学阶段，重点课程是语文、历史、道德与法治等。中小学是青少年成长的关

---

① 邹小华：《习近平新时代强军思想的革命英雄主义情怀》，《江西财经大学学报》2018年第3期。
② 杨光敏：《马克思主义英雄观的时代内涵——基于习近平的经典论述》，《贵阳市委党校学报》2019年第1期。
③ 邹小华：《习近平新时代强军思想的革命英雄主义情怀》，《江西财经大学学报》2018年第3期。
④ 唐勇：《捍卫与传承：英雄精神的当代价值及实现路径》，《思想教育研究》2019年第2期。

键时期，也是普及国民教育全覆盖的时期。幼儿园主要是启蒙教育，所以革命英雄主义教育普及的重点是中小学。大学阶段的"思想政治理论课"系列课程也要全面融入革命英雄主义教育。最终在学段的结构上，要形成小学讲革命英雄主义故事、中学讲革命英雄主义历史、大学讲革命英雄主义哲学和信仰的课程体系。学校德育既要重视革命英雄主义知识教育，也要重视情感教育和价值引导。[①] 在革命英雄主义教育中，要重视革命英雄主义知识、情感、价值、信仰的系统性发展教育。

3. 革命英雄主义教育要系统性融入学校文化建设

学校德育中进行革命英雄主义教育除课程教材体系之外，还要注意革命英雄主义教育要系统性融入学校文化建设中。课程教材体系是学校教育中的显性课程，校园文化建设则是学校教育中的隐性课程。在革命英雄主义教育中，要高度重视隐性课程的建设。要把革命英雄主义融入学校的历史、校训、校歌、校报、校园文娱活动中去，以潜移默化地对学生实施革命英雄主义教育。中国革命历史是革命英雄主义教育最好的营养剂，在学校德育中要传播红色历史，传承红色基因，提升和确保青少年成长中价值导向的正确性。爱国不是一句简单空泛的口号，革命英雄主义本身与爱国主义紧密相连。对人民群众而言，培养一颗英雄的爱国心，要把革命英雄主义精神转化为爱国主义行动，成就国家和民族的伟大发展事业。[②] 究其实质，革命英雄主义本身与爱国主义密切相关，革命英雄主义精神的依托和基础就是爱国主义。

4. 革命英雄主义要成为社会风尚在更广大的领域影响青少年健康成长

青少年成长除受学校德育的系统性影响之外，还受到社会的影响。革命英雄主义教育要成为社会主流风尚，在更广大的领域影响青少年健康成长。要让社会大众走近英雄、了解英雄、尊敬英雄，要形成崇尚英雄、学习英雄和捍卫英雄的社会主流风尚。[③] 对于社会整体来说，革命

---

[①] 彭蓉：《习近平关于革命精神教育的重要命题》，《思想教育研究》2019年第4期。

[②] 杨光敏：《马克思主义英雄观的时代内涵——基于习近平的经典论述》，《贵阳市委党校学报》2019年第1期。

[③] 彭蓉：《习近平关于革命精神教育的重要命题》，《思想教育研究》2019年第4期。

第七章　新时代德育重点领域

英雄主义教育对培育社会主义核心价值观、抵制历史虚无主义、提升公民道德素养，都具有重要意义。近年来，国家在革命英雄主义教育领域做了大量工作。2018年国家制定通过了《中华人民共和国英雄烈士保护法》。在未来的发展中，要形成革命英雄主义系列历史作品、系列影视、系列博物馆、系列杂志、系列网站等，系统推进社会中的革命英雄主义风尚，形成良好的革命英雄主义教育氛围。

## 第四节　生态文明教育

"人与自然是生命共同体，人类必须尊重自然、顺应自然、保护自然。"① 在新时代中国特色社会主义建设中，生态文明是"五位一体"总体布局的重要构成部分。② 要建设生态文明，一个重要的工作就是大力推进生态文明教育。生态文明教育是建设生态文明国家、建设绿色生态社会文明、建立生态文明的价值倾向的重要基础性工作，是学校德育实践中的重要工作。

### 一　生态文明教育与学校德育

生态文明教育是现代生活方式的重要教育维度。建设现代生态文明的社会主义国家，建构绿色生态的现代文明生活，必须高度重视学校生态文明教育。

（一）生态文明教育是学校德育的重要构成

学校德育是承担培养青少年亲社会行为倾向的学校教育领域，具体指向对学生的思想、政治、道德等维度的教育。新时代国家高度重视生态文明建设，生态文明教育是学校德育的重要构成部分。扎实推进对青少年的生态文明教育，是学校德育的重点工作。

首先，生态文明教育服务于新时代重要的生态价值观教育。在现代社会，文明价值观既涵盖社会文明，也涵盖生态文明。在社会主义核心

---

① 《习近平著作选读》第二卷，人民出版社2023年版，第41页。
② 《习近平谈治国理政》第二卷，外文出版社2017年版，第393页。

价值观中，价值观的主体构成部分是社会价值观，但文明、和谐两个价值观与生态文明深度相关。一方面，和谐价值观涵盖人与人的和谐、人与社会的和谐，这是社会和谐的维度；另一方面，和谐价值观还涵盖人与自然的和谐，这是生态和谐的维度。生态文明教育的重点是对青少年的生态价值观教育，培养尊重自然、保护自然的价值观倾向。

其次，生态文明教育是服务于国家治理的重要基础性工作。国家治理是一项系统性工程，"五位一体"是新时代中国特色社会主义建设的总体布局，具体而言，"五位一体"具体涵盖经济建设、政治建设、文化建设、社会建设、生态文明建设。① 其中生态文明建设是"五位一体"的重要构成部分，是国家治理的重要内容，很大程度上决定着中国未来的可持续发展能力。从战略上看，生态文明建设既涉及新时代中国的现代社会生活方式的健康变革，是社会道德伦理价值观领域的重要发展，也是国家治理的重要工作。

最后，生态文明教育是可持续发展的重要教育保障。社会要持续发展，既需要高度发达的物质文明，也需要高度发达的精神文明，还需要高度发达的生态文明。学校教育要注重生态文明教育，在教育层面确保国民对生态环境高度重视，培养有生态文明意识和素养的新一代，高质量建设美丽中国。

（二）学校是生态文明教育的主阵地

首先，生态文明教育的主阵地是学校。生态文明建设的关键是生态价值观的建立、生态文明生活观的建设，最有效的生态教育阵地就是学校。青少年处于重要的可塑期，学校是青少年的聚集地，在学校采取体系化的生态文明教育，能够全面培养青少年的生态文明价值观，有效提升社会整体生态文明素养，形成社会生态文明共识。

其次，青少年是生态文明建设的主力军。青少年是面向未来的一代新人，也是建设生态文明的主力军。学校教育立德树人的重要内容，也涵盖生态文明教育内容。当然，成年人的生态文明教育同样重要，但要取得良好效果难度更大，教育成本更高。与成年人相比，青少年的生态

---

① 《习近平谈治国理政》第一卷，外文出版社2018年版，第20页。

文明教育更为容易,也更具有可持续性。

最后,面向未来是学校教育的应有之义。学校教育的一个重要价值所在就是面向未来,要面向未来,必须高度重视生态文明教育。邓小平同志指出:教育要面向现代化,面向世界,面向未来。① 面向未来是学校教育的必然要义,学校教育不能满足于当下,既要传承过去,也必须面向未来。为应对未来可能的社会变化,学校教育在青少年的知识、能力和价值观等领域必须做好相应准备。人类社会的可持续发展就是未来的重要指向和要求,在学校教育中要高度重视面向未来发展的生态文明教育,建设可持续发展的美丽中国。

(三) 学校德育应当关注和重视人与自然的和谐

人类社会传统的道德伦理主要指向人类社会内部的建设和协调,主要关注的是人与人的和谐、人与社会的和谐。随着现代社会的发展,学校德育还需要肩负起重视人与自然的和谐,这是人类社会可持续发展的重要基础。

首先,学校德育应重视人与自然的和谐。在人类社会建设和发展中,人与人的和谐是社会建设的重要基础,同时,人与自然的和谐则是社会存在和延续的外在条件。良好的自然生态是人类生活和生存的基础,人与自然如果不和谐,很可能招致地球环境恶化,最终丧失环境的可生存性,人类社会的和谐自然也就不复存在。

其次,学校德育的价值倾向应当从社会价值观扩展到自然价值观。价值观是学校德育的重要内容,在价值观教育中,主体构成是社会价值观,但学校德育要注意从社会价值观的主体扩展到兼顾自然价值观,指导学生在未来社会生活中正确处理人与自然环境的关系。这种生态文明的启蒙教育对青少年发展和人类社会的发展都非常重要。学校德育要建构健康的尊重自然的生活方式,服务于建设可持续发展的人类生存环境。

最后,学校德育应当致力服务于美丽中国建设。生态文明建设是"五位一体"总体布局的重要构成部分,也是建设美丽中国的重点工作

---

① 《邓小平文选》第三卷,人民出版社1993年版,第35页。

所在。生态文明是美丽中国的重要内涵，新时代既重视人与人的和谐，也重视人与自然的和谐。学校德育要从国家治理的大局着眼，扎实推进青少年的生态文明教育，构建社会生态文明共识，服务于美丽中国建设。

**二 习近平生态文明思想的基本理论内涵**

生态文明建设是"五位一体"总体布局的重要构成内容，是新时代中国特色社会主义建设的重要领域。新时代生态文明建设，指导思想是习近平生态文明思想。从整体上看，习近平生态文明思想具体涵盖生态发展理念、绿色生产生活方式、生态哲学、生态文明教育等领域。

（一）习近平生态文明思想的基本内容

习近平生态文明思想是基于当前日益恶化的全球生态环境和我国现代化进程中出现的生态环境问题，提出的系统性的生态发展理论。其重要理念主要有：人与自然和人与人双重和谐的生态文明观；良好生态环境是最普惠民生福祉的生态民生观；绿水青山就是金山银山的生态发展观；最严格的制度和最严密的法制保护生态环境的生态法治观；以"生态红线"为生命线的生态安全观；以系统思维推进环境治理的生态整体治理观；等等。①② 具体来看，习近平生态文明思想基本内容主要有："绿水青山就是金山银山"的新发展理念；绿色低碳的生产生活方式；尊重和保护自然的环境哲学；生命共同体的生态哲学基础；注重公民环境意识的生态文明教育；等等。

1. "绿水青山就是金山银山"的新发展理念

"绿水青山就是金山银山。我们应该遵循天人合一、道法自然的理念，寻求永续发展之路。"③ 生态文明不只是一个建设领域的要求，还有其内在的发展理念层面的革命性。与传统发展注重经济社会发展的现代化相比，习近平生态文明思想在理念层面，是一种高度重视生态和环

---

① 刘海霞、王宗礼：《习近平生态思想探析》，《贵州社会科学》2015年第3期。
② 方世南：《论习近平总书记生态文明重要论述对马克思主义生态文明理论的继承和发展》，《南京工业大学学报》（社会科学版）2019年第3期。
③ 《习近平谈治国理政》第二卷，外文出版社2017年版，第544页。

境的新发展理论。习近平总书记强调:"我们要建设的现代化是人与自然和谐共生的现代化,既要创造更多物质财富和精神财富以满足人民日益增长的美好生活需要,也要提供更多优质生态产品以满足人民日益增长的优美生态环境需要。"[1]

2. 绿色低碳的生产生活方式

生态文明教育必须有具体的生产生活方式的教育目标,习近平生态文明思想的重要构成内容就是形成绿色低碳的生产生活方式。习近平总书记强调:"推动形成绿色发展方式和生活方式,是发展观的一场深刻革命。"[2] 在生产领域,要树立和坚持节约资源和保护环境的基本国策,形成节约资源和保护环境的空间格局、产业结构,实现经济社会发展与生态环境保护协同发展的机制。在生活方式领域,重点是形成绿色生态的生活方式。

3. 尊重和保护自然的环境哲学

"人类发展活动必须尊重自然、顺应自然、保护自然,否则就会遭到大自然的报复。"[3] 习近平生态文明思想高度尊重和保护自然,其背后有着深刻的尊重和保护自然的环境哲学。尊重自然是强调人类生产生活不再以征服自然为基本哲学,改变了近代以来的人与自然相对立的哲学论,将自然视为人类生存的基础性条件,在哲学层面自然与人类两者一体并存。保护自然是强调人类要通过现代科学技术,致力于维护自然的生态环境,并注意修复自然,还自然本来的面目和存在状态。

4. 生命共同体的生态哲学基础

生命共同体是习近平生态文明思想的重要哲学基础。生命共同体的核心理论内涵主要有三个维度:自然内部制衡的生命共同体、人与自然和谐共生的生命共同体、人与人命运相连的生命共同体。[4] 与传统生态文明相比,生命共同体的生态哲学很大程度上超越了传统意义上的人与自然的和谐,在哲学层面将人与自然视为命运一体的生命共同体,超越

---

[1] 《习近平著作选读》第二卷,人民出版社2023年版,第41页。
[2] 《习近平谈治国理政》第二卷,外文出版社2017年版,第395页。
[3] 《习近平谈治国理政》第二卷,外文出版社2017年版,第394页。
[4] 耿步健、葛琰芸:《习近平关于生命共同体重要论述的逻辑理路、内涵及意义》,《河海大学学报》(哲学社会科学版)2019年第5期。

了单向度的保护自然，而把人类与自然视为一体共存。

5. 注重公民环境意识的生态文明教育

生态文明教育是生态文明建设的重要支撑和基础。在生态文明教育领域，如何培养青少年形成绿色低碳的生产生活方式，是生态文明教育的重要目标指向。具体在生态文明教育上，"要加强生态文明宣传教育，强化公民环境意识，推动形成节约适度、绿色低碳、文明健康的生活方式和消费模式，形成全社会共同参与的良好风尚"①。从整体上看，生态文明建设是一项长期性的战略性的建设领域，既需要强化生态环保生产科学技术等生态文明的硬实力建设，也要注重致力于生态文明价值观和生态文明法治化等生态文明的软实力建设，两者共同协调合作，服务于生态文明建设。

(二) 习近平生态文明思想的重要理论内涵

"建设生态文明是中华民族永续发展的千年大计。"② 习近平生态文明思想立足于新时代生态文明建设的新形势，是在继承马克思主义生态自然观，借鉴西方生态哲学思维，对中国"天人合一"传统文化进行现代转换的基础上形成的。③

1. 生态文明是"五位一体"总体布局和"四个全面"战略布局的重要内容

习近平同志强调："生态文明是'五位一体'总体布局和'四个全面'战略布局的重要内容。"④ 新时代生态文明建设以统筹经济发展、生态保护和环境民生的三维发展观为价值指向，在建设中注重德法兼治的原则。⑤ 生态文明建设既面向当前国家治理，也指向未来发展，是一项系统性的经济社会建设内容。没有高质量的生态文明建设，就难以实现经济社会高质量可持续发展。新时代注重有质量的发展，生态文明事

---

① 《习近平谈治国理政》第二卷，外文出版社 2017 年版，第 396 页。
② 《习近平著作选读》第二卷，人民出版社 2023 年版，第 20 页。
③ 万健琳：《习近平生态治理思想：理论特质、价值指向与形态实质》，《中南财经政法大学学报》2018 年第 5 期。
④ 《习近平谈治国理政》第二卷，外文出版社 2017 年版，第 393 页。
⑤ 万健琳：《习近平生态治理思想：理论特质、价值指向与形态实质》，《中南财经政法大学学报》2018 年第 5 期。

关新时代国家治理的战略大局,是在新时代国家治理中的系统性存在的重要建设内容。

2. 建设生态文明是中华民族永续发展的千年大计

人与自然是生命共同体,人类对大自然的伤害最终会伤及人类自身,建设生态文明是中华民族永续发展的千年大计。从战略发展的角度看,生态文明建设的质量决定着中华民族的未来发展空间和质量。中华民族是一个具有高度责任感的民族,着眼未来是中华民族的历史智慧。国家治理要具有长远战略,生态环境事关中华民族未来,建设生态文明,让社会在哲学层面深刻理解生态危机和环境问题,这既是生态环境建设的重要基础,也是提升社会生态文明素养的重要工作。

3. 建设生态文明是美丽中国建设的核心构成内容

"走向生态文明新时代,建设美丽中国,是实现中华民族伟大复兴的中国梦的重要内容。"① 美丽中国建设是一项系统性的建设工作,其中的重点就是生态文明建设,只有拥有良好的生态环境,才能确保中国美丽。"让良好生态环境成为人民生活的增长点、成为经济社会持续健康发展的支撑点、成为展现我国良好形象的发力点,让中华大地天更蓝、山更绿、水更清、环境更优美。"② 美丽中国建设不只是外在形象的美丽建设,还在于内在的美学理念和发展哲学,是外在美与内在美的统一,是物质美、环境美、生态美、思想美的结合。建设美丽中国,既是国家战略层面的建设目标,也是新时代的重要发展理念和发展哲学。

4. 建设生态文明是贯彻节约资源和保护环境的基本国策

新时代的国家治理注重可持续发展,不只关注生产发展、生活富裕,同时还高度重视高质量的生态环境,着眼于中华民族的历史长远发展大计。习近平总书记强调:"要正确处理好经济发展同生态环境保护的关系,牢固树立保护生态环境就是保护生产力、改善生态环境就是发展生产力的理念,更加自觉地推动绿色发展、循环发展、低碳发展,决不以牺牲环境为代价去换取一时的经济增长。"③ 这种节约资源和保护

---

① 《习近平谈治国理政》第一卷,外文出版社2018年版,第211页。
② 《习近平谈治国理政》第二卷,外文出版社2017年版,第395页。
③ 《习近平谈治国理政》第一卷,外文出版社2018年版,第209页。

环境的基本国策，既是新时代发展理念的重要体现，也是一种具有历史责任感的经济社会发展观。

**5. 建设生态文明是满足新时代人民日益增长的优美生态环境需要**

新时代不只是注重人民的物质财富的增长，还注重满足人民日益增长的优美生态环境的需要。在发展中，"必须坚持节约优先、保护优先、自然恢复为主的方针，形成节约资源和保护环境的空间格局、产业结构、生产方式、生活方式，还自然以宁静、和谐、美丽"[①]。习近平总书记生态文明重要论述在生命共同体的哲学基础上，寻求经济发展与生态保护协同并进，最终实现以人民为中心的生态价值追求。[②] 优美生态环境本身就是以人民为中心的生态价值追求，也是新时代经济社会建设的重点要求。

### 三 生态文明教育在德育中的重点工作

从整体上看，生态文明建设是国家治理的重要构成内容，学校教育要适应新时代的发展需要，高度重视生态文明教育的德育实践。

**（一）习近平生态文明思想的重要德育理论启示**

习近平生态文明思想对学校德育有着重要启示，高度关注人类社会的自然环境的可持续性，从社会价值观体系扩展到人与自然的价值观体系，注重培养青少年健康的生活方式，并关注自然环境美的教育熏陶。

**1. 德育应当高度关注人类社会的自然环境的可持续性**

德育主要是实施青少年的思想、道德、政治等领域的社会化，所以德育自古以来，主要关注的是社会中的人与人的关系，主要通过思想道德伦理教育而致力于建构健康的社会秩序。新时代的生态文明建设，重点关注了人与自然的关系，注意到了人类社会的自然环境维度的可持续性。在发展视野上，这是从人类社会对自身的关注走向了关注人类社会与自然环境的关系，在德育领域有效扩展了德育的基本内容。学校德育既要关注人类自身的可持续性，也要关注自然环境的可持续性。可持续

---

① 《习近平著作选读》第二卷，人民出版社2023年版，第41—42页。
② 杨莉、刘海燕：《习近平"两山理论"的科学内涵及思维能力的分析》，《自然辩证法研究》2019年第10期。

性发展是人类社会延续的必要发展理念，也是学校德育需要高度重视的面向未来的基本理念。

2. 德育价值观应当从社会价值观体系扩展到人与自然的价值观体系

价值观是德育的重点内容体系，也是德育的重要伦理基础。习近平生态文明思想扩展了价值观体系，从传统的社会价值观体系，有效增加了人与自然的价值观体系，这是在价值观维度的重要变革。基于价值观的变革，在德育的内容体系和基本理念层面，都随之扩展。人类从原来的战胜自然的理念发展到今天人与自然的和谐的理念，这是一个价值观的重要发展变革。人与自然的和谐也是学校德育需要重视的新的重要价值观。事实上，注重人与自然的和谐本身也是中华优秀传统文化的重要特色。在中华优秀传统文化中，在生态领域，有"天人合一"的生态整体观、"以时禁发、取之有度"的生态保护观和"尊重生命、仁爱万物"的生态伦理观。[1]

3. 德育应当注重培养青少年健康的生活方式

传统意义上的德育主要关注的是道德与伦理，对个体的生活方式相对缺乏重点关注。新时代生态文明建设既要求绿色生产，也要求建立绿色生活方式。在学校德育中，不只是要求建立青少年健康的思想道德素质，还要求学校德育关注学生个体的健康生活方式，形成绿色生活方式，节约资源和能源，为社会的可持续发展服务。在价值观领域，在新时代生态文明建设中，有着新时代民生观、发展观和消费观。新时代民生观注重"良好生态环境是最普惠的民生福祉"，新时代的发展观强调"绿水青山就是金山银山"，新时代的消费观追求"简约适度、绿色低碳、文明健康"[2]。

4. 德育需要关注自然环境美的教育熏陶

美育是学校教育教学的重要构成部分，在具体的学校德育实践领

---

[1] 王金磊、吕瑶：《习近平新时代生态文明思想的逻辑理路》，《湖南社会科学》2018年第4期。

[2] 崔青青：《建国以来中国共产党主要领导人的生态思想论析》，《西南民族大学学报》（人文社会科学版）2019年第9期。

域，美育是被涵盖在广泛意义的德育中的。美育有社会美、行为美、心灵美等，新时代美育还有自然美的要求。在学校德育中，需要高度关注美育，并且需要重视自然环境美的教育熏陶，让学生理解自然美，欣赏自然美，培育自然美，建设自然美。生态文明的美育是建立生态文明的关键和重点所在，学校德育如果有效引导学生建立了生态文明的美的价值观，社会生态文明建设就有了坚实的教育基础。这也是形成社会生态文明共识的重要建设路径。

(二) 生态文明教育对学校德育的重要促进

生态文明教育对学校德育有着重要意义，有效促进了德育对人与自然关系的深入理解，高度关注了现代个体的生活方式和生存环境，并有效扩展了价值观的构成。

首先，生态文明教育深度促进了学校德育对人与自然关系的理解。人与自然的关系是学校德育的重要涵盖维度，对人与自然的关系的不同定位，决定了学校德育对学生的生态教育领域中的不同倾向。生态文明教育注重人与自然的和谐，注重保护环境和动植物，注重人类的生态责任，这些都是新时代学校德育的重要构成内容。生态文明教育有效提升了教育领域对自然环境理解的层次和深度。传统的教育重点是着眼于人类社会的生存和发展，在人类科学技术有限的情况下，这是合理的选择。但在新时代人类科学技术已经相对发达的情况下，则需要重新思考人类的生态领域的责任。新时代生态文明教育强调了人类的生态责任和人类本身与自然和谐的重要性，有效提升了人与自然的哲学关系的层次。在深度上，生态文明教育将人类与自然的关系定位为生命共同体，将人类自身纳入与自然的一体化建设，这是在哲学深度上的重要进步，有效提升了人类与自然命运与共的价值倾向的普及。

其次，生态文明教育广泛关注了现代个体的生活方式和生存环境。学校德育的内容主要是涉及学生个体的正确的人生观、价值观和世界观的建构，良好的生活旨趣的培养也是学校德育的重要内容。生态文明教育广泛关注了现代个体的健康的生活方式和安全的生存环境，这是一种时代的巨大进步。生态文明教育重点之一就是绿色的生活方式，这是生态文明教育的重点领域。如果不能建构绿色的生活方式，就难以实现人与自然的和谐。人类在生活方式上，需要自我调控，不能无度掠夺自然资源，这也是近年来生态危机的重要缘由。要有效克服生态危机，既需要进一步发展生态保护领域的科学技术，同时也要高度重视改变生活方式，建立绿色生态的现代生态文明生活，让自然界休养生息。

最后，生态文明教育有效扩展了价值观的构成内容。生态文明教育增加了自然环境领域的伦理价值观，有效扩展了价值观的构成内容，从对社会高度关注，增加了对自然环境的关注，这是学校德育在价值观领域的进步。价值观是决定着社会生活的价值哲学的基础，价值观改变才能从深远意义上改变社会中的不良倾向。在生活方式上，只有建立人与自然和谐的价值观，才能形成绿色生活方式的价值观基础，最终绿色生活方式才能成为社会共识。在科学技术的发展领域也同样如此，尊重自然的科学价值观，才能有助于建立人与自然和谐的科学技术发展前景。

（三）学校德育实施生态文明教育的重点工作

生态文明教育是一项长期性的教育工作，也是转变社会的生态价值观的重要工作。生态文明教育要转变社会传统观念，系统性改变近现代注重改造自然的工业文明的基础哲学，有其实施的难度。从这个角度看，最能发挥普遍作用并能够取得长远效果的，可能就是学校教育中的生态文明教育。生态文明教育的实施，需要系统性融入学校德育中，牢固培养青少年健康的生态文明素养。

生态文明教育的主阵地是学校德育。青少年是生态文明教育的主体对象，这决定了学校德育是生态文明教育的主阵地。学校德育是对学生体系化地进行思想道德教化的领域，而生态文明教育的核心是生态伦理和生态哲学，学校德育要高度重视学生的生态文明教育，培养学生生态文明的生活习惯，提升社会的整体生态文明素养。生态文明教育是学校德育的重要构成内容。学校德育要科学系统规划生态文明教育，要把生态文明教育系列内容作为学校德育重要内容构成，同时要让生态文明教育进教材、进课堂、进教室、进活动，形成系列社会实践。要重点建设良好的生态文明的校园环境，潜移默化地培养青少年的生态文明素养。

生态文明教育在学校德育中的实施质量基本决定了生态文明价值观的有效建设。生态文明教育的核心是新时代的生态文明伦理，如何从传统的征服自然、改造自然的生态观走向新时代的人与自然和谐、尊重生命的新时代生态观,这是一项艰巨的任务。人的观念的转变是很困难的,学校教育面对的是可塑性强的青少年,要利用学校教育的大规模影响,提升青少年的生态文明伦理,并以这些青少年的转变去有效影响和提升社会其他人群的生态文明素养。每一个公民都出自学校的培养,所以从很大程度上看,学校实施生态文明教育的质量基本决定了生态文明价值观的有效建设。学校德育实施生态文明教育的重点工作路径主要有课程建设、校园文化建设和社会实践活动等。

首先,生态文明教育要有效融入学校德育课程体系。生态文明教育的具体内容包括生态文明伦理、生态文明知识、生态文明技术、生态文明生活、生态文明价值观等教育内容,重点是生态文明伦理教育,核心是生态文明价值观教育。这需要一个系统化的课程与教材体系,要有相关的课程设置,需要相关的教材编写,并要注意将生态文明的知识内容有效融入语文、数学、道德与法治、科学等课程与教材中,系统性培养青少年的生态文明素养。

其次,校园文化建设要形成系列生态文明教育主题活动。生态文明教育的重点是生态文明伦理教育,这一点决定了生态文明教育要多采用主题教育活动的方式,艺术性培养青少年学生的生态伦理倾向。在具体教育中,可以采用主题征文、主题演讲、主题文娱晚会、系列电影等方式,寓教于乐,以文化人,以文育人,有效培养学生健康的生态文明素养。

最后,学校德育要积极组织实施系列生态文明社会实践活动。生态文明教育不能只停留于知识素养的层面,还需要组织学生积极参与生态文明社会实践活动。生态文明建设既要注重价值观领域的教育,还要注重通过实际的生态文明建设行动,让青少年尊重自然,理解生态文明的重要性,坚定生态文明信念,形成生态文明行为习惯。

# 第八章　新时代德育关键领域

新时代德育关键领域具体指中国梦教育、传承红色基因、根植中华文化基因、党史学习教育。中国梦教育是新时代理想信仰领域的重要构成内容，是新时代德育中的重要精神力量基础。传承红色基因是确保红色江山永不变色的德育重要使命。传承中华文化基因事关文化自信和爱国主义精神培养的文化基础。党史学习教育是铭记光辉历史、传承红色基因的重要路径。中国梦教育、红色基因、中华文化基因和党史学习教育四个领域之间联系紧密，是新时代德育的关键领域。

## 第一节　中国梦教育

五千余年的文明史，中华民族一直在前进的路上，即使遇到前所未有的挑战和困境，中华民族一向都勇于自我变革，秉持勇气和信心，不断走出创新发展之路。今天，中国进入了伟大的新时代，习近平总书记指出："现在，我们比历史上任何时期都更接近实现中华民族伟大复兴的目标，比历史上任何时期都更有信心、更有能力实现这个目标。"[1]中国梦是新时代理想信仰领域的重要理论基础，学校德育需要深入理解习近平总书记中国梦重要论述，扎实提高学校德育中的中国梦教育的质量。

---

[1]《习近平谈治国理政》第一卷，外文出版社2018年版，第50页。

## 一　中国梦重要论述的基本内容

习近平总书记于2012年在参观《复兴之路》展览时首次正式提出中国梦。[①] 之后在第十二届全国人民代表大会第一次会议上作了全面阐释："实现中华民族伟大复兴的中国梦，就是要实现国家富强、民族振兴、人民幸福。"[②]

### （一）中国梦坚定走中国道路

中国梦首先在于坚定走中国道路，这是"四个自信"的重要彰显。"实现中国梦必须走中国道路。这就是中国特色社会主义道路。"[③] 中国特色社会主义道路是中国自己持续探索出来的，中华民族既善于学习，也善于继承，还善于批判。中华民族有勇气和智慧拓展和走好自己的发展道路。中华民族的历史文化已经充分证明了自身的创造力和发展的勇气，近现代历史的教训也充分说明了只有走自己开拓的路，才是正确的道路。一切照猫画虎、鹦鹉学舌之类的复制型学习，在国家发展中都是值得怀疑的。要实现中国梦，必须走中国特色的发展之路，这既体现了中国特色，也代表着中国勇气和中国智慧。

### （二）中国梦体现了中国精神

中华民族经久弥坚，一个很重要的精神要素就在于中华民族自古以来就有着深厚的爱国主义精神的伟大传统。在历史发展中，爱国主义精神始终把中华民族坚强团结在一起，这种精神通过家国同构而结构化。在中华民族内心深处，家即是国，国即是家，每一个中华民族儿女都有责任和义务建设国家，投身于中华民族发展之所需。同时，在精神领域，中华民族还有着勇于自我批判发展创新的精神，反求诸己是中华民族的伟大传统。这种不断探索创新的精神，指引着中华民族不断跨过艰难险阻，这给予了中华民族不断发展的时代精神。中华民族一向高度重视精神领域的建设，一定程度上看，精神领域的质量决定了中华民族发展的内在动力，而中国梦正是中华民族新时代精神力量的基础。

---

① 《习近平谈治国理政》第一卷，外文出版社2018年版，第36页。
② 《习近平谈治国理政》第一卷，外文出版社2018年版，第39页。
③ 《习近平谈治国理政》第一卷，外文出版社2018年版，第39页。

## 第八章　新时代德育关键领域

### （三）中国梦是中国力量的重要源泉

中国梦彰显了中华民族的团结协作和奋斗力量，是理想信仰领域的重要构成，是凝聚中国力量的重要依托。"实现中国梦必须凝聚中国力量。这就是中国各族人民大团结的力量。"[1] 有梦想，才有奋斗动力，这是人类社会的基本规律。每一项伟大的事业，都有其背后的伟大的精神动力。中国梦是中华民族近现代以来一直奋勇前进的精神动力，其凝聚着中华民族的智慧和勇气。中华民族本身是一个高度注重精神文化的民族，自古以来就有着灿烂的文化，唐诗宋词就是重要代表。作为人类世俗文明的重要代表，中华文明用精神领域的成就，铸就了人类一种重要的文明社会的建构范式。在新时代的中国，中国梦是中国力量的源泉，也是中国力量的彰显，体现着中华民族精神领域的高度。

### （四）中国梦寄予着中华民族的国际善意

"实现中国梦给世界带来的是和平，不是动荡；是机遇，不是威胁。"[2] 同时，"中国梦既是中国人民追求幸福的梦，也同各国人民追求幸福的梦想相通"[3]。中华民族一向担负国际道义，致力于维护国际和平与发展。中国梦不只是局限于中国自身的梦想，还彰显着中华民族为人类和平发展而做出更大贡献的善意。中国古代有治国平天下的梦想追求，中华民族的历史也是一部追求和平发展的历史。在近现代的曲折发展历史中，中华民族一直致力于追求独立与和平发展。中华民族从不畏惧强权，也一向没有对外扩张的传统。作为一个爱好和平的民族，中华民族将自己的幸福梦想与世界人民的幸福梦想密切相连，和平发展是中华民族与世界各个民族共同和平和谐发展的重要基础。中华民族一直在力所能及的情况下，维护世界和平，帮助世界各国共同发展，中国梦在此过程中寄予着中华民族的内在善意，也与世界人民和平发展的梦想息息相通。一定程度上看，人类命运共同体重要思想，也是中国梦在国际领域的重要体现，致力于建设人类命运共同体，本身也是中国梦在国际领域的自然延伸和逻辑使然。

---

[1]《习近平谈治国理政》第一卷，外文出版社2018年版，第40页。
[2]《习近平谈治国理政》第一卷，外文出版社2018年版，第57页。
[3]《习近平谈治国理政》第一卷，外文出版社2018年版，第64页。

### （五）中国梦是国家民族个体三位一体的梦想

"中国梦是国家的、民族的，也是每一个中国人的。"① 中国社会传统强调家国同构，家国一体建设是中华民族的重要历史智慧，没有幸福的家，就难以有强大的国。而民族振兴，本身就是与家庭幸福、国家富强一体的。家与国，在中国人的思维世界中本身就是一体的，两者之间并非是二元对立的思维，而是一体两面的关系。在中国人的价值体系中，个体的价值源于对家庭、民族和国家的责任，个体也是在与家庭、民族和国家的关系中定位自我的价值。在中国人的精神世界里，离开了家庭、民族和国家，个体的价值归于虚幻。

### （六）中国梦是历史现实与未来的交织

"中国梦是历史的、现实的，也是未来的。"② 中国梦承载着中华民族发展的勇气，也不忘过往的屈辱和一路的艰辛。中国梦既是现实的奋斗理想，也传承着中华民族的历史抗争的勇气，同时还是指向未来发展的梦想。中华民族有着厚重的历史传统，这既是有益的经验，也是智慧的源泉。中国梦注重民族团结，这是对中华民族历史经验的重要总结，家和万事兴是中华民族的重要历史智慧。在追求个体幸福的过程中，实现家国同构，进而实现民族振兴和国家富强，这是中国古代"修身齐家治国平天下"历史逻辑的现代转换。

## 二 中国梦在新时代的重要理论地位

作为新时代精神领域的重要理论基点，中国梦本身是一个理论体系，既是政治目标，也是理想信仰的重要载体，在新时代理论体系中具有重要地位。

### （一）中国梦的理论地位

在理论地位上，中国梦是新时代理想信仰领域的重要理论基点，是共产主义理想与中国特色社会主义实践的结合，传承了中华优秀传统文化，是新时代中国特色社会主义建设的奋斗目标。

---

① 《习近平谈治国理政》第一卷，外文出版社2018年版，第49页。
② 《习近平谈治国理政》第一卷，外文出版社2018年版，第49页。

## 第八章 新时代德育关键领域

1. 理想信仰领域的理论基点

一个国家、政党的健康发展，必须要有理想信仰的有力支撑。理想信仰既是凝聚发展力量的重要精神基础，同时也是发展的重要理论基点。如果一个民族或政党在理想信仰层面缺乏坚实的理论基点，自然就难以形成科学的理论体系，在发展中也会因为缺乏科学的理论体系而走向松散。这样会导致既缺乏统一的明确目标，也缺乏强大的内聚力。在革命年代，民族解放和民族自立是中国共产党的重要奋斗目标。经过百年的艰苦奋斗，民族解放和民族自立已经实现，理想信仰领域必须进一步发展和升华，而中国梦就是新时代的理想信仰领域新的理论基点。

每一个时代都需要时代的理想信仰的主旋律，中国改革开放进一步深入，经济社会建设高速发展，物质财富和经济水平稳步提升。在这种新的时代发展的局面下，必须要树立一个能够凝聚全国人民意志和力量的理想信仰，这个理想信仰就是中国梦。同时，基于近代以来数代人的艰苦奋斗，中国经济社会发展取得了长足进步，在今天的新时代，中国梦具有强烈的时代意义，因为中国人民自有历史以来，还没有像今天如此地接近中国梦的实现。[1] 任何一个伟大的社会和伟大时代都是难以仅依靠物质财富而成功建构的，伟大的时代需要伟大的梦想。中国梦基于历史和时代的战略高度，系统性建构了中国特色社会主义的理想目标，为中国特色社会主义理论体系注入了新的科学内涵。[2]

2. 共产主义理想与社会主义现实实践的结合

共产主义理论是关于无产阶级解放的条件的学说。[3] 社会主义运动是人类近现代历史中的伟大革命运动。从性质上看，社会主义既是政治哲学层面的一种政治模式，也是人类精神领域的一种意识形态，同时还是一种在历史发展中不断推进的人类社会实践。对于中国特色社会主义来说，中国特色社会主义既是一种理论体系，更是一种不断前进的社会

---

[1] 刘爱武：《国外学术界对中国梦的研究：主要观点、偏见及启示》，《社会主义研究》2014 年第 4 期。

[2] 刘建武：《中国梦与马克思主义中国化的新境界》，《毛泽东研究》2015 年第 1 期。

[3] 《马克思恩格斯选集》第 1 卷，人民出版社 2012 年版，第 295 页。

实践。在中国特色社会主义建设中，中国梦是共产主义理想与社会主义现实实践的重要结合。

中国梦的提出本身顺应了历史的潮流、时代的呼唤和实践的要求，是在新的历史征途上继续推进马克思主义中国化的必然要求。① 在当前中国特色社会主义实践中，以习近平同志为核心的党中央围绕着中国梦奋发有为地制定和实施种种国内国际战略，这些战略实施又在不断丰富和发展中国梦的理论体系。② 具体而言，中国梦实现了中华优秀传统文化精神与马克思主义理论的结合，将党的奋斗目标"中国化"和"分阶段化"，使党当前的任务"系统化"和"协调化"。③ 因此，中国梦不只是单纯的梦想，还是梦想与实践的结合，是共产主义理想与中国特色社会主义实践在新时代的结合，在理论上具有内在的实践理性。

3. 对中华伟大复兴历史趋势的准确论断

中国梦有着宽广的历史视野，既是对中华优秀传统文化中的修身、齐家、治国、平天下的历史传承，同时也是面向人类社会未来发展的重要历史智慧。中国梦不只是局限于个体、民族、国家的范畴，还是指向人类和平与世界发展的重要范畴。中国梦既是当前中国特色社会主义建设的重要目标指南，同时也是对中华复兴历史趋势的准确判断。

在中华民族伟大复兴的进程中，精神领域需要重点做好两个方面的工作：其一是激发以爱国主义为核心的民族精神，以推进中国特色社会主义建设。④ 其二是需要科学建构中国自身的话语体系，以实现发展中的文化自信。中国要向世界讲好中国故事，这是一种民族身份的重要自我表述，决定着中华民族的自我认同和世界认同，在此过程中，构建中国自身的话语体系。⑤ 事实上，中国梦不同于美国梦和欧洲梦，其本身

---

① 刘建武：《中国梦与马克思主义中国化的新境界》，《毛泽东研究》2015 年第 1 期。
② 贾文山、赵立敏：《"中国梦"理论话语体系建构图——对中国学者的"中国梦"研究综述和批评》，《北大新闻与传播评论》2015 年第十辑。
③ 张春花、俞良早：《习近平实现中国梦的伟大构想对马克思主义经典作家理想社会思想的丰富和发展》，《社会主义研究》2016 年第 4 期。
④ 张小枝、王泽应：《习近平新时代爱国主义及其理论贡献》，《上海师范大学学报》（哲学社会科学版）2018 年第 5 期。
⑤ 贾文山、赵立敏：《"中国梦"理论话语体系建构图——对中国学者的"中国梦"研究综述和批评》，《北大新闻与传播评论》2015 年第十辑。

就是"四个自信"的彰显。在国家发展道路上，如果不能有效建构道路自信、理论自信、制度自信和文化自信，就只能在发展中对他国模式亦步亦趋，这是很难成功的，也是危险的。

4. 新时代发展的奋斗目标

每一代人都有其遭遇的挑战，也承担着一代人的责任和使命。新时代的中国，既需要有对美好未来的向往，同时也需要把这种美好向往转化为现实奋斗目标。中国梦本身就是特定历史逻辑的必然结果。实现中华民族伟大复兴，作为中国梦的核心理念，一直贯穿于中国革命、建设和改革开放各个历史时期，呈现出历史发展阶段性任务的连续性，并具有思想的高度统一性。[①] 理想的重要性在于其内在的精神动力，以支持现实实践中对奋斗目标的追求。这种理想既需要具有精神上的崇高性，以强大的精神动力支撑现实实践，同时要具有明确的实践理性，以能够通过现实实践而得以实现。

虽然时代不断向前发展，但理想信仰对中国特色社会主义事业的重要性没有改变。越是在今天物质财富稳步增长的条件下，越要高度重视精神领域的建设，同时必须保持强大的政治定力。中国梦是新时代理想信仰领域的公约数，既是个体、社会和国家共同追求的理想目标，也是当前正在奋力推进的现实实践。

(二) 中国梦在习近平新时代中国特色社会主义思想中的理论逻辑结构

在习近平新时代中国特色社会主义思想中，中国梦在理论逻辑上，并不是一个单独的理论论点的存在，而是全方位和系统化的存在。中国梦与习近平总书记的爱国主义教育、人类命运共同体、生态文明、美丽中国建设等重要论述均密切相关。

1. 中国梦是习近平新时代中国特色社会主义思想的重要理论枢纽

在习近平新时代中国特色社会主义思想体系中，中国梦是相关系列思想的重要理论枢纽。中国梦本身具有丰富的理论内涵，具体涵盖中国梦的基本内涵、现实基础、精神动力、实践路径、实践主体、国

---

① 单培勇：《论"中国梦"的逻辑》，《社会主义研究》2013年第5期。

际特征等。① 理论枢纽指的是中国梦关涉到习近平新时代中国特色社会主义思想的所有领域，既是新时代所有领域共同奋斗的明确目标，也是新时代所有领域的重要精神动力。中国梦在理论上是新时代思想的一个系统性的支撑理论基点，也是关涉所有领域的重要理论枢纽。

习近平总书记一贯高度重视理想信仰，强调党性意识，注重家国情怀，中国梦不只是人民的梦想，也是民族的梦想，还是中国共产党孜孜不倦奋斗的梦想。在国家发展中，每一个时代都需要有该时代的特定的奋斗目标。中国梦是新时代建设富强、民主、文明、和谐、美丽的国家建设目标的具体形象表述。中国梦既有效建构了新时代奋斗的精神动力，同时也生动形象地建构了新时代中国特色社会主义实践奋斗的理想目标。

2. 中国梦是"五位一体"总体布局和"四个全面"战略布局的重要精神性支撑力量

革命和建设都是需要强大精神动力的。在中国革命和社会主义建设的每一个阶段，都有具体的目标指向。奋斗目标既要高远，也要明确具体，才能激发出强大的精神动力。在抗日战争中，精神动力源于对民族独立和民族解放的追求；在解放战争中，精神动力源于建立社会主义新中国；在抗美援朝中，精神动力源于保家卫国；在改革开放初期，精神动力源于对民富国强的追求。而在今天的新时代，强大精神动力的重要来源就是中国梦。

"五位一体"和"四个全面"是新时代治国理政的战略，在此战略的背后，中国梦则是精神层面的强大支撑力量。简而言之，中国梦是"五位一体"和"四个全面"战略背后的精神要素，也是其所指向的建设目标。

3. 中国梦是精神领域的重要结构性理论

中国梦是新时代中国特色社会主义建设中的精神领域的结构性理论，彰显着精神领域的中国特色，承载着中华民族发展的精神领域的民族初心。中华民族一直没有忘记初心，才取得了今天的伟大成就。

---

① 胡荣涛：《习近平·中国梦话语体系的构建思想探析——以〈人民日报〉为主要文本》，《中共南宁市委党校学报》2015 年第 3 期。

民族精神是一个民族的内在高度。中国未来的发展潜力，仍然很大程度上取决于中华民族精神的高度。中国梦既是中国特色社会主义建设的动力源泉，也体现了中华民族的精神高度和内在品质。时代越是向前，随着科学技术不断进步，物质财富越丰富，越不能忽视精神领域的建设。中国梦是新时代精神领域的关键性理论和目标。中国梦的结构性在于融通了历史与未来，融通了理想与现实，融通了国家与人民，融通了中国与世界。① 中国梦并不局限于中国建设，还指向人类命运共同体。在精神高度上，中国梦高于美国梦和欧洲梦。美国梦主要局限于对个人成功的追求，欧洲梦则局限于欧洲生活方式。② 美国梦和欧洲梦在价值观上是个人主义，在意识形态上是自由主义。而中国梦则注重个体与群体共同繁荣发展的集体主义，在意识形态上归属于社会主义。

4. 中国梦是"四个自信"的理想信仰的重要载体

"四个自信"不只是一个理论问题，更是一个极端重要的实践问题。特别是在当前国际上哲学社会科学理论领域，仍然是以欧美为代表的西方学术界占据强势影响地位的情况下，中国在意识形态领域很容易落入西方的问题窠臼。近代以来，中国走过了一条深"V"的轨迹，有过惨痛的谷底经历，贫弱带给中华民族的伤痛，经久难忘。中华志士为了拯救民族，学习了他国很多理论和经验，最终由中国共产党领导中国人民成功走上了民族独立和民族复兴之路。虽然过去的革命和建设历史已经充分证明，中国发展必须走中国道路。但在当前西方意识形态仍具有相对强势地位的情况下，中国必须注意避免陷入道路上的自我怀疑。

中国梦的提出既是一个重大战略构想，同时也是"四个自信"的重要表达。中国梦是梦想领域的中国话语，阐述的是中国道路和中国故事，这也体现了中华民族在文化领域的内在的强大自信。中国共产党一贯高度重视理论与实践相结合，既不盲从陷入教条主义，也不自我封闭，高度重视对外交流学习。在中国革命中，中国共产党创造性走出了一条农村包围城市的革命道路；在中国社会主义建设中，中国共产党勇敢地走出了自力更生、改革开放的建设之路。这都体现了中国共产党的

---

① 金民卿：《"中国梦"理论建构中的"融通"思维》，《探索》2017 年第 5 期。
② 王娟：《论中国梦与美国梦、欧洲梦的差异》，《学理论》2014 年第 20 期。

实事求是的内在理论品质和实践创新的内在勇气。

**三 中国梦的重要德育价值**

中国梦重要论述具有重要的德育价值，有着丰富的德育内蕴，是新时代学校德育的重要内容。中国梦必须深度融入学校德育，坚持理想信念为重点，发挥梦想的精神力量，高质量培养社会主义事业建设者和接班人。

（一）梦想的力量在德育中的重要价值

德育需要重点审视梦想的力量。近代以来，民族复兴是国人奋斗的原动力，周恩来同志"为中华之崛起而读书"就是典范。德育作为培养人的思想道德素养和正向社会性的基本途径，需要重点审视梦想的力量在德育中的地位、作用和价值。作为人类伟大文明之一的中华文明，本身就有着自己的历史荣耀和文化品质。中国人即使是在国力极度衰弱的近代，在内心深处也没放弃过对文明中心的高贵追求，虽然在实际的政治环境中被西方列强沦为了被支配的边缘地带，难以为自己的文明方式和文化模式辩护，但对中华文明的思考和对世界的思考，中国人从没停滞。具有革命理想信仰和民族复兴梦想的中国共产党结束了中国近代以来的混乱政局，"毛泽东、周恩来这一代领导人的自信，不是来源于国家的经济实力，而是来源于政治正当性的正义原则，即共产主义信念所支撑的'民主'原则和'平等'原则，由此不仅能凝聚人心，而且始终掌握着话语主导权"[1]。中国人从没有习惯尾随别人的历史，中华文明也一直是独立范式的人类伟大文明，重拾民族复兴的梦想，是当代中国砥砺前行的重要力量源泉。

现代社会是一个科技快速发展、物质财富不断丰富的时代。在这种时代背景下，社会更需要梦想的力量，澄净社会的物质主义倾向，回归最初的梦想。从学校德育角度看，时代需要梦想的力量克服教育的功利主义。今天学校教育在发展中有着过度功利主义的一面，从升学率、就业率到重点学校等的持续竞争，往往让学校教育和社会个体忘记了人类

---

[1] 强世功：《政制发展之谜（下）——香江边上的思考之十三》，《读书》2009年第2期。

追求真理和知识的本意是追逐理想和人生幸福。梦想的力量能够在很大程度上克服教育的功利主义的一面，强化学生个体追求最初的梦想。

具体到学校德育中，梦想的力量给予了德育以动力、艺术和对现实的超越。没有梦想的德育是过度现实并苍白无力的。具体而言，梦想的力量对学校德育的意义在于以下三个方面。

首先，梦想的力量在德育中的首要价值在于提升德育的动力。德育的目的在于培养学生个体正向的道德价值观，形成健康的人格，促进学生亲社会行为形成。在个体成长的过程中，总会受到社会负面因素的影响，要克服这种负面因素的影响，德育需要精神的力量。在传统德育中，主要通过故事传授和道德楷模等，引导学生个体形成正向道德价值观，但这种外在的力量往往很难形成个体坚实的内在动力，并且还可能导致个体一定程度上的道德认知问题，即过度理想化的道德认知和必然现实化的个体社会行为之间的矛盾。注重梦想的力量的德育，通过激发学生个体建立与社会发展相匹配的梦想，实现个体梦想与社会发展目标的一体化，最终形成个体追逐梦想的强大动力，实现对自身道德价值观的坚守。这种内发式的德育途径能够很大程度上提升学生个体的道德成就感，最终达到自律的道德高阶。

其次，梦想的力量能够给予德育以艺术。人类都有着做梦的习惯，对美好的梦想的追求自然没有痛苦，而是一种快乐。梦想的力量的重要性就在于能够给予德育以艺术的美感。教育是需要美学的，没有美学的教育是压抑和痛苦的。人在追逐梦想的过程中，即使面临挑战和痛苦，但在个体的心理体验上，这也许是一种快乐。梦想的力量让德育重新审视德育过程，不简单给予学生外在的德育目标，而让学生在追逐梦想的过程中调适自己与社会要求之间的差异，最终在个体梦想的实现中，同时实现个体与社会和谐发展。

最后，梦想的力量能够转化和改变德育中的过度现实性。社会总有其现实的一面，这容易导致学校教育的过度现实性，而过度现实的德育往往导致德育的苍白和无趣。梦想的力量在很大程度上能够让学生个体改变对现实的审视角度，能够让学生个体忘记现实的无趣，而不至于在过度现实性的环境中忘记自己最初的梦想。简而言之，梦想的力量能够让学生个体提升对社会环境现实性的看法，最终升华到自我实现的高度，最大限度提升自身发展的精神领域的动力，有效规避功利主义对心灵的侵蚀。

(二) 中国梦在新时代德育中的重要理论价值

中国梦的德育理论价值指的是习近平总书记中国梦重要论述给予学校德育的理论创新、实践智慧和实施途径等方面的理论价值。中国梦是新时代德育的重要内容，在学校德育中，要注意理解梦想是个体发展的重要驱动力，要引导个体发展融入时代使命。

1. 梦想的力量是个体发展的重要驱动力

梦想的力量需要重新得到德育的充分重视。德育本身是指向个体与社会的和谐，培养个体的亲社会价值倾向，克服不良诱惑和人性恶的一面的滋长，这需要足够的意志品质。而中国梦所给予个体时代的使命与个体的梦想，两者产生的内在精神动力能够很好地提升个体在德育过程中的道德体验和抗压能力，最终实现个体在思想道德上的幸福成长。中国梦不只是精神的力量，同样重视物质的满足，既是强大梦，也是富裕梦。中国梦既是对国家富裕强大的追求，这是形而下的层面；同时也追求精神、文化、价值观等，这是形而上的层面。综合来看，中国梦是形而上和形而下的结合，是精神和物质的结合。从这一角度上说，中国梦是个体发展的重要驱动力，既强调追求国家富强和个人幸福，同时也更重视个体成长过程中的内在精神力量。

2. 个体与社会和谐发展的德育目标

中国梦最基本的特征在于追求个体与社会的和谐，这一点鲜明有别于强调个人主义的美国梦。中国梦是一种新范式的人类梦想，在德育上，中国梦协调了个体梦想与社会梦想的一致性，一定程度上克服了个体与社会的目标冲突而导致的痛苦。中国自有历史以来都高度重视社会的和谐，注重道德伦理的力量。中国梦是个体与集体平衡，既追求国家富强、民族振兴，同时追求人民幸福。保持个体与集体平衡，是中国梦区别于美国梦的优势所在。[①] 个体与社会的协调发展也传承了中国传统社会中的社会理想：修身、齐家、治国、平天下的人生目标范式。这

---

① 傅艳蕾:《个体与整体之辩:"中国梦"的当代哲学意蕴》,《社会主义研究》2013年第4期。

一点，也是社会主义核心价值观的重要体现，彰显了内在的集体主义精神。

3. 个人发展需要融入时代使命

每一代人需要承担一个时代的责任。① 今天的中国，个人的发展需要融入时代的使命，这是中国梦重要论述对德育的重要理论价值所在。从新中国的建立，到改革开放，到今天的新时代，中国社会的发展与每一个中国人的命运息息相关。对中国梦的追求，既是对个人梦想的追求，也是对民族复兴之梦的追求。中国梦时时提醒着中华儿女，国家的富强是每一个中国人的梦想，在这一共同目标下，国家既关注每个个体的梦想，同时也昭示了个体发展需要承担时代的责任。一个国家在国际上的地位和影响力，既取决于经济、军事等硬实力，同时也取决于文化、哲学、价值等软实力。② 中国人一直有着独立的精神追求，从中国不结盟的基本国策开始，到坚定走改革开放道路，创建完整的中国特色社会主义理论等过程中，都坚守自己的道路和模式。最终历史证明，这条道路虽然艰辛，但却是更为成功的道路。个体构成国家，离开了个体谈国家，往往变得空幻。个体发展融入时代使命，勇于承担，坚定"四个自信"，才能铸就强大的国家，这也是新时代德育注重培养青少年担当精神的重要原因所在。

4. 德育的艺术性需要梦想的力量

中国梦强调精神的力量，在这个飞速发展的时代，这是对国人的一次精神洗礼，也是对青年学生的一次精神洗礼。"新时代中国青年要树立对马克思主义的信仰、对中国特色社会主义的信念、对中华民族伟大复兴中国梦的信心……"③ 梦想能够给理想插上放飞的翅膀，给予个体战胜艰难险阻的力量，同时给予个体道德成就感。一个民族没有梦想，那么这个民族必然堕落，中国古代有追求天下太平的理想，今天中国则有着追求和平发展的理想。在最终实现民族复兴的同时，实现个体的幸福，这种个体的幸福是不可能仅仅通过物质满足而实现的，必须从道德

---

① 《习近平谈治国理政》第三卷，外文出版社 2020 年版，第 335 页。
② 艾四林：《"中国梦"与中国软实力》，《中国特色社会主义研究》2013 年第 3 期。
③ 《习近平谈治国理政》第三卷，外文出版社 2020 年版，第 334 页。

和梦想的角度提升个体人生的幸福感。梦想的精神动力是德育的艺术性的重要构成，通过高质量的理想信仰教育，能够有效建构青少年的思想道德素养和政治信仰，这既是学校德育的重要目标，也是社会建设的重要基础。

5. 德育需要提供个体梦想的空间

中国梦对当前德育的重要理论价值还在于，德育需要提供个体梦想的空间。社会要给予个体梦想的可能和梦想实现的路径，如果社会不能给予个体追求梦想的理想和希望，那么学校德育实际上将是缺乏说服力和无效的。简而言之，强化德育的质量，需要一个正义的社会道德环境和良好的社会发展前景保障。社会整体需要强化道德的力量，减少物质主义的弥漫，建构公正的社会道德环境，同时注意保护弱势群体，保障社会阶层流通渠道顺畅，给予社会每个个体良好的梦想的空间，带给社会每一个个体重要的发展希望。

（三）中国梦融入学校德育的实践路径

德育是将人类思想、政治、道德中的美好、高尚、正义传承和感染下一代的教育活动，是希望用高尚的价值观推动社会进步的伟大历程，是一种人类自身美好精神和美好品质的延续和发展。高尚的德育旨在构建美好心灵，是构建和谐、健康、公正的社会生活的必要前提和重要途径。德育通过中国梦教育，既展示对于美好生活的向往和美好幸福人生的追求，同时追求民族复兴和社会和谐，激发学生个体追求高尚、追求美德的动力，引导学生建构积极向上的价值观，过有梦想有追求的生活。

1. 深度融入学校课程体系

中国梦是学校德育课程的重要资源，中国梦一方面是学校德育课程的重要构成内容，另一方面能够提升德育课程的艺术性。中国梦融入学校德育课程体系，其一是作为直接德育内容融入语文、历史、政治等课程中，其二是进入校本课程，成为学校校本课程体系的重要构成部分。中国梦深度融入学校课程体系能够提升中国梦教育的正规化和体系化，同时也能借助梦想的力量提升学校德育的质量。

2. 全面融入学校课堂教学

中国梦融入课堂教学的意义在于能提升学生的梦想的力量，并能够有效提升课堂的生动性和趣味性,这也是课程育人的重要要求。课堂教学如作文教学、历史故事、政治专题活动等领域,均可以穿插融入中国梦,通过鲜活的历史故事和生活中的梦想,实践中国梦教育。中国梦全面进入学校课堂教学能够改善中小学课堂教学的过度严谨,带给青少年学生必要的梦想和激情,增强精神领域的感染力,提升中小学人才培养质量。

3. 主题式融入学生社会实践活动

中国梦要注意以主题式教育融入学生社会实践活动,具体可以采取多种方式,如参观历史博物馆、举办社区主题活动、体验企业生活、参加暑期科技活动等。中国梦的社会实践活动,让青少年学生理解中华复兴的伟大时代的神圣使命,增加对时代的使命感和责任感,提升对自己和民族命运的理解。

4. 系统性融入校园文化建设

学校德育强调时时德育、处处德育的理念。校园文化建设是中国梦教育的重要阵地,中国梦要系统性融入校园文化建设中。在班级教室布置、学校展板、黑板报、学校校报校刊、广播站、校园绿化、校园重要标志建筑等,均可以开展中国梦宣传教育。同时学校可以通过主题演讲赛、文娱晚会、知识竞赛、书画作品展等校园文化活动,开展中国梦教育。这种集中式的大型校园文化建设能够在短时间内全面提升青少年学生对中国梦的深入理解,是学校德育需要重点建设的领域。

5. 有效融入学校社区建设

学校社区建设是学校德育的重要构成部分,一方面能够建构积极健康向上的育人环境,另一方面能够有效防范社区不良因素对学生发展的影响。政府职能部门应该充分利用学校社区资源,在学校周边建筑、道路、街道等地域用标语、海报等方式宣传中国梦,有效融入学校社区建设。同时通过教育、文化、工商、公安等职能部门协同合作,整治学校周边社区,建设健康向上的学校社区环境。学校社区建设对学生的健康成长非常重要。一方面,学校社区是学生重要的社会经验的来源和体验之处;另一方面,健康的学校社区本身就是重要的德育资源。

## 第二节　传承红色基因

立德树人是学校教育的根本任务，学校德育承担着培养青少年正确的世界观、人生观、价值观的重要责任，要引导青少年树立正确的历史观、民族观、国家观、文化观、政治观。习近平总书记强调："要抓好青少年学习教育，着力讲好党的故事、革命的故事、英雄的故事，厚植爱国、爱党、爱社会主义的情感，让红色基因、革命薪火代代传承。"①深入认识传承红色基因在学校德育中的重要价值，在学校德育工作中高质量传承红色基因，是学校教育教学领域中的重要课题。

**一　红色基因及其基本构成**

在红色基因一词中，红色是对政治性质的界定，红色代表中国共产党、社会主义、人民政权，红色基因是一种革命精神的传承，是中国共产党人的精神内核。具体而言，红色基因涵盖系列重要内涵，具体有革命理想高于天的理想信念、爱国爱党爱社会主义的新时代爱国主义精神、为人民服务的根本宗旨、高度严格自觉的革命纪律等。习近平总书记高度重视传承红色基因，对此有重要论述："革命博物馆、纪念馆、党史馆、烈士陵园等是党和国家红色基因库。要讲好党的故事、革命的故事、根据地的故事、英雄和烈士的故事，加强革命传统教育、爱国主义教育、青少年思想道德教育，把红色基因传承好，确保红色江山永不变色。"②具体来看，红色基因既有其精神内涵，也有其系列载体，其中物质载体、故事载体和价值倾向是其重要载体。

（一）红色基因的物质载体

红色基因有系列重要物质载体，革命博物馆、纪念馆、党史馆、烈士陵园等是党和国家的红色基因库。红色基因的物质载体承载着红色足

---

①　习近平：《在党史学习教育动员大会上的讲话》，《求是》2021年第7期。
②　习近平：《用好红色资源，传承好红色基因　把红色江山世世代代传下去》，《求是》2021年第10期。

迹和革命历史,是青少年教育的重要依托。青少年教育需要高度重视具体的红色基因物质载体建设,物质载体能够直观体现党的历史、革命的历史,展示革命英雄的事迹,实现以文化人、以情动人的育人效果。红色基因的物质载体在青少年成长中是不可取代的,具有直观性、情境性、艺术性等育人特点,如中共一大会址、遵义会议纪念馆、延安革命纪念馆、红岩革命历史博物馆等就是红色基因传承的重要物质载体,是引导青少年学习传承红色基因的重要红色教育基地。

(二) 红色基因的故事载体

青少年教育中一个很重要的教育方法就是讲故事。德育不可低估讲故事的巨大影响力,讲故事是人类社会对下一代最有影响力的育人方法之一。对于青少年而言,讲故事是最为重要、最有效果的德育方法之一,能够以文学性、艺术性的方式呈现革命历史和英雄的故事。在听故事的过程中,潜移默化地促进青少年深入理解革命历程的艰辛、革命英雄的伟大、革命事业的珍贵。学校德育要讲好党的故事、革命的故事、英雄的故事,并将这些故事有机融入学校的教育教学之中。学校德育要搜集、整理好相关红色故事载体,既要有红色经典故事,也尽量有本地域或身边的红色故事,以贴近青少年的生活世界和经验世界,确保红色教育效果和红色基因传承的质量。

(三) 红色基因的价值倾向

红色基因传承既要学习红色历史,同时要将红色历史的学习效果转化为青少年的红色基因价值倾向,成为坚定的红色新一代。其中的教育重点有两方面:其一是革命传统教育;其二是新时代爱国主义教育。革命传统教育的价值引导重点是认识和理解革命理想信念、建立红色价值倾向,建立青少年正确的历史观、民族观、国家观、文化观、政治观。新时代爱国主义教育是红色基因价值倾向建立的关键,重点是深入理解新时代爱国爱党爱社会主义的深刻内涵,建立牢固的新时代爱国主义精神。红色基因传承最终的重要体现就是青少年牢固的红色基因的价值倾向,实现红色基因、革命薪火代代传承。

**二 传承红色基因在学校德育中的重要价值**

传承红色基因在学校德育中具有重要价值,能够教育和帮助青少年树立正确的世界观、人生观、价值观，增强青少年做中国人的志气、骨气、底气，确保青少年不忘初心使命坚定革命意志，培养青少年敢于斗争勇于胜利的斗争精神。

（一）教育和帮助青少年树立正确的世界观、人生观、价值观

习近平总书记要求："革命传统教育要从娃娃抓起，既注重知识灌输，又加强情感培育，使红色基因渗进血液、浸入心扉，引导广大青少年树立正确的世界观、人生观、价值观。"① 学校德育传承红色基因的重要价值，就在于推进学校意识形态红色基地建设，确保青少年成长为合格的社会主义建设者和接班人，树立正确的世界观、人生观和价值观，为新时代中华民族的发展奠定人才基础，高质量为党育人、为国育才。

（二）增强青少年做中国人的志气、骨气、底气

红色基因传承的重点是深刻理解党史。学校德育要引导青少年深入理解中国革命史，理解中国近现代史，理解中国共产党的光辉历程，理解党史背后中国共产党人的勇气和智慧。红色基因传承要与党史学习教育密切相关，目的在于有效增强青少年做中国人的志气、骨气、底气。② 志气在于，中国共产党领导的中国一贯坚持艰苦奋斗、自力更生，坚定以我为主，主要依靠自己进行革命建设，这是中国人的志气。骨气在于，不管面对任何困难和挑战，中国共产党从不畏惧、敢于亮剑，敢于迎难而上、勇于牺牲，这是中国人的骨气。底气在于，中国共产党在革命和建设历程中的光辉历程和伟大成就，已经充分证明中国共产党能够领导中国从胜利走向胜利，这是中国人的底气。传承红色基因，正是为了让青少年理解这些勇气和智慧，以具备中国人的志气、骨气和底气。

（三）确保青少年不忘初心使命坚定革命意志

"中国革命历史是最好的营养剂，重温这部伟大历史能够受到党的初心使命、性质宗旨、理想信念的生动教育，必须铭记光辉历史、传承

---

① 习近平：《用好红色资源，传承好红色基因 把红色江山世世代代传下去》，《求是》2021 年第 10 期。

② 习近平：《在党史学习教育动员大会上的讲话》，《求是》2021 年第 7 期。

红色基因。"① 青少年是未来社会主义事业的建设者和接班人，必须深刻认识中国共产党的初心使命，坚定革命意志，确保成长为合格的红色接班人。在和平时代，革命事业最大的危险在于忘记了初心使命、失去了革命意志。确保青少年坚定革命意志、坚定为人民服务的宗旨和目标，是学校教育立德树人根本任务的重点工作。

（四）培养青少年敢于斗争勇于胜利的斗争精神

斗争精神在于通过斗争错误思想、错误言论、错误行为，培养敢于面对矛盾、敢于挺身而出、敢于迎难而上、敢于担当作为的精神。斗争精神的对立面是和稀泥、得过且过、浑浑噩噩，当是非不分的老好人。斗争精神不只是对待敌人，也要对待自己，强调通过自我斗争，通过自我戒骄戒躁、自我反思批判坚定意志以奋勇前进。习近平总书记指出："一百年来，在应对各种困难挑战中，我们党锤炼了不畏强敌、不惧风险、敢于斗争、勇于胜利的风骨和品质。这是我们党最鲜明的性质和特点。"② 青少年在成长中，要勇于自我批评、自我鞭策、自我发展，成为有斗争精神的新一代。

**三 学校德育传承红色基因的实践策略**

学校德育传承红色基因，要从小系统渗透思想观念，全员全程全方位育人打牢思想基础，注重活动和仪式感以理服人、以文化人、以情感人，学史明理崇德力行，通过知识情感价值观相结合厚植红色基因。

（一）从小系统渗透思想观念

"任何一个思想观念，要在全社会树立起来并长期发挥作用，就要从少年儿童抓起。"③ 传承红色基因，最重要的实践策略是从小系统渗透和培养。少年儿童时期是最重要的启蒙阶段，这个阶段很大程度上奠定了孩子一生的思想基础和价值倾向，并且少年儿童时期所形成的思想和价值倾向大多都会成为个体未来的人生底色，是其人生发展重要的思想价值基础。红色基因的传承要系统性渗透，不能寄托于单一的活动或

---

① 习近平：《在党史学习教育动员大会上的讲话》，《求是》2021年第7期。
② 习近平：《在党史学习教育动员大会上的讲话》，《求是》2021年第7期。
③ 《习近平谈治国理政》第一卷，外文出版社2018年版，第181页。

者课文内容，要把课堂教学、文娱活动、社会实践、校园文化建设等结构性设计，作为系统性教育体系，共同服务于红色基因传承。

（二）全员全程全方位育人打牢思想基础

红色基因传承要贯彻"三全育人"教育理念，全员全程全方位育人，打牢青少年思想基础。中国梦是红色基因的重要构成内容，承载着近代以来中国革命的奋斗历程，也是新时代传承红色基因的重要教育内容。全员育人的重点是确保优良的师德师风建设和学校正确的意识形态建设。全程育人的重点是按照青少年认知发展规律，针对不同年龄的青少年特点和需求，采取相应的教育方式方法，突出育人重点。全方位育人强调学校教育教学所有领域都要服务于青少年全面发展，涵盖课程教学、校园文化建设、社会实践等。

（三）注重活动和仪式感以理服人、以文化人、以情感人

红色基因传承要建设好红色阵地，要通过历史文物让青少年深刻理解祖国命运、党的命运和社会主义命运密不可分。注重红色阵地建设，通过实践活动和仪式感，情理结合，以文化人，确保红色基因传承。仪式感是青少年成长中的重要促进因素，仪式感通过特定的组织仪式与意义的结合，赋予行为以特殊的含义，并成为青少年人生中的重要回忆。仪式感通过庄重认真的态度，让青少年去认识生活和学习中的人生重要节点，这是传承红色基因要重点注意并科学运用的工作方法。红色基因传承的重要仪式有入队仪式、入团仪式、入党仪式、成人礼、纪念日活动等。仪式感要注意限度，不能过多过频，适度的仪式感才具有积极意义。过度注重仪式感，仪式过多过频，可能会适得其反，容易陷入形式主义，这是学校德育需要注意规避的问题。

（四）学史明理崇德力行

红色基因传承要高度重视党史学习教育，同时要系统建构学校德育中的四史学习内容，促进青少年学史明理崇德力行。党史学习教育是青少年红色基因传承的关键。"要在党史学习教育中做到学史明理，明理是增信、崇德、力行的前提。"[①] 党史学习教育对于青少年红色基因传

---

① 习近平：《用好红色资源，传承好红色基因 把红色江山世世代代传下去》，《求是》2021年第10期。

承的重要性在于：其一，党史本身就是让青少年理解和传承红色基因的重要基础。党的历史是最生动、最有说服力的教科书。[①] 其二，进行党史学习教育才能让青少年理解中国共产党的伟大，理解中国共产党的初心使命，理解革命建设的艰辛历程和伟大成就。理解榜样才能学习榜样，这是传承红色基因的重要路径。其三，学习历史还在于谨记历史智慧，走正确的未来之路。"一个不记得来路的民族，是没有出路的民族。"[②] 历史中既有深刻的教训，也有丰富的经验和智慧。通过历史学习，青少年学生才能深刻理解实事求是解放思想的重要性，才能深刻理解中国革命和建设历程中的勇敢探索精神，才能更为清晰地理解全面建设社会主义现代化国家新征程的战略性和重要历史意义。

（五）知识情感价值观相结合厚植红色基因

在红色基因传承中，要做好知识情感价值观相结合，三者协同推进，厚植青少年红色基因。党的历史、革命的历史、英雄的历史是红色基因的重要知识基础，决定着青少年的相关认知。新时代爱国主义情感是红色基因的重要情感基础，奠定了青少年爱国、爱党和爱社会主义的情感建构。社会主义核心价值观是红色基因的价值观基础，决定着青少年正确价值导向的形成，并与历史观、民族观、国家观、文化观、政治观等深刻相关。学校德育要结合知识情感价值观，三者系统全面推进，确保高质量传承红色基因。

## 第三节　根植中华文化基因

"优秀传统文化是一个国家、一个民族传承和发展的根本，如果丢掉了，就割断了精神命脉。"[③] 文化基因指的是社会或民族中长期存在的某种文化特性和特征，是决定一个群体的身份认同和文化符号的重要构成。作为一个伟大的民族，中华优秀传统文化是中华民族的基因，是

---

[①] 习近平：《在党史学习教育动员大会上的讲话》，《求是》2021年第7期。
[②] 《习近平谈治国理政》第二卷，外文出版社2017年版，第49页。
[③] 《习近平谈治国理政》第二卷，外文出版社2017年版，第313页。

中华民族生生不息繁荣昌盛的精神基础。根植中华文化基因，建立青少年坚定的文化自信和爱国情怀，是德育的重要使命。

**一 文化自信与学校德育**

"文化自信是一个国家、一个民族发展中更基本、更深沉、更持久的力量。"① 作为承担立德树人重任的学校德育，需要高度重视文化自信。学校德育要建立在坚实的文化自信的基础上，德育的文化基础健康、文化自信坚定，学校德育在实践中就能具备强大的文化感染力。

（一）文化自信的重要性

文化自信是习近平新时代中国特色社会主义思想的重要理论气质。文化自信意义重大，与社会主义核心价值观、文化软实力等领域深度相关。

1. 文化自信是"四个自信"的重要构成

习近平总书记指出："我们说要坚定中国特色社会主义道路自信、理论自信、制度自信，说到底是要坚定文化自信。"② 在"四个自信"中，道路是关系党和国家前途命运的第一位问题，理论是行动的指南，制度具有稳定性和战略性，而文化是中国特色社会主义的灵魂和软实力。在"四个自信"里面，文化自信与其他三个自信相比，有其特殊性。文化本身极具渗透性，在经济社会发展和日常生活中无处不在。文化自信全方位渗透和支撑道路自信、理论自信和制度自信。③

一个国家一个民族，如果缺乏文化自信，将难以找到国家和民族真正意义上的独立发展之路。近代以来，中国共产党领导下的中国革命和社会主义建设取得了巨大成就，其中一个很重要的因素就在于坚定走中国道路。中国特色社会主义的理论体系有着鲜明的中国特色、中国风格和中国气派，其重要基础就是坚定的文化自信。

2. 文化自信事关国运兴衰、文化安全、民族精神独立性

"坚定文化自信，是事关国运兴衰、事关文化安全、事关民族精神

---

① 《习近平著作选读》第二卷，人民出版社2023年版，第19页。
② 《习近平谈治国理政》第二卷，外文出版社2017年版，第339页。
③ 荣开明：《"四个自信"的形成过程及其辩证关系》，《学习论坛》2017年第11期。

## 第八章 新时代德育关键领域

独立性的大问题。"① 在文化领域，既要具有健康的民族精神独立性，同时也需要必要的世界视野，文化自信需要两者并存，缺一不可。缺乏民族精神独立性，就缺少了文化和精神领域的定力，落入随波逐流的境地。缺乏世界视野，就可能陷入闭关自守，陷入僵化，发展停滞。民族精神独立性对于国家发展至关重要，这是文化自信的重要意义所在。在全球化的今天，既需要推进国际交流和国际理解，这是世界视野的一面，但同时也一定要铸魂和发声，坚持民族精神独立性，强化新时代的文化自信。

"中华民族有着深厚文化传统，形成了富有特色的思想体系，体现了中国人几千年来积累的知识智慧和理性思辨。"② 文化自信的重要基础就是中华历史智慧和思维。在发展中，一个国家不只是要向前看未来，也有必要向后看历史。治理国家既需要面向现代创新治理，同时也需要追寻历史智慧。客观来看，任何一个国家健康发展都需要科学地传承该国的历史文化传统。"历史和现实都表明，一个抛弃了或者背叛了自己历史文化的民族，不仅不可能发展起来，而且很可能上演一场历史悲剧。"③ 在新时代发展中，既要建构现代经济社会治理体系，同时也要在这一过程中传承中华优秀传统文化，在文化自信的基础上不断创新发展。新时代治国理政的一个重要特色就是，既注重改革创新，也注重汲取历史智慧和经验。文化自信事关国运兴衰，能够促使中华民族客观看待自身和世界，坚定走科学发展之路。

3. 文化自信是国家软实力的综合体现

文化自信是一个国家和民族走向真正心理成熟的核心标志。自信是一种由内而外的心理定力，这种定力更多来自内在因素。一个民族的强大，既需要科技、工业、农业、国防等领域的硬实力的强大，也需要文化、政治、哲学、伦理等领域的软实力的强大，而文化自信则是一个国家软实力的综合体现。

"没有高度的文化自信，没有文化的繁荣兴盛，就没有中华民族的

---

① 《习近平谈治国理政》第二卷，外文出版社2017年版，第349页。
② 《习近平谈治国理政》第二卷，外文出版社2017年版，第340页。
③ 《习近平谈治国理政》第二卷，外文出版社2017年版，第339页。

伟大复兴。"① 实现中华民族伟大复兴的中国梦，必须坚持国家硬实力和软实力并重，才能在外在和内在两个领域有效提升国家经济社会发展质量。硬实力能够有效支撑软实力，而软实力也能够有效支撑硬实力持续发展。硬实力与软实力两者本身是一体两面的关系，没有强大的硬实力，软实力就缺乏说服力而难以建立自信；但没有强大的软实力，硬实力既缺乏持续发展的动力，同时也缺乏强大的精神支撑。

（二）德育必须具备坚定的文化自信

文化自信是学校德育自信的强大基础，只有坚持文化自信，才能建立学校德育的坚定自信。如果德育本身不自信，在德育实践中是很难取得实际效果的。文化自信的学校德育能使德育内容更为丰富、德育过程更为科学、德育手段更为艺术。

1. 德育要致力于培养具有中华文化基因的社会主义建设者和接班人

在德育的培养目标上，中国德育要致力于培养具有中华文化基因的中国特色社会主义建设者和接班人。中华文化基因是一个需要系统性渗透培养的德育重点目标，也是需要在基础教育领域高度重视的教育教学内容。立德树人是学校教育的根本任务，所指向的就是培养具有中华文化基因的社会主义建设者和接班人。

青少年时期是个体成长建构世界观、人生观和价值观的关键时期。在学校德育中，要系统性融入和安排中华优秀传统文化，彰显高度文化自信，让青少年在文化自信的环境中成长为一个堂堂正正的自信的中国人。

2. 德育要坚实建立在中国特色社会主义文化底色的基础上

中国特色社会主义文化是中国德育的文化基础。学校德育要在坚定的文化自信的基础上，结合马克思主义指导、时代发展需要、中华优秀传统文化等，有效统整德育内容，科学实施学校德育。

在中国特色社会主义文化中，三种重要文化渊源都有着重要的德育作用。中华优秀传统文化塑造了青少年的中华文化基因。革命文化在学校德育中意义深远，引导着青少年的理想信仰，传承着红色基因。社会

---

① 《习近平著作选读》第二卷，人民出版社2023年版，第33页。

主义先进文化以社会主义核心价值观为基础，弘扬以爱国主义为核心的民族精神和以改革创新为核心的时代精神，健康塑造青少年的精神世界。

3. 德育要深入汲取中华历史文化中的智慧和经验

"中华传统美德是中华文化精髓，蕴含着丰富的思想道德资源。"[1]德育要深入分析和理解中华历史文化中的德育经验，这是中华五千年文明的重要智慧。德育本身与政治、哲学、社会、伦理、教育等紧密相连，不能单一从教育角度理解德育。中国社会建构的重要智慧有家国同构、高度重视主流价值观、注重社会和谐、强调集体主义等，这些都是学校德育需要深刻理解其背后的逻辑。在具体的德育实践中，中国德育的历史智慧有强调防微杜渐、注重环境熏陶、强调榜样示范等。这些都是非常重要的中国德育实践智慧，也是未来需要继续坚持和把握的。

德育既需要传承历史，也需要面向未来，紧跟时代发展，直面现实社会实践中的经济社会发展需要。中华文明是人类古老文明中唯一从未中断的文明，这一历史成就本身也充分证明了中华文明的内在智慧。只有中国德育建立了坚实的文化自信，才愿意去深入理解和发掘中国历史传统中德育领域的智慧和经验。

4. 中国德育要建立强大理论自信

中国德育发展与改革必须建立在文化自信的基础之上。文化不自信一般都会导致德育在内容、方法和手段上对他国德育的不健康复制，自信的德育才能实现科学的批判扬弃。不自信的德育一般都会落入两种不健康的境地：一是德育不健康的自卑，导致对他国德育的过度复制；二是德育过度的自傲，导致德育排斥学习和交流，失去改革的活力。这两种德育发展处境都是中国德育改革与发展需要避免的。学校德育要拥有足够的文化自信，才能够在对外交流中既不自卑，也不自傲。既能够有效开放学习他国的优秀德育经验和智慧，同时有效规避学习中的过度浪漫化。德育要保持健康的对外交流，比较的视野能够更清晰理解中国德育的智慧和特色，也能有效正视可能存在的不足。这样才能在德育理论、德育方法、德育艺术等领域有效建构中国德育范式，最终实现学校

---

[1] 《习近平谈治国理政》第一卷，外文出版社2018年版，第164页。

教育高质量立德树人。

德育本身是着眼于培养正确的思想政治素养和道德价值观的，与哲学社会科学高度相关。哲学社会科学既要建构学术自信，也要坚守中华文化立场，提升中国德育自信心。具体而言，哲学社会科学涉及一个国家或民族的思想理论、核心价值、伦理原则和思维方式，并有效服务于构筑主流意识形态。对于国家的文化自信来说，"繁荣发达的哲学社会科学以其浩繁的文本和独特的思想风格和气派创造文明，从而增强其思想资源和文化心态上的自信"[1]。在德育理论领域也是如此，如果德育领域缺乏系统的理论体系，缺乏学术自信，就很难建立中国德育自信。

## 二 中华文化基因及其重要传统价值观

中华文化基因指的是中华民族在文化领域相对于世界其他族群的具有明晰独特性或差异性的特征或内容。中华文化基因是中华文化中长期稳定的结构，其主体是中华优秀传统文化，是决定了一个人是否在精神文化上是中国人的关键性的特征。一般而言，中华文化基因应当涵盖：基本理解中国国情，充分掌握中国文化，深深热爱中华民族，并具有建立在此基础上的爱国主义情怀。在人类历史发展中，文化基因是可以学习的，也可以不断发展、创造，同时也可能被遗忘、抛弃。这个过程，就是不同民族走向繁荣昌盛或被历史淘汰的命运。

（一）中华文化基因重要论述的理论内涵

习近平总书记高度重视中华文化基因传承，在中华文化基因领域有系列重要论述，其理论内涵涵盖中华文化基因的重要性、中华文化基因教育、中华文化软实力等领域。

1. 中华文化是中华儿女共同的精神基因

中华儿女身上都有中华文化烙印，这是中国人的精神基因。习近平总书记指出："我们的同胞无论生活在哪里，身上都有鲜明的中华文化

---

[1] 周正刚:《文化自信与哲学社会科学发展繁荣——学习习近平以高度文化自信发展繁荣哲学社会科学的论述》,《湖湘论坛》2019 年第 3 期。

烙印，中华文化是中华儿女共同的精神基因。"① 作为中国人，不只是拥有中国人的生物基因，更重要的是拥有中国人的精神基因，具有中国人的精神世界。"我们生而为中国人，最根本的是我们有中国人的独特精神世界，有百姓日用而不觉的价值观。"②

2. 中华优秀传统文化已经成为中华民族的基因

习近平总书记指出："中华优秀传统文化已经成为中华民族的基因，植根在中国人内心，潜移默化影响着中国人的思想方式和行为方式。"③ 中华优秀传统文化是中华民族团结一体的重要精神基础，展望未来，这也是中华民族伟大复兴的重要精神力量。"包括儒家思想在内的中国传统思想文化中的优秀成分，对中华文明形成并延续发展几千年而从未中断，对形成和维护中国团结统一的政治局面，对形成和巩固中国多民族和合一体的大家庭，对形成和丰富中华民族精神，对激励中华儿女维护民族独立、反抗外来侵略，对推动中国社会发展进步、促进中国社会利益和社会关系平衡，都发挥了十分重要的作用。"④ 中华文化基因是中国人的基本文化特征，也是中国人的基本文化标识。

3. 中国共产党是中华优秀传统文化的忠实传承者和弘扬者

习近平总书记指出："中国共产党自成立之日起，就既是中华优秀传统文化的忠实传承者和弘扬者，又是中国先进文化的积极倡导者和发展者。"⑤ 对于中华优秀传统文化的时代发展，重点是创造性转化和创新性发展。"创造性转化，就是要按照时代特点和要求，对那些至今仍有借鉴价值的内涵和陈旧的表现形式加以改造，赋予其新的时代内涵和现代表达形式，激活其生命力。"⑥ "创新性发展，就是要按照时代的新进步新进展，对中华优秀传统文化的内涵加以补充、拓展、完善，增强

---

① 《习近平谈治国理政》第一卷，外文出版社 2018 年版，第 64 页。
② 《习近平谈治国理政》第一卷，外文出版社 2018 年版，第 171 页。
③ 《习近平谈治国理政》第一卷，外文出版社 2018 年版，第 170 页。
④ 《习近平总书记系列重要讲话读本》（2016 年版），学习出版社、人民出版社 2016 年版，第 201—202 页。
⑤ 《习近平总书记系列重要讲话读本》（2016 年版），学习出版社、人民出版社 2016 年版，第 202 页。
⑥ 《习近平总书记系列重要讲话读本》（2016 年版），学习出版社、人民出版社 2016 年版，第 203 页。

其影响力和感召力。"① 中华优秀传统文化要与时俱进，在不断汲取各种文明养分中丰富和发展。

4. 要把中华优秀传统文化教育作为固本铸魂的基础工程

中华优秀传统文化是传承中华文化基因的基础，要重点推进学校中华优秀传统文化教育，高质量推动青少年传承中华文化基因。"学校具有集中式、系统化、持续性进行中华优秀传统文化教育的独特优势，要把中华优秀传统文化教育作为固本铸魂的基础工程，贯穿人才培养全过程。"② 习近平总书记特别强调："优秀传统文化是一个国家、一个民族传承和发展的根本，如果丢掉了，就割断了精神命脉。"③ 固本的重点是培养青少年牢实的中华文化知识基础，铸魂的关键在于培养青少年的中国心，铸牢爱国主义情怀。

5. 中华优秀传统文化是我们最深厚的文化软实力

"古往今来，任何一个大国的发展进程，既是经济总量、军事力量等硬实力提高的过程，也是价值观念、思想文化等软实力提高的进程。"④ 文化软实力对于国家和民族发展非常重要，是发展的重要精神基础。"文化软实力集中体现了一个国家基于文化而具有的凝聚力和生命力，以及由此产生的吸引力和影响力。"⑤ 在中华民族伟大复兴的历程中，"中华优秀传统文化是我们最深厚的文化软实力"⑥。在学校德育中，要坚守中华文化立场，要有传承中华优秀传统文化的底气，筑牢中华文化的底色。

---

① 《习近平总书记系列重要讲话读本》(2016年版)，学习出版社、人民出版社2016年版，第203页。

② 习近平：《培养德智体美劳全面发展的社会主义建设者和接班人》，载中共中央党史和文献研究院编《十九大以来重要文献选编》(上)，中央文献出版社2019年版，第650页。

③ 《习近平总书记系列重要讲话读本》(2016年版)，学习出版社、人民出版社2016年版，第202页。

④ 《习近平总书记系列重要讲话读本》(2016年版)，学习出版社、人民出版社2016年版，第207页。

⑤ 《习近平总书记系列重要讲话读本》(2016年版)，学习出版社、人民出版社2016年版，第206—207页。

⑥ 《习近平总书记系列重要讲话读本》(2016年版)，学习出版社、人民出版社2016年版，第208页。

## 第八章　新时代德育关键领域

### (二) 中华文化基因中的重要传统价值观

中华文化基因中尤为重要的是其内在的优秀传统价值观，具体是"讲仁爱、重民本、守诚信、崇正义、尚和合、求大同"[1] 等。中华文化基因中的重要传统价值观，蕴含着中华民族文化领域的重要历史智慧。

#### 1. 重民本

中华文化强调"民惟邦本"，这是重要的民本思想。"民惟邦本，本固邦宁"出自《尚书·五子之歌》，意思是：人民大众才是国家的根基或根本，只有根基稳固，国家才能安宁稳定。与此相近的还有"水能载舟，亦能覆舟"等思想，体现了中华优秀传统文化高度重视民本的思想。民本思想是政治思想领域的中华优秀传统文化的重要构成，与现代民主思想相近，体现出人民在国家政治体系中的重要地位。

#### 2. 求大同

"大道之行也，天下为公"，大同思想出自《礼记·礼运》。大同思想是中国对人类社会的重要思想贡献，是一个具有浓重中国文化标签的政治理想。大同思想是中国人关于理想社会的梦想，并随着时代发展不断被注入新的内容和精神。大同思想的具体内涵有：天下为公；选贤与能；各得其所；世界太平。[2] 在关于人类的伟大的社会理想中，大同思想与乌托邦、地球村、共产主义等都有相似之处，是推进世界和平发展的重要文化资源。

#### 3. 尚和合

崇尚和谐、和平是中华文化的重要思想特征。和合最早见于先秦典籍《国语·郑语》，"商契能和合五教，以保于百姓者也"。中华文化注重人与自然和谐，推崇"天人合一"。中华文化高度重视人类社会的和平，强调"和而不同"，并注重承担和平发展的责任，推崇"天下兴亡，匹夫有责"的精神和责任。[3]

---

[1] 《习近平谈治国理政》第一卷，外文出版社2021年版，第164页。
[2] 王博：《大同：中国人自古以来的梦想》，《光明日报》2014年7月29日第16版。
[3] 张立文：《和合：中华心 民族魂》，《光明日报》2014年7月29日第16版。

4. 崇正义

中华文化崇尚正义，《论语·里仁》中说："君子喻于义。"《中庸》中有："义者，宜也。"正义在中华优秀传统文化中，既强调人之行为的正当与公正，也意指社会制度评判上的合宜与公平。在中华文化中，正义的基本内涵有：正义是天下和谐、和顺的前提；正义是人之为人的社会性要求；正义是社会伦理中的责任担当。[①]

5. 守诚信

中华文化崇尚诚信，在经典文化中有众多强调诚信的名言：《论语·子路》中有语："言必信，行必果"；《论语·为政》中说："人而无信，不知其可也"；《管子·枢言》云："诚信者，天下之结也。"在诚信一词中，诚重点在于内心的真诚、忠实，注重内心修养；信既有外在的"言忠信"（《论语·卫灵公篇》），也注重内心的守信、信任。诚信在中华优秀传统文化中，对于国家社会而言是治国为政之本，对于个人而言则是进德修业之根。[②]

6. 讲仁爱

仁爱是中华优秀传统文化在政治思想领域的核心价值理念。孔子的仁爱思想是中华民族的重要文化标识。"仁者爱人""与人为善""己所不欲，勿施于人"等都是重要的仁爱思想。[③] 仁的重要内涵既有尽己之"忠"，也有推己之"恕"。一方面要求"己欲立而立人，己欲达而达人"，另一方面要求"己所不欲，勿施于人"。仁爱作为中国传统社会中的重要政治伦理，强调要仁爱立国，仁民爱物。

### 三 在学校德育中根植中华文化基因

中华优秀传统文化是中华民族的文化基因，学校德育要根植于中华文化基因，培养具有中国文化底色的新一代，在教育领域坚实建设文化自信。

（一）中华优秀传统文化在学校德育中的重要性

文化是教育的底色，同时也是教育的重要特色所在。学校教育要高

---

① 杨朝明：《正义：核心价值观的牢固根基》，《光明日报》2014年7月29日第16版。
② 王志民：《诚信：一脉承传的立人之本》，《光明日报》2014年7月22日第16版。
③ 郭齐勇：《仁爱：中国人固有的根本》，《光明日报》2014年7月22日第16版。

质量立德树人，必须坚定文化自信，坚定青少年的国家认同、民族认同、中华文化认同。在学校德育中，中华优秀传统文化教育是一个重要构成部分，在德育中有效实施中华优秀传统文化教育，这是学校教育的重要目标和要求。

学校德育是培养青少年正确的道德价值观和思想政治素养的教育领域。通过高质量的学校德育，系统化培养青少年正确的文化价值观，是学校教育的重要工作。中华文化是中国教育的文化底色，在学校德育中，要重点进行中华优秀传统文化教育，坚定青少年的文化自信。

1. 中华优秀传统文化是中华民族的文化底色和标识

学校教育本身就是要重点培养青少年精神和信仰，需要重点传承优秀传统文化，推动新时代青少年健康成长。中华优秀传统文化是中华民族的文化底色，是青少年文化自信的重要基石，也是奠定未来青少年健康成长的文化基因。在学校教育中，要系统性渗透中华优秀传统文化，培养青少年的中华文化认同，坚定中华文化自信。

2. 中华优秀传统文化是学校德育中的民族精神命脉

学校德育是培养文化观、历史观、价值观的重要教育领域，优秀传统文化的教育质量一定程度上决定着青少年对中国、中华民族、中华文化的认同度。维系中华民族团结、激励中华民族前进的重要精神力量就源于中华文化，所以优秀传统文化是国家发展的精神命脉，是需要时代传承和发扬的精神力量。

3. 中华优秀传统文化承载着培养民族认同、国家认同的重要使命

优秀传统文化的重要性在于其是一个国家一个民族的集体文化记忆，也是决定国家和民族的历史观和价值观的重要基石。缺失了优秀传统文化教育，青少年就难以对国家和民族的历史感兴趣，也就相应失去了责任感和历史感。一代人有一代人的担当，每一代人都要在上一代人的事业基础上继续前进，这种前进是建立在对历史文化充分理解的基础之上的。如果国家缺失了优秀传统文化教育，就会在发展中难以自我定位，找不到自己的发展根基。在历史文化中除了文化认同，也蕴含着历史智慧和经验。"中华民族有着深厚文化传统，形成了富有特色的思想体系，体现了中国人几千年来积累的知识智慧和理

性思辨。"① 这些历史智慧和经验既是中华民族的历史财富，也是历史认同和文化认同的重要力量。

(二) 学校德育实施中华优秀传统文化教育的基本原则

中华优秀传统文化教育是一个系统性的工程，也是一个需要长期坚持久久为功的事业。学校德育实施中华优秀传统文化教育，需要注意以下基本原则。

1. 结构性和全方位相结合的系统性原则

在学校德育中，整体上要力争实现学生全方位了解中华优秀传统文化，培养其中华文化的自信心和价值情感倾向。中华优秀传统文化是一个内容丰富的文化体系，学校德育在实施中要注重系统性原则。但也要注意不必面面俱到。系统性既指内容的体系性，同时也指优秀传统文化在德育实践中的全方位。在具体实践中要注重结构性的内容设计，同时要注意在学校德育中全方位结合实施。中华优秀传统文化教育的系统性原则指的是整个学校教育体系，要求涵盖多个学段，在具体的某一学段要求面面俱到既无必要，也不符合时代发展的背景。同时，在内容选择上既要注重结构性，也要重点突出。

2. 注重仪式感和生活性相结合的渗透性原则

在学校德育中实践中华优秀传统文化，既要注重正规庄重的仪式感，让青少年学生理解中华文化的仪式魅力，同时也要注意与学校生活相结合，注重文化的亲和力和趣味性，在潜移默化中推进学生对中华文化的坚定认同。此所谓和风细雨、润物无声。学校德育要注意结合学校大型活动的仪式感强化青少年学生的文化记忆和文化认同感。仪式感和正规化的目的是保持常规影响力，成为学校的一种长期性的校园文化特色。注重生活性的目的在于强调传统文化教育融入青少年生活，实现长期熏陶的育人效果。

3. 常规化与艺术性相结合的艺术性原则

学校德育实践中华优秀传统文化，既要注重常规化的德育体系建设，同时也要通过艺术性的多元化表现方式，彰显中华文化的魅力，强

---

① 《习近平谈治国理政》第二卷，外文出版社2017年版，第340页。

化中华文化的美感教育。常规化的目的在于让中华优秀传统文化成为学校德育中常规性的存在，常规性的存在才能让青少年在成长中长期耳濡目染建立牢固的中华文化认同。同时，中华传统文化的教育一定要充满美感，艺术性原则是传统文化教育的必须，否则，可能让学生产生中国传统文化古老陈旧的印象，这将会对中华文化认同造成严重负面影响。

4. 既传承又创新的创新性原则

在学校德育中实践中华优秀传统文化，既需要传承，更需要创新。传承是为了继承中华文化传统，弘扬中华文化精神；创新是为了结合时代发展，贴近学生的生活世界。中华优秀传统文化本身也是随着时代进步而不断修正和发展的，学校德育要结合时代发展，持续推进中华优秀传统文化的现代转化和创新发展。

5. 活动育人与价值导向相结合的文以载道的原则

学校教育的根本任务是立德树人，中华优秀传统文化教育的目的也在于育人。在学校德育实践中华优秀传统文化的教育中，要坚持活动的正确价值导向，在教育过程中要注重文以载道、艺以载道，实现活动育人的目标。文以载道本身也是中华优秀传统文化的一个内在逻辑，在教育过程中，要把重点和重心放在育人的效果上，而不是放在过度忠实或者拘泥于传统文化的内容形式上，这样才能有效指向立德树人的教育目的。

（三）学校德育实施优秀传统文化教育的注意点

在部分学校德育中，弘扬中华传统文化成了一成不变的三板斧：读经，穿汉服，游学参观。其背后的问题就是，局限于读经易让学生产生倦怠感，穿汉服往往导致汉服体验的新鲜感转瞬即逝，组织游学，却成了玩大于学。从整体上看，学校德育实施中华传统优秀文化教育需要注意以下关键点。

1. 避免机械复制性传承以体现内在思想性

在实施中华优秀传统文化的教育中，要避免简单的复制型传承式的教学。要结合现代学生的生活世界和思维特点，寓教于乐，多采取一些灵活多样的教育方式，而不是机械地简单采取读经、穿汉服等方式推进。重点是体现中华优秀传统文化的内在思想性，如传统文化中的耕读传家、兼善天下、精忠报国、家国同构等,就蕴含着深刻的思想性,这也是中华优秀传统文化教育的重点所在。

2. 结合时代要求与青少年特点以彰显中华美学精神

每一个时代都有其时代特色,但一定程度上说,在内在精神领域,特别是在真善美的领域,人类社会的价值倾向整体上是稳定的。在中华优秀传统文化教育中,既要突出时代的科技变化和社会变迁的客观性,同时也要突出内在精神领域和内在文化气质的教育,要符合青少年的身心发展和接受特点,有效推进优秀传统文化教育。在中华优秀传统文化的教育中,要重点彰显中华美学精神,通过中华美文、中华美景、中华美食、中华美德等培养学生的中华文化特质。要广泛采取新时代的新的教育资源,这样既有利于贴近青少年的生活世界,也有利于提升德育资源的感染力。

3. 注重情感熏陶和情境教育以培养中华文化认同

中华优秀传统文化历史久远,但客观上可能带上了机械呆板的刻板效应。在学校德育中,实践中华优秀传统文化要避免形成机械呆板的固定形象。如果形成了这种形象,那么在德育中将会适得其反,因为青少年本身向往充满朝气的形象,会本能排斥带上古板形象的传统文化。要善于利用优秀的文化形象,推进中华文化认同。如《我的中国心》中的"长江长城、黄山黄河,在我心中重千斤",其中的长江长城、黄山黄河就是中华文化的经典形象,意蕴着内在的中华情感。在优秀中华传统文化教育中要注意将知识教育适度转化为情感教育,情感教育相对而言更为浓烈和持久。在学校德育中必须重点培养青少年对中华文化的认同,以此推进青少年的中华文化特质的熏陶和内化。

4. 注重时代创新和与时俱进以弘扬时代精神

习近平总书记强调:"中华文明延续着我们国家和民族的精神血脉,既需要薪火相传、代代守护,也需要与时俱进、推陈出新。"[①] 中华优秀传统文化教育绝不能做遗老遗少,如果仅局限于读经、穿汉服、叩拜等,可能会被社会视为教育文化领域中的遗老遗少,这是要极力避免的。文化要有其蓬勃的生命力,要具有内在的正能量,激励学生热爱

---

① 《习近平谈治国理政》第二卷,外文出版社2017年版,第340页。

生活、热爱国家和民族、热爱中国文化、热爱社会主义和中国共产党。每一个时代都有每一个时代的主题，要结合时代发展的大背景，与时俱进地推进中华优秀传统文化的时代创新，有效融入青少年成长的生活空间。

5. 注重内在文化气质和精神以彰显文化属性

中华优秀传统文化的教育重点在于内在文化气质和精神，要在实践中有效彰显其文化属性，而不过分拘泥于外在的形式或者教条式的内容。在学校德育中，要重点传承中华优秀传统文化的精神和内在文化气质，重点在于精神领域，而不在于外在的形式，这是在实践中需要高度重视的。不拘泥于具体的内容和形式，而重点放在内在的精神和气质上，这也是对学生的文化教育的重心所在。

## 第四节 党史学习教育

党的历史是最生动、最有说服力的教科书。① 习近平总书记要求："要在学生中加强中国历史特别是中国近现代史、中国革命史、中国共产党史、中华人民共和国史、中国改革开放史等的教育，坚持不懈培育和弘扬社会主义核心价值观。"② 在学校开展党史教育意义重大、影响深远，是传承红色基因、厚植爱国情感的关键教育领域。

**一　学校开展党史学习教育的重要教育意义**

深入开展党史学习教育，"是党中央立足党的百年历史新起点、统筹中华民族伟大复兴战略全局和世界百年未有之大变局、为动员全党全国满怀信心投身全面建设社会主义现代化国家而作出的重大决策"③。学校开展党史学习教育，对青少年学生成长有重要教育意义，对青少年

---

① 习近平：《在党史学习教育动员大会上的讲话》，《求是》2021年第7期。
② 习近平：《培养德智体美劳全面发展的社会主义建设者和接班人》，载中共中央党和文献研究院编《十九大以来重要文献选编》（上），中央文献出版社2019年版，第648—649页。
③ 习近平：《在党史学习教育动员大会上的讲话》，《求是》2021年第7期。

形成正确的历史观、民族观、国家观、文化观、政治观均具有重要价值。具体而言，学校开展党史学习教育，有助于青少年传承红色基因、厚植爱国情怀、永葆革命精神、树立理想信念、铭记光辉历史。

（一）传承红色基因

红色基因的传承是涉及为党育人、为国育才的关键工作。在学校教育中系统开展党史学习教育，是培养青少年学生传承红色基因的重要基础性工程。现代社会的所有公民都出自学校教育的培养，青少年时期是个体一生发展中的重要可塑期，在学校阶段广泛开展党史学习教育，能够确保青少年高质量传承红色基因。"中国革命历史是最好的营养剂，重温这部伟大历史能够受到党的初心使命、性质宗旨、理想信念的生动教育，必须铭记光辉历史、传承红色基因。"[1] 具体而言，对青少年教育发展来说，党史学习教育能够让青少年深入理解党的伟大历史和初心使命，树立共产主义理想信仰和社会主义建设志向。

（二）厚植爱国情怀

党史学习教育本身就是新时代爱国主义教育的重要工作，能够有效增强青少年做中国人的志气、骨气、底气。[2] 党史体现了近现代中国共产党人作为中华民族的优秀精英的不懈奋斗精神，体现了中国人民的志气、骨气和底气，是今天中华民族扬眉吐气的底气所在，也是开启新阶段全面建设社会主义现代化国家的重要基础。中国共产党敢于斗争的革命精神充分彰显了中华民族的志气，艰苦奋斗精神体现了中华民族的骨气，社会主义建设的伟大成就增强了中华民族的底气。这是新时代的青少年学生需要深入学习并理解，增强做中国人的志气、骨气、底气的关键教育。

（三）永葆革命精神

毛泽东同志曾告诫全党："中国的革命是伟大的，但革命以后的路程更长，工作更伟大，更艰苦。"[3] 今天是和平建设年代，但在和平建设年代，更不能忘记革命历史，更不能丢掉革命精神。不管是作为革命

---

[1] 习近平：《在党史学习教育动员大会上的讲话》，《求是》2021年第7期。
[2] 习近平：《在党史学习教育动员大会上的讲话》，《求是》2021年第7期。
[3] 《毛泽东选集》第四卷，人民出版社1991年版，第1438页。

党,还是作为执政党,中国共产党一贯高度清醒,不忘初心,这是中国共产党能的重要原因。革命精神的重点不只是对敌斗争,还在于勇于自我斗争、自我革命,确保革命意志和革命本色。学校教育要通过党史学习教育,培养青少年的革命精神。

(四) 树立理想信念

理想信念决定着青少年的发展高度,是青少年发展的内在精神动力,党史教育的一个重要意义在于,这是推进青少年理想信念教育的重要基础。理想信念是精神领域的教育,但必须建立在实实在在的历史教育和现实的社会主义伟大建设的基础之上。中国共产党始终坚持理想信念,始终保持革命初心,始终以革命党严格要求自己,这也是中国共产党不断从胜利走向胜利的重要基础。新时代的学校理想信念教育,要用百年党史教育,让青少年深刻理解中国共产党的革命初心、艰苦卓绝的奋斗历程、伟大光辉的历史功绩,让青少年充分理解和明白中国共产党为什么能。党史学习教育能够使党员清醒,理解革命征程的不易,明确新时代新征程中党的伟大目标,以此坚定理想信念,确保党的生机活力。党史学习教育对于学校中的党员也具有特殊意义。对于老党员而言,是一种重温功课;对于年轻党员来说,则是一种厚重的历史教育,也是确保年轻党员深入理解党的重要课程。

(五) 铭记光辉历史

"一个不记得来路的民族,是没有出路的民族。"[1] 青少年的成长,需要历史智慧的有益滋养。和平年代的教育,不能忘记革命战争年代的历史智慧,要保持艰苦奋斗的作风、自我革命的精神。"现在的青少年长期生活在和平环境之下,没有体验过民族生死存亡的苦难,没有经历过血与火的考验,没有参加过艰难困苦的奋斗,人生阅历很有限。如果不加以正确引导和长期教育,难以树立正确理想信念,甚至可能走偏。"[2] 青少年的成长切忌温室培养,必须深入理解中国革命的艰辛斗争、社会主义建设的艰难历程、改革开放事业的艰苦探索,培养青少年

---

[1] 《习近平谈治国理政》第二卷,外文出版社2017年版,第49页。
[2] 习近平:《培养德智体美劳全面发展的社会主义建设者和接班人》,载中共中央党史和文献研究院编《十九大以来重要文献选编》(上),中央文献出版社2019年版,第648页。

的坚强意志和不懈追求真理的勇气。毛泽东同志强调:"应当重视培养学生的创造精神,不要使他们像温室里的花朵一样。今后无论谁去招生都不要乱吹,不要把一切都讲得春光明媚,而要讲困难,给学生泼点冷水,使他们有思想准备。"① 这是毛泽东同志的教育智慧,也是确保青少年健康成长必须具备的教育理念。在学校开展党史学习教育,有助于青少年铭记中国共产党的光辉历史,学习历史智慧和经验,增强新时代创新发展的勇气和信心。

**二 学校开展党史学习教育的主要目标**

大变局既有风险,也有机遇;新征程既有发展压力,也是创新创业的大好时机。新时代学校要做好自己的工作,坚定四个服务方向,做好双一流建设。新时代的学校,要深入扎实开展党史学习教育,传承红色基因为党育人,坚定理想信念为国育才,做好双一流建设应对世界大变局,做好四个服务高质量服务新征程。

(一) 传承红色基因铭记光辉历史为党育人

传承红色基因,首要目标是让青年大学生深入全面认识中国共产党的光辉历史和伟大精神,这是引导青年大学生建立远大理想信念的核心基础。在党史学习教育中,要让青年大学生深刻理解中国共产党的初心和使命,认识中国共产党的历史伟绩,这是引导青年大学生树立正确的政治观的关键和基础。

(二) 坚定理想信念为国育才

理想信念是培养人才的重要基础,优秀人才都有其坚定的理想信念。培养青年大学生的社会主义共同理想和共产主义远大理想,这是增强青少年发展精神内驱力的关键,也是党史学习教育的重点。革命初心是支撑革命先烈和仁人志士不断艰苦奋斗甘愿流血牺牲的重要缘由。新时代面对大变局和新征程,要通过党史学习教育,增强青少年做中国人的志气、骨气、底气。② 志气源于中国共产党敢于斗争敢于亮剑的革命精神;骨气源于中国共产党一贯选择艰苦奋斗自力更生的发展道路;底

---

① 《毛泽东文集》第七卷,人民出版社1999年版,第246—247页。
② 习近平:《在庆祝中国共产党成立100周年大会上的讲话》,《求是》2021年第14期。

气源于中国特色社会主义建设的光辉业绩。这些都是党史学习教育中的重点目标和指向。

(三) 做好立德树人应对百年未有之大变局

学校开展党史学习教育,要深刻理解党和国家对学校的重托,要做好双一流建设,在科技领域有效应对百年未有之大变局。新时代的中国大学,在人才培养领域要致力于培养世界一流人才,为新时代国家发展提供坚实的人才基础。在科学研究领域,要致力于探索世界一流科技成果,为经济社会发展助力,为人类社会和平发展服务。这既是国家发展科技领域的硬实力,也是彰显中华民族智慧和担当的文化价值观领域的软实力。中国共产党的百年历史征程,有着敢于斗争勇于竞争的勇气,这个勇气需要学校师生深入学习,在国际科技发展的竞争中,坚定意志、创新发展,走出一条中国特色社会主义的高等教育发展之路。中华民族近代科技文化落后,导致中华民族陷入险境,这是中华民族应当永远铭记的历史教训。在未来的发展中,要高度重视科技文化的发展,做好双一流建设,以确保中华民族在新的历史时期成功应对世界大变局。

(四) 做好四个服务不忘初心高质量服务新征程

大变局下的国际竞争,同样激烈并复杂,需要坚定意志。新征程更需要踏踏实实,善始善终推进每一项事业和工作。学校师生要深入学习革命英雄主义精神,深入理解一代人的担当,勇于自我革命,不忘初心,保持斗争精神,做好四个服务,为新征程上的"物质文明、政治文明、精神文明、社会文明、生态文明协调发展"服务。① 革命英雄主义精神是新时代的重要精神来源,特别是在和平建设年代,社会承平已久,容易失去目标和斗志,学校师生要学习中国共产党的革命精神,坚持自我革命,坚定革命党本色,不忘初心。同时,这也是推进学校师生朋辈影响力,提升大学生思想政治教育的科学性和艺术性,并促进国际理解的重要工作。他国理解中华民族,主要是通过对中华民族的英雄及其事迹而理解的。"祖国是人民最坚实的依靠,英雄是民族最闪亮的坐标。"② 深入学习理解革命英雄主义,这是和平年代在学校开展党史学

---

① 习近平:《在庆祝中国共产党成立 100 周年大会上的讲话》,《求是》2021 年第 14 期。
② 《习近平谈治国理政》第二卷,外文出版社 2017 年版,第 351 页。

习教育的重要目标，也是培养青年大学生的人生志向和理想信念的重要途径。

### 三 学校德育开展党史学习教育的基本原则

党史学习教育是一项系统性工程。在学习教育中，要确保树立正确的党史观，贯彻"三全育人"教育理念，并贴近青少年的学习和生活世界，务求学习教育实效。

（一）德育开展党史学习教育的基本原则

具体而言，学校开展党史学习教育要结构性设计四史教育内容确保系统性，注意真理性和艺术性相结合树立正确党史观，采取专题学习教育与常规教育教学有机结合确保学习教育务求实效，仪式感与环境育人并重形成持久教育影响力，历史感与时代性相结合确保学习教育深度。

1. 结构性设计四史教育内容确保系统性

学校开展党史学习教育的首要原则，是要结构性设计并系统实施，要科学设计党史学习内容，把党史、新中国史、改革开放史、社会主义发展史系统设计成为体系化、相互支撑的内容体系，并系统融入学校教育教学中。在四史的学习教育内容设计中，要以百年党史为主轴和重点，并协调设计新中国史、改革开放史、社会主义发展史的内容，共同服务于党史学习教育。在实施党史学习教育中，要注重实施党史学习教育的系统性，重点贯彻"三全育人"教育理念。党史学习教育要全覆盖课堂教学、人才培养方案、实践活动课程、校园文化建设等领域，要成为学校工作计划的重要内容。在实施中还要注意重点突出，在党团活动、社团活动、学校文化建设活动等领域重点开展系列专题活动，在课堂教学、班级活动、培养体系中渗透党史学习教育。把党史学习教育做得扎扎实实，并将党史学习教育效果有效转化为人才培养质量和科技创新成果，高质量服务于新时代的经济社会发展需要。

2. 真理性和艺术性相结合树立正确党史观

学校开展党史学习教育的基本原则是树立正确党史观，这是党史学习教育中的真理性原则。党史学习教育必须要具有内在真理性，其真理性在于正确党史观。在党史学习中，要坚持共产党人的实事求是精神，其目的在于正本清源、固本培元。① 同时，学校开展党史学习教育要面向新时代新征程，培养师生承担新时代的责任与使命，将自身的发展与党和国家的需要相联系，培养报国之志、厚植爱国情怀。学校是面向未来的，科学研究和人才培养，都是致力于服务国家未来发展的。学校党史学习教育要认真汲取历史智慧，面向未来发展，面向国际竞争，高质量为新征程的党和国家发展需要服务。在确保真理性的前提下，党史教育要注意艺术性，不能停留于读教科书、念文件，一定要有内在的思想性和艺术性。党史教育必须具有真理性，这是党史教育的方向性原则；同时党史教育要有艺术性，目的在于提升教育感染力，这是确保党史学习教育的教育效果的重要要求。学校开展党史教育一定要鲜活生动，不能呆板机械，怎样在寓教于乐中培养学生的党史素养，是一件需要深入思考并科学设计的事情。学校党史学习教育要注重彰显学校特色，在形式上要注重多途径多种形式，在内容上要注重系统性，要体现党史学习教育内在的思想性，并发挥好学校本身的学术优势，确保党史学习教育的学术质量和教育效果。

3. 专题学习教育与常规教育教学有机结合确保学习教育务求实效

党史教育在教育的形式上，要注意两种教育形式的结合：专题学习教育与常规教育教学有效结合。"要抓好专题学习、专题党课、专题民主生活会、专题培训，精心组织宣讲团开展专题宣讲。"② 专题学习教育的重点在于内容的专题性和形式的多样性，能够有效提升党史教育的艺术性和影响力。专题学习的重点在于提升党史学习的艺术性，拓展学习方式的多元化，这对于青少年的爱国情感的培养具有重要意义。专题学习中还要注意仪式感，用多种红色资源系统推进党史学习教育。另外，学校党史学习教育要与常规学习相结合，注重学习教育的持久性，重视校园文化建设中的党史学习教育，发挥文以载道、润物无声的教育效果。

4. 仪式感与环境育人并重形成持久教育影响力

在开展党史学习教育中，要注重仪式感与环境育人的结合。习近平总书记指出："要充分利用我国改革发展的伟大成就、重大历史事件纪

---

① 习近平：《在党史学习教育动员大会上的讲话》，《求是》2021年第7期。
② 习近平：《在党史学习教育动员大会上的讲话》，《求是》2021年第7期。

念活动、爱国主义教育基地、中华民族传统节庆、国家公祭仪式等来增强人民的爱国主义情怀和意识，运用艺术形式和新媒体，以理服人、以文化人、以情感人，生动传播爱国主义精神，唱响爱国主义主旋律，让爱国主义成为每一个中国人的坚定信念和精神依靠。"① 重要仪式带来的仪式感是强化青少年历史记忆的必不可少的重要教育活动，这能够有效通过固化的仪式感，加深青少年对历史事件的记忆和理解。同时环境育人的润物无声，能够带来持续长久的教育影响力，实现以文载道、以文化人，这也是有效影响青少年建立正确的历史观、民族观、国家观、文化观、政治观的重要途径。

5. 历史感与时代性相结合确保学习教育深度

党史教育要具有充分的历史感，这是确保党史学习教育质量的重要基础。要运用现代传媒技术，充分建构历史感，让学生通过深入理解历史，建立正确的历史认同。同时党史学习教育要结合时代性，联系青少年的生活世界，以让学生更为准确地理解历史，并联系生活和学习，深入学习党史中的革命精神、奋斗勇气和坚强意志。历史感的重点在于结合历史发展理解历史事件，领悟其中的历史经验和教训，汲取历史智慧。学习历史既是为了传承，同时也是为了新时代的开拓。党史学习教育还要具有时代性，要学习时代发展中新的不断前进的党的伟大征程。时代性的关键在于学习历史展望未来，以史鉴今，开拓进取做好新时代新阶段的工作。从这个角度看，党史学习教育既要面向历史，也要面向未来。

（二）学校开展党史学习教育的注意事项

党史学习教育是一项严肃的工作，既要确保真理性，又要保证艺术性，以实现良好而持久的教育效果。在学校开展党史学习教育活动中，要注意不能落入碎片化的讲故事、不能落入形式主义、不能脱离学校教育教学工作、不能闭门开展学习教育。

1. 不能落入碎片化的讲故事

"要防止肤浅化和碎片化，学党史讲党史不能停留在讲故事、听故

---

① 习近平：《大力弘扬伟大爱国主义精神为实现中国梦提供精神支柱》，《人民日报》2015年12月31日第1版。

事层面，而要通过讲故事引导广大党员加深对党的历史理解和把握，加深对党的理论理解和认识。"① 学校开展党史学习教育要切忌肤浅化，不能简单讲述革命历程中的胜利故事，要让青年学生充分认识革命建设中的艰难险阻，理解斗争的艰巨性和残酷性。历史不是一条坦途，未来发展也不是一路阳光，时刻需要谨慎和定力。在学校开展党史学习教育，结合学校的教育特点，讲故事自然是重要的学习教育方法，但讲故事需要注意系统性，不能落入碎片化。中学与小学的党史学习教育也有其侧重点。小学可能更多会采用讲故事的方式，这是基于小学生的教育特点。而中学阶段则既要讲故事，也要注重讲思想和讲理论，彰显党史学习教育的真理性。碎片化的讲故事的问题在于可能过度追求趣味性，而落入娱乐化，这是党史学习教育需要注意避免的误区。

2. 不能落入形式主义

在学校开展党史学习教育，要高度注意学习教育的思想性和艺术性有机结合。学校党史学习教育，不能采取读文件、学习教科书的方式，这种方式相对机械呆板，对青少年培养革命精神极为不利。学校党史学习教育要高度重视教育质量和教育效果，切忌形式主义，要多注重方式方法的创新性，在确保内容的真理性的前提下，有效契合青少年的认知发展特征，有效开展党史学习教育活动。党史学习教育的目的在于总结经验、观照现实和推动工作。总结经验是总结中国革命和社会主义建设的经验和智慧。观照现实是以革命建设的智慧和勇气来认识现实，在国际竞争中确保战略定力，在国内发展建设中坚定方向。要把党史中的经验和智慧，运用于国际科教竞争，提升学校教育工作的质量，把党史学习教育的成效转化为办学工作的业绩。在党史学习教育中，还要突出创新性要求，不能简单停留于念文件、读教科书，要采取多种形式多种途径提升党史学习教育的效果，有效贴近青少年的学习和生活，确保党史学习教育质量。

3. 不能脱离学校教育教学工作

党史学习教育要实实在在，不能脱离学校教育教学工作。在中小学开展党史学习教育，要契合青少年认知发展规律，要深度结合学校教育

---

① 习近平：《在党史学习教育动员大会上的讲话》，《求是》2021年第7期。

教学工作,走入课堂和班级,进入校园文化建设和学校活动计划。党史学习教育要成为学校教育教学的重要构成,共同服务于青少年全面发展。在党史学习教育中,既要有效培养革命理想信仰,学习革命历史智慧,同时又要有效结合学习和生活,树立在新时代为国立功的远大志向。现代国家竞争更重要的是科学技术和思想文化的竞争,学校既肩负重要使命,也是应尽之责。社会发展必须要有科学技术和思想文化的创新,确保中华民族的竞争力,绝不故步自封。正如科技发展史所揭示的一样,停留在石器时代,希望打磨锋利的石器解决一切问题是不行的,也是必然要被时代抛弃的。通过党史学习教育,学校要有敢于竞争的勇气,要能够着眼世界学术前沿和国家重大需求,致力于解决实际问题,协同推进教学科研质量,要有志气产生世界一流学术成果、培养世界一流人才。

4. 不能闭门开展学习教育

学校开展党史学习教育一定不能关上门学习。要结合新时代发展,结合现代科学技术,理解新时代的社会主义建设伟业,理解新时代中国共产党的担当和使命,理解新征程中的伟大事业和可能的巨大挑战。在学习教育中,要教育青少年既要有效汲取历史经验和教训,又要有效结合时代需要不断开拓创新。在传承中创新,在继承中开拓,以此培养青少年的创新创业精神,提振青少年的志气和勇气。在党史学习教育中,要注重形式的多样性,开放学习党史,既要请老革命、老红军、老专家走入校园讲述革命建设故事,同时也要走出校园,让青少年走入革命博物馆、革命纪念馆、伟大建设工程等,以现场感促使青少年深入理解中国革命和建设的伟业。

# 第九章　新时代德育诸领域

新时代德育的重要特色在于德育的一体化建设，注重大中小幼德育的系统性，强调家庭、学校、社会协同建设。本书中的德育主要指的是针对学生的学校德育，但新时代德育理论研究不能忽视教师师德师风建设、家庭德育、人类命运共同体教育。学校德育与教师师德师风密切相关，师德师风建设的质量深刻影响学校德育质量。家庭德育与学校德育联系紧密，家庭是孩子的第一所学校。人类命运共同体思想是新时代国际领域的重点理论，是新时代国际教育的重点内容。基于新时代德育的系统性考量，将教师师德师风建设、家庭德育、人类命运共同体教育放在新时代德育诸领域中。

## 第一节　教师师德师风建设

学校道德的建构主体是教师队伍，只有高水平的教师师德，才能有效建构道德的学校，实现高质量立德树人的根本任务。教师的师德是学校教育的重要基础，教师在学校教育中对学生的言传身教是教育的重要构成部分。在学校教育改革与发展中，必须高度重视教师师德建设，建设健康的学校德育环境。教师队伍的道德水平很大程度上决定了学校德育的质量和水平，这是立德树人中立德的重要基础。从这个角度看，教师师德师风是学校德育的重要构成部分。

### 一　教师师德在德育中的地位与作用

教师师德是教师的职业道德，是教师在学校教育教学工作中体现出来的教育理想信念、生活志趣、道德情操、职业倾向等。教师师德在德育中具有极为重要的地位。学校教育教学是由教师实施的，如果教师的师德存在问题或者缺陷，必然影响到具体的教育教学行为。在学校教育中，教育教学是直接和具体的社会实践，具体构成是学生个体、教师个体的存在方式和具体行为，完全抽象意义上的学生群体和教师群体只是一种理论上的存在。也即，教育教学中的任何具体行为都是由具体的教师教育给具体的学生。一个存在严重师德问题的教师，必然会对其所任教的学生产生负面道德影响。同时，学校的具体单位是班级，班级的具体运行模式是班主任负责协调班级建设，任课教师负责相应的学科教学。如果任课教师存在师德问题，会形成具体学科的负面影响。如果班主任存在师德问题，则会严重影响一个班级的整体发展。有一个优秀的教师，就有一门优秀的课程教学；有一个优秀的班主任，就有一个好班级。这是中小学教育中的基本规律。

教师师德是学校建设中的重点领域，没有优秀的师德师风，自然没有优秀的学校教育教学。对于学校德育而言，教师师德对德育的重要作用主要体现在四个维度。

其一，教师师德本身是学校道德的核心构成部分。教师是学校教育的核心构成力量。只有高质量的教师师德，才能建构高水平的学校道德。如果教师师德存在问题，难以想象能够建构高水平的学校道德。学校在改革发展中，必须坚持社会主义办学方向，持续提升教师师德水平，确保人民教师的良好社会荣誉和职业声誉。

其二，教师师德是学校教育教学质量的重要基础。教师师德本身是一个系统性的呈现，体现着学校的治理水平、综合协调能力、教育教学质量、办学特色等。师德不是单纯的教师个人道德，而是教师群体在职业行为中体现出来的整体趋向。这种整体师德既是学校教育教学的道德伦理领域的核心基础，同时也基本决定了学校教师群体的工作质量和工作积极性。在学校的教育教学实际工作中，并不存在抽象意义上的教师群体，具体课程教学都是由教师个体承担，教师的工作精神和工作质量就直接呈现为学校的教育教学质量。从这个角度看，教师师德本身就是学校教育教学质量的重要基础。

其三，教师师德是学校教风和学风的直接呈现。学校的教风指的是教师群体教育教学的集体风貌，学风指的是学生学习发展的集体风貌。教风和学风共同构成了校风的核心部分，教风和学风不佳的学校，校风自然不佳。要提升校风，必须提升教风和学风。教师师德是教风的直接体现，同时也是学风的主要决定力量，因为学生的学习发展就是在教师的教学指导下完成的。一所学校的教风和学风建设，必须以教师师德建设为重要基础。

其四，教师师德是立德树人的基本前提和依托。学校立德树人，必须建设良好的学校道德，同时做好对学生的教育教学工作，实现学生德智体美劳全面发展。学校教育教学工作的承担者是教师，如果教师具有高尚师德，立德树人就有了坚实的基础和不断提升质量的动力。高尚师德能够有效提升教师的职业发展动力、提升职业知识能力、坚持职业理想信念，有效克服教育教学工作中的困难，实现学校教育高质量立德树人的任务。

## 二 教师队伍建设重要论述的基本内容

"教育决定着人类的今天，也决定着人类的未来。"[1] 学校教育是党和国家的重要事业，事关中华民族的未来发展。"自古以来，中华民族就有尊师重教、崇智尚学的优良传统。"[2] 习近平总书记高度重视学校教育工作，在教师师德领域和教师队伍建设上，提出了"四有好老师""四个引路人""四个相统一""坚持把教师队伍建设作为基础工作"等系列重要论述。

"四有好老师"具体是：做好老师，要有理想信念、道德情操、扎实学识、仁爱之心。[3] "四个引路人"具体是："广大教师要做学生锤炼品格的引路人，做学生学习知识的引路人，做学生创新思维的引路人，

---

[1] 《习近平在北京市八一学校考察时强调 全面贯彻落实党的教育方针 努力把我国基础教育越办越好》，《人民教育》2016年第18期。

[2] 《习近平在北京市八一学校考察时强调 全面贯彻落实党的教育方针 努力把我国基础教育越办越好》，《人民教育》2016年第18期。

[3] 习近平：《做党和人民满意的好老师——同北京师范大学师生代表座谈时的讲话》，《人民教育》2014年第19期。

做学生奉献祖国的引路人。"[1] "四个相统一"具体是:"要加强师德师风建设,坚持教书和育人相统一,坚持言传和身教相统一,坚持潜心问道和关注社会相统一,坚持学术自由和学术规范相统一,引导广大教师以德立身、以德立学、以德施教。"[2] 另外,在2018年全国教育大会上,习近平总书记提出了"坚持把教师队伍建设作为基础工作"的重要论述。[3] "四有好老师"注重教师的综合素养,"四个引路人"清晰定位了教师教书育人的责任,"四个相统一"定义了师德师风建设的基本路径,"坚持把教师队伍建设作为基础工作"则从教育改革与发展的战略高度定位了教师队伍建设的地位。

(一) 师德师风建设:做"四有好老师"

教师师德师风建设是习近平总书记高度重视的领域。在教师队伍建设上,习近平总书记的"四有好老师"重要论述,明确指向教师队伍的师德师风建设。强调做好老师,要有理想信念、道德情操、扎实学识、仁爱之心。在理想信念维度,注重教师的从教初心,这也是习近平总书记告诫全党不忘初心的重要论述在教育领域中的体现。教师失去从教初心,失去教书育人的理想信念,就可能成为问题教师。在道德情操维度,注重优秀师德的锻造。道德情操是教师队伍建设的重点领域,学校的根本任务是立德树人,但如果教师自己的德都不能立起来,那么学校教育自然难以做到高质量立德树人。在扎实学识维度,注重教师专业能力建设。扎实学识也是教师师德师风建设的重要内容,教师必须加强自我反思和自我提升,才能在学识和专业能力上更好地履行教书育人的职责。如果教师不具备扎实学识,在学校教育教学中就可能误人子弟,这也是严重缺乏师德的表现。在仁爱之心维度,强调教师要有献身人民教育事业的伟大心灵。仁爱之心是教师队伍建设在心灵层面的重要内容,教书育人本身是一项复杂的工作,也具有很高的工作难度,教师必须用仁爱之心去消除工作中可能产生的负面情绪,保持人民教师为人民

---

[1] 《习近平在北京市八一学校考察时强调 全面贯彻落实党的教育方针 努力把我国基础教育越办越好》,《人民教育》2016年第18期。

[2] 《习近平谈治国理政》第二卷,外文出版社2017年版,第379页。

[3] 《习近平在全国教育大会上强调 坚持中国特色社会主义教育发展道路 培养德智体美劳全面发展的社会主义建设者和接班人》,《人民教育》2018年第18期。

教育事业服务的伟大心灵。从整体上看，习近平总书记对师德师风非常关注，优秀的师德师风既是教师队伍建设的目标，也是对教师职业道德的重要要求。

（二）教师专业能力建设：坚持"四个相统一"

习近平总书记一贯高度重视专业能力建设，在教育领域高度重视教师专业能力建设。"四个相统一"的重要论述既有师德领域的内容，同时也有专业能力建设的内容。坚持教书和育人相统一，强调教师既要教书，同时也要育人。教书能力是教师专业技术能力的体现，育人则是教师教育能力的体现，两者对教师的专业能力建设都提出了重要要求。教书育人是中国教师的工作岗位的基本逻辑，既体现了国家和社会对教师知识领域的智育要求，同时也体现了对教师思想道德领域的德育要求。坚持言传和身教相统一，这既是师德领域的要求，同样也是专业能力建设领域的要求。教师队伍建设要重点关注教师的言传身教，实现以德服人、以能服人，教师在教育教学中既要言传讲授，更要严格自身行为，成为学生道德和行为上的示范。坚持潜心问道和关注社会相统一，强调教师不仅要以优质的科学研究和专业发展实现自身专业领域的贡献，还要重点关注社会的需要和发展方向，深刻理解社会对教育科研的期待，以便更好地服务于国家经济社会的发展需要。这是对教师在科学研究和专业能力领域的重要要求。坚持学术自由和学术规范相统一，要求教师在专业能力和科学研究上，既需要具备充分的学术自由，做好科学创新和思想创新，同时也要高度注意学术规范和学术道德，致力于建构健康的学术体系。这是在学术能力和学术道德领域提出的重要要求。教师专业能力建设涉及国家教育教学质量的核心问题，没有一流的教师专业能力建设，一流的学校教育就是无源之水、无本之木。习近平总书记认为加强教师队伍建设是教育事业发展的重要基础工作，教师需要改革创新和终身学习，才能办好人民满意的教育。[1] 如何在教育教学中不断反思和提升教师专业能力，也是当前教师队伍建设的重要内容和重要路径。

---

[1] 中国昌、王永颜：《习近平教师队伍建设思想内涵及其现实意义》，《武汉科技大学学报》（社会科学版）2014年第6期。

### (三) 教师地位与待遇支撑体系建设：提高教师的三个地位

要建设一支高质量的教师队伍，必须确保教师职业具有应有的地位，能够有效吸引优秀人才献身教育事业，确保教师队伍稳定和保持高质量水准。习近平总书记指出："加强师德师风建设，培养高素质教师队伍，倡导全社会尊师重教。"① 建构良好的教师地位与待遇支撑体系，确保教师职业应有的地位，这是确保高质量教师队伍建设的重要措施。在全国教育大会上，习近平总书记明确提出要"努力提高教师政治地位、社会地位、职业地位，让广大教师享有应有的社会声望"②。教师队伍建设既需要着力于教师队伍内部的师德师风、专业能力等建设，这是教师队伍建设的软实力；但同时还必须着力于教师队伍外部的三个地位的建设，以全面提升教师职业的社会吸引力，稳定教师队伍，吸引优秀人才投身于教育事业，这是教师队伍建设的硬实力。这样内外结合，物质与精神相结合，软实力与硬实力相结合，才能系统提升教师队伍建设质量。

### (四) 教师职业权利和责任体系的建设：担任"四个引路人"

"四个引路人"的重要论述清晰地阐释了教师职业权利和责任。广大教师要做学生锤炼品格的引路人，注重教师在学生优秀品质培养和形成过程中的引导责任，同时要求教师在思想、政治和道德等领域，履行自己的国家责任、政治责任、社会责任和教育责任。教师做学生学习知识的引路人，重点是强调教师在专业能力建设领域的责任。要求教师成为学生学习上的榜样，以引导学生学会学习、学会发展、学会成长。同时，教师要成为学生学习知识的引路人，其核心在于教师要勤于学习、勤于反思、勇于进取，这也是教师的职业权利和责任，教师要拥有必要的在职继续学习的时间和精力，政府和社会相关机构要进一步支持和鼓励教师的专业发展，为教师的自我提升和专业能力发展创造必要的条件。教师做学生创新思维的引路人，重点是强调教师队伍建设在创新思维培养领域的重要责任。所有社会个体都出自学校的培养，教师如果不

---

① 《习近平著作选读》第二卷，人民出版社2023年版，第38页。
② 《习近平在全国教育大会上强调 坚持中国特色社会主义教育发展道路 培养德智体美劳全面发展的社会主义建设者和接班人》，《人民教育》2018年第18期。

注重创新思维的培养，很难保障民族的创新精神和创新能力的有效建设。教师做学生奉献祖国的引路人，重点是强调教师队伍建设的思想政治领域的责任。教师要引导学生从小牢固树立"四个自信"，奠定坚实的中华文化基因，厚植爱国主义情感，成为中国特色社会主义建设者和接班人。在学校教育中要坚决反对崇洋和西化，在青少年的价值引导上坚守政治责任和教育责任。如果青少年学生从小就被诱导崇洋和西化，认为西方的就是真理，西方社会就是现代化社会的标准，就会导致青少年在精神领域严重缺钙，既难以做到对中华文化的坚定自信，同时也难以做到发自内心深处地爱国。教师在引导学生奉献祖国的过程中，既要在精神层面牢固做到"四个自信"，同时也要在行为层面成为学生的爱国典范。

（五）教师队伍建设在教育工作中的地位和作用："坚持把教师队伍建设作为基础工作"

"坚持把教师队伍建设作为基础工作"，这是习近平总书记从国家教育发展的战略和治国理政的高度，对教师队伍建设的重要论断。学校教育质量提升的关键在于教师队伍的质量建设，只有高度重视教师队伍建设，才能有效提升学校教育教学的质量，抓好教师队伍建设，这是教育改革与发展工作中需要高度重视的重要抓手。同时，习近平总书记提出的"坚持把教师队伍建设作为基础工作"的重要论述，也是对一段时期以来学校教育重视校舍和实验设备等硬件建设，相对忽略教师专业发展和人员经费投入的思维倾向的纠偏。在新时代中国特色社会主义建设中，人民对优质教育的需求更为强烈，经济社会发展都依赖于创新知识和创新人才，教育和教师的重要性越发凸显。在教育改革与发展中，必须坚持把教师队伍建设作为基础工作，只有这样，才能抓住教育改革与发展的关键点，全面提升学校教育教学质量。

### 三 教师队伍建设重要论述的师德建设理论内涵

"评价教师队伍素质的第一标准应该是师德师风。"[①] 在教师队伍建设中，习近平总书记最为关注的就是师德师风建设。教师队伍的师德师

---

① 习近平：《在北京大学师生座谈会上的讲话》，《思想政治工作研究》2018年第6期。

风建设事关学校教育教学的道德基石，体现了国家教育界的道德风气和工作风貌，是立德树人质量的重要影响因素，也是社会建设和国家治理的重要领域。一个国家的教师队伍师德师风建设质量，很大程度上也预示着未来社会发展的道德趋势。习近平总书记关于教师队伍建设重要论述有其丰富的理论内涵，是对教师职业性质的准确定位，是对教师师德师风的严格要求，是对传统师道精神的现代传承，注重教师政治意识形态维护者的定位，同时确立了教师队伍是国家建设和发展重要支撑力量的地位。

（一）对教师职业性质的准确定位

习近平总书记高度重视教师和教育。从教师的社会职责来看，"教师是人类灵魂的工程师，承担着神圣使命"[1]。习近平总书记不只是重视师德师风建设，同时高度重视教师的业务素质，并把教师的作用提升到国家繁荣和民族振兴的高度，大力提升了教师的社会作用的定位层次，这是对教师职业性质的准确定位。今天中国已经走上了创新性发展之路，创新性发展的核心是创新型人才的培养。没有高质量的教师队伍建设，教育很难培养创新型人才。教师队伍建设在新时代经济社会发展中越发重要，培养德才兼备的高素质专业化教师队伍，是今天中国教育提升教育教学质量的关键，也是建设创新型经济社会的重要基础。

（二）对教师师德师风的严格要求

习近平总书记强调新时代经济社会发展对教师队伍建设提出了新要求，同时也对全党全社会尊师重教提出新的更高要求。要求每个教师都要珍惜人民教师的荣誉，热爱教师职业，拥有热爱教育的定力，不忘从教初心，在工作中严格要求自己，在学习中不断自我完善。同时，对教师队伍中存在的问题，要坚决依法依纪予以严惩。[2] 在教师队伍建设中，既要对优秀师德师风予以表彰，同时也要对师德师风的后进者予以警示，对师德师风有问题者予以严惩。师德师风建设不只是影响教育行业，从大处着眼，师德师风建设不力还会影响整个国家的道德风气，因

---

[1] 《习近平谈治国理政》第二卷，外文出版社2017年版，第379页。
[2] 《习近平在全国教育大会上强调 坚持中国特色社会主义教育发展道路 培养德智体美劳全面发展的社会主义建设者和接班人》，《人民教育》2018年第18期。

因为每一个公民都出自学校教育的培养。

(三) 对传统师道精神的现代传承

中国有着悠久的师道精神。对于教育和教师地位，中国古代认为"建国君民，教学为先"①。在具体的教师职业职责上，韩愈的《师说》有着重要阐释："师者，所以传道、受业、解惑也。"② 传道指的是教师应当对学生进行道德伦理教育，受业指的是教师对学生传授学问和知识，解惑则是指教师要运用自身的知识和能力为学生解开困顿和迷惑。在教师的具体形象上，中国传统以来对教师的基本设定标准是："学高为师，行为世范。"意即教师既需要扎实的专业知识和较高的文化素养，还需要良好的道德品质，成为学生学习的典范。这既是中国社会普遍意义上的对教师职业素养的基本要求，也是中国社会大众评判教师的基本标准，同时还是教师自我设定和专业发展的理想目标。对教师和教育的尊重，是中华民族历久弥坚的重要历史经验和智慧。习近平总书记一贯高度重视历史智慧，其对教师的师德师风的高度重视、对教师职业能力素养的严格要求、对教师地位的高度重视，以及浓厚的尊师重教的情感，是对中国传统师道精神的现代传承。

(四) 对教师队伍作为国家建设重要支撑力量地位的确立

习近平总书记强调教师队伍本身的公务性质，并要求教师队伍建设要注重历史视野和政治责任。强调教师队伍是国家建设的重要支撑力量，这是习近平总书记关于教师队伍建设重要论述的一个重要理论特质。在政治上，要求对党和人民忠诚。③ 在教育上，教师要尊重人民教师的名号，在工作中必须忠于人民教育事业。"公办中小学教师要切实履行作为国家公职人员的义务，强化国家责任、政治责任、社会责任和教育责任。"④ 对于高校教师队伍来说，要努力建设"四个自信"，提升

---

① 《礼记》(下)，胡平生、张萌译注，中华书局2017年版，第697页。
② 韩愈：《师说》，载钟基、李先银、王身钢译注《古文观止》，中华书局2001年版，第553页。
③ 《习近平谈治国理政》第二卷，外文出版社2017年版，第326页。
④ 《中共中央国务院关于全面深化新时代教师队伍建设改革的意见》，《人民日报》2018年2月1日第1版。

我国办好世界一流大学的自信。① 新时代的高等教育领域的"双一流"建设,既是高校业务工作上的目标要求,也是高校教师队伍建设上的重要政治使命。

## 第二节 新时代家庭德育

家庭德育对青少年的成长影响巨大,是青少年德育的重要构成部分。习近平总书记的家庭德育重要论述注重对中华传统优秀家教家风的传承,同时结合时代发展的特点,有力推动了全社会对家庭德育的重视。家庭德育主要涉及家庭、家教和家风。家庭是社会的基本构成单位。家教指的是家庭教育,家庭教育的内容主要有三个方面:传递价值观、培养行为模式和塑造情感特征。② 家风指的是一个家庭的基本风貌,具体指的是一个家庭或者一个家族世代相传的价值理念、道德准则、人格气质、精神风范。③ 家庭、家教、家风三者紧密相连,都与家庭德育密切联系。家庭是家庭德育的主要依托,家教是家庭德育的主体构成部分,家风是家庭德育气质的重要体现。"家庭教育涉及很多方面,但最重要的是品德教育,是如何做人的教育。"④ 家庭的家教和家风主要都是德育领域,家庭德育的主体内容是家教家风建设。

### 一 中国革命与中华优秀传统文化中的家庭德育

中国共产党一贯重视家庭建设,高度重视家教家风。立党为公、执政为民,中国共产党的革命经历和建设历程充分证明了其高度的道德性。中国共产党对党员干部的家教家风高度重视,并作为党要管党、全面治党的重要构成部分。习近平总书记家庭德育重要论述的理论体系有

---

① 习近平:《在北京大学师生座谈会上的讲话》,《思想政治工作研究》2018年第6期。
② 陆士桢、胡礼鹏:《对新时期习近平关于家庭建设论述的理论认识和分析》,《青少年研究与实践》2018年第1期。
③ 陈春燕、李芳:《习近平家风建设思想探析》,《长春理工大学学报》(社会科学版)2017年第5期。
④ 《习近平谈治国理政》第二卷,外文出版社2017年版,第354页。

两个重要渊源：一是中国共产党革命传统中的家庭德育；二是中华优秀传统文化中的家庭德育。

（一）中国共产党革命传统中的家庭德育

习近平总书记的家庭德育重要论述，在理论上源于马克思主义相关家庭定位的思想，在实践上传承和发展了中国共产党在革命建设中的家庭德育的经验和智慧。

1. 马克思主义对家庭的定位

作为人类社会中的重要构成部分，家庭自然也是马克思主义重点关注的领域，在《家庭、私有制和国家的起源》中，马克思恩格斯探索了家庭的社会本质，其中的一个重要观点是：家庭本身是国家的缩影。[①] 另外相关重要著作还有《德意志意识形态》《共产党宣言》等。在《共产党宣言》中，论证了家庭的变化和社会作用，并分析了无产阶级与资产阶级在家庭领域的差异。[②]

2. 中国革命传统的家庭德育优秀传统

中国革命传统的家庭德育优秀传统是新时代家庭德育理论的重要渊源。建设良好家教家风，严格要求自己和家庭成员，是老一辈革命家的共同特征。毛泽东同志"不为亲徇私，不为旧谋利，不为亲撑腰"的原则是中国共产党人家风家教的典范。在德育上，毛泽东同志高度重视思想政治教育，并强调教育要与劳动相结合，这些都是家庭德育的重要原则。周恩来同志高度重视家教家风建设，并订了"十条家规"，明确不许请客送礼、生活要艰苦朴素、不谋私利不搞特殊化等。[③] 邓小平同志高度重视家国建设中勤俭品质的重要性，强调"勤俭建国、勤俭持家一定要联起来，只提一个不够"[④]。同时，邓小平同志高度重视家庭和睦。强调"家庭和睦也是经常要做的工作"[⑤]。

从整体上看，中国共产党对家教家风一贯高度重视，既注重家庭领

---

[①] 《马克思恩格斯选集》第 1 卷，人民出版社 2012 年版，第 67 页。
[②] 《马克思恩格斯选集》第 1 卷，人民出版社 2012 年版，第 417—418 页。
[③] 中共中央文献研究室周恩来研究组：《周恩来的十条家规》，《决策与信息》2006 年第 3 期。
[④] 《邓小平文选》第一卷，人民出版社 1994 年版，第 294 页。
[⑤] 《邓小平文选》第一卷，人民出版社 1994 年版，第 294 页。

域的道德伦理建设，同时也作为以德治国的重要基础。新时代高度重视家教教风建设，在家教教风领域有着重要理论突破，作为新时代党要管党的重要措施，中国共产党高度重视管理党员干部的生活圈、朋友圈和家庭建设。对于家庭建设不力的党员干部，以及家教家风有严重问题的党员干部要严肃追究党纪责任。这也是管住党员干部的生活圈，提升党员干部的家庭建设质量的重要要求。事实上，家庭建设不佳，生活圈存在严重问题的党员干部，大多在实际工作中和生活中也会出现很多问题，这也是通过建设健康的党员干部家庭，进而建设好党风政风的逻辑，以此作为治理国家的重要基础。

（二）中华优秀传统文化中的家庭德育

中国社会传统向来高度重视家庭德育，并有众多家庭德育的典范故事，如孟母三迁、岳母刺字等，也有着众多优秀家庭建设的作品，如《朱子家训》《曾国藩家书》等。

在国家治理上，中国社会传统的重要历史经验就是家国同构。家国同构由梁启超提出，但其建设思路则是中国社会的历史智慧。所谓家国同构指的是家庭和国家有着相同的结构，建设家庭与建设国家有着内在的相同性和相通性，要建设国家，必须从建设家庭开始，而建设家庭也是建设国家的关键点和实践依靠。在中国社会文化中，家与国息息相关，家是小的国，国是大的家。家国同构的思想对中国社会影响深远。每一个家庭建设好了，国家自然也就建设好了。同样，要建设好国家，必须高度重视建设好家庭，只有重视家庭建设的国家，社会才会和谐与繁荣。家国同构是中华民族的重要历史智慧，也是中国社会思考国家建设的重要思路。

## 二 家庭德育重要论述的理论内涵

习近平总书记家庭德育重要论述，既涵盖家庭德育内容，也涵盖家庭德育基本路径，是指导新时代德育的重要理论。从整体上看，其理论体系内容深刻而丰富，理论内涵涉及家庭德育的定位、家庭德育的性质、家庭德育的方法与路径、家庭德育的具体内容、家庭德育的结构等多个维度。

第九章　新时代德育诸领域

（一）家庭德育的定位：家庭的社会功能与文明功能不可替代

家庭是人类社会的基本结构单位，社会是由家庭构成的。对于社会发展来说，家庭是社会基本结构的微观体现，也是社会建设的重要依托。"无论时代如何变迁，无论经济社会如何发展，对一个社会来说，家庭的生活依托都不可替代，家庭的社会功能都不可替代，家庭的文明功能都不可替代。"① 对于社会个体来说，家庭是个体赖以生存和发展的基本场所，是社会个体生活的依托和休憩港湾。家庭对于任何一个社会个体都有其不可替代的重要作用，家庭既是个体教育的重要承载体，也是个体生活的场所，更是个体心灵归宿的单位。

家庭建设对于社会发展具有其特殊的重要地位。对于社会建设而言，任何社会都是由家庭这个基本单位构成的。从一定程度上看，家庭建设的质量基本体现了社会建设的质量和文明水平，也是社会文化气质和哲学思维的重要呈现。中国的重要历史智慧就是家国同构，建设国家的重要路径就是建设家庭。简而言之，要建设好国家，首先要建设好家庭。只有从家庭建设入手，才是扎扎实实推进社会建设质量的现实路径。从这个角度看，主要承担道德教化的家庭德育非常重要，从一定程度上看，家庭德育担负着对青少年的社会教化的重要德育功能，相当程度上体现着家庭的文明程度。简而言之，家庭德育是社会建设中的社会功能和文明功能的重要承载体。

（二）家庭德育的性质：人生的第一个课堂

习近平总书记高度概括定义了家庭德育的基本性质："家庭是人生的第一个课堂，父母是孩子的第一任老师。"② 这是对家庭德育的性质的准确定位，也是对父母的家庭教育责任的准确定义。任何孩子都是在家庭中成长的，一定程度而言，家庭德育是怎样的，孩子就是怎样的。从孩子一生的成长来看，父母是孩子实质上的第一任启蒙老师，而第一任老师往往又是影响力最大的老师。青少年成长中呈现出的一个重要规律就是：一个家庭的父母是什么样的人，其子女也大概率是什么样的

---

① 《习近平谈治国理政》第二卷，外文出版社2017年版，第353页。
② 《习近平谈治国理政》第二卷，外文出版社2017年版，第354页。

人。"家长特别是父母对子女的影响很大,往往可以影响一个人的一生。"① 习近平总书记对家庭德育性质的定位,充分阐述了家庭德育在孩子成长中的高度重要性。

中国社会传统以来高度重视家教家风,将家教家风作为评价个体的重要背景性资料,是具有其深刻的历史智慧和社会智慧的。父母作为孩子的第一任启蒙老师,其影响力和重要性主要不是在知识领域,更多的是在道德思想领域影响孩子的一生成长。在家庭的影响力中,因为父母对孩子道德思想影响的原初性,所以对孩子一生的发展影响相对来看更为显著和深远。

(三)家庭德育的方法与路径:言传身教

"广大家庭都要重言传、重身教,教知识、育品德,身体力行、耳濡目染,帮助孩子扣好人生的第一粒扣子,迈好人生的第一个台阶。"② 家庭德育的途径既有言传,也有身教。在孩子成长的过程中,父母是与孩子交流最多的成人,会在言语教育上占据显著的优势影响力地位。"家长要时时处处给孩子做榜样,用正确行动、正确思想、正确方法教育引导孩子。"③ 同时,父母本身在家庭中与孩子一起生活,其具体的行为对孩子的影响是潜移默化的,其内在影响更为深远。

习近平总书记对家庭德育的一个经典比喻是:帮助孩子扣好人生的第一粒扣子,迈好人生的第一个台阶。在具体的家庭德育中,如果父母能够确保教育孩子扣好人生的第一粒扣子,后面的扣子就都能够顺利扣好。但如果不良的家庭德育导致孩子的第一粒扣子没有扣好,或者扣错了,可能直接导致孩子在未来的人生中将后面的扣子全部扣错。迈好人生的第一个台阶则是父母帮助孩子走好人生的第一步,攀爬上第一个台阶,这第一步需要稳,需要正确,如果第一个台阶迈错了,孩子就会在人生之路上摔跟头。习近平总书记用形象的比喻深刻揭示了家庭德育的重要性,以及其基本的方法与路径,即父母的言传身教对子女成长的重要性,并强调:"要善于从点滴小事中教会孩子欣赏真善美、远离假丑

---

① 《习近平谈治国理政》第二卷,外文出版社 2017 年版,第 354—355 页。
② 《习近平谈治国理政》第二卷,外文出版社 2017 年版,第 355 页。
③ 《习近平谈治国理政》第一卷,外文出版社 2018 年版,第 184 页。

恶。要注意观察孩子的思想动态和行为变化，随时做好教育引导工作。"①

(四) 家庭德育的具体内容：传统美德与政治觉悟

社会主义家庭德育既要传播传统美德，同时也要积极培育政治觉悟。中华传统美德也是建构新时代家庭德育的重要资源。习近平总书记高度重视中华传统美德。其关于家庭德育的重要论述，既是对中华传统家庭美德的总结，也是对家庭建设的重要性的重要阐述。在习近平总书记对中华传统家庭美德的回顾中，主要有三个维度的内容：其一是阐释了中华民族传统家庭美德的重要内容，这些内容涵盖了家庭关系、家庭风气、家国关系等维度。这既是对中华传统家庭美德的现代传承，也是文化自信的重要体现。其二是强调家庭美德是支撑中华民族的重要精神力量，从社会道德建构和社会治理的维度，强调了家庭德育的重要性。其三是强调中华传统家庭美德是新时代家庭文明建设的重要精神财富，家庭德育要传承中华传统美德，学习中华家庭教育智慧，在家庭教育中传承中华文化基因。

家庭德育中的政治启蒙和政治引导同样重要。"要在家庭中培育和践行社会主义核心价值观，引导家庭成员特别是下一代热爱党、热爱祖国、热爱人民、热爱中华民族。"② 习近平总书记高度重视在家庭德育中要对青少年进行正确的政治引导，对青少年进行重要的政治教育启蒙。家庭教育既要重视对孩子的道德启蒙，同时也要让孩子正确认识社会，进行思想政治启蒙教育。在社会建设中，父母对于青少年的政治觉悟和政治倾向有着重要的方向性影响。

(五) 家庭德育的社会结构：家国一体

中国社会建设的重要思维特点就是家国一体建设，儒家经典《大学》中的社会治理逻辑是修身、齐家、治国、平天下。家庭德育也遵循同样的逻辑，其指向的社会结构也是家国一体。家庭德育不只是教育孩子具有良好的个人道德，还需要具备国家视野。习近平总书记指出："作为父母和家长，应该把美好的道德观念从小就传递给孩子，引导他

---

① 《习近平谈治国理政》第一卷，外文出版社2018年版，第184页。
② 《习近平谈治国理政》第二卷，外文出版社2017年版，第355页。

们有做人的气节和骨气,帮助他们形成美好心灵,促使他们健康成长,长大后成为对国家和人民有用的人。"①

习近平总书记强调的是一种融家庭、国家和人民为一体的新型家国关系。既强调家庭建设与国家发展相辅相成,同时又强调家庭和国家建设都要以人民的幸福为目标。② 家庭德育的目的不仅是家庭建设,其目的还在于两个方面:其一在于促进个体幸福,其二在于促进社会文明进步。在个体幸福与社会文明之间,家庭德育是重要的建设路径、桥梁和纽带。虽然在其他国家和民族中,家庭也非常重要,但把家庭建设与社会建设和国家建设的内在要求高度等同或者协调起来,则是中国家庭德育的重要特色。

### 三 家庭德育重要论述的理论特质

在理论特质上,习近平总书记家庭德育重要论述具体有:家庭家教家风三位一体;社会治理层面对家庭德育的准确定位;对传统家教家风精神的文化自信;对家庭德育与社会关系的深刻阐释;家国一体建设的结构性思维。

#### (一)家庭家教家风的三位一体

习近平总书记家庭德育重要论述注重家庭家教家风三位一体。家庭既是一个生物性结构,也是一个社会性结构,还是一个文化性结构。"家庭不只是人们身体的住处,更是人们心灵的归属。"③ 家庭是人类自我延续的机构,没有家庭,也就没有了人类自身的延续。孩子是在家庭中长大的,从这个意义上看,家庭是一个生物性结构。家庭同时也是一个社会性结构,社会的联系纽带是社会关系,而社会关系最基本的单位就是家庭。家庭是人类个体发生社会关系的第一站,并将这种社会认识带入未来的社会交往中。家庭还有着文化特性,不同的文化习俗传统,会形成有差异性的家庭结构,并且会在家教家风领域,存在明显的文化

---

① 《习近平谈治国理政》第二卷,外文出版社 2017 年版,第 355 页。
② 付洪、袁颖:《论习近平的家国思想及其现实意义》,《石河子大学学报》(哲学社会科学版)2017 年第 6 期。
③ 《习近平谈治国理政》第二卷,外文出版社 2017 年版,第 355 页。

差异。从这个意义上看，家庭同时还是一个文化性结构。

家庭家教家风三者之间，也有其内在的逻辑关系。家庭在青少年发展中的重要地位，是社会建设中家教家风重要性的基本前提。家教则是家庭文明延续的基本条件，是建设家庭内部和谐秩序的重要基础，是形成社会良好家风的基本路径。家风则是家庭的主要风貌和特色，是家庭建设质量延续的重要外在体现，也是家教质量的直接显现。家庭是家教家风的承载体，家教家风是家庭健康建构和延续的保障因素。家庭是家教家风存在的前提，但没有良好的家教家风，家庭本身的延续也是难以持久和健康的。

（二）社会治理层面对家庭德育的准确定位

习近平总书记家庭德育重要论述并不局限于家庭建设的视角，而是基于社会治理层面对家庭德育的准确定位。习近平总书记强调："我们要重视家庭文明建设，努力使千千万万个家庭成为国家发展、民族进步、社会和谐的重要基点，成为人们梦想启航的地方。"[1] 家庭德育的重要意义，不只是体现在家庭幸福层面，进而扩展开去，家庭德育作为家庭建设的重要基础，还是国家发展、民族进步和社会和谐的重要基点。这是习近平总书记把家庭德育放在治国理政的宽广视野中审视，是在社会治理层面对家庭德育的科学定位。

以德治国和依法治国，是国家治理的基本战略。[2] 而家庭德育正是德治的重要基础和基本路径。做好社会治理的关键是做好每一个社会公民的德育，而每一个社会公民都出自家庭，都出自父母的教育影响，要做好社会治理，必须将家庭德育作为重要支撑，高度重视家庭的家教家风建设，提升孩子在成长过程中家庭德育领域的正能量。具体而言，在新时代家庭德育的理论框架上，爱国爱家指明了政治方向，相亲相爱指明了情感方向和目标，向上向善树立了道德标准，共建共享提供了建设机制。[3]

---

[1] 《习近平谈治国理政》第二卷，外文出版社2017年版，第353页。
[2] 魏礼群：《习近平社会治理思想研究》，《中国高校社会科学》2018年第4期。
[3] 陆士桢、胡礼鹏：《对新时期习近平关于家庭建设论述的理论认识和分析》，《青少年研究与实践》2018年第1期。

## (三) 传统家教家风精神的文化自信

文化自信是习近平总书记家庭德育重要论述的重要理论特色。在家庭德育领域，习近平总书记高度重视文化自信，传承中华优秀家教传统，高度重视家庭教育中的中华文化基因的培养。对国家文化自信建设而言，只有坚定社会个体的文化自信，才能坚定民族的文化自信，而社会个体的文化自信最初自然就源于家庭德育。[1]

中华文明历史悠久，在家教家风领域有丰富的历史智慧和历史经验。对中华传统家教家风的传承，在精神上要忠实传承，在内容和形式上则要重视对其实施有效的现代转换。习近平总书记提到了中华传统家庭教育中的诸多经典话语，这既是对中华传统家庭德育智慧的现代传承，同时也赋予了新时代家庭德育浓厚的中华文化韵味。在中华传统家庭德育中，有着诸多智慧思想，如《朱子家训》中的"一粥一饭，当思来之不易；半丝半缕，恒念物力维艰"。诸葛亮的《诫子书》中的"夫君子之行，静以修身，俭以养德，非淡泊无以明志，非宁静无以致远"。在未来的家庭建设中，仍然需要重拾中华优秀传统文化中的家庭德育的经典和文化，如《菜根谭》《增广贤文》《曾国藩家书》等优秀家教经典。在家庭德育中，需要传统与现代相结合，既面向未来，又传承历史智慧。

## (四) 家庭德育与社会关系的深刻阐释

习近平总书记在对家庭德育与社会关系的紧密联系上，作出了精辟的解释，并从社会治理和政治高度，从战略上定位了家庭德育的重要地位。"家庭和睦则社会安定，家庭幸福则社会祥和，家庭文明则社会文明。"[2] 从国家治理视角来看，家庭建设与社会建设关系密切。优秀的家庭德育能够有效提升家庭建设质量，培养高质量的青少年，在社会结构上家庭建设质量基本决定了社会建设的质量，在社会延续上高质量的青少年培养则是社会发展和国家治理的重要基础。

对于国家和社会而言，家庭建设有着基础性的重要地位。在社会建

---

[1] 吕春阳：《弘扬优良家风坚定文化自信——论新时代家风建设对坚定文化自信的重要意义》，《邓小平研究》2019年第1期。

[2] 《习近平谈治国理政》第二卷，外文出版社2017年版，第353—354页。

设中,社会安定的根本在于家庭和睦,社会幸福的基础在于家庭幸福,社会文明的基石是家庭文明。家庭德育基本决定了社会个体的道德品质。习近平总书记的家庭德育重要论述,体现了家国情怀与责任统一的战略思维、修身与齐家并行的价值取向和传统与现实有效对接的实践路径。[①] 国家再大,都是家庭构成的;社会再复杂,其基本关系都是家庭之间的关系。家庭德育既是社会治理质量的直接体现,也是提升社会治理质量的重要路径和基础。

(五)家国一体建设的结构性思维

习近平总书记有着深刻的家国一体的结构性思维,在家庭德育中也遵循这一理论逻辑。"历史和现实告诉我们,家庭的前途命运同国家和民族的前途命运紧密相连。"[②] 中华民族繁荣昌盛,一个很重要的原因就在于中华民族的家国文化,愿意为了民族大义和国家繁荣,奉献和牺牲自己。"中国人历来讲求精忠报国,革命战争年代母亲教儿打东洋、妻子送郎上战场,社会主义建设时期先大家后小家、为大家舍小家,都体现着向上的家庭追求,体现着高尚的家国情怀。"[③] 这种家国情怀,是中华民族所特有的,并且是至为强烈的,这也是今天凝聚民族精神实现民族伟大复兴中国梦的重要精神力量。

文由心生,习近平总书记对家国关系的定位、态度以及自身践行,也反映了其深厚的家国情怀。在新时代的发展中,必须坚持家国一体建设的结构性思维,系统推进家庭德育建设,实现社会治理质量系统性提升。

## 第三节 人类命运共同体教育

"人类历史只是宇宙中的一瞬间,而历史的第一个教训就是要学会

---

[①] 张红艳、周晓阳、牛麟:《习近平领导干部家风建设的哲学意蕴》,《社科纵横》2018年第7期。
[②] 《习近平谈治国理政》第二卷,外文出版社2017年版,第354页。
[③] 《习近平谈治国理政》第二卷,外文出版社2017年版,第354页。

谦逊。"① 如何建设一个和平与发展的世界，这是当今人类社会的重点建设目标，也是国际治理中的重要领域。中国是一个负责任的大国，中华民族有史以来一直都是一个爱好和平的民族，维护世界和平与发展，是中华民族一直致力于服务的国际领域的重要目标。习近平总书记在国际领域提出了人类命运共同体系列重要论述，是新时代国际外交领域的重要理论和思想。在国际视野、世界眼光和国际理解等维度，人类命运共同体对中国德育影响深远。学校德育致力于培养学生个体的健康社会性，这种社会性既包括个体对道德、政治、法治等的理解和掌握，同时还包括国际视野、世界眼光和国际理解等。现代科学技术的快速发展，世界已经逐步演变成为了地球村，人类社会已经成为休戚与共的命运共同体。建构和平与发展的国际社会，是当前世界发展的重要目标。要确保人类社会和平发展，必须在学校德育中培养学生良好的国际理解能力，构建人类命运共同体的国际价值倾向。

**一 人类命运共同体重要论述的提出及其思想渊源**

任何国家都难以自外于国际社会，习近平总书记既高度重视国家治理，也同样重视国际治理。在国际治理领域，人类命运共同体重要论述在国际政治、经济、文化等思想领域具有重要影响。人类命运共同体重要论述传承了中华民族的历史智慧，展现了中华民族的国际善意，并有着深远的国际眼光，对世界发展影响深远。

（一）习近平总书记人类命运共同体重要论述的提出

习近平总书记关于人类命运共同体有着相关系列重要论述，具体如下：2013年在俄罗斯发表重要讲话，强调把握人类利益和价值的通约性；2014年在亚信上海峰会上，阐述了共同、综合、合作、可持续的亚洲安全观；2014年在亚太经合组织北京会议上，倡导建构亚太伙伴关系；2015年在第七十届联合国大会一般性辩论时的讲话中，提出要继承和弘扬联合国宪章的宗旨和原则，构建以合作共赢为核心的新型国际关系，打造人类命运共同体；2016年在G20杭州峰会上，倡导将创

---

① [美]威尔·杜兰特、阿里尔·杜兰特：《历史的教训》，倪玉平、张闶译，中国方正出版社、四川人民出版社2015年版，第9页。

新和结构性改革作为开创世界发展新局面的主线；2017年在日内瓦联合国总部发表主旨演讲，提出解决现代世界问题的中国方案是构建人类命运共同体，实现共赢共享。其中最为重要的两次阐述是2015年的第七十届联合国大会一般性辩论时的讲话和2017年在日内瓦联合国总部发表的主旨演讲。在这两次讲话中，习近平总书记系统阐述了人类命运共同体。

（二）人类命运共同体重要论述的思想渊源

人类命运共同体重要论述不同于部分西方国家的霸权思维和所谓的"平衡思维"，而是致力于推进人类利益融合、命运与共的世界和平与发展的思想，是中华民族对世界和平的重要思想贡献。在思想渊源上，习近平总书记的人类命运共同体重要论述主要有三个思想渊源：其一是马克思主义的人类解放思想；其二是中国共产党历代领导人的外交和国际战略思想；其三是中华优秀传统文化的历史智慧。

1. 马克思主义的人类解放思想

中国共产党是马克思主义指导的政党，奋斗目标指向共产主义理想。在北京天安门城楼上的著名标语是：中华人民共和国万岁，世界人民大团结万岁。其背后有着国际和平发展的重要思想。习近平总书记指出："马克思主义博大精深，归根到底就是一句话，为人类求解放。"[①] 人类解放思想是马克思主义的重要构成，也是马克思主义的国际伦理的基础所在。"不言而喻，要不是每一个人都得到解放，社会也不能得到解放。"[②] 人类命运共同体重要论述有着深刻的国际和平发展思想，与马克思主义人类解放思想一脉相承，是新时代对马克思主义解放全人类思想的历史传承。

2. 中国共产党历代领导人的外交和国际战略思想

"中国共产党是为中国人民谋幸福的政党，也是为人类进步事业而奋斗的政党。中国共产党始终把为人类作出新的更大的贡献作为自己的

---

① 习近平：《在纪念马克思诞辰200周年大会上的讲话》，《社会主义论坛》2018年第6期。
② 《马克思恩格斯选集》第3卷，人民出版社2012年版，第681页。

使命。"① 在中国共产党的奋斗历史上，毛泽东同志提出了影响深远的"三个世界"的思想，雄辩地指出美国和苏联是第一世界，发达资本主义国家是第二世界，发展中国家是第三世界。② 其后邓小平同志提出了"中国永远不称霸""和平与发展是当代世界两大主题"和"建立国际政治经济新秩序"等著名战略思想。之后，江泽民同志提出了建立公正合理的国际政治经济新秩序的战略思想。胡锦涛同志提出了建设持久和平、共同繁荣的和谐世界的战略思想。当前中国特色社会主义进入了新时代，习近平总书记提出人类命运共同体重要论述，是中国共产党国际外交思想领域历史性的新理论成果。

3. 中华优秀传统文化的历史智慧

中国传统文化崇尚和为贵，追求社会和谐和睦，国家与国家之间和平相处。这种和平和谐思想在新时代的重要体现，就是人类命运共同体重要论述。中华民族历来主张协和万邦、天下大同，有着"天下兴亡，匹夫有责"的博爱情怀，倡导"兼相爱，交相利"的义利观等。这些都是人类命运共同体的重要思想渊源。③ 中华文明是人类历史上唯一没有中断过的人类伟大古文明，其重要历史智慧就是和为贵，追求人类社会集体和谐与和平。人类命运共同体重要论述传承了中华优秀传统文化，是中华历史智慧的现代彰显，体现了中华文明的思想魅力。

## 二 人类命运共同体重要论述的理论内涵

人类命运共同体重要论述是一个内涵丰富的理论体系，涵盖国际外交领域中的多个具体理论领域，在理念和目标等维度，有着重要理论创新，在国际外交理论领域具有重要的历史性地位。

（一）人类命运共同体的理论内涵

人类命运共同体重要论述的理论内涵主要涵盖人类命运共同体的目标、人类命运共同体的价值观、人类命运共同体的建设路径、人类命运

---

① 《习近平著作选读》第二卷，人民出版社2023年版，第47页。
② 《毛泽东文集》第八卷，人民出版社1999年版，第441页。
③ 石云霞：《中国道路的世界逻辑——学习习近平人类命运共同体思想的思考》，《思想理论教育》2018年第4期。

## 第九章 新时代德育诸领域

共同体的国际关系、人类命运共同体的发展理念、人类命运共同体的中国承诺等。

1. 人类命运共同体的目标：建设持久和平、普遍安全、共同繁荣、开放包容、清洁美丽的世界

"人类已经成为你中有我、我中有你的命运共同体，利益高度融合，彼此相互依存。"[1] 习近平总书记对人类命运共同体重要论述进行了深入阐述，强调"构建人类命运共同体，关键在行动。我认为，国际社会要从伙伴关系、安全格局、经济发展、文明交流、生态建设等方面作出努力"[2]。在人类命运共同体的建设目标上，习近平总书记提出了建设"五个世界"的重要理念。五个世界具体是：持久和平的世界、普遍安全的世界、共同繁荣的世界、开放包容的世界和清洁美丽的世界。[3] 五个世界涵盖政治、安全、经济、文化和生态，是人类命运共同体建设最为重要的五个领域，也是人类命运共同体建设的重要目标。

2. 人类命运共同体的价值观：和平发展公平正义民主自由

习近平总书记指出："和平、发展、公平、正义、民主、自由，是全人类的共同价值，也是联合国的崇高目标。"[4] 从一定程度上看，这是习近平新时代中国特色社会主义思想在国际核心价值观体系领域的基本内容。和平与发展是确保世界安全和人类社会延续的基本条件，也是确保人类社会存续的重要价值观。公平和正义是人类社会建设的价值观基础，也是人类社会法律和道德的重要支撑。民主和自由是现代人类社会的共同价值，是确保人类社会发展生机和活力的关键性价值观，同时也是社会主义核心价值观的重要构成部分。

3. 人类命运共同体的建设路径：五个建设

在人类命运共同体的建设路径上，习近平总书记提出了五个建设的重要论述。五个建设具体涵盖：平等相待、互商互谅的伙伴关系；公道正义、共建共享的安全格局；开放创新、包容互惠的发展前景；和而不

---

[1] 《习近平谈治国理政》第二卷，外文出版社2017年版，第481页。
[2] 《习近平谈治国理政》第二卷，外文出版社2017年版，第541页。
[3] 《习近平谈治国理政》第二卷，外文出版社2017年版，第541—544页。
[4] 《习近平谈治国理政》第二卷，外文出版社2017年版，第522页。

同、兼收并蓄的文明交流；尊崇自然、绿色发展的生态体系。[1] 其内容不仅是国际安全层面，还包括了经济、伦理、生态等领域。只有建立平等互待、互商互谅的伙伴关系，才能确保世界持久和平。今天没有任何国家能自外于国际安全危机，只有建设公道正义、共建共享的国际安全格局，才能确保人类社会普遍安全。只有在经济科技等领域，坚持开放创新、包容互惠，才能建设国际社会共同繁荣的世界。只有在思想文化等领域，坚持促进和而不同、兼收并蓄的不同文明之间的友好深入交流，才能有效建设思想文化上更为开放包容的世界。只有在经济社会发展中进一步尊崇自然和绿色发展，坚持人与自然和谐相处，才能确保建设更为清洁美丽的世界。

4. 人类命运共同体的国际关系：合作共赢为核心的新型国际关系

"我们要继承和弘扬联合国宪章的宗旨和原则，构建以合作共赢为核心的新型国际关系，打造人类命运共同体。"[2] 人类社会利益密切相关，唇齿相依。在人类命运共同体建设中，最重要同时也是最为困难的可能就是如何建设新型国际关系，其中的关键之处在于实现合作共赢。习近平总书记提出了国际交往中的国际道义论。在国际外交思想领域，强调国际道义，注重国际义利观，在国际外交中，强调义重于利。"要坚持正确义利观，做到义利兼顾，要讲信义、重情义、扬正义、树道义。"[3] 国际道义论是一种面向全人类的终极和平外交思想，既不是西方霸权国家长期奉行的大国霸权或分赃的霸权主义思想，也不是对第三世界的殖民主义思想，而是立足于大国小国一视同仁，致力于人类所有国家共同和平发展、命运与共的思想。人类命运共同体重要论述提出了文明共处的国际正义原则，以"同舟共济，休戚与共"的人类命运共同体为价值基础，超越了"遏制"、对抗、冲突、"零和博弈"等，对于人类社会的发展具有重要的国际外交伦理意义。

5. 人类命运共同体的发展理念：开放创新、包容互惠

"大家一起发展才是真发展，可持续发展才是好发展。要实现这一

---

[1] 《习近平谈治国理政》第二卷，外文出版社2017年版，第523—525页。
[2] 《习近平谈治国理政》第二卷，外文出版社2017年版，第522页。
[3] 《习近平谈治国理政》第二卷，外文出版社2017年版，第443页。

目标，就应该秉承开放精神，推进互帮互助、互惠互利。"① 在对世界发展的基本判断上，习近平总书记强调和平力量是时代主流。"各国相互联系、相互依存，全球命运与共、休戚相关，和平力量的上升远远超过战争因素的增长，和平、发展、合作、共赢的时代潮流更加强劲。"② 建设人类命运共同体，一个重要的发展理念就是通过开放创新，实现人类社会科技、经济、文化等领域的发展深度相关性发展，以此奠定牢固的人类社会命运与共的价值倾向。开放创新才能确保世界健康发展，而相互包容则是经济文化领域健康发展的重要价值前提，能够相互理解和尊重，这是建立世界健康的国际经济社会发展秩序的重要基础。互惠则是确保世界和平与发展的重要经济性基础，共同发展才是健康的发展，所有国家在发展中都要受惠。

6. 人类命运共同体的中国承诺：世界和平的建设者、全球发展的贡献者、国际秩序的维护者

"中国将始终做世界和平的建设者，坚定走和平发展道路。"③ "中国将始终做全球发展的贡献者，坚持走共同发展道路。"④ "中国将始终做国际秩序的维护者，坚持走合作发展的道路。"⑤ 人类命运共同体建设是一个长期的过程，中国将信守中国承诺，推进世界和平与发展。中华民族有史以来就是一个爱好和平的民族，也是一个极具历史责任感的民族，中华民族将信守中国承诺，在国际领域致力于推进国家和平与发展，有力维护世界安全，为人类命运共同体建设服务。

(二) 人类命运共同体重要论述的理论特质

人类命运共同体重要论述体现了马克思主义世界和平思想，也彰显了中华民族的历史智慧和内在善意，是新时代中国特色社会主义国际治理领域的重要指导思想。

1. 马克思主义世界和平思想的现实化

人类命运共同体重要论述是新时代的马克思主义国际和平思想。马

---

① 《习近平谈治国理政》第二卷，外文出版社 2017 年版，第 524 页。
② 《习近平谈治国理政》第二卷，外文出版社 2017 年版，第 538 页。
③ 《习近平谈治国理政》第二卷，外文出版社 2017 年版，第 525 页。
④ 《习近平谈治国理政》第二卷，外文出版社 2017 年版，第 525 页。
⑤ 《习近平谈治国理政》第二卷，外文出版社 2017 年版，第 526 页。

克思主义追求全人类的解放,具有内在的伟大的国际主义精神。人类命运共同体重要论述有着深厚的国际主义伦理基础,注重国际道义,这是具有高度道德性的新时代国际主义思想。国际治理必须有其道德伦理支撑。维护国际道义,建立高度道德性的新型国际关系,正是人类命运共同体重要论述的马克思主义国际伦理的重要体现。

2. 中华优秀传统文化的和平和谐思想的国际化

中华优秀传统文化有着内在的善意,在古代强调修身、齐家、治国、平天下,是一种追求内修其身、外修其行,穷则独善其身、达则兼济天下的伟大思想。"几千年来,和平融入了中华民族的血脉中,刻进了中国人民的基因里。"[①] 人类命运共同体重要论述传承了中华优秀传统文化的内在善意,是一种力求人类道德伦理高品质的国际和平思想。中华优秀传统文化注重社会建设,强调社会和谐,天下太平。扩展到世界领域,则是国际社会和谐,世界和平发展。天下大同是中华文明的重要价值倾向,基于这种和平和谐的内在善意,中华民族一直都对他国或他种文明有着高度尊重,这也是中华文明的重要特征。

3. 中华文明深刻的历史智慧和远见

人类命运共同体是中华文明深刻的历史智慧和历史远见的重要体现。人类社会发展的基本规律就是:战乱混争时社会停滞,和平时期繁荣发展。而当前人类战争武器高度发达,大规模战争极可能导致人类集体自我毁灭,如何避免这一可能的悲剧,中华文明提出了人类命运共同体重要论述。现代人类社会是一荣俱荣、一损俱损的关系,是命运共同体。家国一体建设是中国传统社会建设的结构性思维,而人类命运共同体重要论述传承了这一重要思维。世界是扩大的国,国也是缩小的世界。所以要实现每一个民族每一个国家和谐和平,必须确保世界和平发展,这就是人类命运共同体重要论述的逻辑。中华民族一向有着心忧天下的历史文化传统。中国梦既是中国自己的梦想,也事关世界和平与发展。中国不只是自己努力圆梦,这是中国梦的自身基础,同时还致力于推进世界和平与和谐,这是中国梦的国际领域的目标。现代社会是一个命运与共的世界,如果世界发生战乱,现代任何国家都难以孤身自外于

---

[①] 《习近平谈治国理政》第二卷,外文出版社2017年版,第545页。

国际环境。在科学技术发达的现代社会，孤立主义并不是有效的选择。同时，事外于国际事务，放弃自身的国际责任和义务，也不是中华民族的一贯做派。

**三 人类命运共同体重要论述的内在德育意蕴**

学校教育要注意承担国际理解教育的重要工作，在教育层面如果缺乏国际理解，最终会导致国家发展中的偏狭和封闭，并会危及人类社会整体和平发展。人类命运共同体奠定了中国德育在国际教育领域中的理论基础，也在价值倾向、国际理解等领域成为了中国德育的重要德育内容和德育目标。人类命运共同体具有其深刻的内在德育意蕴，学校德育需要高度重视和深入实践。学校德育要致力于推进人类命运共同体教育，开阔学校德育的国际视野，提升国际理解教育的质量。

（一）高度重视学校德育的开放性

中国古代有重要的历史智慧："流水不腐户枢不蠹！"如果一个国家一个民族不注重对外开放和交流，最终会成为死水一潭，形成自我封闭的局面。这种死水一潭的社会在发展中相对缺乏创新动力，同时失去国际交流和多元思维，极容易陷入发展停滞，最终在外来力量的冲击下形成严重社会危机。中国清朝末年就是沉重的历史教训。中国德育要致力于培养敢于创新创业的新一代，要高度重视学校德育的开放性，增加学生的世界眼光和国际视野。在国家层面，中国将积极对外交流。在学校层面，学校德育也要致力于推进教育领域的国际交流，提升教育的开放性。学校德育要深入理解和实施人类命运共同体教育，既需要理解人类命运共同体的精神内蕴，同时也要注意结合中国永远不称霸、永远不当头的外交战略，做力所能及的国际交流工作。学校德育可以适度采取研学旅行、交换生计划、联合培养等方式，推进学校德育的国际交流教育。学校德育的开放性对于学生个体发展也具有重要意义，所谓"百闻不如一见"，"读万卷书更要行万里路"，以此提升中国青少年的国际视野和国际理解能力，建构未来对国际事务的准确理解能力和处理能力。

（二）注重建构学校德育的历史责任感

学校德育要站在世界发展视野中审视自身的历史责任。今天人类社会仍然面临着诸多挑战。如何面对人类社会中的挑战,最终仍然要依靠人类社会一代又一代的青少年。中国是一个负责任的大国,也是一个具有重要国际影响力的国家。中国的国际责任未来将由青少年承担,在青少年成长的过程中,学校德育要高度关注历史责任的教育,培养青少年的国际责任感和历史责任感。注重历史智慧是中华文明源远流长、生生不息的重要历史经验,中华文明审视重大事情,一贯趋向于以千百年的历史战略视角思考。在学校德育中,也要把这种深厚的历史责任感教育给青少年,引导青少年仰望历史星空,以理解人类社会的历史经验和智慧,思考人类社会发展的战略方向。

(三)深刻理解学校德育的世界意识

在学校德育层面,需要理解世界文明的多样性,理解中国文化的特殊性,两者结合建构中国青少年健康的世界意识。人类历史发展中,不同文明的国家都是在发展自己文明的同时,吸收和借鉴其他国家的文明成果,汲取其他文明成果的滋养,从而保持自身文明持续的创新动力。① 中国学校德育要注意理解世界意识在德育中的重要性,有效借鉴和吸收其他文明的有益成分,确保有效培养青少年的创新精神和创新能力。学校德育要致力于培养学生对世界文明多样性的理解,在文化课程、历史课程中要有世界文明的相关教育,提升学生对人类世界的全方位认识和理解。这种理解要注意两个基本要求:其一是这种对世界文明多样性的理解要建立在对中国、中华民族、中国文化的充分理解的基础之上,以此确保学生对中华文化的认同感,这也是国家文化安全的重要基础。其二是对世界文明多样性的学习理解不能过度偏向于某一个文明或某几个国家,这样有悖于世界文化学习的多样性。特别是在世界文明历史的教学中,不能局限于几个西方主要国家,这样可能导致学生形成对这些西方主要国家的过度浪漫化。在世界人类文明的教学中,也要均衡和平等对待世界各种人类文明。

(四)学校德育要注意培养学生的国际理解能力

学校德育要注意培养学生的国际理解能力,重点是培养学生分析审

---

① 范宝舟、王嘉曦:《文明共处的正义原则与人类命运共同体构建》,《伦理学研究》2019年第3期。

视国际事务中的多重价值转换视角。简而言之,就是在国际事务中,不能仅站在中国视野、中国价值观的立场上,要理解他国的立场和视野,理解他国的价值观立场,这样在国际事务的认识上,才能知己知彼。在学校德育中要有世界多种文明的内容介绍和价值观分析,这样才能够让学生具备国际理解能力和相关视角转换的知识和能力。学校德育要引导学生深入理解不同文明之间的差异性和平等性。"文明是合作的产物,几乎所有的民族都对此有所贡献……因为每一个人,都对所属种族的文明做出过创造性的贡献。"① 从一定程度上看,学校德育承担了社会主流价值观的系统教育,学校德育在价值观培养中,需要注意适度推进人类命运共同体领域的价值观教育,重点关注合作共赢的发展理念和五个世界建设思想,这是国际价值领域中的公约数。在学校德育实践中,要大力倡导合作共赢的价值理念,提升青少年对国际时局的理解,有力推进教育领域合作发展,力促国际教育领域中的人类命运共同体建设。

---

① [美] 威尔·杜兰特、阿里尔·杜兰特:《历史的教训》,倪玉平、张闶译,中国方正出版社、四川人民出版社2015年版,第41—42页。

# 第十章　新时代德育的理论逻辑

学校德育是学校教育体系的重要构成，也是立德树人的关键领域。理论逻辑指的是理论体系内部的基本逻辑规律。德育理论逻辑指的是德育理论体系内部存在的基本逻辑规律。理论逻辑既是德育理论的重要构成部分，同时也是德育实践体系的抽象化，并在很大程度上决定了德育实践体系的基本理念和具体目标构成，也在相当程度上决定了学校德育的科学性和艺术性。理论逻辑既是理论体系的内在结构，同时理论逻辑也是具体德育实践中的基本理论依据。

## 第一节　新时代德育的话语体系

话语体系是理论思想的重要构成基础，不同的理论体系，往往有不同的话语风格体系。习近平总书记强调："发挥我国哲学社会科学作用，要注意加强话语体系建设。"[①] 在理论领域，一个很重要的影响力就是话语权力，拥有了话语权，就代表该理论在相关学术领域具有重要影响力。习近平总书记一贯高度重视话语权力，强调哲学社会科学领域的"四个自信"，在德育重要论述中，也形成了其重要的话语体系和话语风格。从整体上看，德育话语体系既是习近平总书记关于德育重要论述的具体构成部分，同时也体现了新时代德育的内在气质和特色。对德育话语体系进行分析，有助于准确理解新时代德育基本理论体系的科学内涵，确保在学校德育中科学实践，高质量服务于青少年学生的健康

---

① 《习近平谈治国理政》第二卷，外文出版社2017年版，第346页。

成长。

## 一 德育的话语体系

学校德育既是一个理论体系，也是一个实践体系。在理论体系和实践体系的背后，还有着德育的话语体系。德育话语体系的重要性在于，一方面，话语体系是德育理论体系的重要构成基础，任何理论体系都需要话语体系来具体建构；另一方面，话语体系也是德育实践体系的现实呈现，不同的德育实践体系有着不同的话语体系，话语体系本身就体现着德育实践的风格和特色。从整体上看，话语体系一定程度上体现着德育理论背后的逻辑结构、思维特质和理论风格。

### （一）话语体系的重要性

理论体系本身是由语言具体构成的，所有的理论体系都需要语言进行具体阐释和建构。要形成逻辑严密，具有内在结构化的理论体系，必须具备相应的科学的话语体系。话语体系既体现着理论思想的具体内容，同时也是理论思想语言风格的直接呈现。不管是在学术研究领域，还是在具体的社会实践中，对理论思想的掌握和实践，都主要依赖于对理论思想话语体系的深入理解和掌握。要提升理论思想在实践领域的具体影响力，必须高度重视科学建构理论思想的话语体系。

对于理论发展而言，话语体系还是理论体系思维逻辑的重要体现，这种理论的思维逻辑通过话语体系而得以传播，最终会体现到理论体系指导的社会实践中。从这个角度看，有什么样的理论体系，就有什么样的话语体系，就有什么样的实践体系。三者在内在思维逻辑上基本是同质的。在人类社会的历史发展中，社会主体政治哲学基本一致的国家，话语体系也基本趋于一致，最终在社会实践和社会生活中，也会形成明显的一致性。这种思维逻辑上基本一致的国家，构成文明圈，在同一文明圈内，主体性的社会哲学和政治哲学基本一致，语言思维基本一致，社会生活和文化价值观也基本一致。事实上，在这种文明圈的形成过程中，话语体系起着重要作用，并且是形成同质性的社会的重要原因。基于话语体系的巨大历史惯性，话语体系还会在文明圈的历史发展中强有力地维护体系内的同质性。

德育理论是哲学社会科学体系中的重要构成部分，话语体系不管是对于哲学社会科学来说，还是具体的德育理论体系来说，都是非常重要的构成部分。"话语体系建设在整个中国特色哲学社会科学建设中具有非常特殊的地位，发挥着至关重要的作用。"① 习近平总书记高度重视话语体系建设，强调话语体系本身彰显的话语权的重要性，期盼哲学社会科学界要努力建构中国话语体系。但话语体系建设本身是一项复杂和长期的过程，需要理论自觉，还需要严谨的理论探索和理论建设。从整体上看，在中国话语体系建设上，我国哲学社会科学界目前还面临一些困难和问题。"在解读中国实践、构建中国理论上，我们应该最有发言权，但实际上我国哲学社会科学在国际上的声音还比较小，还处于有理说不出、说了传不开的境地。"② 话语体系不只是要注重建设，同时还要注重对外宣传，要努力推进中国话语体系的国际认可和国际交流。

哲学社会科学是一个国家思想文化领域的学术性理论领域，在相当程度上体现了一个国家思想文化的风格、特色和水平。哲学社会科学体系内部存在两个基本体系：其一是哲学社会科学的基本理论观点体系，这是具体的思想文化实质内容；其二是哲学社会科学的基本话语表达体系，这是基本表述形式。③ 哲学社会科学的内容和形式都非常重要。在内容上，哲学社会科学的内在的思想文化的实质内容决定着哲学社会科学的质量和水平；在形式上，哲学社会科学的话语体系等形式用来表述内容，为内容服务，同时是哲学社会科学普及和传播的关键因素，体现着哲学社会科学的语言的准确性、严谨性和美感。如果没有优质的思想文化内容，再好的语言体系的形式都是空洞无物的；但如果没有适当的语言体系等表述方式，再好的思想文化内容也无法科学表达，最终内容也会落空。同时，话语体系本身也是思想理论的直接呈现，体现着思想理论的内在特色。

话语体系的重要性主要体现在三个维度：其一，话语体系本身就是

---

① 王伟光：《深入学习贯彻习近平总书记重要讲话精神，全面推进我国哲学社会科学话语体系建设》，《世界社会主义研究》2017年第1期。
② 《习近平谈治国理政》第二卷，外文出版社2017年版，第346页。
③ 王伟光：《深入学习贯彻习近平总书记重要讲话精神，全面推进我国哲学社会科学话语体系建设》，《世界社会主义研究》2017年第1期。

理论体系的文字呈现,其特征也是理论体系重要特征的直接体现。其二,话语体系体现着理论体系和实践体系的价值倾向,所以话语权力是非常重要的软实力,掌握了话语权力,就基本掌控了价值导向的影响力。其三,话语体系是具体决定着理论实践的有效性的关键因素,缺乏正确的合适的话语体系,会导致实践界对理论的误读,理论的实践效果自然难以得到有效保障。

(二) 德育话语体系的影响力

德育话语体系本身就是德育理论的重要构成部分和具体建构基础。要分析理解某一种具体的德育理论,必须分析该理论的话语体系。影响力强大的德育都有其高质量的话语体系。德育话语体系既体现着德育理论本身的逻辑结构、思维特点、理论风格,还直接影响着德育理论的传播和诠释。

德育话语体系的影响力主要在三个维度:其一是话语体系决定着德育理论的内在逻辑严密性。德育理论体系的逻辑严密性,基本取决于其内在的话语体系。语言是表述理论思想的工具。理解德育内在的理论思想,是通过外在的德育话语体系而实现的。其二是在传播维度,话语体系直接影响着德育理论的传播质量和传播范围。话语体系的质量,基本决定了德育理论的传播质量,在话语体系的建构中,要预判理论传播中可能出现的误解或者误读,而提前做好相应的预防。话语体系还需要注意社会普及性,过度艰深晦涩的话语体系也许能够确保一定的精确性,但在德育理论的传播中,这种艰深晦涩的话语体系会严重影响德育理论的传播范围。其三是在德育理论的实践的艺术性上,德育理论体系的话语体系在很大程度上决定了其实践的艺术性。德育话语体系需要典雅,同时需要结合社会传播中必须具备的鲜活性和生命力,提升其艺术影响力,实现提升德育艺术性的目的。德育话语体系既需要阳春白雪的典雅,也需要下里巴人的通俗,既要能有效影响社会精英,同时也必须注意社会普及性提升的重要使命。

## 二 德育重要论述的话语体系

习近平总书记关于德育的重要论述具有鲜明的语言风格和个人特

征，在价值观、理想信仰、家庭德育、教师师德、生态环境、国际视野等领域，形成了系列经典话语体系。

（一）社会主义核心价值观的话语体系

价值观体系是德育领域的价值观领域的基石，价值观体系基本决定了学校德育的道德伦理和意识形态方向。在社会主义核心价值观的话语体系中，习近平总书记有系列经典话语。对于社会主义核心价值观的定位，习近平总书记强调："社会主义核心价值观是当代中国精神的集中体现，是凝聚中国力量的思想道德基础。"[①] 在社会主义核心价值观的重要作用上，习近平总书记指出："一个国家的文化软实力，从根本上说，取决于其核心价值观的生命力、凝聚力、感召力。"[②] 在社会主义核心价值观的培育和践行上，习近平总书记要求："要从娃娃抓起、从学校抓起，做到进教材、进课堂、进头脑。"[③]

（二）中国梦话语体系

中国梦是新时代精神领域建设的重要基础。中国梦教育是学校德育领域的重要构成内容。习近平总书记在中国梦领域中有着系列经典话语，形成了中国梦话语体系。在中国梦的基本内涵上，具体涵盖国家富强、民族振兴、人民幸福。[④] 在理想信仰的重要性上，习近平总书记强调："人民有信仰，民族有希望，国家有力量。"[⑤] 在中国梦的历史传承和时代发展上，习近平总书记指出："中国梦是历史的、现实的，也是未来的。"[⑥] 在中国梦对于中国人民和中华民族的重要意义上，习近平总书记的重要论述有："中国梦意味着中国人民和中华民族的价值体认和价值追求，意味着全面建成小康社会、实现中华民族伟大复兴，意味着每一个人都能在为中国梦的奋斗中实现自己的梦想，意味着中华民族团结奋斗的最大公约数，意味着中华民族为人类和平与发展作出最大贡

---

① 《习近平谈治国理政》第二卷，外文出版社2017年版，第351页。
② 《习近平谈治国理政》第一卷，外文出版社2018年版，第163页。
③ 《习近平谈治国理政》第一卷，外文出版社2018年版，第164—165页。
④ 《习近平谈治国理政》第一卷，外文出版社2018年版，第39页。
⑤ 《习近平谈治国理政》第二卷，外文出版社2017年版，第323页。
⑥ 《习近平谈治国理政》第一卷，外文出版社2018年版，第49页。

献的真诚意愿。"① 在中国梦对于青少年教育和学校德育重要性领域，习近平总书记要求："要用中国梦打牢广大青少年的共同思想基础……"② 在中国梦的世界意义领域，习近平总书记指出："实现中国梦不仅造福中国人民，而且造福世界人民。"③

（三）"四个自信"的话语体系

"四个自信"简洁明了，分别从道路、理论、制度和文化四个角度进行系统建构，成为一个具有结构性的科学理论体系，全方位诠释了新时代自信的基本内涵。在四个自信的重要地位上，习近平总书记重要经典话语有："全党要坚定道路自信、理论自信、制度自信、文化自信。"④ 对于当代中国文化话语体系的建构，习近平总书记要求："要讲好中国故事，传播好中国好声音，阐释好中国特色。"⑤ 具体在文化自信领域，习近平总书记有着系列经典话语："文化是一个国家、一个民族的灵魂。"⑥ 在文化的重要性上，经典话语有："优秀传统文化是一个国家、一个民族传承和发展的根本，如果丢掉了，就割断了精神命脉。"⑦ 对于文化传承，习近平总书记强调："中国共产党从成立之日起，既是中国先进文化的积极引领者和践行者，又是中华优秀传统文化的忠实传承者和弘扬者。"⑧

（四）家庭教育的话语体系

家庭教育是习近平总书记高度关注的社会建设与国家治理的重点领域，并形成了家庭教育系列经典话语。在家庭建设的地位上，习近平总书记经典话语有："家庭和睦则社会安定，家庭幸福则社会祥和，家庭文明则社会文明。"⑨ 在家庭教育领域，习近平总书记的经典话语有：

---

① 《习近平谈治国理政》第一卷，外文出版社2018年版，第161页。
② 《习近平谈治国理政》第一卷，外文出版社2018年版，第53页。
③ 《习近平谈治国理政》第一卷，外文出版社2018年版，第56页。
④ 《习近平谈治国理政》第二卷，外文出版社2017年版，第36页。
⑤ 《习近平谈治国理政》第一卷，外文出版社2018年版，第162页。
⑥ 《习近平著作选读》第二卷，人民出版社2023年版，第33页。
⑦ 《习近平谈治国理政》第二卷，外文出版社2017年版，第313页。
⑧ 《习近平著作选读》第二卷，人民出版社2023年版，第36页。
⑨ 《习近平谈治国理政》第二卷，外文出版社2017年版，第353—354页。

"家庭是人生的第一个课堂,父母是孩子的第一任老师。"① "父母要帮助孩子扣好人生的第一粒扣子,迈好人生的第一个台阶。"② 这两句话极为经典,通俗易懂、内涵丰富,运用了大众语言,诠释了极为深刻的家庭教育的智慧。在家庭教育的社会治理中的重要作用,习近平总书记要求:"我们要重视家庭文明建设,努力使千千万万个家庭成为国家发展、民族进步、社会和谐的重要基点,成为人们梦想启航的地方。"③

(五)教师师德话语体系

教师师德师风建设是立德树人的重要基础,也是习近平总书记高度关注的领域。习近平总书记在师德师风领域有系列经典话语。在师德师风的重要性上,习近平总书记的经典话语有:"评价教师队伍素质的第一标准应该是师德师风。"④ 在教师师德建设的内容和路径上,习近平总书记有系列经典话语,主要有:"四有好老师""四个引路人""四个相统一"。三个经典话语各有侧重,都是四个具体构成,内容简洁明了,全方位诠释了新时代党和国家对教师师德师风的重要要求。

(六)美丽中国的话语体系

美丽中国的生态文明话语体系是习近平总书记生态文明教育的重要构成内容,并形成了系列经典话语体系。生态文明话语中最为重要的是"绿水青山就是金山银山"⑤。用大众通俗易懂的语言,深刻诠释了美丽中国和生态文明建设的重要性。关于美丽中国生态文明重要性的经典话语有:"建设生态文明是中华民族永续发展的千年大计。"⑥ 在生态文明的具体理念上,经典话语有:"人类发展活动必须尊重自然、顺应自然、保护自然,否则就会遭到大自然的报复。"⑦ 在生态文明建设中的绿色生活方式建设上,强调:"推动形成绿色发展方式和生活方式,是发展观的一场深刻革命。"⑧

---

① 《习近平谈治国理政》第二卷,外文出版社2017年版,第354页。
② 《习近平谈治国理政》第二卷,外文出版社2017年版,第355页。
③ 《习近平谈治国理政》第二卷,外文出版社2017年版,第353页。
④ 习近平:《在北京大学师生座谈会上的讲话》,《思想政治工作研究》2018年第6期。
⑤ 《习近平谈治国理政》第二卷,外文出版社2017年版,第544页。
⑥ 《习近平著作选读》第二卷,人民出版社2023年版,第20页。
⑦ 《习近平谈治国理政》第二卷,外文出版社2017年版,第394页。
⑧ 《习近平谈治国理政》第二卷,外文出版社2017年版,第395页。

第十章　新时代德育的理论逻辑

**（七）人类命运共同体话语体系**

致力于推进国际和平与发展，建设人类命运共同体，这是新时代国际领域的重要指向。习近平总书记在人类命运共同体思想理论领域有系列经典话语。在人类命运共同体的诠释上，其经典话语有："人类已经成为你中有我、我中有你的命运共同体，利益高度融合，彼此相互依存。"① 在对于人类文明多样性的尊重上，其经典话语有："要尊重世界文明多样性，以文明交流超越文明隔阂、文明互鉴超越文明冲突、文明共存超越文明优越。"② 对于人类未来发展，习近平总书记强调："历史是一面镜子。以史为鉴，才能避免重蹈覆辙。对历史，我们要心怀敬畏、心怀良知。"③

### 三　德育重要论述的话语特色

所有的理论体系都是由语言建构而成的，语言构成既是理论体系的直接呈现，同时也体现着理论体系的语言风格和特色。话语特色主要指具体的话语体系中反映的思维方式、价值选择和意义特征。同时，话语特色在一定程度上也与历史境遇、社会理想和制度特质等有密切联系。④ 不同时期的话语都有着时代的特色，中国古代官方有文言文的语言特色，而在民间生活中则有白话文的语言特色。不同的学科也有着相应的学科特色，如文学注重典雅，而哲学强调思辨，数学强调严谨，艺术强调美感。德育是一个交叉学科，是建立在哲学、教育学、伦理学、政治学、心理学等学科基础上的一个领域。德育既注重理论性，同时也注重实践性，所以在语言风格上也有着德育自身的风格。德育要面对学生、教师和社会大众，所以对于德育的语言风格整体上要求平实、清晰、严谨。

习近平总书记的话语风格在多个领域丰富和创新了党的执政语言，

---

① 《习近平谈治国理政》第二卷，外文出版社2017年版，第481页。
② 《习近平著作选读》第二卷，人民出版社2023年版，第48页。
③ 《习近平谈治国理政》第二卷，外文出版社2017年版，第522页。
④ 张国启：《论习近平全人类共同价值思想的话语特质及其意义》，《学术论坛》2018年第3期。

为新时代党的执政话语体系赋予了新内容和新表达。① 在德育领域，习近平总书记关于德育的重要论述具有鲜明的话语特色，在用语上话语平易近人，在结构上清晰明白，在语言效果上务求实效，在语言理论深度上言简意赅，在语言形式上注重语言艺术美感。

（一）在用语上话语平易近人

习近平总书记关于德育的重要论述的话语体系的重要特色在于平易近人。作为国家领袖，习近平总书记讲话非常注重话语的平易近人，其论述即使是普通人也能够读明白，这是一个非常重要的话语特色。习近平总书记相关论述的重要特色就是善讲"群众语言"，即以人们耳熟能详的坊间语言、网络用语等深入浅出阐释道理，同时又非常诚恳贴心。② 为了便于人民大众理解，习近平总书记在阐述思想观点时，大量运用形象比喻，极大地提升了思想观点的说服力和感染力，如"钙之喻""盐之喻""扣子之喻""空气之喻""钥匙之喻""井喷之喻""种子之喻"等。③

国家领袖的论述不能过于学术化，不能过度纠缠于纯理论分析与建构，必须要能够让普通人都能读懂，才能实现明白易懂和广为传播。并且在传播的过程中能够不变质、不走样，这是确保语言传播准确性的重要前提。从整体上看，领袖的语言要有感染力，内容必须贴近群众、贴近生活。④ 习近平总书记这种平实、简洁、通俗的语言风格，显示出其内在的思想力量和平易近人的执政风格。

（二）在结构上清晰明白

习近平总书记关于德育的重要论述的话语体系的重要特色在于清晰明白。习近平总书记关于德育的重要论述的话语讲得清晰明白，不晦涩，没有歧义。这种清晰明白的语言风格，能够有效避免对话语的误读和误用。如"绿水青山就是金山银山"，就清楚明白表述了环境保护的重要性和长远意义。德育是一个直接关系到学校教育教学实践的教育理

---

① 阎占定：《习近平话语风格对党的建设的实践意义》，《观察与思考》2019年第3期。
② 秦德君：《马克思主义政治学话语体系引入"形质渊源"研究》，《学术界》2019年第9期。
③ 杨晓慧：《思想定位、逻辑体系、理论特质》，《思想理论教育导刊》2018年第12期。
④ 秦宣：《创建让百姓听得懂的话语体系》，《光明日报》2015年2月6日第7版。

论领域，国家领导人的德育论述对学校德育实践影响深远，德育论述必须清晰明白，内容简练，以便能够让一线德育工作者准确理解，并能够有效结合学校德育实际工作实践运用。

语言结构清晰明白，本身也是习近平总书记论著在话语体系领域的重要特色。事实上，要做到论著话语体系清晰明白并不是一件简单的事情，而是非常复杂和困难的事情。语言要有影响力，其背后必须有深邃的思想和广博的知识积累。把深奥的治国理政之道，用通俗的语言表达出来，需要高超的智慧，需要深厚的思想积累和广博的知识积累。[1] 习近平总书记话语体系的建构有两个重要的特征：其一是科学设计生动有力的话语表达；其二是优化话语表达方式，实现与受众平等交流。有效实现了传播叙事的平民化、传播语言的通俗化、传播内容的故事化，形成了雅俗共赏、特色鲜明的话语特征。[2]

(三) 在语言效果上务求实效

习近平总书记关于德育的重要论述的话语体系的重要特色在于务求实效。习近平总书记常常结合故事和案例来阐述其教育思想，既富有情感，同时也富有实效。他在谈到教师队伍建设时讲到他本人与老师之间的动人故事，"希望每个孩子都能遇到好老师"，强调要"使教师成为最受社会尊重的职业"[3]。德育是一项讲究实效的工作，习近平总书记德育相关论述注重实践性，强调可操作性，在效果上务求实效。

习近平总书记关于德智体美劳全面发展的论述中，对德育、智育、体育、美育、劳动教育都有深入具体的诠释，这是非常重要的语言风格，其目的在于务求实效。每一种德育理论与德育实践最终都必须落实到立德树人的效果上，务求实效正是德育话语体系需要的话语特色。学校德育是一项必须具有科学性和正确价值取向的工作，工作中必须注重实际效果，不能流于形式。形式主义的德育本身就是不道德的，也是不符合德育目标的，务求实效既是习近平总书记关于德育重要论述的话语

---

[1] 秦宣：《创建让百姓听得懂的话语体系》，《光明日报》2015年2月6日第7版。
[2] 席洋：《认知语言学视角下习近平媒体演讲中对外国名言与谚语引用研究》，《中国报业》2018年第10期。
[3] 杨晓慧：《思想定位、逻辑体系、理论特质》，《思想理论教育导刊》2018年第12期。

体系的重要风格，也是新时代学校德育实践必须具备的基本品质。

(四) 在语言理论深度上言简意赅

习近平总书记关于德育重要论述的话语特色不只是清楚明白，还在于其高度重视的理论深度。如家庭教育中的"家庭是人生的第一个课堂，父母是孩子的第一任老师"①。这句话言简意赅，内涵非常丰富，却又易记易懂。既清晰地阐述了家庭教育在社会建设中的重要性，同时也深刻诠释了家庭教育对孩子成长中的深远影响力。"父母要帮助孩子扣好人生的第一粒扣子，迈好人生的第一个台阶。"②这句话看上去内容简单，但实质上其内在的理论极为深刻。如果孩子第一颗扣子扣错了，就会导致后面的所有扣子跟着扣错，其寓意深刻揭示了父母的教育对孩子一生的重要性，强调如果父母在家庭教育中最初引导错误，会导致孩子后面走上错误方向。第一个台阶的比喻也很贴切，第一个台阶没迈好，孩子就会摔跤。寓意如果家庭教育错误，孩子在社会中就会出问题。

同时，习近平总书记十分注重运用中外典故、诗词。比如，"国无德不兴，人无德不立"，"国之将兴，必贵师而重傅"，"致天下之治者在人才"等。③习近平总书记还非常注重核心概念，每言必有政治站位，以高远立意。"人民""初心""政治""奋斗""忠诚""规矩"等，都是话语体系中的重要核心概念。④这些核心概念能够有力彰显理论深度，并形成结构性话语体系。

(五) 在语言形式上注重语言艺术美感

习近平总书记关于德育的重要论述的话语体系的重要特色在于高度注重话语美感。注意语言的艺术美感本身也是习近平总书记的重要语言风格。习近平总书记在重要讲话中，特别强调中国语言中的典雅美，强调语言对仗、注重历史典故，体现出中国语言之美。具体来看，习近平总书记的语言艺术美感主要有以下特征：其一，注重文字的形式美，强

---

① 《习近平谈治国理政》第二卷，外文出版社2017年版，第354页。
② 《习近平谈治国理政》第二卷，外文出版社2017年版，第355页。
③ 杨晓慧：《思想定位、逻辑体系、理论特质》，《思想理论教育导刊》2018年第12期。
④ 秦德君：《马克思主义政治学话语体系引入"形质渊源"研究》，《学术界》2019年第9期。

调语言对仗和语句对称,体现出内在的典雅美;其二,注重文字的内容美,强调修辞,采用历史典故,文字内涵深刻并且内容丰富;其三,注重文字的思想美,强调思想创新,注重引领时代发展。

在德育话语体系中,习近平总书记高度重视语言的美感,高度重视语言的文雅性,注重修辞,讲究对仗,并注意用老百姓喜闻乐见的成语或者典雅的古文典故,以此深入阐释具体的德育智慧。如阐释理想信仰重要性的经典话语:"人民有信仰,国家有力量,民族有希望!"如阐释生态建设的经典话语"绿水青山就是金山银山"。这些经典语既注重语言对仗,也充分注重语言美感。这种注重美感的德育论述,既是学校德育中的语言艺术美的体现,同时也有利于学校德育工作者本身识记和传颂,并可以作为校园文化的重要构成部分,呈现在学校文化体系中,以此潜移默化影响学生,实现久久为功的德育效果。

**四 德育重要论述话语体系的实践运用**

德育是一项需要高度重视科学性和艺术性的工作领域,学校德育需要有科学性和艺术性的话语体系。习近平总书记的德育重要论述是新时代指导学校德育的重要理论,在学校德育的实践中,需要严格遵循原文原著的原则,科学并艺术性运用德育话语体系。

(一) 学校德育要严格遵循原文原著的运用原则

在运用习近平总书记的德育重要论述时,要严格遵循原文原著。话语体系本身既体现了原作者的语言风格,也体现了其理论气质,是理论体系的重要构成部分。在理论运用中,有第一手资料和二手资料的重要区分。第一手资料指的是理论的原始出处及其相关的原文原著,这是学习理论和运用理论的基础性资料,也是最为重要的资料。二手资料指的是经过别人诠释或者研究的资料,这种资料有利于对相关理论的理解,但在运用中可能会导致误读误解。所以在理论研究和理论运用中,要确保必要的第一手资料。在学校德育理论和实践中,具体运用习近平总书记的德育重要论述时,要尽量使用原文原著,以确保正确理解和准确运用。严格使用原文原著,既是对原作者的一种尊重,是学术规范的基本要求,也是确保德育理论和实践准确理解运用原文原著思想的重要基础。

（二）学校德育要学习德育话语体系的简洁和严谨的风格

在学校具体德育实践中，要学习习近平总书记的德育话语体系的简洁和严谨的风格。德育是一项需要正确价值导向的工作，在具体的德育实践中，语言需要简洁和严谨。简洁的原因在于青少年本身的理解力还相对不够成熟，学校德育语言简洁易懂，才能有效确保不发生语义模糊，不产生歧义和错误。严谨指的是德育本身关系重大，在德育语言体系中不能有缺陷和错误存在，必须确保准确。学校德育切忌工作繁琐、内容复杂，这样会导致德育工作的低质量。工作繁琐会导致青少年无所适从，内容复杂会导致青少年难以理解。明白易懂、简洁易行是学校德育的基本要求。在德育理论和德育实践中，要注意德育语言不要过度繁琐，语义不能模糊，要清晰明白、易懂易记，才能有效提升学校德育的质量。

（三）学校德育要注重科学使用话语体系中的经典语

学校德育需要科学使用德育标识性语言。德育标识性语言对于学校德育实践非常重要，德育标识性语言一般都自成体系、格式统一，内容朗朗上口，便于学生记忆内化。我国的德育标识性语言的典范如五讲四美三热爱，在学校德育实践中影响深远。科学的德育标识性语言能够让学生易学易懂，在学校德育实践中非常重要。学校德育要注重使用德育话语体系中的经典语，形成新时代学校德育标识性语言，有利于提升学校德育的实效性和艺术性。

（四）学校德育要注重话语体系的潜移默化的宣传

话语体系宣传要注重久久为功、潜移默化。德育本身是一项需要持续努力的工作，在德育话语体系宣传中，不要过度求快，要有打持久战的耐力。如社会主义核心价值观、中国梦教育、"四个自信"的教育，都需要久久为功，只有长期持续地宣传，才能取得德育实效。学校德育要认真梳理德育话语体系，在校园文化建设中，将德育话语体系融入学校校园文化建设、班级文化建设和课堂文化建设中，最终实现良好的潜移默化的影响力，深入学生内心，实现德育话语体系内化，取得德育实效。在中国梦教育中，要注意中国梦注重国家、民族和个人三个层面，在具体的宣传中充分注意中国梦的艺术性,如采用版画、系列标语等,易记易懂。在社会主义核心价值观的宣传中,要注意内在的三个层面,要通过历史典故、时代楷模等诠释,并通过艺术性的宣传画和标语体系,提升宣传质量。同时在话语体系宣传教育过程中,一定要注意坚定话语自信、站稳话语立场、夯实话语根底、区分话语对象、创新话语方式,增强有效性和针对性。①

(五)德育话语体系要具有中国逻辑

中国逻辑既是中国社会和中国文明长期发展的历史经验和智慧的积淀,同时也适应于时代发展。学校德育必须建立在中国国情的基础上,从这个角度看,学校德育要理解中国社会的政治、文化、哲学、社会、经济等领域的基本规律和基本经验,进而理解学校德育在其中所担负的责任。在此基础上,建设德育理论体系和德育话语体系。学校德育要传承中华文化基因,培养青少年的家国情怀,必须符合内在的中国逻辑。在学校德育理论和实践中,要注重传承中华优秀文化,培养创新创业精神,建构中国德育话语体系,实现马克思主义在学校德育中的科学的大众化,提升学校德育的质量,有效服务于新时代国家治理和社会建设。中华民族有史以来既有着卓越的思想,也有着世界一流的表达能力,产生了灿烂的中华文明成果。德育本身既是对社会文化习俗的重要传承,同时也是未来社会文化习俗的重要奠定者。学校德育要深刻理解德育内容中的中国哲学、中国伦理、中国文化、中国习俗、中国法治等背后的智慧和经验,理解学校德育在中国社会建设中的责任。只有深刻理解了中国逻辑,才能建设兼具科学性和艺术性的德育话语体系,高质量服务于这个伟大的时代。

## 第二节　新时代德育的内在逻辑

德育理论体系的形成需要有逻辑的结构,也需要逻辑的力量。习近平

---

① 马维振、王明生:《习近平话语表达的有效建构与现实指向》,《思想教育研究》2019年第3期。

总书记一贯高度重视理论体系的内在逻辑，在习近平新时代中国特色社会主义思想中，重要的理论逻辑构成就有"五位一体"总体布局和"四个全面"战略布局等，并有着内在的时代逻辑、理论逻辑和实践逻辑的三维视角。[①] 在德育重要论述中，也有着清晰的内在逻辑结构，蕴含着新时代德育的逻辑力量。

## 一 德育理论体系的内在逻辑

德育本身不是单一学科的影响领域，在理论体系和实践领域，德育受到多学科的影响。具体而言，德育是受到哲学、伦理学、教育学、政治学、心理学等多学科影响的一门学科领域。德育需要形成体系化的理论体系，在德育内部，不同领域的学科和德育方法需要统一到具体的学校德育实践中，实现内在的体系化和结构化。在具体的学校德育实践中，既要形成对学生德育影响的健康合力，同时也要确保不能出现内部的自相矛盾。

### （一）德育理论需要科学的内在逻辑

德育理论的学科来源相对多元，各个学科都有其学科自身的逻辑，但在德育中，还必须符合德育的逻辑。不同的德育理论体系，有着不同的德育内在逻辑。社会主义性质的德育强调集体主义，追求个体的解放和人类的解放。以欧美为代表的西方国家的德育则强调自由主义，追求个体自由发展，形成了自由主义德育的理论倾向。基于德育理论的理论气质，不同的德育理论体系大都呈现出不同的逻辑特色。

任何德育实践都有其背后的基本理论假设，这种理论假设只是部分德育实践者未能主观认知到而已。德育基本理论假设很大程度上决定着德育实践的路径选择、价值倾向和实践方法。德育基本理论假设最终都必然要走向体系化，因为德育实践需要内容设置、方法选择、路径发展等领域的协调性，这种德育实践内在的协调性必须建立在德育基本理论体系的系统性的基础上。缺乏科学的德育理论体系，德育实践就会呈现出内部分歧和矛盾。简而言之，德育实践如果缺乏基本理论体系的科学

---

① 孙蔚：《论习近平新时代中国特色社会主义思想的三大逻辑》，《科学社会主义》2018年第4期。

## 第十章 新时代德育的理论逻辑

的内在逻辑,就会呈现出碎片化,在具体的德育实践中难以实现有效合力,并可能出现德育实践中的德育理念冲突。

德育理论体系一般都会呈现出多学科的特征,因为德育领域本身也是一个多学科的融合交叉的社会领域。中国德育因为其内在的道德、思想、政治、哲学、文化等多领域的内容,在理论体系的建构上呈现出明显的多学科思维,但同时也具有德育自身的特征。德育是一个面向实践的社会领域,德育所指向的是培养具有美德的青少年,基于"德"在中国社会文化中的内涵的广泛性,思想先进、政治坚定、道德美好都是美德的内涵。要把宽泛的德育内容和德育目标,整合并纳入一个体系化的德育实践的范式中,这需要逻辑的力量。

### (二)德育理论体系的内在逻辑

德育理论体系的建构中需要逻辑的力量支撑。逻辑力量的作用主要有两个领域:其一是能够建构理论的内在基本结构。这种基本结构既是理论体系的具体呈现,也是指导德育实践快速掌握德育理论体系而必须具备的一种呈现形式。其二是能够形成理论体系内在的理论力量。在德育理论体系的发展中,不管理论体系如何完备,都需要随着时代的发展而不断创新完善。在创新完善的过程中,则需要这种内在的理论力量的支撑。对德育理论的发展而言,时代的推动是外部力量,但德育也需要内在的力量,这种内在的力量,很大一部分就是内在的逻辑力量。不可低估这种内部的逻辑力量,很多时候这种内部的逻辑力量是推进理论前进不变色的重要基础。如马克思主义对人类解放的追求,虽然在不同的时代有不同的路径,但这一内在逻辑是马克思主义伟大的重要原因和推动力量。中国共产党的宗旨中重要的内在逻辑就是为人民服务,这一逻辑在不同的时代,有着不同的具体指向,但这一内在逻辑中的基本目标是从未变化的,这是中国共产党伟大的重要原因,也是推动中国共产党不断前进的重要逻辑理论力量。

德育理论体系的内在逻辑的构成有着多个维度的内容。德育理论体系的内在逻辑一般都有德育方向、德育思维、德育过程等维度的逻辑。德育内在逻辑是存在于整个德育理论体系上的结构性的、体系化的基本规律。内在逻辑影响着德育理论体系的整体方向、资源构成和发展视野，在学校德育实践中也影响着德育具体方法的使用和德育标准的制定，是德育理论体系的内在规律。在德育理论体系的整体方向上，内在逻辑本身的哲学倾向决定了德育理论建构中的哲学气质和哲学底色，不同的内在逻辑会导致德育的哲学基础的重要差异。在资源构成上，德育是多学科的综合体，德育内在逻辑会决定哪些学科能够进入德育理论体系，直接影响德育理论的来源学科的分布。如在部分西方国家，德育就被限定于道德教育，其德育理论体系基本只限于伦理学和教育学等学科。在发展视野上，内在逻辑决定了德育理论体系的指向目标和学科视野。对中国德育来说，家国同构的内在逻辑决定了中国德育理论体系具有明显的社群伦理底色，同时还有着人类命运共同体的国际视野。

**二 德育重要论述的内在逻辑的基本构成**

习近平总书记关于德育的重要论述的内在逻辑主要有：致力于社会主义性质的德育方向逻辑；注重德育本身的系统性和结构性的德育过程逻辑；强调家庭教育、学校教育和社会教育一体化的德育资源逻辑；个体、社会、国家和世界的德育发展视野逻辑等。

（一）致力于社会主义性质的德育方向逻辑

坚持社会主义办学方向是习近平总书记关于教育改革与发展的九个坚持的重要论述的重要构成部分。坚定社会主义办学方向，重视学校政治意识形态的正确性，确保学校培养社会主义事业建设者和接班人，这是政治方向上的重要要求。

在深层逻辑上，习近平新时代中国特色社会主义思想是两个维度的深度结合，即马克思主义基本原理与中国实际国情和时代特征的结合。[1] 在马克思主义基本原理上，德育重要论述坚定马克思主义指导，致力于推进人全面发展，追求人类的共同解放，培养社会主义劳动者。这些都是马克思主义德育的基本理论，也是社会主义性质的重要体现。在中国国情和时代特征上，德育重要论述传承了中国共产党的德育经验和智慧，并高度重视爱国主义精神和创新精神，服务于新时代中国特色

---

[1] 田鹏颖：《习近平新时代中国特色社会主义思想的理论逻辑和实践逻辑》，《中国高等教育》2018年第2期。

社会主义建设。社会主义性质的德育方向逻辑是德育重要论述中最为重要的逻辑，也是指引学校德育确保社会主义办学方向的重要理论支撑基点。

在德育内在逻辑中，坚持社会主义办学方向是德育的政治方向的逻辑。德育方向决定了德育在政治哲学和政治指导思想领域的基本取向，中国德育本身是道德、思想、政治等多元构成的领域，在德育理论和德育实践中，必须要有正确的政治哲学和政治方向的引领和指导。具体来看，在内在政治哲学和伦理基础上，马克思主义、中国梦、社会主义核心价值观等是贯穿当代中国德育理论建构和实践发展全过程的核心理论范畴。①

（二）注重德育本身的系统性和结构性的德育过程逻辑

"注重系统性、整体性、协同性是全面深化改革的内在要求，也是推进改革的重要方法。"② 习近平总书记关于德育的重要论述注重系统性和结构性，强调德育理论体系和实践体系内部的系统性和结构性。新时代德育注重课程体系、教材体系、实践体系、教学体系等学校教育教学的系统性，同时还高度重视大中小幼德育一体化，重视德育、智育、体育、美育、劳动教育的协调性和系统性，这些是德育过程逻辑的系统性和结构性的逻辑要求。系统化和结构化既是习近平总书记关于德育的重要论述在理论体系领域的重要特色，也是对学校德育实践的具体要求。

注重德育本身的系统性和结构性是关于德育的结构性的逻辑。德育过程强调学校德育实践过程中的严谨性和系统性，确保学校德育高质量服务于青少年学生健康成长。学校德育在德育内容、德育方法、德育课程与教学、德育组织体系等维度，都需要注重内在的系统性和结构性，确保形成科学的学校德育系统性合力。

（三）强调家庭教育、学校教育和社会教育的一体化的德育资源逻辑

家庭教育、学校教育和社会教育要实现一体化育人，这是习近平总

---

① 钟启东：《新时代马克思主义理论教育发展研究的指导思想、主要使命及理论内涵》，《思想教育研究》2018年第6期。
② 《习近平谈治国理政》第二卷，外文出版社2017年版，第109页。

书记关于德育的重要论述的一个重要内在逻辑。从文化传统上看，这也是中华优秀传统文化的重要智慧——家国同构在新时代德育中的重要体现。对青少年的德育需要家庭教育、学校教育和社会教育协调合作，共同服务于青少年学生的健康成长。① 学校德育资源需要丰富多元，这样才能有效培养青少年成长中的多维度的健康社会性发展需要，同时也有利于提升学校德育的艺术性，提升学校德育空间和德育视野。家庭教育、学校教育和社会教育的一体化是青少年健康成长的内在需要，有效的家校德育合力才能确保青少年成长环境的健康性和发展中的正面导向，确保优化德育环境和丰富德育资源。

强调家庭教育、学校教育和社会教育一体化的德育资源是关于德育实践资源的逻辑。学校德育必须坚持德育资源的一体化建设，共同服务于学生的健康发展。健康的、丰富的德育资源建设是学校德育实践的重要努力方向，德育资源的一体化既是确保形成健康德育合力的重要基础，同时也是提升德育科学性和艺术性的重要努力方向。

### （四）个体、社会、国家和世界的德育发展视野逻辑

习近平总书记关于德育的重要论述在内在逻辑上具有个体、社会、国家和世界的德育发展视野。德育不局限于社会个体层面，还扩展到社会、国家和世界的层面，这是习近平总书记关于德育的重要论述的德育发展视野逻辑。人类命运共同体思想既不同于西方的自由世界的理论，也不同于西方部分国家的霸权思维和所谓的平衡思维，而是致力于推进人类利益融合、命运依存的世界和谐与和平思想，这是中华民族对世界和平的重要思想贡献。人类命运共同体思想既有着鲜明的中华文化特色，又有着深刻的历史智慧。具体而言，人类命运共同体思想涵盖国际安全、世界和平、人类发展、生态环境等重要领域，这些领域也是学校德育的国际理解教育的重要构成部分。

个体、社会、国家和世界的德育发展视野逻辑既是对中华传统智慧的历史传承，是其科学的现代转换和创新，也是对实现中华民族伟大复兴中国梦的国际理论领域的重要理论支撑。这一内在逻辑本身奠基于修

---

① 《习近平在全国教育大会上强调 坚持中国特色社会主义教育发展道路 培养德智体美劳全面发展的社会主义建设者和接班人》，《人民教育》2018年第18期。

身、齐家、治国、平天下的中国传统智慧，同时又与人类当前的环境问题、科技发展等时代发展需求深刻相关。在现代地球村的科技背景下，学校德育也需要与时代科技发展相适应，德育视野的扩展，既是人类命运共同体建设的重要教育基础，也是德育本身的时代发展性所在。现代传媒技术的普及，已经决定了在道德伦理领域，国际社会的相互影响力进一步增大。对青少年的国际理解和国际视野的培养，不能成为被动的选择，而应当在学校德育领域主动采取相应行动，系统性进行国际理解教育。这样能够有效提升青少年在国际理解教育领域的健康性和有效性，有助于人类命运共同体建设。

个体、社会、国家和世界的德育发展视野是学校德育视野不断扩展的逻辑。学校德育既需要培养个体的个人品德，同时要将学生的个人品德与社会需要、国家使命、世界视野相结合，培养既具有优秀的个人品德，同时也具备良好的社会能力和担当意识的新一代。个体、社会、国家和世界的德育发展视野既给予了青少年个体道德发展的动力，同时也促使青少年未来发展中不断把自己融入社会和国家的发展需要之中，在社会实践和社会生活中提升自身的品德素养，服务于国家和民族的发展需要。

### 三　新时代德育内在逻辑的影响

德育内在逻辑是德育重要论述的内在理论基础性构成，对学校德育的理论体系和实践操作都具有重要指导价值。德育内在逻辑是新时代德育理论体系建设的重要内核，是指导新时代德育实践的重要理论基点。

（一）新时代德育内在逻辑对学校德育的重要指导价值

在德育政治方向维度，坚持社会主义德育方向。学校德育必须坚持社会主义办学方向，致力于培养具有正确政治方向的新时代德智体美劳全面发展的社会主义建设者和接班人，高质量实现"四个服务"。社会主义办学方向强调个体融入时代、融入社会、融入国家发展的使命和责任。个体融入时代发展指的是个体要在新时代发展中实现自身的价值，融入社会发展指的是要将自身发展与社会需要相结合，融入国家发展指的是个体要将自身与国家和民族的需要相联系。

在德育资源体系化维度，坚持家庭、学校和社会一体化育人。学校德育既要注重德育的科学性，也必须注重德育的艺术性。学校德育要重点拓展德育资源，既要重点提升思想政治理论课的教学质量，提升班级管理育人水平，同时也要有效拓展校外德育资源，利用现代传媒技术，实现多元育人艺术育人的效果。在德育环境建设上注重家庭、学校和社会一体化育人，注重家庭教育的科学引导，积极协助健康社区建设，共同服务于学生个体的健康成长。

在德育情感上，坚持家国情怀。学校德育要注意德育情感的培养，德育情感是德育中非常重要的因素，激情一向是人类道德发展的重要促进因素。中华文化传统历来高度重视家国情怀，无数仁人志士都有其深厚的爱国情怀，这种情怀是推进中华统一和中华复兴的重要力量。"爱国，是人世间最深层、最持久的情感，是一个人立德之源、立功之本。"① 中华文化基因是家国情怀的基石，也是爱国主义教育的重点工作领域。学校德育要重点塑造学生中华文化基因，培养学生的文化认同、政治认同、民族认同、历史认同，在知识基础、价值倾向和情感精神上培养学生良好的家国情怀。学校德育要通过组织建设、文化熏陶、环境影响等领域，厚植青少年爱国主义精神，推进青少年健康成长。

在德育视野上坚持个体德育的发展视野。德育必须具有发展的视野，过度局限于学校的德育视野并不利于学生的道德发展。在中国社会中，个体的道德发展强调发展的阶梯性，要求在道德发展中不断扩大个体的道德责任，即所谓修身、齐家、治国、平天下。在这种道德发展的阶梯上，道德与政治本身不是分离的，而是紧密结合的，在道德发展中是一体结构。两者的关系上，道德是政治的基础，政治是道德的高阶。在中国社会，政治本身还有其特殊性，是道德的发展高阶，并且是道德的高级阶段，能够更大范围服务于国家和社会。个体的道德水准高，在中国社会不能停留于个体的层次，必须升华到服务社会和国家的政治层面。此即"穷则独善其身，达则兼济天下"。德育要充分关注理想信仰教育，这是涉及道德发展的高阶的教育。这种道德与政治一体化的德育，既是中国德育的特色所在，也是其优势所在。在这种德育范式中，

---

① 习近平：《在北京大学师生座谈会上的讲话》，《思想政治工作研究》2018年第6期。

社会个体都会关注并支持社会政治健康发展,所谓"天下兴亡,匹夫有责"。

(二) 德育内在逻辑在学校德育中的实践

首先,必须确保学校德育的政治方向正确性。确保学校德育的政治方向的正确性,这是学校德育实践德育重要论述的内在逻辑的首要工作。政治方向关系到学校德育为谁服务,培养什么样的人的重要问题。同时,要做好学校政治意识形态建设工作,"要在厚植爱国主义情怀上下功夫,让爱国主义精神在学生心中牢牢扎根,教育引导学生热爱和拥护中国共产党,立志听党话、跟党走,立志扎根人民、奉献国家"[1]。

其次,坚持立德树人的学校教育根本任务。学校德育必须坚持立德树人,确保学校教育本身的道德性,在发展中注重培养全面发展的健康的青少年。立德树人是学校教育的根本任务,必须在学校教育教学工作中全面系统贯彻执行。学校德育工作要实现对学校课程教学的全覆盖,学校德育既要有思想政治理论课的主阵地,同时也要在学校教育教学所有环节系统渗透,实现学校教育教学领域系统性服务于立德树人的良好教育局面。

再次,多维度建构德育资源。学校德育在发展中要致力于培养健康的德育环境,共同服务于青少年的个体思想道德发展。学校德育要努力建构科学健康的校园文化,做好家校合作,提升学生家庭教育的科学性,并注意参与社区建设,努力创造更多的社会实践机会,提升学生认识社会服务社会的能力,多维度建构学校德育的资源,提升学校德育的科学性和艺术性。学校德育在具体实践中必须具有科学性、文化性、艺术性和开放性。科学性确保学校德育本身的有效性,缺乏科学性的德育难以具有实效。文化性能够有效提升学校德育的文化影响力和文化魅力,学校德育要善于利用文化习俗的潜在影响力。艺术性是学校德育影响力的必要保障,也是体现学校德育质量的重要指标。开放性是学校德育生命力的重要保障,学校德育需要开放性保持持续的发展创新,防范落入僵化困境。

---

[1] 《习近平在全国教育大会上强调 坚持中国特色社会主义教育发展道路 培养德智体美劳全面发展的社会主义建设者和接班人》,《人民教育》2018年第18期。

最后，提升学校德育的国际视野。学校德育要将德育放在国家发展的大视野中，科学定位学校德育的功能，并注意学生国际视野的培养。学校德育要具有国际视野、世界眼光，增进对人类命运共同体的深入理解，做好教育领域的国际理解，提升未来公民的国际理解能力。学生个体的国际视野和人类命运共同体的思想，是需要在学校德育中加以重视的内容领域，是体现中华优秀传统文化中的"和为贵"的价值观的重要德育实践，这也是中国德育国际情怀的重要体现。

## 第三节 新时代德育的理论特质

理论特质指的是理论体系内在的、体系性的理论风格、思维方式和价值倾向的基本特征。每一种体系化的理论都有其内在的理论特质，这种理论特质既是理论的内在气质，也是其内在思维逻辑的外在体现。在理论特质上，德育重要论述根植于习近平新时代中国特色社会主义思想，具有其内在的理论气质，同时也具有学校德育的领域特色。

### 一 德育理论的理论特质

德育的理论特质指的是德育理论体系在理论特色上的系统呈现，是该种德育理论体系区别于其他德育理论体系的重要特色，也是该种德育理论体系内在理论气质的外在体现。

（一）德育理论的理论基础

德育理论基础的构成一定程度上体现着德育理论的理论特质，并会最终呈现在学校德育的实践中。德育理论中存在哲学、政治学、教育学、心理学等相关学科理论内容，这些理论内容在德育领域不是松散的存在，而是会形成一种结构化和体系性的存在，但不同的学科对于德育理论的影响也会呈现出一定的学科差异。哲学对德育理论的主要影响在于思维模式、道德伦理、价值倾向等领域。政治学对德育理论的主要影响在于德育的政治目标、德育的政治基础、德育的政治倾向等领域。教育学对德育理论的主要影响在于德育的教育方法、教育路径、教育艺术、教育模式等领域。心理学对德育理论的影响主要是在发展心理学和教育心理学两个维度,发展心理学预设了个体道德发展的基本规律,教育心理学设定了对个体德育有效性的基本标准和基本方法。

德育的理论基础决定了德育是一个多学科的理论领域,哲学、政治学、教育学和心理学等与德育密切相关的学科如果具有重要创新发展,也会影响到德育理论的发展。这种相关背景学科影响德育理论发展的模式不是一种简单的线性影响模式,而是一种复杂的影响机制。相关领域的学科的发展对德育的影响需要时间,也需要德育理论学术研究的创新自觉。因为德育理论学术研究也具有哲学社会科学发展保守的一面,只有具有创新的勇气和创新的内在需求,德育理论发展才能有效汲取相关学科的理论发展,进而推进德育理论体系发展变革。

(二)德育理论特质的德育特征

德育理论基于德育本身的实践要求,在理论特质上不只是具有单纯理论层面的特色,还与社会文化习俗、政治价值倾向等密切相关。德育理论既需要关注学校德育实践中的具体实效性要求,也需要关注理论与社会习俗的契合,以及与社会主流价值观体系、社会政治哲学等相适应,最终服务于学校德育的高质量建设。

首先,基于德育本身对社会的巨大影响力,德育理论具有明显的政治性,德育理论体系大都有其背后的政治意识形态。学校德育是社会对下一代的整体性的社会化,这种社会化的结果整体上看与德育的预期目标高度契合。也即,学校德育目标的设定对德育实践的影响深远,学校德育在青少年德育中取得的最终德育效果,一般与预先设定的德育目标方向差异不大。因为德育目标会通过德育内容体系、德育方法论、德育路径等呈现体系化,最终形成青少年身上的德育素养。在现代社会,社会的全体成员几乎都出自学校教育,都会受到学校德育的强力影响,基于这种影响力,所有国家都高度重视学校德育的内容体系和政治倾向,致力于培养符合社会主流政治意识形态的社会成员,这就是德育理论具有明显的政治性的深层原因。在西方国家,其教育也同样有其背后的政治意识形态。美国学者分析指出:"所有这些活动,以及很多其他活动把教育变成了国家的重要政治领域之一,同时很可能把教育变成州及地方最重要的政治领域;所以在任何一级政府教育都不会是超越政治以外的活动。"①

其次,基于德育理论与社会习俗的紧密联系,德育理论体系大都有其社会文化特色。学校德育既有其内在的价值观倾向,也有着丰富的社会习俗的基础,学校德育不可能脱离社会主流习俗实施德育,德育本身也是社会习俗传承中的重要机构和重要环节。德育理论建设,要注意契合社会的文化特色和习俗,有效实现学校、家庭和社会的德育健康合力。德育不管是在理论上,还是在实践上,都会具有明显的社会主流文化价值观,在思维上和哲学上都会与文化基础密切相关。

最后,基于德育理论最终必须转化为对青少年学生的德育效果,德育理论必须具有其实践性特征,能够有效指导具体的学校德育实践。学校德育最终必须在学校教育教学中具体实践,德育理论需要具备实践性,能够指导德育实践,并能够在德育实践中取得实效,否则就会落入被抛弃的命运。德育不是一个纯理论的领域,而是一个必须理论联系实践的领域,只有在实践中取得良好效果,这种德育理论才具有生命力,不被社会抛弃。

**二 德育重要论述的理论特质**

习近平总书记在理论领域高度关注理论的体系化和系统性,高度重视理论的实践性。这种理论特质也在德育重要论述中得到充分体现。习近平总书记关于德育的重要论述的理论特质主要有注重德育的实践性的特质、德育领域的高度文化自信、注重德育内在结构的高度系统融合、强调德育视野上的世界眼光、注重德育的发展性和创新性等。

(一)注重德育的实践性

"时代是思想之母,实践是理论之源。"② 习近平总书记强调:"实事求是,是马克思主义的根本观点,是中国共产党人认识世界、改造世

---

① [美]理查德·D.范斯科德、理查德·J.克拉夫特、约翰·D.哈斯:《美国的教育基础——社会展望》,北京师范大学外国教育研究所译,教育科学出版社1984年版,第69—70页。

② 《习近平著作选读》第二卷,人民出版社2023年版,第22页。

界的根本要求,是我们党的基本思想方法、工作方法、领导方法。不论过去、现在和将来,我们都要坚持一切从实际出发,理论联系实际,在实践中检验真理和发展真理。"① 习近平新时代中国特色社会主义思想高度重视实践性,在思想领域整体上具有鲜明的问题导向、明晰的目标取向、体和魂的深度融合趋向等理论特质。②

德育是一项注重实践效果的工作,德育理论建构也必须高度注重其内在的实践性。习近平总书记关于德育的重要论述的重要理论特质就是高度重视德育的实践性。德育的实践性的重要意义在于两个领域:其一是具有实践性的德育才能真正取得德育效果,才能高质量立德树人;其二是不具有实践性的德育,很容易在学校教育教学中导致形式主义,反而对学生的道德与思想政治素养发展形成负面效应。所以在具体的学校德育中,必须注重实效,形成具有可实践的德育范式,有效服务于学生个体健康发展。

(二) 德育领域的高度文化自信

德育是在青少年身上实现健康的社会化,这种社会化必须建立在充分的文化自信的基础上。习近平总书记高度重视文化自信,在教育领域强调:"我们的教育改革要坚持文化自信,好的经验要坚持,不足的要补齐。"③ 习近平总书记有着高度的理论自觉,强调:"解决中国的问题,提出解决人类问题的中国方案,要坚持中国人的世界观、方法论。"④ 学校德育是涉及青少年整体社会性建构的重要工作领域,青少年最终都会走入社会成为社会的主体,学校德育的内在世界观、价值观、方法论最终会成为社会的主流。在学校德育中,必须坚持德育的中国范式,坚持中国人的世界观、价值观、方法论,培养具有文化定力的具有坚实中华文化基因的新一代。

德育是哲学社会科学中的一个领域。哲学社会科学在很大程度上决定了社会在思想、伦理和政治等领域的主要倾向,也是一个国家发

---

① 《习近平谈治国理政》第一卷,外文出版社 2018 年版,第 25 页。
② 康晓强:《习近平现代国家治理观的理论特质》,《马克思主义研究》2016 年第 10 期。
③ 《习近平在北京市八一学校考察时强调 全面贯彻落实党的教育方针 努力把我国基础教育越办越好》,《人民教育》2016 年第 18 期。
④ 《习近平谈治国理政》第二卷,外文出版社 2017 年版,第 341 页。

展自信的重要理论基础。德育是哲学社会科学中的重要领域，事关培养接班人和建设者的大事，必须高度重视文化自信，培养具有"四个自信"的年轻一代。哲学社会科学领域的自信是德育自信的前提和基础。没有哲学社会科学领域的自信，德育的自信就是无源之水、无本之木。习近平总书记强调中国特色哲学社会科学要充分体现中国特色、中国风格、中国气派。① 当然，"哲学社会科学的特色、风格、气派，是发展到一定阶段的产物，是成熟的标志，是实力的象征，也是自信的体现"②。具体在德育理论体系建构中，既需要高度关注德育理论本身的科学性，这是科学的一面；同时也要高度重视文化性，这是价值倾向和文化底色的一面。

(三) 注重德育内在结构的高度系统融合

习近平总书记高度重视社会治理的系统性，在治国理政中，强调要注重改革与发展的系统性。③ 具体在学校教育中，习近平总书记高度重视学校教育整体的系统性和协同性，强调学校内部各个维度和体系都要服务于立德树人。学校教育中的德育、智育、体育、美育、劳动教育都要服务于青少年学生全面发展，学校内部的课程体系、教学体系、教材体系、行政管理体系都要形成对青少年的教育合力。学校教育教学的系统性和协同性，是确保教育质量的关键所在。

德育是立德树人的关键领域，学校德育要高度注重系统性、整体性和协调性。新时代德育强调课程协同育人。"其他各门课都要守好一段渠、种好责任田，使各类课程与思想政治理论课同向而行，形成协同效应。"④ 在育人上强调"三全育人"的全员全程全方位育人的核心理念。德育具有内在的德育目标、德育内容、德育方法、德育路径等，这些构成要素都需要具有内在的体系性和结构性。德育目标要有效统揽学校德育的内容和方向，是德育内容选择、德育方法思维和德育路径设定的基本依据。德育内容是学校德育的重要构成部分，是德育教材编写、德育

---

① 《习近平谈治国理政》第二卷，外文出版社2017年版，第338页。
② 《习近平谈治国理政》第二卷，外文出版社2017年版，第338页。
③ 《习近平谈治国理政》第二卷，外文出版社2017年版，第109页。
④ 《习近平谈治国理政》第二卷，外文出版社2017年版，第378页。

第十章　新时代德育的理论逻辑

活动设计的具体构成。德育方法体现着学校德育的思维、哲学和倾向。德育路径则是德育目标、德育内容基于青少年发展规律的设定。要提升学校德育的质量，要注重德育理论和实践体系的系统性，形成多维度的德育健康合力。

（四）强调德育视野上的世界眼光

学校德育所培养的青少年，不只是要传承中华优秀传统文化，弘扬与时俱进的时代精神，还需要有世界视野和国际眼光。当然，这种世界视野和世界眼光要建立在以我为主的理论前提下。习近平总书记强调："要围绕我国和世界发展面临的重大问题，着力提出能够体现中国立场、中国智慧、中国价值的理念、主张、方案。"[1] 在具体的理论工作中，要具有中国立场，以我为主，同时具备良好的国际视野。如果缺乏以我为主的理论前提，可能会导致青少年陷入无原则的国际理论领域的自由主义中，这会严重导致爱国主义精神和文化自信领域的危机，这是学校德育需要注意的理论问题和陷阱。

习近平新时代中国特色社会主义思想既具有鲜明的民族性，同时也面向世界，包含着人类共同的价值追求。人类命运共同体的提出，是针对全球治理提出的中国方案，是增进人类福祉、维护世界和平的中国智慧的重要体现。[2] 德育本身与道德与政治密切相关，这两者也是决定人类社会和平与发展的重要因素。学校德育需要有世界眼光和国际视野，深入贯彻人类命运共同体思想，从道德与思想的领域，有效服务于人类社会的和谐发展。

（五）注重德育的发展性和创新性

习近平总书记的理论特质的重要构成部分就是高度注重发展与创新。"理论的生命力在于创新。创新是哲学社会科学发展的永恒主题，也是社会发展、实践深化、历史前进对哲学社会科学的必然要求。"[3] 在理论领域要勇于推陈出新，结合时代发展，有效服务于经济社会

---

[1]《习近平谈治国理政》第二卷，外文出版社2017年版，第340页。
[2] 陈松友、李雪：《习近平新时代中国特色社会主义思想的理论特质》，《马克思主义研究》2018年第9期。
[3]《习近平谈治国理政》第二卷，外文出版社2017年版，第342页。

发展。

在德育重要论述中，习近平总书记的相关论述既有着对中国传统德育思想的重要传承，同时也有着重要的理论发展与创新。习近平总书记注重新时代的发展性，强调："一切刻舟求剑、照猫画虎、生搬硬套、依样画葫芦的做法都是无济于事的。"① 特别是在社科领域，发展与创新涉及新时代中国社科领域的"四个自信"，同时也是中国话语权力和话语体系的重要工作领域。习近平新时代中国特色社会主义思想本身就体现了我党领导人敢于直面问题的批判意识、善于超越现实的创新意识、勇于开拓的创新精神，以及卓越的理论创造力。② 在德育领域，需要充分彰显理论发展的创新性，切实推进学校德育创新发展。

**三 德育重要论述特质的内在气质**

德育是哲学社会科学领域的重要构成部分。习近平总书记强调："中国特色哲学社会科学的特点应该体现出三个主要方面：第一是体现继承性、民族性；第二是体现原创性、时代性；第三是体现系统性、专业性。"③ 具体来看，习近平总书记关于德育的重要论述理论特质背后的内在气质主要有：具有坚定的理论自信；注重开放的理论视野；具备全面的理论格局；强调系统的专业要求。

**（一）内在气质上具有坚定的理论自信**

习近平总书记的德育重要论述具有强烈的理论自信，既重视传承，也重视时代发展，不唯书，更不唯外，注重中国德育自身的理论建设，坚定马克思主义的指导，结合中国国情，有效传承中华优秀传统文化。这种自信是一种深层的理论自信，有利于消除德育领域的两种不良的理论倾向：其一是对国外德育理论的浪漫化；其二是对国内德育实践的妖魔化。这两种不良的德育理论倾向，都是理论上不自信的表现。

**（二）内在气质上注重开放的理论视野**

习近平总书记关于德育的重要论述在理论上注重开放的理论视野，

---

① 《习近平谈治国理政》第二卷，外文出版社2017年版，第344页。
② 曾祥云：《论70年中国化马克思主义的理论特质——以习近平新时代中国特色社会主义思想为例》，《湖南大学学报》（社会科学版）2019年第5期。
③ 《习近平谈治国理政》第二卷，外文出版社2017年版，第338—344页。

# 第十章 新时代德育的理论逻辑

既重视传统优秀德育智慧，也注重对西方优秀德育思想的借鉴学习。"要坚持古为今用、洋为中用，融通各种资源，不断推进知识创新、理论创新、方法创新。"① 这种开放的理论气质，有利于克服德育理论本身的保守特点，提升德育的时代性和创新性发展能力。理论创新需要直面时代问题，要实现与时俱进，这本身也是马克思主义的内在理论气质。德育重要论述的重要理论气质还在于理论创新中的时代问题导向。马克思主义的真理力量和发展活力，就在于能够与时俱进反映时代特征，科学揭示时代要求和内在规律，直面时代的历史性课题。②

（三）内在气质上具备全面的理论格局

习近平总书记关于德育的重要论述与中国梦、社会主义核心价值观、家庭教育重要论述等密切相关并相互契合，在理论格局上注重从全局的视角诠释德育。这种全局的理论视角注重德育与背后的政治、哲学、社会、教育、历史、文化等领域协调，能够有效保障德育发展的健康性和稳定性。习近平新时代中国特色社会主义思想在理论特征上，注重系统性与科学性、时代性与实践性、革命性与价值性的融合，在理论气质上强调有高度、有深度、有宽度、有厚度、有亮度、有温度、有风度、有气度。③ 这些理论特质也是德育重要论述的重要内在理论气质。

（四）内在气质上强调系统的专业要求

德育本身是一项需要体现专业性的重要领域，德育重要论述强调德育系统的专业要求，强调德育本身的系统性和结构性，注重家庭教育、社会教育与学校教育相协调，强调思想政治工作融入学校教育的所有环节和所有学段。在德育的具体技术点上，习近平总书记强调学校教育教学一切环节都应当致力于服务学生立德树人，强调培养德智体美劳全面发展的社会主义建设者和接班人，这种全面性、系统性和结构性正是德育专业性的重要体现。

---

① 《习近平谈治国理政》第二卷，外文出版社 2017 年版，第 339 页。
② 辛向阳、刘文卿：《习近平治国理政思想的创新特质》，《科学社会主义》2017 年第 4 期。
③ 关锋：《习近平新时代中国特色社会主义思想理论特质的三维解读》，《湖湘论坛》2019 年第 2 期。

### 四 德育重要论述理论特质的科学运用

德育理论特质是新时代德育理论体系内在的重要特征。在德育实践中要深入理解新时代德育理论特质，推进理论特质在德育实践中的准确理解和科学运用。

**（一）高度重视学校德育中的政治性**

首先，学校德育工作中要有敏锐的政治意识，坚定正确的政治方向。学校德育具体实践中要高度重视内在的政治意识，在学生国家观、民族观、历史观、文化观等领域，系统推进青少年正确的思想政治素养教育。这些领域的教育，都不是仅通过知识灌输和课堂教学而获得的，还需要教师的精神指引和学校德育的系统渗透，才能够获得。

其次，学校德育要高度重视对青少年理想信仰的指引。学校德育是建设青少年重要的精神世界的教育活动，理想信仰教育是学校德育的重要工作，也是衡量学校德育质量的重点领域。新时代理想信仰领域的重点是中国梦教育，要通过艺术化的方式，贴近学生生活，贴近时代发展，系统性推进中国梦教育，有效培养青少年的"四个自信"，建立远大的人生理想，担负起新时代的责任和使命。

最后，要重点做好新时代的爱国主义教育。新时代爱国主义是爱国、爱党和爱社会主义的统一，在学校德育中要系统推进爱国主义教育，奠定青少年的中华文化基因，培养深厚的爱国主义情感。而在爱国主义维度，要重点结合语文、历史、道德与法治等课程，系统推进青少年对中国革命和建设的理解，并结合革命英雄主义教育，有效培养青少年的爱国主义精神，厚植爱国主义情怀。

**（二）注重推进学校德育的创新性**

首先，学校德育要理解创新的重要性。"全部科技史都证明，谁拥有了一流创新人才、拥有了一流科学家，谁就能在科技创新中占据优势。"[①] 学校德育要有效服务于具有深厚爱国主义情怀的世界一流人才培养，这也是学校德育服务于中华民族伟大复兴中国梦的关键任务。世

---

① 《习近平谈治国理政》第三卷，外文出版社2020年版，第253页。

界一流人才的重要特点就是其强烈的创新性，学校教育教学要培养世界一流人才，必须深入理解创新性的重要性，系统性贯彻创新性培养要求。学校德育作为学校教育教学的构成部分，要深入理解创新性的重要性，在思想领域有效服务于青少年创新性的培养。

其次，学校德育要结合时代发展和学校实际情况系统推进创新。要注重学校德育工作的创新发展，学校德育不能过度保守，需要有效创新确保德育中的生机和活力。德育需要紧跟时代发展，在德育内容和德育方法上不断创新，并结合经济社会发展的需要、现代社会治理的需要，不断提升学校教育立德树人的科学性和艺术性，有效服务于国家和民族发展。

最后，学校德育的创新要务求实效，坚定实事求是的实践品质。学校德育实践创新不是目的，务求实效提升学校德育的质量才是目的。在学校德育实践中不能本末倒置，要着眼于青少年学生发展需要，切忌为了创新而创新，为追求创新而胡乱创新，在创新中务必实事求是，要符合青少年发展需要。学校德育创新与科学研究中的创新一样，同样需要大胆假设、科学论证、谨慎实践。

（三）深入践行学校德育的文化自信

首先，学校德育要理解坚定文化自信的必要性。学校德育本身就是建立在文化基础之上的，没有坚实的文化基础，德育就失去了自身的根基。学校德育是建构青少年学生健康的精神世界的，精神世界既包括知识体系，也包括价值体系和情感基础等。文化基础关涉学生的健康的精神世界的建构。文化不自信，会导致德育的文化基础上的问题，会导致青少年在成长过程中的文化自卑和文化排斥，进而导致民族的文化危机问题。这一点也是在国家发展层面屡屡表现出来的。经济社会发展不稳定并动乱频频的国家，大都有其内部的文化领域的严重问题，有的是文化不自信，有的甚至是过度复制西方文化，导致国家内部严重的文化冲突。国家文化自信，在文化建设领域要致力于建设经典作品体系、话语体系和理论体系，在社会治理领域要重点坚定青少年的文化自信教育，其中的重要教育领域就是学校德育。

其次，学校德育践行文化自信的重点是培育青少年牢固的中华文化基因。同时要引导青少年深刻理解中华民族的自力更生和独立自主的重要性。"自力更生是中华民族自立于世界民族之林的奋斗基点,自主创新是我们攀登世界科技高峰的必由之路。"① 学校德育要坚定传承中华优秀传统文化,以中国特色社会主义文化教育学生,在德育中要高度重视学生的中华文化基因的传承,培养青少年的爱国主义情怀,实现德育中的高质量的文以载道、以文化人。

最后,学校德育践行文化自信需要建立系统性的文化教育体系。学校德育践行文化自信,既要注重课堂教学的主阵地,也要注重文化大系统的构建。文化自信需要从内到外的自信,并非通过简单的知识传授而获得。在课堂教学中,事关文化自信的重要课程并非单一的道德与法治课程,在青少年文化自信的培养中,语文和历史课程至为重要。语文课程给予了青少年中华文化基因,特别是中华文学、中国文字、中国故事是奠定青少年中华文化基因的核心部分。历史课程的重点在于建构青少年正确的历史观,理解中华文明在世界文明中的重要地位,同时理解历史背后的历史经验和历史智慧。文化大系统的构建,重点是通过艺术展演、文化环境建设、重要仪式等隐性课程,潜移默化奠定青少年心理层面的文化自信。

(四) 科学建构学校德育的系统性

首先,学校德育要坚定贯彻五育并举的教育理念。新时代学校教育教学的核心理念是五育并举,即德育、智育、体育、美育、劳动教育共同推进青少年全面发展。学校德育是五育的重要构成部分,学校德育要与其他四育协调,系统服务于人才培养质量的提升。同时,学校德育基于德育本身的重要性和复杂性,不能脱离其他四育。既要注重德育的专业性和主阵地建设,又要注意系统性融入其他四育。在实践中有效贯彻"三全育人"的方法论,有效推进学校德育的影响力。

其次,学校德育要系统性融入学校教育教学全过程。学校德育重点要培养青少年的爱国主义情怀,加强青少年品德修养,并注意结合时代发展,培养青少年自力更生、艰苦奋斗的精神。学校智育、体育、美

---

① 《习近平谈治国理政》第三卷,外文出版社 2020 年版,第 248 页。

育、劳动教育都要有效协作推进青少年的德育。智育的重点是培养青少年扎实的知识见识，培养学生追求真理、献身真理的人生志向。体育的重点是培养青少年敢于竞争、勇于拼搏的体育精神。美育的重点是提升青少年的美育素养，建立青少年追求美、尊崇美、创造美的美学精神。劳动教育与学校德育密切相关，重点是培养青少年的劳动习惯和劳动精神，引导学生崇尚劳动、尊重劳动、热爱劳动。

最后，学校德育的系统性的关键在于教师队伍的德育能力。再好的教育理念，要落到实处，转化为高质量的人才培养质量，都需要高质量的教师队伍的具体实践。教师队伍建设要以学高为师、行为世范为重要指向，教师队伍的道德性是学校立德的基础和关键，教师要以其理想信念、道德情操、扎实学识、仁爱之心有效引导和教育学生。同时，在学校德育中，还要有效提升教师队伍的德育专业能力，提升教师队伍对青少年道德、思想、政治认知发展规律的认识和掌握，通过德育专业化，提升学校德育的系统性和实效性。

# 第十一章 新时代马克思主义德育理论的创新发展

作为新时代德育基本理论的核心构成部分,习近平总书记关于德育的重要论述,是新时代中国马克思主义德育理论,既遵循了马克思主义基本原理,又忠实传承了中国共产党的德育理论精髓,同时在诸多领域实现了德育理论的重要创新。

## 第一节 马克思主义解放教育伦理的坚守

德育的重要理论基础是教育伦理学。伦理学是道德的哲学,教育伦理学是教育领域的道德哲学。习近平总书记关于德育的重要论述,在教育伦理领域坚守了马克思主义解放伦理。展望未来,新时代德育作为经典的马克思主义的解放教育伦理为伦理底色的德育理论,对人类社会的德育发展和德育方向影响深远。

### 一 马克思主义解放教育伦理及其理论内涵

马克思主义解放教育伦理是近代以来人类革命性的教育伦理。马克思主义解放教育伦理建立在马克思主义伦理学的基础之上,旨在推进人的解放。

(一)马克思主义解放教育伦理是近代以来人类革命性的教育伦理

马克思主义解放伦理是近代以来人类伦理领域中的革命性影响伦理。解放伦理的意识形态基础是马克思主义,其指向是个体的解放和全

# 第十一章 新时代马克思主义德育理论的创新发展

人类的解放,其路径是通过对个体的解放和对弱势群体的帮助,最终实现全人类的解放。① 其目标指向是共产主义,一个各尽所能、各取所需的理想社会。② 基于社会主义社会的政治意识形态,解放伦理也成为了社会主义社会的教育伦理基础。

解放伦理在人类发展路径上,不是追求对弱者的奴役与占有,而是追求对弱者群体的帮助和解放,最终实现人类整体的共同解放。这一路径无疑是非常具有道德使命感的,同时也具有宗教般的伟大和纯净。所以社会主义解放伦理对人类社会道德的发展影响巨大,在很大程度上影响了当代人类社会的道德发展方向。即使在以欧美国家为代表的自由主义伦理为主的社会中,仍然有着解放伦理深刻的影响痕迹,如强调社会政治权力的全民性、社会发展的和平性、社会福利的普遍性等。③ 这些都是解放伦理影响的结果。解放伦理通过自己的道德影响,最终将社会主义建设视为个体解放与人类解放的共同路径,而力图改变社会个体之间的过度竞争和相互倾轧。至少在伦理上,把过度竞争并通过自身优势奴役他人的社会结构判定为一种不道德的存在。

在教育领域,解放伦理并不追求教育中的过度竞争,反对把教育视为个体获得社会优势的工具。解放伦理强调社会精英应该追求的不仅仅是自己的成功,当然也应该追求自己的个体成功,但应该把这种个体的成功与人类的共同命运联系起来,这极大地升华了个体的道德境界。

从整体上看,解放教育伦理以社会主义意识形态为基础,是一种追求人的解放的教育伦理,在教育目标上指向个体的解放和人类的集体解放。解放教育伦理强调社会主义核心价值观在教育中的和谐,注重个体自身德智体美劳全面发展,在教育路径上充分尊重个体的自由发展,在教育过程中注重适度正面规范,最终指向个体和谐发展和人类集体解放。

马克思主义解放教育伦理对人类教育发展的推动力量是巨大的,在教育目标、教育理念、教育价值观、教育路径等诸多领域,均深刻影响

---

① 《马克思恩格斯选集》第1卷,人民出版社2012年版,第295页。
② 《马克思恩格斯选集》第1卷,人民出版社2012年版,第306—308页。
③ 《马克思恩格斯选集》第1卷,人民出版社2012年版,第421—422页。

了人类社会的教育发展方向。其重要特征在于打破了人类社会历史上基于身份、财富而形成的受教育权限制,强力推进了教育的全民性、普及性和公共性,其教育目标鲜明地指向个体的解放和人类社会的解放。指向个体解放是基于打破了曾经强加于个体身上的因为身份限制、财富要求、社会地位、教育等级制等实质性被剥夺的普通民众的受教育机会,从而为所有民众赋予了天然的不可剥夺的受教育权。指向人类社会解放是强调教育本身的价值不是为了个体的社会资源和地位的竞争,个体接受教育的目的是更好地服务于社会,或者说为社会创造更大的价值做出更大的贡献。

(二)马克思主义解放教育伦理的基本理论内涵

马克思主义解放教育伦理对中国学校教育发展具有重大影响,是中国教育的教育伦理基础。如中国教育的社会主义方向,中国教育的集体主义价值观,中国教育培养社会主义建设者和接班人的德育目标,中国教育中的重要理念"为人民服务",等等,都是马克思主义解放教育伦理的重要体现。具体而言,解放教育伦理主要有以下基本理论内涵。

其一,在个体层面,解放教育伦理高度尊重学生的个体天赋,强调培养的是社会主义建设者和接班人。这种指向个体为社会服务的教育精神提升了个体发展的精神境界。马克思强调生产劳动同智育和体育相结合,是造就全面发展的人的唯一办法。[1] 毛泽东同志在教育的具体路径上,强调书本知识与实际知识相结合,脑力劳动与体力劳动相结合,知识分子与工农群众相结合。[2] 要求教育发展共产主义情操、风格和集体英雄主义的气概。[3] 邓小平同志高度重视教育必须同生产劳动相结合,[4] 其核心指向就是教育不能脱离社会主义政治方向,培养的是劳动者而不是统治者。社会主义教育范式高度尊重学生的个体天赋,注重学生发展的个性化和创造性,以实现共产主义社会的理想:各尽所能,各取所需。社会主义要通过各种措施,使社会全体成员的才能得到全面发

---

[1] 《马克思恩格斯选集》第2卷,人民出版社2012年版,第230页。
[2] 张俊宗:《毛泽东对社会主义教育事业的探索》,《科学社会主义》2010年第3期。
[3] 《毛泽东文集》第七卷,人民出版社1999年版,第398页。
[4] 《邓小平文选》第二卷,人民出版社1994年版,第107页。

## 第十一章 新时代马克思主义德育理论的创新发展

展。① 社会物质财富、精神财富是建立在社会成员共同奋斗的基础之上的,而这种奋斗还需要社会成员的天赋和能力。所以社会主义教育范式的重要指向就是为学生最大才能的培养、天赋的发挥和理想的实现创造条件。

其二,在价值观层面,解放教育伦理的核心价值观是社会主义核心价值观。解放教育伦理注重对人类社会中的一切被压迫者的解放,同时是对社会剥削和压迫的一种反抗,其核心价值观具体构成有平等、民主、自由、和谐等。马克思主义解放教育伦理既追求个体的解放,同时也追求人类的解放,特别是后者,是解放教育伦理的重要特色和核心使命。马克思主义的解放哲学深刻地剖析了人类剥削社会中的不公,最终希望通过被压迫者的反抗,建设一个平等和谐的世界。教育在有人类历史以来主要都是个体为取得优势社会地位和资源的重要的竞争工具之一。在阶级社会中,统治阶级主要是通过对被统治阶级的教育压制甚至直接剥夺受教育权而实现的。社会主义通过对阶级社会教育权利不平等的批判,强力实现了教育权利的平等性,剥夺了教育的私人属性,而将个体的教育发展的目标指向为服务于社会的最大自我价值和社会贡献。这种教育精神的转向,最终提升了个体的教育发展的精神境界,个体的教育不再是仅指向自我发展,而需要在个体发展与社会需求之间适度调节。

其三,在社会层面,解放教育伦理决定了教育的社会理想指向社会和谐和人类解放的宏伟目标。这是解放教育伦理的理想主义的一面,马克思主义的终极指向是创建一个没有剥削没有压迫的理想的共产主义社会,这是一个伟大的社会理想。所以在学校教育中,需要提升学生的思想境界,放宽人生的视野,既不断提升自己,同时也服务于社会进步和发展,在创建伟大功业的同时,实现自己的人生理想和社会理想。从这个维度上看,马克思主义与孔子儒学的治国平天下,力图创建大同社会有着相似的一面。马克思主义的解放教育伦理既注重个体内在精神层面的需求,也注重个体的外在社会实践,共同服务于和谐社会的构建。同时,在最终的目标指向上,并不满足于个体的成功,还需要服务于人类

---

① 《马克思恩格斯选集》第 1 卷,人民出版社 2012 年版,第 308 页。

解放的伟大事业。马克思主义解放教育伦理在学校教育领域，追求的是人人平等、发展个体天赋，最终实现个体的德智体美劳全面发展，实现个体自我价值和社会价值共同实现。这种解放教育伦理最重要的特色在于其不仅关注个体自身，还强烈关注社会中的弱势群体。所以社会主义运动强调劳工阶层不只是要解放自己，还要解放全人类。这既是劳工阶层的命运，也是人类共同追求的历史命运。

（三）解放教育伦理对人类教育发展的历史贡献

在人类社会的历史发展中，教育在众多社会中主要被视为增加个体的社会资源和竞争优势的重要工具和途径。在古代中国，教育也被视为主要为国家政治服务的工具，是一种治国之术。马克思主义解放教育伦理，指向人类社会的整体解放，也包含社会个体自身的解放。在社会主义社会中，党和国家"努力让13亿人民享有更好更公平的教育，获得发展自身、奉献社会、造福人民的能力"[1]。

首先，在教育目标上，以解放教育伦理为伦理基础的社会主义教育范式是培养社会主义劳动者，而不是剥削者，这与一切旧教育在政治上划清了界限。[2] 毛泽东同志以马克思主义的教育观为指导，认为作为上层建筑的教育，从来都是阶级的教育，具有鲜明的阶级属性，他强调几千年来的教育都是剥削阶级手中的工具，社会主义教育是工人阶级手中的工具。[3] 社会主义与以往制度的最根本区别在于它代表着最广泛群众的利益，教育"应为全民族百分之九十以上的工农劳苦民众服务，绝不应该是少数人所得而私的文化"[4]。社会主义教育的解放伦理有力提升了人类教育的理想层面，从此教育不再是局限于个体在社会竞争中取得优势的社会工具，而是指向了个体的最大社会价值和社会贡献。在社会主义教育范式中，教育不再是封建社会中的读书做官，也不再是资本主义社会中的追求个人财富。[5] 社会主义教育范式致力于培养普通劳动

---

[1] 《习近平谈治国理政》第一卷，外文出版社2018年版，第191页。

[2] 王炳照：《传承与创新——从新民主主义教育方针到社会主义教育方针》，《北京大学教育评论》2009年第1期。

[3] 《毛泽东文集》第七卷，人民出版社1999年版，第398页。

[4] 人民教育出版社编：《毛泽东同志论教育工作》，人民教育出版社2000年版，第89页。

[5] 顾明远：《从新民主主义教育到社会主义教育——纪念中国共产党成立90周年》，《教育研究》2011年第7期。

## 第十一章 新时代马克思主义德育理论的创新发展

者,强调社会主义政治觉悟,提倡知识分子劳动化,工农群众知识化。所以,在社会主义社会中,工作只有分工的不同,不再有高低贵贱之分。这种精神境界很大程度上提升了教育的精神层次。

其次,在教育方法论上,解放教育伦理既珍视个体自由发展的权力,但同时也保留了必要的外在的学校规范教育的权力。社会主义教育鼓励学生勤奋努力,同时也承认个体之间在成长过程中的才能和品德的差异,并且按照这种差异给予区别对待,尽可能使每个人按不同的条件向社会主义目标前进。① 在核心教育理念上,社会主义教育范式并不完全迷信个体的自由选择的真理性,同时强调社会整体的智慧的力量,也即,如果觉得个体发展存在偏差问题,那么外在的学校教育就需要施加必要的规范教育。所以社会主义学校教育强调要大力加强革命秩序和革命纪律教育。②

最后,在教育的社会指向上,解放伦理将教育目标建构了一个人类社会整体解放的社会理想。在人类社会中,教育体系通常有利于社会中的政治、经济特权阶级的成员和在学业上最有禀赋的人,实际上很大程度上破坏了或者损害了其他大量学生的个人前途。即使学校努力培养团结和合作之类的美德,但社会竞争往往导致培养不健康的竞争精神。③ 教育在社会主义社会中,被视为激发社会个体潜能的主要路径,为最终实现个体和谐全面发展的个体解放,以及实现平等、自由、民主、和谐的社会主义社会建设服务。"教育是人类传承文明和知识、培养年轻一代、创造美好生活的根本途径。"④ 将教育视为社会构建的重要工具,有力提升了教育本身的使命感,同时也有力提升了学校教育的地位,学校教育成为了社会建设和社会改造的重要途径。

### 二 马克思主义解放教育伦理的比较视角

在人类近代以来的教育发展中,在教育伦理领域存在着不同的流

---

① 《邓小平文选》第二卷,人民出版社1994年版,第106页。
② 《邓小平文选》第二卷,人民出版社1994年版,第105页。
③ 联合国教科文组织国际教育发展委员会编著:《学会生存——教育世界的今天和明天》,华东师范大学比较教育研究所译,教育科学出版社1996年版,第113页。
④ 《习近平谈治国理政》第一卷,外文出版社2018年版,第191页。

派，对教育的教育目标设定、教育价值标准、教育社会指向等均具有非常深刻的影响。马克思主义解放教育伦理，以欧美为代表的自由主义教育伦理，是两种最有影响力的教育伦理。两者在教育目标、教育价值和教育社会指向等维度，均有着显著差异。

（一）自由主义教育伦理是马克思主义解放教育伦理的主要交锋理论

自由主义是以欧美为代表的西方社会的主流意识形态，自由主义教育伦理也成为西方社会的主要教育伦理，最终形成了西方自由主义教育范式。自由本身是人类社会的重要价值观，也是人类最为珍视的价值观之一。但自由作为最重要和决定性的价值观，则是以欧美为代表的西方社会伦理特色。自由价值观向来含混，"人类历史上的几乎所有道德家都称赞自由。同幸福与善、自然与实在一样，自由是一个意义漏洞百出以至于没有任何解释能够站得住脚的词"①。根据以赛亚·伯林的研究，观念史学家记录自由一词已经有200多种定义。

自由主义则是一种意识形态，是以自由作为主要政治价值的一系列思想流派的集合。从整体上看，自由主义教育伦理视自由为最重要的教育价值，坚信个体的教育选择权利和判断能力，在发展上高度尊重个体的自由发展，并愿意为此付出必要的代价。其理论逻辑的核心点在于相信这种自由选择的教育最终会形成一个健康的自由社会，教育路径是个体不受干扰的自由发展。自由主义是西方政治意识形态的核心，自由主义教育伦理是西方教育的伦理基础。自由主义教育伦理主要由以下基本理论构成。

首先，自由主义教育伦理在政治意识形态层面，是标准的自由主义。基于自由主义的社会范式和政治意识形态，欧美教育将自由作为第一价值观，对其他价值观的排序和具体的教育范式的构建均起着决定性作用，最终形成了自由主义教育伦理。自由主义的核心是个人的自由和权利的不可侵犯，并抵制国家和社会对个人自由和其他基本权利的侵

---

① ［英］以赛亚·伯林：《自由论》（《自由四论》扩充版），胡传胜译，译林出版社2003年版，第189页。

# 第十一章　新时代马克思主义德育理论的创新发展

犯。自由主义在本质上具有追求个人自由最大化的冲动,在社会实践中存在着不断摆脱道德、法律和社会规范的制约的倾向。①

其次,自由主义教育伦理在个人层面,强调教育本身的自由性,充分尊重个体的自由发展权力。西方自由主义教育的基本假设是人本自由,在教育内容上,主张教育目的的内在性,即追求知识本身的价值,反对教育有功利的外在目的。在具体过程中,自由主义教育强调教育选择的自由、社会自由、学习自由、思想表达自由和个性自由等。其价值哲学基础是个人主义,强调个人中心、权力至上、价值多元等基本理念。自由主义教育的人性基础是个人主义。个人主义将人视为绝对个体,与中国习惯于通过社会关系定义个人不同,个人主义习惯于在个体与他人毫无关系的前提下来建构政治和伦理。

再次,自由主义教育伦理在价值观层面,强调自由是教育中的首要价值。在当今的西方世界,自由已经成为不可批判的意识形态,不管是在家庭、学校还是社会中,自由都成为了西方社会中的真理。在其他人类文化看来,这种真理只是西方社会的自我标签。

最后,自由主义教育伦理在社会层面,强调教育的政治无涉,强调教育指向自由社会的建构目标。自由主义强调价值中立立场,要求学校教育应当在社会各种互相竞争的价值观和道德主张之间保持必要的中立,除能达成共识的之外,学校教育不应当积极地推进任何一种价值观。在自由主义教育伦理看来,学校教育的目的旨在培养学生独立思考和理性判断的能力,不应当向学生灌输某一种价值观体系。② 在解放教育伦理中,学校教育是建构理想社会的重要路径。而在自由主义教育伦理中,政治应当远离和不干涉学校教育。

(二) 解放教育伦理与自由主义教育伦理的根本分歧

解放教育伦理与自由主义教育伦理两者在诸多方面存在显而易见的矛盾和分歧,甚至在很多领域是不可调和的。两者之间的理论竞争,也

---

① 余维武:《冲突与和谐:价值多元背景下的西方德育改革》,江苏教育出版社2009年版,第11页。
② 任仕君等:《自由主义民主教育的困境及其解决路径》,《外国教育研究》2009年第2期。

导致在现实教育实践的层面存在重要分歧。

1. 自由与解放：首要价值观的重大差异

在价值观上，自由与解放是自由主义伦理与解放伦理首要价值观的重大差异。当代人类社会教育的核心价值观分歧极少，最珍视的价值观主要有正义、民主、平等、自由、和谐等。但在现实教育实践层面，核心价值观所呈现出的差异却很大，其根本原因，就在于首要价值观的重大差异。

以欧美为代表的西方教育伦理以自由为首要价值观，并且是决定性和基础性价值观，其他一切价值观都不可违背首要价值观，这导致西方自由主义教育伦理呈现出自由主义的浓厚色彩，并最终影响到教育理论和教育实践的一系列层面。解放伦理基础上的中国教育的首要价值观比较模糊，因为中国社会强调价值观之间的和谐，而并不追求某一价值观的绝对优先地位和基础地位。在数个珍视的教育价值观之间，中国教育更强调价值观之间的和谐和具体教育实践中的和谐。如果一定要寻找一个价值观作为中国教育范式的首要价值观，那么可能是和谐。一方面，和谐是中国教育所珍视的价值观，既追求教育过程中个体和谐发展，同时也追求教育结果中的社会整体和谐。另一方面，和谐还指中国教育范式中，所有价值观之间的和谐。这种强调和谐的教育伦理与强调自由的教育伦理，最终导致具体的教育实践中的诸多差异。

2. 自由发展与和谐发展：教育路径的巨大分歧

自由主义教育伦理和解放教育伦理在最终的教育路径上存在重要分歧。自由主义教育伦理教育的基本路径是追求学生自由发展，而解放教育伦理则追求学生和谐发展。自由发展是西方教育中的神圣的学校意识形态，不容侵犯。自由发展既指尊重学生的主观发展愿望，在教育过程中不能压制学生的发展方向，同时也指创造学生自由发展的物质条件和精神范围。在西方教育中，不管是学校教师，还是学生家长，都不能指定学生发展方向和压制学生发展愿望，因为这危及和侵犯了学生的教育自由。另外，这种教育中的自由发展还体现在所有决定学生发展路径和方向上，学生的自由意志是第一位的，不容侵犯。所以西方教育中缺乏中国式的正向规范，最终导致教育次品比例较大。

解放教育伦理追求的是个体的解放，所以强调教育对个体的帮助，在很多时候这种帮助甚至是强制性的。这一点与自由主义教育伦理差异极大。解放教育伦理指向学生和谐发展，这种和谐不只是学生个体层面的德智体美劳和谐全面发展，还包括学生个体与其他社会个体的和谐、与主流社会的和谐。所以实质意义上，这种和谐发展还将消除学生身上的不和谐因素，如不道德的价值观、缺乏劳动习惯等。即使是强制性的教育纠正措施，在解放教育伦理中也是正义的，是必须的，是治病救人。比较来看，这种一定程度上的强制规范可能是自由主义教育伦理所反对的。

3. 个体自由发展与个体解放：教育目标的重大分歧

自由主义教育伦理与解放教育伦理在教育目标上同样存在重大分歧。自由主义教育伦理指向个体自由发展，不管这种自由发展是否正确，自由主义教育伦理都认为自由神圣不可侵犯。这种对教育自由的极端珍视，其逻辑在于坚信个体自我的选择的力量，这种力量被视为个体发展的最重要动力，并且是个体教育权利的天然构成部分，神圣不可侵犯。

而解放教育伦理的教育目标，则是个体的解放，这种解放既指的是个体自己的和谐发展，同时还指的是个体在外在学校和教师的帮助下健康发展。与自由主义教育伦理差异很大的是，解放教育伦理并不完全迷信个体选择的真理性，而把这种选择权利部分交付给学校和教师，对不符合主流要求或者被视为错误的个体实施规正教育，最终实现个体健康和谐发展。这种个体解放一方面是个体自由发展的结果，同时也是在外部学校和教师的帮助下发展，最终实现教育的最大影响力，并实现社会个体的群体正向发展。自由主义教育伦理相信社会中所有个体自由选择，最终实现一个所谓的自由社会，并认为这种自由社会就是最好的最正义的社会。但在解放教育伦理眼中，这种自由发展具有非常大的风险，可能导致个体发展中的高昂代价。

4. 个体教育自由与规范化培养：教育实践范式的重要差异

在教育实践范式上，两种教育伦理分歧非常显著。自由主义教育伦理的教育实践范式在课堂教学和学生实践中，高度尊重学生的教育自由，并把这种教育自由视为教育的最重要价值观，愿意为了这种教育自由而付出学生发展方向错误、知识体系不严谨等代价。但在解放教育伦理看来，这种过度尊重个体教育自由的教育范式本身就是不健康的。与自由主义教育伦理迷信个体的选择能力相反,解放教育伦理更愿意信任社会主流判断。所以解放教育伦理会用社会整体主流价值观倾向来规正学生发展方向,用社会的主流需要来规范学生的教育内容,最终实现教育解放个体和发展个体的职能。

(三) 马克思主义解放伦理的真理性在未来将日益彰显

自由主义教育伦理视自由为最重要的教育价值,高度尊重个体的自由发展,社会目标上指向自由社会。解放教育伦理追求个体的解放和人类的集体解放,注重个体全面和谐发展,强调社会主流价值观在教育中的和谐,社会理想最终指向共产主义社会。在动力角度看,自由主义教育伦理更为信任个体的自由意志,所指向的也主要是个体的自由发展。而解放教育伦理则在尊重个体权利的同时,保留了维护社会整体和谐的权利,所指向的是个体与社会整体和谐发展。

需要指出的是,自由主义教育伦理本身是西方自由主义在教育中的投射,但自由主义教育伦理正如其母体——自由主义一样,并非是先验真理。自由主义教育伦理对于人类教育具有重要历史价值,强调了人的自由价值观和人类本身对自由的向往,但其更多的是一种理想,而并非一种能够实现的教育现实。自由主义对人类来说,有双重性质:其一是将人类从西方中世纪神学中解放出来;其二则是给人类发展带来了迷惘。因为自由主义本身并没有实质性的社会建构内容。

教育本身不仅仅是个体的存在,更重要的是社会和国家对自身的延续,换言之,人类社会对自身的延续,所以这注定了自由主义教育伦理中的自由的相对性。自由并非人的唯一本质,人的本质还有其社会性,离开了社会谈论人的本质没有实质意义。"不过并没有谁独自生活在一个孤岛之上。"雅斯贝尔斯说:"如果我只是我自己的话,那我必然会变成荒芜。"[1] 国家和社会需要教育传播和复制一种合法和必要道德水平的社会生活,来建构社会和个体的生活框架。自由主义一定程度上强调了这个框架对人的压迫性,所以摧毁了这个框架,但真正的问题在于自由主义拿不出一种新的可行的框架,所以自由主义教育更多的也许只

---

[1] [德] 卡尔·雅斯贝尔斯:《大哲学家》,李雪涛、李秋零、王桐、鲁路、姚彤译,社会科学文献出版社2010年版,中文版序第1—2页。

## 第十一章 新时代马克思主义德育理论的创新发展

是摧毁一个旧世界,而难以建构一个新世界。从这一视角来看,自由主义并非真理,自由主义教育伦理也并非是真理性教育伦理。同时,没有解放也很难有自由,自由必须以解放为前提。马克思主义的革命理论之所以重视社会问题,强调解放,正是在于要为自由的实现寻求现实的前提和道路。①

比较来看,在现实层面,西方自由主义教育伦理当前可能还有一些传播优势,但从精神角度看,解放教育伦理无疑更为崇高。究其实质,自由主义教育伦理传播优势的主要原因不在于其教育理论和实践的强势,而在于近代以来西方社会在经济和社会领域更为发达,长期占据了理论话语霸权。随着中国特色社会主义建设的发展和中华民族伟大复兴,在未来发展中,马克思主义解放教育伦理的真理性将日益彰显。

### 三 新时代德育对马克思主义解放伦理的发展

新时代德育是对马克思主义解放伦理的坚守,也是新时代的创新性发展。中国共产党一贯高度重视创新发展马克思主义。毛泽东同志强调:"马克思这些老祖宗的书,必须读,他们的基本原理必须遵守,这是第一。但是,任何国家的共产党,任何国家的思想界,都要创造新的理论,写出新的著作,产生自己的理论家,来为当前的政治服务,单靠老祖宗是不行的。"②

#### (一) 新时代德育指向人的全面发展

马克思主义追求人的解放,而人的解放的重要教育基础即人的全面发展。新时代德育既传承了毛泽东同志提出的德智体全面发展,同时创新性提出了德智体美劳全面发展的新时代的人的全面发展的新的理论思想。人全面发展才能够有效发挥人的主观能动性,真正意义上给予个体发展的自由,即人的真正意义上的解放。

#### (二) 新时代德育指向人类命运共同体建设

马克思主义是追求人类全体解放的真理,新时代德育不只是追求个

---

① 王福生、曹广开:《革命、解放与自由:阿伦特与马克思》,《东岳论丛》2012 年第 7 期。
② 《毛泽东文集》第八卷,人民出版社 1999 年版,第 109 页。

体的解放和国家的富强，同时还有着重要的国际视野和世界眼光。新时代德育的重要国际理论是人类命运共同体思想，是强调人类社会的各个国家、民族的命运相互依存、休戚与共。人类命运共同体建设是新时代德育的国际领域的重要创新，是给予中华民族国际和平发展的责任和担当的重要理论创新。

（三）新时代德育注重培养劳动者

马克思主义德育旨在培养劳动者，而不是统治者。新时代德育传承了马克思主义德育目标，培养中国特色社会主义的劳动者。在德育过程中，注重培养青少年个体的劳动价值观，培养劳动精神、劳动习惯，以此推进青少年传承中华民族尊重劳动、崇尚劳动、热爱劳动的优秀传统。这一点在今天中国国力日渐强盛、经济社会发展水平越来越高的时代，更具有特殊内涵。

（四）新时代德育建立在社会主义核心价值观的基础之上

新时代德育的重要价值基础是社会主义核心价值观。马克思主义是追求公正价值观的教育，注重人类的集体解放。新时代德育在价值观领域既注重对中华优秀传统文化的传承，同时也高度重视马克思主义解放伦理，两者在价值观领域的结合即社会主义核心价值观，这是新时代德育的价值基础。社会主义核心价值观在多个领域奠定了新时代德育的价值取向。在价值观的伦理基础上，社会主义核心价值观是明显的马克思主义解放伦理；在价值观的流派上，社会主义核心价值观追求的是社会主流价值观；在价值观的政治意识形态上，社会主义核心价值观是鲜明的社会主义方向。

## 第二节 立德树人的教育哲学理论创新

教育哲学既是一门学科，也是一种在教育实践中的具体思想存在。从学科角度看，"教育哲学是从哲学的角度对教育问题的研究"[①]。教育

---

① 石中英：《教育哲学导论》，北京师范大学出版社2004年版，第52页。

## 第十一章　新时代马克思主义德育理论的创新发展

哲学重点关注教育领域的基础性和一般性的理念和思想。立德树人是新时代德育的重要理论构成。立德树人在教育哲学领域，具有系列重要理论创新。立德树人在两个重要领域，形成了一种新型的教育哲学范式。在人格教育领域，立德树人坚守了塑造的教育哲学；在学科知识领域，立德树人坚守了天赋发掘的教育哲学。

### 一　塑造与发掘：两种不同的教育哲学

塑造和发掘，是两种有重要分歧的教育哲学。它们的主要分歧就是：学校教育应当更为强调对个体的塑造，还是更为重视对个体天赋的发掘。当然，现代教育已经普遍接受外在教育和学生的内在天赋在学生个体发展中都重要，两种教育哲学的主要分歧是谁更重要，或者说学校教育更为重视对学生的塑造还是更为尊重学生的内在天赋。对此的不同选择，会在学校教育实践中形成重要差异。

（一）塑造的教育哲学：相对强势的学校教育哲学

所谓塑造，指的是在学校教育中，强调对学生个体发展的塑形和改造。这是一种注重外在教育对学生个体的改造力量的教育哲学。重视塑造的教育哲学，在人类历史上的主要代表有亚里士多德的白板说、荀子的人性论、洛克的白板论等。洛克就认为，儿童"是一张白纸或一块蜡，是可以随心所欲地做成什么式样的"[①]。这些都是塑造教育哲学的重要代表人物和思想。塑造的教育哲学的核心理论构成主要有：其一，学校教育是一种外在的教育正确。即学校教育相对于学生个体来说，是一种学生个体应当接受的外在的教育正确。其二，学生是能够被塑造的。学校教育的工作重点是依据这种教育正确对学生个体进行塑形和改造。其三，学校教育的目标主要指向社会的要求。即培养什么样的学生，或者什么样的学生为优秀，这主要取决于社会的需要。

在塑造教育哲学中，学校教育相对于学生个体来说，居于明显的强势地位。在塑造教育哲学中，学生个体主要是被动接受学校教育，而学校教育自身，是作为一种明确的教育正确而存在的。简而言之，社会依

---

① ［英］洛克：《教育漫画》，傅任敢译，人民教育出版社1985年版，第209页。

据发展的需要,将教育目标、教育内容、教育标准等赋予学校,学校具体贯彻执行,实现对学生个体的系统性社会化。在这种社会化的过程中,学生培养呈现出一种偏向工业化的模式,即学校是教育工厂,而学生个体是教育原料,最终学校将学生培养成为社会需要的个体。同时,塑造教育哲学坚信学生是能够被塑造的。在塑造教育哲学中,有着一定"教育万能论"的痕迹。

在塑造教育哲学中,学生个体的自主发展的特色并不鲜明,学生发展主要呈现为一种依赖于教师和学校的发展。在塑造教育哲学影响的学生教育发展中,学生自身的自觉性或者目的性,相对而言并不突出,学生的发展方向和学习内容,主要依赖于学校教师的引导。塑造教育哲学并不认同学生自主发展和自由探索的重要性,而认为学校和教师的教育更有效率。在教育的方向上,塑造教育哲学影响下的学校教育的培养目标坚定指向社会需要。塑造教育哲学依据社会需要而设定学校教育的内容和过程。在学校教育中,更为注重社会的普遍性需要,而不会偏重于学生的天赋和个性。从一定程度上看,这种注重社会发展要求的学校教育对于学生的整体培养具有一定的相对优势,能够确保学生整体发展的相对健康性。

(二)发掘的教育哲学:注重学校教育的自我限定和辅助性定位

发掘的教育哲学,在学校教育中强调教育的重点在于发展学生个体的天赋。所谓天赋,自然是学生内在的或者天然的,所以学校教育的重点是帮助学生将天赋发掘出来,并辅助其健康发展。发掘的教育哲学的历史代表人物和思想较多,如柏拉图的灵魂回忆说、笛卡尔的天赋真理论、卢梭的自然主义教育、杜威的教育即生长等,都是重要代表性思想。发掘的教育哲学是一种注重学生个体内在发展的教育哲学,强调学校教育对于学生的发展而言,是一种辅助式的存在。发掘教育哲学的核心理论构成主要有:其一,个体教育发展最为重要的前提和基础是个体的天赋。在学生发展的过程中,学生的天赋更为重要,学校教育是一种辅助性的教育存在。其二,个体发展需要内在动力和自由空间。个体发展需要有其内在的精神动力,这种基于内在精神动力的发展,才是发掘教育哲学认为的有质量的个体教育发展。其三,学校教育应当服务于学

## 第十一章 新时代马克思主义德育理论的创新发展

生的天赋发展。学校教育的重点是依据学生个体的天赋，辅助学生发展。能够发掘和发展学生的天赋和个性的教育才是优秀的教育。这种优秀主要在于学生个体的天赋的健康发展，而不完全取决于外在的社会需要。

发掘教育哲学在个体发展上最重要的基本假设就是学校教育应当致力于发掘个体天赋。发掘教育哲学认为教育本质上不是一种外在灌输，而是一种学生的内在发展。简而言之，学生能够达到的教育高度不取决于外在的教育塑造，而在于其个体自身的天赋发展。在发掘教育哲学上，柏拉图教育哲学可能是最为重要的理论渊源。柏拉图的教育哲学强调学生的教育天赋的重要性，[1] 并认识到个体天赋发展对社会的重要意义。"没有谁能比柏拉图更好地表达这样一个事实：当社会中每个人都能按照他的自然禀赋做有益于别人的事情时（或对他所属的整体有贡献的事情），社会就能稳固地组织起来；教育的任务就在于发现一个人的禀赋，循序渐进地加以训练，应用于社会。"[2] 发掘教育哲学认为，学校教育在学生发展的过程中，只是一种辅助性的力量存在，教育最终能实现的职能，只是将学生的天赋实现过程的速度加快或者减慢而已，并不能从根本上影响最终的教育结果。

发掘教育哲学注重学校教育在个体教育中的自我限定。在发掘教育哲学中，学校教育在教育权力上是自我限定的，接受学校教育在学生个体发展中的辅助性定位。在具体的教育过程中，教师和学校高度尊重学生的学习发展自由，强调学生的天赋的重要性，注重学生的个性培养。在这种学校教育模式中，教育正确主要不来自外在的学校教育或者社会，而来自学生的教育天赋发展的健康性。教师在对学生的教育中，大多对学生提出建议而不是强制要求。在学生的发展过程中，教师更愿意把自己作为一个必要的咨询者和监督者，而不是决定者。"学生是有血有肉的人，教育的目的是为了激发和引导他们的自我发展之路。"[3] 在

---

[1] [古希腊] 柏拉图：《理想国》，郭斌和、张竹明译，商务印书馆1986年版，第302页。

[2] [美] 约翰·杜威：《民主主义与教育》，王承绪译，人民教育出版社2001年版，第98页。

[3] [英] 怀特海：《教育的目的》，庄莲平、王立中译注，文汇出版社2012年版，前言。

发掘教育哲学中，学校教育有着对学生内在的天赋的天然尊重，并把这种尊重纳入具体的教育过程中。学校教育会注重给予学生必要的自由发展空间，并鼓励学生在学习领域自由发展、自由探索。在这种发掘教育哲学影响下的教育中，学生拥有相对广泛的探索空间和相对充裕的自由学习时间，教师注意尊重学生的学习兴趣，以培养学生探索和寻找自我发展之路。

（三）塑造与发掘两种教育哲学的主要差异

塑造与发掘两种教育哲学在核心理念上有着重要差异，这些差异最终也会体现到相应的学校教育过程中。从整体上看，两者的主要差异在于三个领域的分歧。

首先，在学生发展的根本动力上，呈现出外源与内发两种差异。塑造教育哲学认为学生发展最重要的力量来自学校和教师的教育，并且认为学生是能够被塑造的，所以会迷信"名师出高徒"。发掘教育哲学则认为学生发展最为重要的是个体的天赋和内在的精神动力，并不认同学校教育和教师的决定性作用。

其次，在学校教育作用上，呈现出相对强势和自我限定的差异。塑造教育哲学在对学生的教育过程中相对强势，学生在发展中要求服从学校教育，很少会考虑学校教育本身可能存在问题。学校教育在发展中，更多的是考虑社会对学校教育所赋予的使命，而不会过多考虑学生的要求。相对来看，发掘教育哲学则与此不同，在学校的教育中，高度尊重学生的天赋，强调学生的自由发展空间，学校对自身的教育权力相对保守和自我限定，以克制可能产生的对学生的教育健康发展的消极影响。

最后，在个体发展路径上，呈现出规范发展和自由发展两种理念的差异。塑造教育哲学注重对学生的规范发展，注重在发展中提前预判学生可能出现的问题，而对学生实施预先的防范性的规范教育。而在发掘教育哲学中，学校教育则注重学生的自由发展，强调学生在发展中的自由选择权力，注重学生的学习经验和探索空间，最终力图实现学生的天赋和个性的健康发展。这种理念背后的哲学趋向于自然主义教育。当然，需要注意的是，塑造教育哲学的规范发展注重按照社会的发展需要对学生进行全方位的教育，这一点确保了学校教育较高的普遍水准。而发掘教育哲学高度尊重学生的自由发展，强调学生的天赋的重要性，强调教育应当尊重学生的自由发展，这种教育在学生个性特点和天赋发展上具有明显的优势，但也容易产生较多教育次品。

**二 新时代立德树人中两种教育哲学的智慧**

习近平总书记既高度重视青少年的思想、政治、道德素养的培养，同时也高度重视发展青少年的个体天赋。习近平总书记在 2018 年全国教育大会上提出了一个严峻的教育问题："教育最突出的问题是中小学生太苦太累，办学中的一些做法太短视太功利，更严重的是大家都知道这种状况是不对的，但又在沿着这条路走，越陷越深，越深越陷！"[1] 习近平总书记强调："要加快建成适合每个人的教育，努力使不同性格禀赋、不同兴趣特长、不同素质潜力的学生都能接受符合自己成长需要的教育。"[2] 立德树人既注重塑造的教育哲学，青少年建立正确的思想、政治、道德素养，坚定为党育人；同时也高度重视发掘的教育哲学，确保青少年健康发展，致力于为国育才。具体而言，立德树人在教育哲学领域的重要创新在于，在人格培养领域，坚守了塑造的教育哲学；在学科知识教学领域，坚守了天赋发掘的教育哲学。

（一）人格教育：学校教育教学的公约数

立德树人高度重视人格领域的教育，具体涵盖思想、政治、道德等教育领域。在人格教育领域，立德树人坚持塑造的教育哲学，并把人格教育作为学校教育教学的公约数。

人格教育是学校教育教学中的公约数，是学校能够对所有青少年实施的并能够实现高质量培养的学校教育领域。对于青少年学生来说，学校的人格教育领域并不受天赋限制或局限，是所有学生都能够达到也必须达到的教育领域。学校用社会主流和正面的价值观塑造青少年的人格素养，人格教育领域可以采取也应当采取塑造教育哲学，以确保青少年人格素养的健康性。这是学校教育教学履行公共职能，实现对青少年健康社会化的职责。公约数是一个隐喻，有两重含义：其一是在学校教育

---

[1] 《习近平谈治国理政》第三卷，外文出版社 2020 年版，第 348 页。
[2] 《习近平谈治国理政》第三卷，外文出版社 2020 年版，第 348 页。

层面，意指所有学校都应当承担人格教育的职责，人格教育是学校教育层面的公约数；其二是指在学生层面，意指所有青少年学生都应当接受系统性的人格教育，这是青少年学生所受教育内容上的公约数。

人格教育是学校教育教学的公约数，也是最为重要的教育职责之一。学校是具有公共职能的机构，要履行公共职能，承担公共责任，培养具备健康人格素养的国家公民。首先，对于学校教育而言，人格教育是学生全面发展的主体。学校教育旨在培养德智体美劳全面发展的社会主义建设者和接班人。人格教育领域的重心是学校德育，同时基本涵盖体育、美育、劳动教育，是学生全面发展的主体。人格教育是实现青少年健康社会化，培养青少年亲社会人格的核心领域。对于学校教育而言，人格教育是实现学校公共属性职能的基础领域。培养青少年的健康人格，既是学校教育的基本工作职责，也是国家对学校办学的重点要求。在德育领域，重点是培养青少年正确的思想品德和理想信仰。在体育领域，重点是培养学生增强体质、健全人格、锤炼意志。在美育领域，重点是培养学生的审美情趣和人文素养。在劳动教育领域，重点是培养学生的劳动精神和劳动价值观。其次，在教育过程上，人格教育没有实施难度和技术障碍。学校教育是重点培养国民基本素养的教育，在基本人格素养领域的教育不存在技术难度，健康的人格教育是学校教育能够达到的目标。最后，对于学生而言，人格教育不具有智力和天赋的限制。人格教育领域并没有对学生的天赋和智力的限制性过高要求，是学生通过教育教学都能够达到的基本目标，也是学校教育的底线任务。在人格教育领域，学校教育教学可以实施对学生的普遍要求，这是几乎不关涉学生天赋和智力要求的领域，也即，学生的基本智力在人格教育领域不涉及教育难度问题。用一句简单的话表述：学生的学业成就可能有高有低，但成为一个品德高尚的人并没有问题。

（二）学科知识教学：学校教育教学的必要限度

立德树人既要立德，也要树人。树人需要青少年自己成长，尊重并发掘发展个体的天赋，就是学校教育立德树人的重要工作。这是立德树人在学科知识教学领域的重要哲学智慧。

学科知识是学校教育教学的重要基础，但不是全部，不可以在学科

## 第十一章　新时代马克思主义德育理论的创新发展

知识教学领域，过度要求全体青少年。在学校教育教学中，在学科知识教学领域应当区分不同学生群体的难度和深度要求，要特别注意不能把学科知识教学过度提升。在学科知识教学中，要秉持发掘的教育哲学，理解和尊重青少年学生个体天赋的差异，接受学科知识教学领域的必要限度。学科知识教学的必要限度指的是在学科知识教学领域，基于学生的天赋差异，需要设定学校教育在学科知识教学上的上限，不能无限拔高学科知识学习要求。学科知识教学的必要限度至少有两个基本构成：其一，在学科知识的难度上要自我限定。学科知识教学不能损害学生身心健康，要控制学科知识教学的难度。其二，在教育方式方法上要自我限定。学科知识教学要遵守国家相关法律法规，摒弃题海战术、填鸭式教学、疲劳战术等不道德的教育教学方式方法，不搞过度教育。

在学校教育教学上首先要认识到学科知识教学的有限性。学校的学科知识教学本身是有限的，教学只是一部分，能否转化为青少年的学习发展，才是重点和关键。学校和教师逼着拉着压着学生学习是没有实质意义的。学校教育教学在学科知识教学领域，需要把握限度，理解中小学教育教学中的伦理底线，不揠苗助长，不急功近利，尊重青少年的个体天赋和发展特点，适度留白，让青少年拥有适度的自由发展的空间和限度，确保其发展的健康性。

在学科知识教学领域，要理解个体在学科知识学习上的差异性，以及差异背后的学生个体教育发展的有限性。不是每一个青少年都一定能够成为学习精英。在学校教育中不能简单鼓吹"没有教不好的学生"的口号，这是很庸俗的成功学。这种不负责任的口号容易误导学生及其家长，以为不管什么天赋的学生，只要遇到优秀的学校和教师，都能够成为学业成就优秀的人。青少年学生个体都只有有限的时间、精力和相对固定的天赋，只有理解了个体教育本身是有限的，才能够真正理解学生健康教育、健康成长的重要性。

学科知识教学要理解和接受发展学生的天赋是学校教育的关键和重点。"教育要承认、尊重和顺应人的天赋。"[①] 天赋的重要性在艺术领域

---

① 牛军明、李枭鹰：《理想的教育：发现与释放人的天赋》，《教育导刊》2017 年第 11 期。

最为明显,也广为社会大众所接受。事实上,在学习上,天赋同样重要。学校教育本身不是万能的。①学校不可能改变学生的天赋,学校教育能够做的,实际上如同农业一样,教师扮演着农夫的角色,学生如同种子一样,农夫能做的,只是松土、施肥、浇水、捉虫等保障工作,但种子需要自己生根发芽生长,这种生长不是农夫能够代替的。并且,农夫不能改变种子的类型,不能将一株玉米变成水稻,也不能将马铃薯植株变为番茄。学校教育也是如此,学校和教师能做的,是确保学生人格素养更为健康,对在学习发展上,更多的是学生自己的成长,即使是教师的帮助,不管是对学习内容的精炼还是对学习方法的改进,都只是一种外在的促进,学生真正的成长,都是自我成长。学生的学习天赋是有差异的,迷信学生都具备良好的天赋,这是不切实际的。即使是有着因材施教、有教无类教育思想的伟大教育家孔子,也指出"唯上知与下愚不移"的无奈的结论②。学生的天赋决定了学生在学科知识领域的上限,这是不依靠人的意志力而改变的事实。

(三)立德树人根本任务要求学校教育区别对待人格教育与学科知识教学

立德树人是学校教育的根本任务,要求学校指向高质量的育人。学校教育要注意教育教学的结合,既维护公约数教育,又尊重教育的必要限度。在人格教育领域注重塑造,在学科知识教学领域注重发掘,健康发展学生的个体天赋,秉持教育的必要限度。特别是在学科知识教学领域,学校教育要自我控制不内卷,按照学生天赋发展,尊重学生的发展空间和自由选择。

首先,学校要协同推进人格教育和学科知识教学。学校教育教学要紧密结合,既要做好人格教育的公约数教育,同时也要做好学科知识教学。两者协同并进,才是学校教育的全貌。在人格教育领域,要致力于建构学生正确的人格素养,这是能够也必须确保所有学生达到规定要求的。而在学科知识教学领域,学校、社会和家庭要理解学校教育本身的

---

① 冉亚辉、易连云:《教育的万能与无能——对完美主义教育观的批判》,《教育学报》2007年第3期。

② 《论语·大学·中庸》,陈晓芬、徐儒宗译注,中华书局2015年版,第208页。

## 第十一章 新时代马克思主义德育理论的创新发展

有限性,要接受学生天赋的差异。学校要致力于发展学生的天赋,建立健康的教育理念,不搞题海战术,不逼着压着拉着学生走,促进学生自主学习发展,以此保障学生发展的健康性。在知识教学领域,教师要帮助学生去发现、组织和管理知识,引导他们而非塑造他们。而在那些指引终身的基本价值方面,则始终要有极大的坚定性。[①] 简而言之,在学科知识教学领域,需要教师适度放开手,而在人格教育领域,则需要坚定塑造。

其次,学校要在工作理念上区别对待两大领域。在学校的人格教育和学科知识教学两个领域,学校要注意区别对待,在内在的工作理念上要有所差异。在人格教育领域要有所作为,在学科知识教学领域要有所不为。其一,学校教育教学要致力于确保人格教育的健康性,确保立德树人学校教育根本任务的高质量。其二,在学科知识教学上,学校要努力做好学科知识教学,但绝不揠苗助长,让学生在学科知识领域健康发展。学校教育要谨守教育的有限性,充分理解和接受学生的天赋差异,致力于学生天赋的发掘和发展,但学校不能代替学生做主,不能越位教育。学校一方面要确保学生成为一个有健康人格素养的人,这是学校教育教学的底线;另一方面要尊重学生的天赋,致力服务于学生的学习健康发展,但并不把所有学生的学业优秀作为工作目标,或者是强制性目标。这才是学校教育应该具备的健康立场。

再次,学校要认识到不科学的学科知识教学可能危及人格教育。在学校教育教学中,人格教育和学科知识教学两者有着相辅相成的关系,但也可能陷入问题局面。人格教育同样需要相应的学科知识教学,也即人格教育需要一定的知识基础。但人格教育的知识基础对于智力正常的青少年学生来说,基本不存在智力难度问题,都是青少年能够掌握的基础知识。在人格教育领域,整体上不具有问题趋向,唯一可能发生的问题就是形式主义问题导致负面影响,其改善的重点在于提升人格教育的科学性和艺术性,同时要确保学校优良的校风和教风。在学科知识教学中,常见问题就是过多占用学生的精力和时间,并且提出过高的学习要

---

① 联合国教科文组织:《教育——财富蕴藏其中》,联合国教科文组织总部中文科译,教育科学出版社1996年版,第137页。

求，导致学生不堪重负或者完全不能达到目标，最终形成学生的严重心理问题和品德问题。过度的学业竞争容易导致学生的心理问题，还有可能产生品德问题，导致学生教育发展失败。这是学校教育教学中容易出现的严重问题。当然，在学科知识教学领域，也有着人格教育的相应成分。但学科知识教学领域的主体是知识教学，所以在教育哲学上，应当主要采取发掘的教育哲学，要尊重和理解学生的天赋的重要性。在学科知识教学领域，如果采取塑造的教育哲学，很容易导致学生学业和智力都严重超负荷，反而对学校教育立德树人的根本任务形成负面影响。

最后，学校教育要深刻理解尊重和发展学生天赋的重要性。学校教育需要尊重学生个体的天赋，教育本身建立在学生的天赋的基础之上。在学校教育的发展中，教育需要自我限定，不能过度强势，否则教育就成为一种教育机器，这种教育难以培养人类社会发展所需要的创新型人才，并且违背人性。"加快建设创新型国家。"[1] 这是党和国家的重要战略。在未来中国基础教育发展中，需要更加尊重和珍惜学生的个体天赋。这也是建构创新型社会的必然要求。中国社会未来的高质量发展，仍然植根于国民天赋的高质量发展。在学校教育改革与发展中，既要高质量塑造学生健康人格，同时要注重尊重并发掘学生天赋，秉持学校教育健康的必要限度，高质量立德树人，这是新时代学校教育承担的国家使命。

## 第三节  中国特色社会主义德育理论的历史推进

作为学校教育的重要构成部分，同时又是主要贯彻思想、政治、道德教育的德育，在新时代承担着重要的育人使命，也担负着维护学校领域的意识形态建设的重要责任。从国家层面看，学校德育是铸就青少年健康的国家观、民族观、文化观、历史观的重要工作，这些都是国家稳定、民族团结、社会和谐的根基。从个人角度看，学校德育是铸就青少

---

[1]《习近平著作选读》第二卷，人民出版社2023年版，第25页。

# 第十一章 新时代马克思主义德育理论的创新发展

年个体健康的世界观、人生观、价值观的核心工作。习近平总书记关于德育的重要论述，在多个理论领域有着重要理论创新，是中国特色社会主义德育理论的历史推进。

## 一 新时代德育理论发展中的马克思主义基本原理

中国共产党探索建立了中国化马克思主义，其中的重要理论基础就是马克思主义基本原理与中国革命建设的具体实践相结合。毛泽东同志强调："我们的理论，是马克思列宁主义的普遍真理同中国革命的具体实践相结合。"[①] 这也是中国德育必须坚持的基本理论基础，要坚持马克思主义指导，同时必须结合中国德育实践。

精神源于物质，理论源于实践，认识开始于经验，这是马克思主义的基本原理。"认识开始于经验——这就是认识论的唯物论。"[②] 如何检验理论的真理性，马克思主义强调真理的标准是实践。"真理的标准只能是社会的实践。实践的观点是辩证唯物论的认识论之第一的和基本的观点。"[③]

从实践到经验，从经验到理论，这是一个发展过程。"理性认识依赖于感性认识，感性认识有待于发展到理性认识，这就是辩证唯物论的认识论。"[④] 实践到经验，经验到理论，理论再回到实践，以确定自身的真理性，同时在实践发展中修正并确保与时俱进，这是马克思主义强调的理论发展的基本路径。"一个正确的认识，往往需要经过由物质到精神，由精神到物质，即由实践到认识，由认识到实践这样多次的反复，才能够完成。这就是马克思主义的认识论，就是辩证唯物论的认识论。"[⑤] 而理论研究，要高度重视实践和经验，通过持续的发展回到实践，才能建立理论体系。

在中国德育理论的发展中，要注重中国德育实践，了解中国政治、文化、历史、社会等基本情况，在马克思主义指导下，建立中国德育理

---

① 《毛泽东文集》第七卷，人民出版社 1999 年版，第 42 页。
② 《毛泽东选集》第一卷，人民出版社 1991 年版，第 290 页。
③ 《毛泽东选集》第一卷，人民出版社 1991 年版，第 284 页。
④ 《毛泽东选集》第一卷，人民出版社 1991 年版，第 291 页。
⑤ 《毛泽东文集》第八卷，人民出版社 1999 年版，第 321 页。

论体系。中国德育理论是基于中国德育实践的理论，要注重中国德育实践本身，这是中国德育发展的内因和原动力。"唯物辩证法认为外因是变化的条件，内因是变化的根据，外因通过内因而起作用。"① 中国德育理论要能够科学解释中国德育实践，要能够科学指导中国德育实践发展。在这一过程中，一定要注意中国德育的基本前提是中国的德育，要具有中国的特点。

（一）新时代物质经济发展在德育中的投射

1991年，面对日本友人问对日本之行的感想时，习近平同志这样回答："日本的先进科技、高楼大厦、设备齐全的工厂、现代化的物质文明，对我来说并不很感兴趣，这些东西只要发挥人的能动性，都可以实现，不久的将来相信就能在中国见到，而且我们的产品还会出口到日本。但有一点我感触很深，看了几家工厂，日本员工的工作态度都异常认真，根本看不到偷懒或无所事事的人。日本农民也十分勤劳。日本现在能够建设得这么好，经济发展这么快，主要是靠各个阶层的勤奋工作，这是最值得我们学习的地方。"② 这是30年前的回答，现在来看，习近平总书记对中国发展的预期和判断，以及对精神领域的重要性的认识，是极为精准的。30年过去，中国经济已经日新月异，中国特色社会主义建设取得了历史性重要成就，已经取得了全面实现小康的伟大胜利，踏上了新征程。从这个角度看，新时代的德育理论发展，本身也是马克思主义基本原理的一个重要体现，即物质与精神的关系上。新时代的国家物质经济繁荣，投射到精神领域，其中的一个重要构成就是德育理论与实践的发展。精神源于物质，作为精神领域重要存在的道德，自然也与物质发展和社会结构密切相关。

新时代的一个重要的特征就是文化自信，这是"四个自信"的重要构成部分，也是"四个自信"的关键所在。文化自信是建立在新时代国家物质经济繁荣发展的基础之上的，这也是新时代物质经济繁荣对于精神领域的重要影响。在中国近代史上，特别是在中国国力最为衰

---

① 《毛泽东选集》第一卷，人民出版社1991年版，第302页。
② 中央党校采访实录编辑室：《习近平在福州》，中共中央党校出版社2020年版，第71页。

## 第十一章 新时代马克思主义德育理论的创新发展

弱的时候,部分人对中国文化失去了自信,包括对中国文字、中国语言、中国医学、中国艺术等,都有了内在的甚至严重的怀疑。本质上看,这也是中国近代史上物质、经济、科技的衰弱在国民精神领域的投射。经过数代人的奋斗,中华民族重新走在了中华伟大复兴的道路上,特别是新时代的物质经济繁荣发展,中华民族在文化上重新恢复了自信。习近平总书记特别强调:"中华文明绵延数千年,有其独特的价值体系。中华优秀传统文化已经成为中华民族的基因,植根在中国人内心,潜移默化影响着中国人的思想方式和行为方式。今天,我们提倡和弘扬社会主义核心价值观,必须从中汲取丰富营养,否则就不会有生命力和影响力。"[1] 其中透露出的,既有强烈的文化自信,同时也具有深邃的历史智慧。

(二) 新的科学技术导致的生活方式变化在德育领域的应对

现代社会科学技术,深刻影响了社会生活方式。这对于青少年德育,既是挑战,也是新资源。德育本身是思想和精神领域的重要工作,马克思主义基本原理认为,物质生活条件会影响人的思想和意识。"人们头脑中发生的这一思想过程,归根到底是由人们的物质生活条件决定的……"[2] 马克思主义基本原理同时认为,是人们的社会存在决定着人们的社会意识。[3]

新时代德育理论发展中,习近平总书记关于德育的重要论述,高度关注现代科学技术对现代生活方式的影响,并做出了新的应对。在对青少年的思想道德影响上,高度重视现代网络和媒体对青少年的发展影响,高度重视现代家庭结构和建设的变化,高度重视新时代的生活方式对青少年发展的影响。

在现代网络和媒体对青少年的发展影响上,习近平总书记强调必须过网络这一关,这是涉及党的执政能力的关键事情。网络媒体对青少年的思想道德影响是多领域的。青少年所接收到的信息量,更为多元,并且良莠不齐,这种情况打破了传统以来学校教育和教师的权威信息源的

---

[1] 《习近平谈治国理政》第一卷,外文出版社2018年版,第170页。
[2] 《马克思恩格斯选集》第4卷,人民出版社2012年版,第261页。
[3] 《列宁选集》第2卷,人民出版社2012年版,第424页。

模式，如何在青少年中建立稳固的思想道德基础，并有效防范不良信息的影响，这是推进学校意识形态建设、建设高质量思政课的重要考量。同时，也是加强党史教育，注重红色基因和中华文化基因培养的重要指向。思政课建设的重点是建立青少年系统和扎实的思想理论基础，这是青少年认识和理解世界的价值基础和认识论基础。党史教育是针对和防范历史虚无主义的不良思想。红色基因是培养青少年的正确政治情感和思想政治素养，目的是防范多元价值观。中华文化基因是一项系统工程，目的是培养青少年的爱国主义情怀，坚定文化自信，坚定做中国人的志气、骨气、底气。

家庭教育是支撑青少年健康成长的重要领域，没有良好的家庭教育，很难保障青少年健康成长。现代经济社会发展很大程度上改变了传统的家庭生活方式，这是新时代德育所重点关注的领域。在家庭结构上，现代家庭更为简单，大致都是父母与子女一起生活，传统意义上的三代同堂的局面整体上已经变化了。同时，现代社会的家长，随着城市化的快速推进，城镇化已是一个既定的现实。这改变了传统意义上的家庭工作方式。父母大多需要同时上班，对子女的教育产生了留守儿童、隔代教养、三点半难题等问题。这导致了现代家庭教育一定程度上失去了传统家庭教育中的文化习俗特征和文化厚重感。家国同构是中华传统文化中的重要思维和智慧，如何在新的时代，重新贯彻家国同构的传统智慧，是新时代德育的一个重要特征和要求。习近平总书记提出了"家庭是孩子的第一所学校，父母是孩子们的第一任教师"的重要理念，并重点提出了中华优秀家教智慧，重视家庭建设，给予青少年健康的家庭德育，这是新时代德育的重要理论创新。

现代科技发展迅猛，新时代国家经济社会高度繁荣发展，这促进了另外一些德育新情况的发生。其一是电子游戏和其他现代媒体的娱乐对青少年的负面影响；其二是物质富足之后部分青少年的精神懈怠问题。如何建立青少年的理想信念发展，提振青少年的精气神，培养青少年的艰苦奋斗精神，这是习近平总书记德育重点论述所高度重视的地方。理想信仰教育是新时代德育的重点，艰苦奋斗精神教育是新时代德育的重点领域，劳动教育进入了新时代的党的教育方针，也成为了学校德育工作中的重要构成部分。这是新时代德育对于时代发展的重要应对，也是

# 第十一章 新时代马克思主义德育理论的创新发展

重要的时代特色和时代创新。

（三）新时代国家治理探索创新在德育领域的体现

一个国家的治理，必须高度重视精神领域的建设。没有正确的精神领域的指导思想，缺乏精神领域的建设质量，国家治理将面临巨大问题。一个非常明显的并被屡屡证实的真理就是，国家必须建立在共同的价值观上，如果国家陷入多元价值，就极容易导致内部多元主义、民族分裂，最终国家陷入混乱、分裂和衰退。

学校德育是学校领域的思想政治工作的重要构成部分，而思想政治工作是党的生命线。一个国家一个民族必须有共同的思想基础。"宣传思想工作就是要巩固马克思主义在意识形态领域的指导地位，巩固全党全国人民团结奋斗的共同思想基础。"① 而从本质上讲，学校德育就是致力于建设青少年的共同思想基础，而青少年都会成为未来的国民，从这个角度看，学校教育中，德育为首自然是必须。

新时代国家治理，更为注重物质与精神协同发展，并作为凝聚国家民族团结发展的重要战略。在国家治理战略上，依法治国和以德治国是国家治理战略，两者都需要建立在高质量的学校德育的基础之上，这也是党和国家高度重视德育的重要缘由。依法治国需要高质量的国民法治素养，而建构高质量的国民法治素养，最为重要的自然就是对青少年的法治教育。如果缺失高质量的法治教育，国民的法治素养就是无源之水、无本之木。法治教育是学校德育的重要构成维度，中小学德育的重要目标就是推进法治教育，义务教育阶段的德育课程的教材就是《道德与法治》。以德治国本身是中华传统优秀文化的重要特征，中国自古以来都高度重视道德伦理。所有的国民都出自学校德育培养，国民的道德素养自然与学校德育关系紧密。新时代随着经济高度发展，也需要警惕功利主义、极端个人主义对国民道德素养可能造成的负面影响，这需要德育提前预控和防范。习近平总书记强调："要继承和弘扬我国人民在长期实践中培育和形成的传统美德，坚持马克思主义道德观、坚持社会主义道德观，在去粗取精、去伪存真的基础上，坚持古为今用、推陈

---

① 《习近平谈治国理政》第一卷，外文出版社2018年版，第153页。

出新……"① 在确保物质经济高速发展的同时，确保国民道德素养的高水准，这是新时代国家治理的重要目标，新时代德育中的诸多理论，就是新时代国家治理思想在德育领域的体现。

**二 新时代德育对党的德育理论精髓的传承**

习近平总书记关于德育的重要论述，既是对中国共产党德育理论的忠实传承，同时也是历史性的创新性新发展。

毛泽东同志提出了德智体全面发展的教育目标，提出了又红又专的培养标准，在德育地位上提出了思想和政治是统帅和灵魂的重要论点。奠定了党的德育理论的基础，并深刻影响了其后德育理论的方向。

邓小平同志高度重视德育，提出了"三个面向"的教育方针，"四有新人"的培养目标，并强调学校应该永远把坚定正确的政治方向放在第一位。邓小平同志的德育理论的重要创新在于"三个面向"和"四有新人"，深刻影响了新时期的德育发展。

江泽民同志提出了德智体美全面发展的教育培养目标，提出了"四以"的重要德育理念。在德育路径上，江泽民同志提出了"四个相统一"的重要论述。江泽民同志的德育理论的重要创新在于提出了德智体美全面发展，提升了美育的地位，"四以"的德育理念、"四个相统一"的德育方法对党的德育理论影响深远，成为了党的德育理论的重要构成内容。

胡锦涛同志在德育理论领域有较多理论创新。在德育内容上，胡锦涛同志提出了社会主义核心价值体系，并提出了以"八荣八耻"为主要内容的社会主义荣辱观。在德育方法上，提出了"四用"的重要德育理念。② 在德育的路径上，胡锦涛同志提出了"三进"的重要要求，即进教材、进课堂、进头脑。胡锦涛同志的德育理论的重要创新在于在德育内容上提出了社会主义核心价值体系，在德育理念上提出了"五个坚持"。

习近平总书记关于德育的重要论述，忠实地传承了党的德育理论的

---

① 《习近平谈治国理政》第一卷，外文出版社2018年版，第160页。
② 《胡锦涛文选》第三卷，人民出版社2016年版，第164页。

## 第十一章 新时代马克思主义德育理论的创新发展

智慧,同时也在诸多领域有重要创新。在德育目标上,新时代德育传承了毛泽东同志的德智体全面发展的培养目标和又红又专的核心理念。在德育过程上,传承了胡锦涛同志进教材、进课堂、进头脑的"三进"的德育理念。在德育方法上,新时代德育传承了江泽民同志"四以"的德育理念。在德育的途径上,新时代德育传承了毛泽东同志、邓小平同志都高度重视的教育与劳动相结合的思想。在德育内容上,新时代德育传承了毛泽东同志、邓小平同志、江泽民同志、胡锦涛同志都高度重视的思想教育、政治教育、道德教育等。在德育地位上,新时代德育传承了毛泽东同志的思想和政治是统帅和灵魂、邓小平同志的学校应该永远把坚定正确的政治方向放在第一位的重要论点。高度重视马克思主义指导、坚定学校正确的思想政治方向、坚定党对学校德育的领导等,这些都是中国共产党德育理论的基础性构成。

### 三 新时代党的德育理论的历史性新发展

习近平总书记关于德育的重要论述,在多个领域有重要理论创新,是中国共产党德育理论的历史性新发展,是新时代的中国马克思主义德育理论。

在德育地位上,习近平总书记关于德育的重要论述提出了立德树人是学校教育的根本任务。这是一个在学校教育、德育为首的基础上提出的一个新的更为科学的教育理念。同时,习近平总书记还提出了"为党育人、为国育才""培养可靠的社会主义接班人和合格的社会主义建设者"的重要表述,这些重要论述清晰地表述了新时代学校教育中的新理念,厘清了德育在学校教育体系中的重要地位,明确了学校教育立德树人的根本任务。

在德育目标上,习近平总书记提出了德智体美劳全面发展的五育并举的重要思想。这是在新时代国家经济社会繁荣的时代背景下,基于培养青少年的劳动精神的重要理念的基础上,提出的新时代的教育目标。五育并举的重要创新既在于大幅提升了劳动教育在学校教育中的重要地位,传承了马克思主义教育与生产劳动相结合的重要理论观点,同时也指向马克思主义教育哲学强调的学校教育应当致力于培养劳动者的核心观点。在文化渊源上,高度重视劳动教育对人的培养,注重耕读传家,本身是中国传统优秀文化中的重要教育智慧。但五育并举不只是传承，而是建立在马克思主义、中国传统优秀文化基础之上，结合时代发展和治国理政的高度，对教育领域提出的创新性的系统性、全面性和结构性的教育目标。

在德育过程和方法领域，习近平总书记创新性提出了"三全育人"的德育方法论。"三全育人"的德育理念，注重全员育人、全过程育人、全方位育人。"三全育人"的创新性不只是在理论上创新，新时代德育还在此领域提出了系统性的具体方法和路径。全员育人领域，强调师德师风是评价教师的第一标准，注重教师队伍师德师风建设，并强调所有学科的课堂都应当有正面的德育，即课程德育的重要思想。在全过程育人上，习近平总书记特别注重大中小幼德育一体化，注重学校教材建设，特别注重教材建设中的正确政治导向和正面价值倾向。在全方位育人上，习近平总书记特别注重学校教育、家庭教育、社会教育协同育人，强调学校内部隐形德育课程建设等。"三全育人"的创新既在于理论领域，还在于实践领域的系统性。理论与实践协同推进，这也是新时代德育的重要特征。

在德育内容上，习近平总书记有多维度的理论创新。首先提出并明晰了社会主义核心价值观在德育中的基础性地位，这是在胡锦涛同志提出的社会主义核心价值体系的基础上，更为系统地建构了社会主义核心价值观的理论体系。特别是明确了社会主义核心价值观的重要地位，强调社会主义核心价值观是当代中国精神的集中体现，是凝聚中国力量的思想道德基础。法治教育是新时代依法治国和以德治国的国家治理战略的重要基础，法治教育系统性纳入了学校教育体系之中。法治教育相对于原来的法制教育，更为注重法治教育与道德教育之间的协同性，更为强调法治教育的国家治理战略和目标。人类命运共同体思想是新时代重要的国际理论，是习近平总书记在毛泽东同志提出的三个世界理论的基础上的重要理论创新，并提出了和平、发展、公平、正义、民主、自由的全人类共同价值。人类命运共同体思想对中国德育国际视野的扩展和培养青少年的世界眼光具有重要意义。

在德育理念上，习近平总书记提出了文化自信的重要理论，这是新时代德育的重要文化特征，同时提出了坚持三个规律的重要德育理念，

## 第十一章 新时代马克思主义德育理论的创新发展

即坚持遵循教育规律、思想政治工作规律、学生成长规律。文化自信对中国德育的内在气质和未来发展影响深远。文化自信标志着新时代在中国文化领域已经走向全面复兴,在德育内容、德育文化基础、德育的文化指向等领域,将会深刻影响中国德育发展。另外,习近平总书记在德育思维领域,为新时代德育注入了"互联网思维""共同体策略""以人民为中心""供给侧改革"等重要创新思维。①

在德育课程上,习近平总书记德育重要论述的重要创新在于全面论述了思想政治理论课的建设思想。对思想政治理论课的高度重视是党的德育理论的一贯重要论点,但全面性和系统性阐述思想政治理论课建设思想,则是第一次。在思政课的地位上,习近平总书记提出了重要论点:"思政课是落实立德树人根本任务的关键课程,思政课作用不可替代,思政课教师队伍责任重大。"在思政课的建设要求上,提出了八个相统一的重要思想。在思政课的基本原则上,提出了"六个必须坚持"的重要思想。在思政课教师的建设要求上,提出了"政治要强、情怀要深、思维要新、视野要广、自律要严、人格要正"的具体要求。这些系列重要论述涵盖思政课的建设、思政课的教师、思政课的基本原则等领域,对于进一步提升思政课的建设质量,提升学校德育质量,都具有历史性意义。

对教材建设的高度重视是新时代教育领域的重要特征。在教材的德育要求上,新时代界定了教材建设的重要地位。强调教材是传播知识的主要载体,体现着一个国家、一个民族的价值观念体系,是老师教学、学生学习的重要工具。在理论上,教材建设的重要创新在于"一坚持五体现"。"一坚持五体现"的教材建设指导思想极大地提升了教材建设的力度,而教材建设的质量,特别是其内在的价值取向,深刻影响着青少年学生的未来发展,这也是新时代德育理念的重要体现和具体在教材建设领域的重要实践。

新时代德育的重要创新在于高度重视教师的德育使命,强化师德师风建设。这既是"三全育人"德育理念在教师队伍建设中的重要体现,

---

① 蒋智华:《习近平德育思想的科学内涵、践行方法和历史价值》,《高教论坛》2020年第2期。

同时也是立德树人学校根本任务的必然要求。习近平总书记在教师队伍建设领域,提出了"四有好老师""四个引路人""四个相统一""坚持把教师队伍建设作为基础工作"等系列重要论述。在教师队伍建设领域,最为重要的基本都属于德育领域。"四有好老师"界定了新时代教师队伍建设的基本标准。"四个相统一"的重要论述既有师德领域的内容,同时也有专业能力建设的内容。"四个引路人"的重要论述清晰地阐释了教师职业权利和责任。以德立身、以德立学、以德施教,则是新时代对教师队伍建设的重要要求。新时代德育在教师队伍建设上,高度重视教师的思想政治、道德素养、专业能力,这本身也是新时代学校教育为党育人、为国育才思想在教师队伍建设领域的体现。

新时代德育在内在气质上有诸多创新发展的地方。新时代德育高度重视爱国主义,高度重视革命英雄主义,高度重视红色基因、中华文化基因、党史学习教育,内外结合,极大地提升了新时代德育的内在气质和具体德育实践。爱国主义领域的重要创新在于提出了新时代爱国主义的本质就是坚持爱国和爱党、爱社会主义高度统一。传承红色基因提升了德育的革命气质,强调斗争精神,从党的建设领域看是确保革命本色。中华文化基因极大地提升了中华优秀传统文化在学校德育中的地位。新时代德育强调中华优秀传统文化已经成为中华民族的基因,要把中华优秀传统文化教育作为固本铸魂的基础工程。这对于提升青少年的文化自信,坚定做中国人的志气、骨气、底气具有重要价值和意义。党史学习教育既是新时代德育的重要内容,也是新时代德育的重要创新。新时代德育强调中国革命历史是最好的营养剂,是青少年理想信念教育的重要依托。

# 结　　语

"教育是人类传承文明和知识、培养年轻一代、创造美好生活的根本途径。"① 中国特色社会主义进入了新时代，在新时代教育改革与发展中，必须进一步提升学校教育立德树人的质量，高质量为党育人、为国育才，为实现中华民族伟大复兴的中国梦服务。

## 第一节　新时代德育的挑战与应对

新时代对学校德育带来了新的挑战，习近平总书记关于德育的重要论述，是对新时代德育挑战的重要应对。一个国家、一个民族的发展，正如一种文明的进步一样，需要持续应对外界的挑战，做出有生命力的应对。② 德育是社会建设的重要基础，德育正如社会文明一样，也需要持续面对经济社会发展中的挑战，并需要做出具有生命力的应对。这种有生命力的应对指的是一个持续性的、创新性的、发展性的应对。德育与政治、哲学、教育、历史、文化等深度相关，不能期望德育以不变应万变，德育需要具备内在的"变与不变"的哲理，既要坚守真理，也要持续发展创新。新时代德育正是在面对新时代经济社会发展中的各种挑战，在德育领域做出的体系性的应对。

---

① 《习近平谈治国理政》第一卷，外文出版社2018年版，第191页。
② ［英］阿诺德·汤因比：《历史研究》，刘北成、郭小凌译，上海世纪出版集团2005年版，第73页。

## 一 应对社会物质繁荣而可能导致的精神领域问题而重抓理想信念教育

新时代国家经济社会高速发展，物质财富走向高度繁荣，这是中国特色社会主义建设的伟大胜利。但社会主义建设，必须一手抓物质财富，一手抓精神财富。如何确保在高度物质财富繁荣的同时，确保精神领域高度繁荣，这是新时代面对的一个重要挑战。新时代德育的重要应对就是重抓理想信念教育，习近平总书记提出了中国梦重要理论，提出了"四个自信"，并高度重视强化艰苦奋斗精神的教育，这些都是精神领域的重要应对。

## 二 应对现代信息技术发展而系统推进青少年健康德育环境建设

现代信息技术高度发达，网络媒体开放自由，但带来的问题除了信息传播便捷之外，也导致媒体内容良莠不齐，对青少年健康成长带来一定的负面影响。如何应对这种现代信息技术带来的德育挑战，新时代的应对主要是在网络空间整治和健康德育环境建设两个层面。在具体德育理念中，全员全程全方位育人、学校家庭社会德育合作建设就是重要应对措施。

## 三 应对价值虚无主义而重点推进社会主义核心价值观教育

随着时代发展，西方多元文化的传播，导致部分人可能存在价值虚无主义的问题。价值虚无主义对国家建设具有极大的负面影响，可能影响国家内在的组织能力、民族的凝聚力和社会内部的紧密度。为应对价值虚无主义，新时代德育的重要应对就是社会主义核心价值观教育。把社会主义核心价值观作为新时代的价值基础，并强调全方位渗透和践行，以此在思想、政治、道德领域铸就新时代的价值基石。

## 四 应对意识形态建设中的挑战而重点推进传承红色基因

新时代随着国际交流的活跃和生活方式的多元化，社会生机活力进一步焕发，同时也存在意识形态建设领域需进一步提升质量的挑战。如何确保传承红色基因，培养社会主义接班人，成为新时代在意识形态领域的重要挑战。新时代在学校课程领域，进一步强化思想政治理论课建设质量，推进大中小幼德育一体化建设；在学校德育中高举爱国主义教育，进一步提升爱国主义教育质量。系统性提升青少年的精神世界，净化青少年的心灵，确保学校意识形态工作建设的安全性。

### 五 应对依法治国战略需要而全面推进法治教育

以德治国和依法治国是新时代的重要治国方略。建设社会主义法治国家，是新时代国家治理的重要目标和指向。如何在青少年中建立规则意识和法治信仰，这是依法治国战略对学校德育的重要挑战。新时代德育的重要应对是全面推进法治教育，推进道德教育和法治教育协同并进。"要坚持法治教育从娃娃抓起，把法治教育纳入国民教育体系和精神文明创建内容，由易到难、循序渐进不断增强青少年的规则意识。"[①]在学校教育中系统性推进法治教育，以此作为建设法治国家重要教育举措，这是新时代德育的重要措施。

### 六 应对历史虚无主义而加强党史学习教育

历史使人明智，高度重视历史教育，是中华民族的重要智慧和经验。新时代随着社会发展，青少年一代远离了战争和苦难，对于中华民族经历的近现代史缺乏深刻的理解。为了应对历史虚无主义的挑战，新时代德育的重要应对是加强党史学习教育，系统性推进青少年对党史的学习理解。党史学习教育对于青少年正确的历史观、国家观、政治观的建立具有重要意义，这是新时代德育的重要应对。

### 七 应对承平已久可能带来的精神懈怠而推进革命英雄主义教育

新时代国家繁荣昌盛，经过党的百年伟大征程，中国特色社会主义建设取得了伟大胜利。但在繁荣昌盛的国情下，也需要担忧社会承平已久可能带来的精神懈怠。如何让青少年传承中华民族的骨气、传承中国共产党人的革命精神，这是新时代德育需要面对的重要挑战。为了应对这一挑战，新时代德育进一步强化革命英雄主义教育，有效提振青少年的内在气质的硬度，培植青少年成长中的精神钙质。

---

① 《习近平谈治国理政》第二卷，外文出版社 2017 年版，第 122 页。

### 八 应对文化自信建设需要而厚植中华文化基因

时代发展带来的文化多样性，对中华文化主体必然具有一定的冲击性。如何铸牢中华民族共同体意识，坚定青少年爱国主义情怀，这是时代面临的重要挑战。新时代德育的重要应对就是强调根植中华文化基因，厚植爱国主义情怀，在德育中深入推进爱国主义教育，以此铸牢中华民族共同体。新时代爱国主义教育是新时代德育的重要构成部分，也是紧密联系中国梦教育、红色基因传承、意识形态建设等领域的重要内在精神纽带。

### 九 应对地球环境问题而推进生态文明教育

人类社会的现代化，既带来了物质财富的繁荣，也带来了严峻的环境问题。如何给予子孙后代一个清洁的可持续发展的世界，这是时代面临的重要考验。新时代德育的应对是提出"绿水青山就是金山银山"的重要理念，推进青少年生态文明教育，提升青少年的生态文明素养，这也是事关人类社会可持续发展的重要应对。

### 十 应对国际和平与发展而推进人类命运共同体教育

新时代国际局势是一个大变革的时代，这是一个百年未有的大变局，事关世界和平与发展。如何应对这种国际大变局，是新时代国际理解教育领域的重要挑战，也事关中华民族的国际责任和担当。新时代德育的重要应对是提出人类命运共同体思想，推进人类命运共同体教育，提出了"和平、发展、公平、正义、民主、自由"[1]的国际核心价值观，以此促进人类社会和平与发展，奠定青少年国际责任意识，维护世界和平与发展。

## 第二节 新时代德育的坚守与创新

新时代德育是一个内容丰富、内涵深刻的理论体系。在内在结构

---

[1] 《习近平谈治国理政》第二卷，外文出版社2017年版，第522页。

上，阐述了新时代的德育目标、德育任务、德育内容、德育价值、德育原则、德育方法、德育课程与教材、德育领导与保障等。在具体德育领域，涵盖了爱国主义教育、革命英雄主义教育、法治教育、生态文明教育、人类命运共同体、家庭德育等。

## 一　新时代德育的坚守

新时代德育既有重要创新，也有坚守，在核心理论上既有变，也有不变。不变的是对马克思主义基本原理的坚守，对中国共产党德育经验智慧的传承，对中华德育智慧的汲取。

首先，新时代德育坚守马克思主义基本原理。新时代德育是新时代中国马克思主义德育理论，在基本原理上坚守了马克思主义基本原理。在德育目标上，传承了人全面发展的目标，追求人的解放，并致力于人类的解放事业。在德育方法上，注重生产劳动与教育相结合，新时代推进劳动教育也有此重要理论渊源。另外，在德育路径上，注重人的全面发展；在思想教育领域，强调系统性学习；在德育地位上，强调思想教育、政治教育的重要性。这些理论领域，都坚守了马克思主义德育基本原理。

其次，新时代德育坚守中国共产党德育理论经验智慧。新时代传承了毛泽东同志的德智体全面发展的德育目标、思想和政治是统帅和灵魂的德育理论。传承了邓小平同志的三个面向的教育方针、四有新人的培养目标、学校应该永远把坚定正确的政治方向放在第一位的德育方向等德育理论。传承了江泽民同志提出的德智体美全面发展的德育目标、四以的德育理念和四个相统一的德育方法。传承了胡锦涛同志提出的社会主义核心价值体系，以及进教材、进课堂、进头脑的三进的德育理念。这些都是中国共产党人探索并建构的德育理论精髓。

最后，新时代德育坚守中华德育智慧。新时代德育传承了中华优秀传统文化中的德育智慧，这也是新时代德育的文化自信的重要特征。但新时代德育对中华优秀传统文化中的德育智慧的传承是一种创造性转化，而不是机械的固守。新时代德育传承了中华传统优秀文化中的主流价值观的理念，新时代的社会主义核心价值观，就是中华优秀传统文化中的主流价值观的创新发展。传承了家国同构的德育思想，家国同构也是新时代德育的重要德育思想方法论。传承了德才兼备的德育培养目标的结构,新时代德育指向的也是又红又专的时代新人。

**二 新时代德育的重要创新**

习近平总书记关于德育重要论述的理论创新丰富,涉及面极广。具体来看,最为重要的理论创新和突破主要有:立德树人的根本任务,五育并举全面发展的培养目标,全员育人全程育人全方位育人的基本方法论,家国情怀的德育文化等。

(一)立德树人的根本任务

立德树人既高度重视对学生思想品德的教育,同时也注重对学生专业知识和专业能力的教育。立德树人事关学校教育教学全过程,从整体上看,立德树人也是习近平总书记教育重要论述的核心理念。[1] 立德树人是学校教育教学立身之本,也是党和国家交付给学校的根本任务。[2] 学校要坚定正确政治方向,树立优秀道德,建立优秀校风教风学风,培养世界一流人才。

(二)五育并举全面发展的培养目标

德智体美劳全面发展,是新时代德育在培养目标上的重要理论创新。五育并举不是把学校教育简单条块化为德育、智育、体育、美育、劳动教育,而是把五育视为协调一致系统化的存在。德育与智育、体育、美育、劳动教育均深刻相关,共同服务于青少年学生健康成长。智育中的思想、政治、道德、法治等知识,是德育的重要知识基础,这也是新时代高度重视思想政治理论课建设的重要原因。同时,新时代德育注重课程德育,致力于推进课程思政,这也是德育与智育的协同共进。体育不是简单的体育锻炼,体育还有着深层次的体育精神培养,通过体育强健其体魄、坚定其意志、培养其精神,也是体育的重要指向目标。从这个角度看,体育与德育深度相关,优秀的体育,其背后一定有优秀

---

[1] 杨志成:《中国特色社会主义教育学理论体系发展的新境界——习近平教育思想研究》,《中国教育学刊》2017年第5期。

[2] 苏国红、李卫华、吴超:《习近平"立德树人"教育思想的主要内涵及其实践要求》,《思想理论教育导刊》2018年第3期。

的德育。美育旨在培养青少年审美素养，美育的重点在于培养青少年欣赏美、创造美，旨在内美其心、外美其行。优秀的艺术家，大都有其伟大的精神世界，这是人类社会中的基本规律。美育与德育本身也是相互协作，共同服务于人类社会对真善美的追求。劳动教育是新时代的重要理论创新和突破，旨在培养青少年的劳动精神、劳动品质、劳动能力和劳动习惯。这是新时代基于国家发展的战略考量，坚持艰苦奋斗精神的培养，传承中华民族耕读文化传统，其背后有着深远的战略考量和历史智慧。劳动教育与德育深度相关，没有德育的劳动教育，就蜕变成了技能教育，具有内在劳动精神的劳动教育，才是真正意义上的劳动教育。五育并举全面发展的培养目标，贯穿始终的就是内在的德育，这也是新时代德育的重要理论创新和突破，对未来学校教育发展影响深远。

（三）全员育人全程育人全方位育人的基本方法论

新时代德育的重要方法论是全员育人、全程育人、全方位育人，强调把思想政治工作贯穿教育教学全过程。在"三全育人"教育理念的实践中，全员育人的重点是加强教师队伍建设，提升教师队伍质量，有效形成高质量的全员育人氛围。新时代高度重视教师队伍建设，严格要求师德师风，就是全员育人理念的重要实践，以此确保教师队伍有效履行四个责任，有效服务于青少年健康成长。全程育人的重点是建立科学的学校教育教学机制，让立德树人有效融入思想道德教育、文化知识教育、社会实践教育各环节。全方位育人的重点是建立科学的人才培养体系，确保学科体系、教学体系、教材体系、管理体系都有效服务于立德树人。

（四）四个服务的工作指向

习近平总书记高度重视学校教育政治方向的正确性。"高校思想政治工作关系高校培养什么样的人、如何培养人以及为谁培养人这个根本问题。"[①] 学校德育是学校教育的首要工作，关系学校教育培养什么样的人、如何培养人以及为谁培养人的根本问题。在学校德育工作指向上，要坚定面向四个服务。[②] 四个服务是学校教育的指向目标，更是学校德育的建设标准和指向目标。四个服务的基本目标注重学校教育目标

---

[①] 《习近平谈治国理政》第二卷，外文出版社2017年版，第376页。
[②] 《习近平谈治国理政》第二卷，外文出版社2017年版，第376—377页。

的准确定位，强调学校教育要与国家治理和时代发展相结合，有效服务于国家的发展需要。

（五）家国情怀的德育文化

习近平总书记的德育重要论述，有着浓厚的家国情怀，注重学生在个体发展中与家庭、民族和国家的命运紧密联系起来。家国同构是中华民族的重要历史智慧，家国情怀是中华精神的重要构成部分，学校德育要厚植青少年家国情怀，着力培养青少年正确的历史观、民族观、国家观和文化观。"经过几千年的沧桑岁月，把我国56个民族、13亿多人紧紧凝聚在一起的，是我们共同经历的非凡奋斗，是我们共同创造的美好家园，是我们共同培育的民族精神，而贯穿其中的、最重要的是我们共同坚守的理想信念。"[①] 中华民族认同和国家认同教育是学校德育的重要工作，也是确保国家文化安全的关键领域。学校德育要厚植青少年中华文化基因，重点培养家国情怀。

（六）理想信仰的德育艺术

习近平总书记高度重视梦想的力量，高度重视学校德育对学生个体的理想信仰教育。在当代西方物质主义侵袭的背景下，注重精神领域的力量，强调中国梦的理想信仰教育，这是新时代学校德育的重要着力点。理想信仰教育既要重视共产主义远大理想教育，也要高度重视中国特色社会主义共同理想教育，要注意历史与时代相结合、传承与创新相结合，协同有效推进理想信仰教育。学校德育是培育学生正确理想信仰的重要工作领域，要在学生理想信仰教育上有效培育学生的精神钙质。在理想信仰教育上，还要注意扩展青少年的国际视野，理解人类命运共同体建设的战略意义，同时要注意提升理想信仰教育的美学水准，渗透中华美学精神，艺术性地提升理想信仰教育质量，有效服务于时代要求。

## 第三节 新时代德育的理论新发展

新时代德育已经成为一个系统性的德育理论体系。新时代德育是马

---

① 《习近平谈治国理政》第一卷，外文出版社2018年版，第39页。

## 结　语

克思主义道德观的历史性新发展，是马克思主义中国化的新飞跃。

**一　新时代德育是马克思主义道德观的历史性新发展**

马克思主义批判压迫和剥削，有其内在的伟大的道德使命，致力于全人类的解放。马克思主义从未远去，作为人类影响力最为深远的哲学，马克思主义具有其强大的影响力和蓬勃的生命力。

习近平总书记关于德育的重要论述，在诸多领域推进了马克思主义道德观，是马克思主义道德观的历史性新发展。习近平总书记关于德育的重要论述所秉持的马克思主义道德观，是人类社会道德伦理领域的新标准，体现了社会主义的价值优势、制度优势、道德优势和理论优势。

在价值观领域，社会主义核心价值观是新时代思想道德基础。社会主义核心价值观回答了建设什么样的国家、建设什么样的社会、培育什么样的公民的重大问题。社会主义核心价值观体现了社会主义本质要求，彰显了马克思主义的价值倾向。

同时，习近平总书记还在多个领域推进了马克思主义道德观的理论创新。在人与自然领域提出了生命共同体的重要论述，把人类的道德价值观推进到人与自然和谐的层面，是人与自然的道德观领域的巨大历史进步。在国际道德领域，习近平总书记提出了人类命运共同体思想，并提出了人类社会的共同价值。"和平、发展、公平、正义、民主、自由，是全人类的共同价值，也是联合国的崇高目标。"[①] 这是马克思主义的人类和平思想的重要历史性新发展。

**二　新时代德育是中国马克思主义德育理论**

新时代德育有着内在的人民性、实践性、系统性、历史性、包容性、批判性。新时代德育是中国马克思主义德育理论，体现着马克思主义的真理性理论品质。

新时代德育有着内在的人民性。"带领人民创造幸福生活，是我们党始终不渝的奋斗目标。"[②] 人民立场是中国化马克思主义的基本立场。

---

[①] 《习近平谈治国理政》第二卷，外文出版社2017年版，第522页。
[②] 《习近平谈治国理政》第二卷，外文出版社2017年版，第40页。

"马克思主义是人民的理论,第一次创立了人民实现自身解放的思想体系。"① 习近平总书记关于德育的重要论述在价值取向上有着内在的人民性。"热爱人民不是一句口号,要有深刻的理性认识和具体的实践行动。"② 新时代德育,致力于培养社会主义建设者和接班人,致力于培养五育并举的社会主义劳动者。新时代德育重点教育青少年树立"为人民服务"的价值观,为建设美丽中国和人民的美好生活而奋斗,在利益选择上以人民利益为重,在个人发展上根据人民的需要做出选择。这种人民性的价值取向的德育是坚持教育的社会主义方向的重要体现。内在的人民性既是习近平总书记关于德育的重要论述的重要特色,也是学校德育需要高度重视并坚定实践的重要德育理念。

新时代德育有着内在的实践性。"马克思主义是实践的理论,指引着人民改造世界的行动。"③ 实事求是是中国共产党人的重要内在理论品质。实事求是注重追求真理,强调理论联系实际。"要学习掌握认识和实践辩证关系的原理,坚持实践第一的观点,不断推进实践基础上的理论创新。"④ 习近平总书记关于德育的重要论述具有深刻的实践性,其论述既是对中国传统德育智慧的重要传承,同时也结合新时代的需要而有重要创新。作为哲学社会科学的重要构成部分,德育必须系统建构中国德育理论,总结中国德育智慧,服务于中国德育实践。习近平总书记关于德育的重要论述以我为主,注重对学校德育实践经验的系统总结,并结合新时代治国理政的整体视角和学校教育立德树人根本任务,系统性建构了新时代学校德育理论体系和实践模式。

新时代德育有着内在的系统性。德育既是一个理论体系,也是一个工作体系,需要系统性建构。系统性是新时代德育的重要理论品质,在针对思想政治理论课建设提出的八个相统一中,就充分体现了这一理论

---

① 习近平:《在纪念马克思诞辰200周年大会上的讲话》,《社会主义论坛》2018年第6期。
② 《习近平谈治国理政》第二卷,外文出版社2017年版,第318页。
③ 习近平:《在纪念马克思诞辰200周年大会上的讲话》,《社会主义论坛》2018年第6期。
④ 《习近平在中共中央政治局第二十次集体学习时强调 坚持运用辩证唯物主义世界观方法论 提高解决我国改革发展基本问题本领》,《党建》2015年第2期。

品质。政治性注重方向的政治正确性,学理性强调内容的内在学术逻辑性。价值性强化价值引导和价值提升,知识性强化知识体系的科学性。建设性强化主流意识形态教育,批判性主要针对错误观点和错误思潮。理论性强化理论的真理力量,实践性强化对学生的教育引导,提升教育与社会实践的结合。统一性目的在于推进课程教学和教学管理等的统一要求,多样性在于发挥地方和教师的主动性,因地制宜、因时制宜、因材施教。主导性在于充分发挥教师主导作用,主体性在于有效彰显学生主观能动性,实现学生主体性作用。灌输性在于系统全面阐述思想政治教育知识基础和理论体系,启发性在于引导学生分析问题和思考问题,提升学生的思维能力。显性教育重点在于课堂教学的主渠道系统性影响学生健康发展,隐性教育重点在于通过系统性设计的校园文化建设等育人环境,潜移默化引导和教育学生。同时,新时代德育注重大中小幼德育一体化,注重德育组织建设、课程教材建设、教学体系建设、教师队伍建设等,都是新时代德育的系统性的理论品质的充分体现。

新时代德育有着内在的历史性。新时代德育内蕴着中华5000余年的历史智慧,承接了世界社会主义运动500余年的革命精神,传承了中国共产党德育理论精髓。在语言上,新时代德育善用典籍,注重历史智慧。在方法上,新时代德育注重德育的专业性,是专业论和政治论的科学结合。家国同构是中华文化的重要思维,也是中华民族珍视的传统。在传统中国的发展中,家国同构一直是凝聚中国力量、应对挑战的重要精神力量。家国一体的德育思维是新时代德育的重要思维方法。道德与政治紧密结合,是中华民族的重要历史智慧。新时代德育在理论范式上,传承了道德与政治紧密结合的德育范式。中国传统伦理将道德与政治紧密结合,道德是政治的基础,政治是道德的高阶,道德成为支撑政治的重要精神性力量,政治则是维护社会道德的权威性力量。习近平总书记高度重视政治的道德性,强调依法治国和以德治国的国家治理战略。在中国共产党德育理论的传承上,新时代德育传承了德智体全面发展、注重教育与劳动相结合、培养劳动者、注重共产主义远大理想等党的重要德育理论精髓。

新时代德育有着内在的包容性。新时代德育既注重国际视野,又注重人与自然和谐,同时注重文化交融,有着包容性的理论品质。"新时代社会主义建设者和接班人,不仅要有中国情怀,而且要有世界眼光和国际视野。"① 新时代德育强调国际视野。人类每一个时代的经典,都是人类智慧的结晶,是对时代面临的各种问题和矛盾进行思考和研究的结果。他山之石可以攻玉,适度地借鉴和学习,能够有益汲取他人的经验和教训,增加可供选择的解决问题的思路、方法和路径。德育与政治、伦理、哲学密切相关,是现代社会国家教化的重要职责的主要承担者。德育需要与时俱进,需要世界眼光,需要不断推陈出新,确保社会在哲学和思维层面的活力,防范思维僵化和内容过度保守,确保经济社会健康发展。

新时代德育有着内在的批判性。"马克思主义是不断发展的开放的理论,始终站在时代前沿。"② 马克思主义有着强大批判精神,新时代德育有着内在的批判性,注重对资本主义和封建主义的道德批判。新时代德育高度注重"抵制拜金主义、享乐主义、极端个人主义、历史虚无主义等错误思想"③。新时代德育的重要批判精神还在于强调斗争精神。"我们共产党人的斗争,从来都是奔着矛盾问题、风险挑战去的。"④ 斗争精神注重思想淬炼,增强忧患意识,确保精神领域持续创新发展,确保精神领域的硬度,注重对潜在的风险的科学预判和主动出击。在理论建设上,批判精神高度注重理论持续发展创新,汲取新的实践成果,这也是新时代德育的内在理论品质的重要体现。

### 三 新时代德育是马克思主义中国化的新飞跃

马克思主义哲学是无产阶级的科学世界观和方法论,其重要构成是历史唯物主义和辩证唯物主义。新时代德育秉持坚定的马克思主义哲学

---

① 习近平:《培养德智体美劳全面发展的社会主义建设者和接班人》,载中共中央党史和文献研究院编《十九大以来重要文献选编》(上),中央文献出版社2019年版,第651页。

② 习近平:《在纪念马克思诞辰200周年大会上的讲话》,《社会主义论坛》2018年第6期。

③ 习近平:《在纪念五四运动一百周年大会上的讲话》,载中共中央党史和文献研究院编《十九大以来重要文献选编》(中),中央文献出版社2021年版,第32—33页。

④ 《习近平谈治国理政》第三卷,外文出版社2020年版,第226页。

## 结　语

思想方法，是马克思主义中国化的巨大飞跃。

"要学习掌握世界统一于物质、物质决定意识的原理，坚持从客观实际出发制定政策、推动工作。"① 在辩证唯物主义的哲学视角，习近平总书记关于德育的重要论述，是中国共产党德育理论从量变到质变的飞跃，是通过对中国共产党德育理论精髓的传承，并在个人体悟和理论创新的基础上，提出了涵盖爱国主义、革命英雄主义、中国梦教育、法治教育、生态文明教育、人类命运共同体教育等完整的德育理论体系。

新时代德育注重解决时代德育领域中的问题，注重分析事物发展的具体阶段，分析矛盾的主要特点，抓住矛盾的主要方面。新时代德育体现了抓住关键矛盾的重要理论品质，重点抓红色基因传承、中华文化基因培育、党史学习教育等关键领域，提出了"三全育人"的重要方法论。

新时代德育注重发展、全面、系统、普遍地观察事物，注重准确把握客观规律。新时代德育强调尊重三个规律，既注重政治性，又注重科学性，是政治论和专业论的科学结合。新时代德育既脚踏大地，又仰望星空。既注重社会主义核心价值观作为新时代的思想道德基础，夯实新时代价值基础；同时又高度重视中国梦教育，发挥理想信仰的力量。

新时代德育高度重视认识和实践的辩证关系，坚持实践第一，注重德育的实践性。"三全育人"的重要方法论，"以理服人、以文化人、以情感人"的育人理念，"八个相统一"的思政课建设思想等，都充分体现了新时代德育理论中来自实践的智慧。

马克思主义哲学深刻揭示了人类社会发展一般规律。"尽管我们所处的时代同马克思所处的时代相比发生了巨大而深刻的变化，但从世界社会主义500年的大视野来看，我们依然处在马克思主义所指明的历史时代。"② 虽然当今处于百年未有之大变局，但从资本主义社会向社会

---

① 《习近平在中共中央政治局第二十次集体学习时强调 坚持运用辩证唯物主义世界观方法论 提高解决我国改革发展基本问题本领》，《党建》2015年第2期。

② 《习近平谈治国理政》第二卷，外文出版社2017年版，第66页。

主义社会的过渡本质没有改变。资本主义所体现出的单边主义、贸易保护主义、霸权主义、贸易掠夺等仍然极为显著，导致的国际社会冲突矛盾、生态恶化、价值冲突等问题仍然威胁着人类的生存与发展。

社会存在决定社会意识。[①] 新时代德育的诸多理论创新，源于新时代经济社会发展，是新时代物质繁荣在精神领域的重要投射。新时代德育的科学性，是建立在对新时代基本国情和发展要求的科学判断的基础之上的，这本身也体现了马克思主义的理论品质。新时代德育注重生态文明教育，是基于对社会基本矛盾的科学观察和把握，致力于解决人类社会中生态环境恶化的矛盾。新时代德育注重人类命运共同体思想教育，也是基于对世界和平与发展的问题的深入思考和把握。

习近平总书记关于德育的重要论述，形成了富有特色的话语体系，具有系统性的方法论，具有科学的德育路径，并有着鲜明的理论特质。"不忘本来才能开辟未来，善于继承才能更好创新。"[②] 习近平总书记关于德育的重要论述，既是对马克思主义基本理论中德育理论的坚守，传承了马克思主义中国化成果中的德育思想，同时又结合新时代发展的需要，在诸多领域有重要理论创新和突破，是当代中国马克思主义德育理论的新飞跃。

---

① 《推动全党学习和掌握历史唯物主义 更好认识规律更加能动地推进工作》，《党史纵横》2014年第1期。

② 《习近平总书记系列重要讲话读本》，学习出版社、人民出版社2014年版，第100页。

# 参考文献

## 一 中文著作

### (一) 经典著作

《马克思恩格斯选集》第1卷，人民出版社2012年版。
《马克思恩格斯选集》第2卷，人民出版社2012年版。
《马克思恩格斯选集》第3卷，人民出版社2012年版。
《马克思恩格斯选集》第4卷，人民出版社2012年版。
《列宁选集》第1卷，人民出版社2012年版。
《列宁选集》第2卷，人民出版社2012年版。
《列宁选集》第3卷，人民出版社2012年版。
《列宁选集》第4卷，人民出版社2012年版。
《毛泽东选集》第一卷，人民出版社1991年版。
《毛泽东选集》第二卷，人民出版社1991年版。
《毛泽东选集》第三卷，人民出版社1991年版。
《毛泽东选集》第四卷，人民出版社1991年版。
《毛泽东文集》第一卷，人民出版社1993年版。
《毛泽东文集》第二卷，人民出版社1993年版。
《毛泽东文集》第三卷，人民出版社1996年版。
《毛泽东文集》第四卷，人民出版社1996年版。
《毛泽东文集》第五卷，人民出版社1996年版。
《毛泽东文集》第六卷，人民出版社1999年版。
《毛泽东文集》第七卷，人民出版社1999年版。
《毛泽东文集》第八卷，人民出版社1999年版。

《邓小平文选》第一卷，人民出版社 1994 年版。
《邓小平文选》第二卷，人民出版社 1994 年版。
《邓小平文选》第三卷，人民出版社 1993 年版。
《邓小平文集》（一九四九——一九七四）上卷，人民出版社 2014 年版。
《邓小平文集》（一九四九——一九七四）中卷，人民出版社 2014 年版。
《邓小平文集》（一九四九——一九七四）下卷，人民出版社 2014 年版。
《江泽民文选》第一卷，人民出版社 2006 年版。
《江泽民文选》第二卷，人民出版社 2006 年版。
《江泽民文选》第三卷，人民出版社 2006 年版。
《胡锦涛文选》第一卷，人民出版社 2016 年版。
《胡锦涛文选》第二卷，人民出版社 2016 年版。
《胡锦涛文选》第三卷，人民出版社 2016 年版。
《习近平谈治国理政》第一卷，外文出版社 2018 年版。
《习近平谈治国理政》第二卷，外文出版社 2017 年版。
《习近平谈治国理政》第三卷，外文出版社 2020 年版。
《习近平谈治国理政》第四卷，外文出版社 2022 年版。
《习近平总书记系列重要讲话读本》（2016 年版），学习出版社、人民出版社 2016 年版。
《习近平重要讲话单行本》（2020 年合订本），人民出版社 2021 年版。
习近平：《知之深 爱之切》，河北出版传媒集团、河北人民出版社 2015 年版。
习近平：《摆脱贫困》，海峡出版发行集团、福建人民出版社 1992 年版。
习近平：《之江新语》，浙江出版联合集团、浙江人民出版社 2007 年版。
习近平：《干在实处 走在前列——推进浙江新发展的思考与实践》，中共中央党校出版社 2006 年版。

（二）重要文献

中共中央文献研究室编：《十八大以来重要文献选编》（上），中央文献出版社 2014 年版。

中共中央文献研究室编：《十八大以来重要文献选编》（中），中央文献出版社2016年版。

中共中央党史和文献研究院编：《十八大以来重要文献选编》（下），中央文献出版社2018年版。

中共中央党史和文献研究院编：《十九大以来重要文献选编》（上），中央文献出版社2019年版。

中共中央党史和文献研究院编：《十九大以来重要文献选编》（中），中央文献出版社2021年版。

中共中央党史和文献研究院编：《十九大以来重要文献选编》（下），中央文献出版社2023年版。

（三）中文古典

《春秋繁露》，张世亮、钟肇鹏、周桂钿译注，中华书局2012年版。

《礼记》（上），胡平生、张萌译注，中华书局2017年版。

《礼记》（下），胡平生、张萌译注，中华书局2017年版。

《论语·大学·中庸》，陈晓芬、徐儒宗译注，中华书局2015年版。

《孟子》，方勇译注，中华书局2015年版。

《周易》，杨天才、张善文译注，中华书局2011年版。

（四）中文专著

班华主编：《现代德育论》（第二版），安徽人民出版社2005年版。

高德胜：《知性德育及其超越——现代德育困境研究》，教育科学出版社2003年版。

鲁洁主编：《德育社会学》，福建教育出版社1998年版。

鲁洁、王逢贤：《德育新论》，凤凰出版传媒集团、江苏教育出版社2010年版。

罗炽、简定玉、李太平、陈会林：《中国德育思想史纲》，湖北教育出版社2003年版。

檀传宝：《学校道德教育原理》（第3版），教育科学出版社2015年版。

吴康宁：《教育社会学》，人民教育出版社1998年版。

钟启泉、黄志成编著：《西方德育原理》，陕西人民教育出版社1998年版。

（五）中文译著

［古希腊］柏拉图：《理想国》，郭斌和、张竹明译，商务印书馆1986年版。

［古希腊］亚里士多德：《政治学》，吴寿彭译，商务印书馆1965年版。

［美］郝大维、安乐哲：《先贤的民主：杜威、孔子与中国民主之希望》，何刚强译，江苏人民出版社2004年版。

［美］吉尔伯特·罗兹曼主编：《中国的现代化》，国家社会科学基金"比较现代化"课题组译，江苏人民出版社2005年版。

［美］塞缪尔·亨廷顿：《文明的冲突与世界秩序的重建》，周琪、刘绯、张立平、王圆译，新华出版社2002年版。

［美］威尔·杜兰特、阿里尔·杜兰特：《历史的教训》，倪玉平、张闶译，中国方正出版社、四川人民出版社2015年版。

［英］阿诺德·汤因比：《历史研究》，刘北成、郭小凌译，上海世纪出版集团2005年版。

## 二　中文期刊论文

艾四林：《"中国梦"与中国软实力》，《中国特色社会主义研究》2013年第3期。

陈宝生：《以习近平新时代中国特色社会主义思想为指导，坚定不移办好中国特色社会主义教育》，《中国高等教育》2017年第22期。

陈春燕、李芳：《习近平家风建设思想探析》，《长春理工大学学报》（社会科学版）2017年第5期。

陈丹：《习近平关于爱国主义教育的重要命题》，《思想教育研究》2019年第4期。

陈静：《习近平思想政治教育方法的辩证维度》，《思想教育研究》2017年第10期。

陈子季：《努力办好人民满意的更高质量、更加公平的社会主义现代化教育——论习近平总书记教育思想的三个维度》，《国家教育行政学院学报》2017年第2期。

崔华前：《关于习近平传承发展中华优秀传统文化的方法论思考》，《文化软实力研究》2019年第3期。

崔青青：《建国以来中国共产党主要领导人的生态思想论析》，《西南民族大学学报》（人文社会科学版）2019年第9期。

崔三常、庞立昕：《习近平新时代意识形态工作的主体方法论思维》，《广西社会科学》2019年第5期。

单培勇：《论"中国梦"的逻辑》，《社会主义研究》2013年第5期。

邓希泉：《习近平青年发展观研究》，《中国青年研究》2017年第6期。

董文芳：《习近平的思想政治教育观：内容、特点、价值》，《山东社会科学》2017年第6期。

范宝舟、王嘉曦：《文明共处的正义原则与人类命运共同体构建》，《伦理学研究》2019年第3期。

范笑仙：《坚定不移秉持教育优先、科教强国发展战略——习近平总书记关于教育战略地位思想的核心要义》，《清华大学教育研究》2018年第3期。

方爱东：《社会主义核心价值观论纲》，《马克思主义研究》2012年第12期。

方世南：《论习近平总书记生态文明重要论述对马克思主义生态文明理论的继承和发展》，《南京工业大学学报》（社会科学版）2019年第3期。

冯建军：《构建德智体美劳全面培养的教育体系：理据与策略》，《西北师大学报》（社会科学版）2020年第3期。

付洪、袁颖：《论习近平的家国思想及其现实意义》，《石河子大学学报》（哲学社会科学版）2017年第6期。

傅艳蕾：《个体与整体之辩："中国梦"的当代哲学意蕴》，《社会主义研究》2013年第4期。

耿步健、葛琰芸：《习近平关于生命共同体重要论述的逻辑理路、内涵及意义》，《河海大学学报》（哲学社会科学版）2019年第5期。

顾明远：《深入学习研究新时代中国特色社会主义教育基本理论》，《中国高校社会科学》2018年第2期。

顾明远：《新时代教育发展的指导思想——学习习近平总书记在全国教育大会上的讲话》，《北京师范大学学报》（社会科学版）2019年第

1 期。

关锋:《习近平新时代中国特色社会主义思想理论特质的三维解读》,《湖湘论坛》2019 年第 2 期。

韩庆祥:《新时代牢牢掌握意识形态工作领导权——做好意识形态"内功"》,《中国特色社会主义研究》2019 年第 1 期。

韩喜平、庄洁:《习近平的高等教育思想探索》,《思想教育研究》2014 年第 12 期。

郝立新:《新时代视野下的中国道路和中国逻辑》,《甘肃社会科学》2019 年第 1 期。

胡荣涛:《习近平中国梦话语体系的构建思想探析——以〈人民日报〉为主要文本》,《中共南宁市委党校学报》2015 年第 3 期。

黄蓉生、白云华:《新时期青年思想政治教育工作的行动指南——学习习近平总书记关于青年教育的论述》,《思想理论教育导刊》2016 年第 6 期。

黄蓉生:《习近平社会主义核心价值观思想论析》,《西南大学学报》(社会科学版) 2018 年第 4 期。

黄书生:《论习近平教育思想的逻辑理路与践行路径》,《佳木斯大学社会科学学报》2018 年第 3 期。

贾文山、赵立敏:《"中国梦"理论话语体系建构图——对中国学者的"中国梦"研究综述和批评》,《北大新闻与传播评论》2015 年第十辑。

蒋翠婷、石书臣:《习近平培育和践行社会主义核心价值观思想的方法论意蕴》,《山东师范大学学报》(人文社会科学版) 2018 年第 1 期。

金民卿:《"中国梦"理论建构中的"融通"思维》,《探索》2017 年第 5 期。

靳玉乐、张铭凯:《努力探索新时代中国特色社会主义教育思想体系》,《西南大学学报》(社会科学版) 2018 年第 1 期。

康晓强:《习近平现代国家治理观的理论特质》,《马克思主义研究》2016 年第 10 期。

寇清杰、江家城:《习近平关于意识形态工作的基本原则探析》,《科学社会主义》2019 年第 1 期。

李海星：《社会主义核心价值观论要》，《科学社会主义》2013 年第 2 期。

李政涛、文娟：《"五育融合"与新时代"教育新体系"的构建》，《中国电化教育》2020 年第 3 期。

刘爱武：《国外学术界对中国梦的研究：主要观点、偏见及启示》，《社会主义研究》2014 年第 4 期。

刘保国：《习近平新时代绿色发展思想：内容体系、理论品格和方法论特色》，《社会主义核心价值观研究》2018 年第 1 期。

刘波：《传承红色基因与国家文化安全》，《党的文献》2019 年第 6 期。

刘复兴：《习近平关于教育改革创新的思想》，《兰州学刊》2018 年第 1 期。

刘海霞、王宗礼：《习近平生态思想探析》，《贵州社会科学》2015 年第 3 期。

刘建武：《中国梦与马克思主义中国化的新境界》，《毛泽东研究》2015 年第 1 期。

刘小文、陈成文：《新形势下青年教育的理论指导和行动指南——学习习近平总书记关于青年教育的重要论述》，《社会科学家》2017 年第 8 期。

刘晓哲、高聪聪：《习近平语言艺术对新时代思想政治理论课话语体系转换的启示》，《思想理论教育》2019 年第 2 期。

卢野、彭钟敏：《全面依法治国与高校思修课改革——以习近平新时代中国特色社会主义政法思想的融入为视角》，《四川师范大学学报》（社会科学版）2019 年第 4 期。

陆士桢、胡礼鹏：《对新时期习近平关于家庭建设论述的理论认识和分析》，《青少年研究与实践》2018 年第 1 期。

吕春阳：《弘扬优良家风坚定文化自信——论新时代家风建设对坚定文化自信的重要意义》，《邓小平研究》2019 年第 1 期。

罗丽君、刘丹、乔德吉、赵玉芳：《以习近平新时代中国特色社会主义教育思想引领高校师德建设》，《西藏大学学报》（社会科学版）2018 年第 1 期。

马维振、王明生：《习近平话语表达的有效建构与现实指向》，《思想教育研究》2019年第3期。

孟克迪：《习近平新时代爱国主义重要论述的渊源》，《中共合肥市委党校学报》2019年第4期。

欧清华：《公正是社会主义核心价值观的基本平台》，《科学社会主义》2010年第5期。

庞申伟：《试析习近平关于新时代英雄文化的重要论述》，《新疆社会科学》2019年第4期。

彭蓉：《习近平关于革命精神教育的重要命题》，《思想教育研究》2019年第4期。

秦德君：《马克思主义政治学话语体系引入"形质渊源"研究》，《学术界》2019年第9期。

秦记洪：《论"中国梦"与大学生思想政治教育》，《广西社会科学》2013年第6期。

荣开明：《"四个自信"的形成过程及其辩证关系》，《学习论坛》2017年第11期。

佘双好：《新时期思想政治教育学科建设的价值指针——学习习近平总书记关于思想政治工作的论述》，《马克思主义理论学科研究》2017年第1期。

申国昌、王永颜：《习近平教师队伍建设思想内涵及其现实意义》，《武汉科技大学学报》（社会科学版）2014年第6期。

石书臣：《论习近平治国理政的青少年学生德育工作思想》，《教学与研究》2017年第1期。

石瑛：《习近平关于青年教育重要论述的旨要及其现实价值探析》，《福建师范大学学报》（哲学社会科学版）2018年第6期。

宋凌云、王嘉毅：《教育改革发展的新理念新思想新要求——学习习近平总书记关于教育工作的重要论述》，《教育研究》2017年第2期。

苏国红、李卫华、吴超：《习近平"立德树人"教育思想的主要内涵及其实践要求》，《思想理论教育导刊》2018年第3期。

孙蔚：《论习近平新时代中国特色社会主义思想的三大逻辑》，《科学社会主义》2018年第4期。

唐勇：《捍卫与传承：英雄精神的当代价值及实现路径》，《思想教育研究》2019 年第 2 期。

滕明政：《社会主义核心价值观：习近平治国理政的价值支撑》，《新疆社会科学》2017 年第 6 期。

田鹏颖：《习近平新时代中国特色社会主义思想的理论逻辑和实践逻辑》，《中国高等教育》2018 年第 2 期。

王定华：《习近平总书记关于教育的重要论述之落实方略》，《教育研究》2019 年第 6 期。

王金磊、吕瑶：《习近平新时代生态文明思想的逻辑理路》，《湖南社会科学》2018 年第 4 期。

王娟：《论中国梦与美国梦、欧洲梦的差异》，《学理论》2014 年第 20 期。

王伟光：《深入学习贯彻习近平总书记重要讲话精神，全面推进我国哲学社会科学话语体系建设》，《世界社会主义研究》2017 年第 1 期。

王学俭、阿剑波：《习近平新时代青年教育思想及其价值旨归》，《思想教育研究》2018 年第 8 期。

王雨辰：《论习近平总书记生态文明重要论述的理论特质及其当代价值》，《福建师范大学学报》（哲学社会科学版）2019 年第 6 期。

魏礼群：《习近平社会治理思想研究》，《中国高校社会科学》2018 年第 4 期。

魏欣羽：《当代马克思主义德育思想新发展——习近平"立德树人"德育思想三维探析》，《中共济南市委党校学报》2019 年第 3 期。

吴灿新：《习近平关于新时代爱国主义的重要论述略探》，《岭南学刊》2019 年第 1 期。

吴桂韩：《社会主义核心价值观培育的理论逻辑与实践路径》，《中国特色社会主义研究》2013 年第 3 期。

席洋：《认知语言学视角下习近平媒体演讲中对外国名言与谚语引用研究》，《中国报业》2018 年第 10 期。

辛向阳、刘文卿：《习近平治国理政思想的创新特质》，《科学社会主义》2017 年第 4 期。

薛二勇、刘爱玲：《习近平教育思想：中国教育改革的旗帜与方向》，

《中国教育学刊》2017年第5期。

阎占定：《习近平话语风格对党的建设的实践意义》，《观察与思考》2019年第3期。

杨光敏：《马克思主义英雄观的时代内涵——基于习近平的经典论述》，《贵阳市委党校学报》2019年第1期。

杨莉、刘海燕：《习近平"两山理论"的科学内涵及思维能力的分析》，《自然辩证法研究》2019年第10期。

杨晓慧：《思想定位、逻辑体系、理论特质》，《思想理论教育导刊》2018年第12期。

杨业华、符俊：《十八大以来习近平的青少年思想道德教育思想探析》，《中南民族大学学报》（人文社会科学版）2015年第3期。

杨志成：《中国特色社会主义教育学理论体系发展的新境界——习近平教育思想研究》，《中国教育学刊》2017年第5期。

袁久红、甘文华：《社会主义核心价值观与"中国精神"的新生》，《东南大学学报》（哲学社会科学版）2013年第5期。

曾祥云：《论70年中国化马克思主义的理论特质——以习近平新时代中国特色社会主义思想为例》，《湖南大学学报》（社会科学版）2019年第5期。

张春花、俞良早：《习近平实现中国梦的伟大构想对马克思主义经典作家理想社会思想的丰富和发展》，《社会主义研究》2016年第4期。

张春梅、刘硕：《论习近平的英雄情怀及其时代意义》，《探求》2019年第3期。

张国启：《论习近平全人类共同价值思想的话语特质及其意义》，《学术论坛》2018年第3期。

张红艳、周晓阳、牛麟：《习近平领导干部家风建设的哲学意蕴》，《社科纵横》2018年第7期。

张士海：《论习近平新时代中国特色社会主义思想的内在逻辑》，《中共中央党校学报》2018年第4期。

张文显：《习近平法治思想研究（上）——习近平法治思想的鲜明特征》，《法制与社会发展》2016年第2期。

张小枝、王泽应：《习近平新时代爱国主义及其理论贡献》，《上海师范大学学报》（哲学社会科学版）2018 年第 5 期。

张永芝：《核心价值秩序与社会主义核心价值观》，《教学与研究》2013 年第 6 期。

张云飞：《"生命共同体"：社会主义生态文明的本体论奠基》，《马克思主义与现实》2019 年第 2 期。

赵爱玲：《十八大以来习近平青年思想政治教育思想研究》，《社会主义核心价值观研究》2017 年第 5 期。

赵建波：《习近平关于新时代爱国主义重要论述研究》，《北方民族大学学报》（哲学社会科学版）2019 年第 5 期。

郑永廷：《把高校思想政治工作贯穿教育教学全过程的若干思考——学习习近平总书记在全国高校思想政治工作会议上的讲话》，《思想理论教育》2017 年第 1 期。

周正刚：《文化自信与哲学社会科学发展繁荣——学习习近平以高度文化自信发展繁荣哲学社会科学的论述》，《湖湘论坛》2019 年第 3 期。

朱继东：《引领新时代的意识形态工作创新——深入学习习近平总书记意识形态重要论述》，《福建师范大学学报》（哲学社会科学版）2019 年第 5 期。

朱芊：《人类命运共同体视野下爱国主义教育新论》，《南华大学学报》（社会科学版）2019 年第 3 期。

祝大勇、周颖：《习近平关于意识形态工作重要论述的海外认知评析》，《思想教育研究》2019 年第 9 期。

邹小华：《习近平新时代强军思想的革命英雄主义情怀》，《江西财经大学学报》2018 年第 3 期。

# 后　　记

本书是我主持的国家社会科学基金一般项目"习近平总书记关于德育的重要论述研究"（项目批准号：18BKS151）的最终研究成果，该成果于 2022 年 5 月结题，结题编号为：20221807。

德育是任何一个国家都不会愿意让出主导权的领域，德育关系到道德伦理、文化习俗、意识形态、价值观、理想信仰，这是任何一个社会建构中都至为重要的精神领域的基石。作为有着五千余年伟大历史的人类文明，中华民族在道德伦理领域有着自豪的资本，也有着足够的智慧。能够历经五千余年的考验而经久不衰，这本身就足以证明中华民族在社会建设领域的智慧。在德育领域，人类社会中可能还没什么文明能够有足够勇气说出中华民族之右。

新时代德育在基本理论领域有诸多创新。习近平总书记在德育领域有着系列重要论述，既高度重视政治方向，强调意识形态建设，同时也有着鲜明的中华文明的特色，有着深厚的家国情怀，其中深深渗透着文化自信的气质。学校德育是我一直从事的研究领域，同时自己还有着小学、中学、大学的德育实践工作经历。注重德育领域的中国立场是我的理论研究的一贯风格，而建构德育领域的中国理论体系、中国经验体系、中国话语体系，则是我的学术理想和目标。

本书的目标不是单纯追求创新，目标重点仅在于准确全面阐释新时代德育基本理论，同时力图系统性呈现。研究的重点是准确、全面、系统地呈现新时代德育基本理论给教育工作者，以便于深入理解和掌握。作为理论探索，自然有疏漏之处和不足的地方，相信未来会逐步改进。

# 后 记

  国内在德育相关概念上，基本形成了一个惯例。中小学基本使用"德育"的概念，在高等教育领域基本使用"思想政治教育"的概念。"思想政治教育"是基于党的"思想政治工作"而形成的一个概念，范围远超过学校教育范围，涉及所有行业和所有人群。基于新时代"大中小幼"德育一体化的重要思想，本书中的"德育"也不能仅限于中小学。本书中的"德育"的两个基本限定是：学校教育范围内；主要针对青少年学生。"德育"和"思想政治教育"的概念也许尚有争议，但本书界定的这个概念范围，基本是符合学校教育的实际情况的。

  虽然本书界定的"德育"是学校教育范围内，针对的主要是青少年学生，但相关的部分德育理论，本书也无法忽略。其中有习近平总书记高度重视的师德师风建设、家庭德育、人类命运共同体教育等。这些内容都与学校德育深度相关，也是新时代德育特别注重和强调的家庭、学校、社会德育协同，所以这些内容放在了"新时代德育诸领域"一章中。

  本书目的是阐释和普及新时代德育理论，注重体系性和普及性，既注重学术性和学理性要求，同时也注重让一线学校德育工作者阅读学习。在内容结构上，一方面，注重理论的系统性，探索了新时代的德育目标、德育任务、德育价值、德育方法、德育路径、德育课程教材、德育领导与保障等的理论体系；另一方面，又注重专题研究，便于一线德育工作者理解具体德育领域的要求，如新时代中国梦教育、爱国主义教育、法治教育、革命英雄主义教育、党史学习教育、生态文明教育、人类命运共同体教育等。体系化的理论研究和多维度的具体阐释相结合，目的是推进德育工作者对新时代德育基本理论深入和全面地学习。

  德育是一个具体的社会实践领域，也是一个复杂的多学科交叉的学术领域。德育与哲学、政治、伦理、教育、文化、心理等学科密切相关。本书力图系统性梳理新时代德育基本理论，探索其内在的理论逻辑体系，理解其德育话语体系和德育智慧。这是本书的难度所在，也是其价值所在。

"四个自信"的建设是一个系统性工程，也是决定中华民族的内在自信的重要工作。理论自信是中国学术界应当为之努力的目标，这需要实实在在的理论建设来达成。中华民族即使是在最为困顿的时代，也没有失去对人类精神世界高峰的追求。中华民族不只是追求经济和技术发展，还将为人类探索科学世界和精神世界。而科学世界和精神世界的成就，将体现中华民族的勇气和智慧。这一点在过去的中华民族五千余年的历史中已经足够证明，未来将再度证明这个结论！

是为记！

冉亚辉

2023 年 12 月于重庆